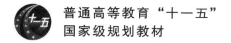

普通高等教育"十一五"
国家级规划教材

国家级精品课程"教育心理学"
配套教材

教育心理学（微课版）

EDUCATIONAL PSYCHOLOGY

主　编／胡　谊　　副主编／郝　宁

（第三版）

华东师范大学出版社
·上海·

图书在版编目（CIP）数据

教育心理学 / 胡谊主编. —3 版. —上海：华东
师范大学出版社，2020
　　ISBN 978 - 7 - 5760 - 0249 - 2

　　Ⅰ.①教… Ⅱ.①胡… Ⅲ.①教育心理学 Ⅳ.
①G44

　　中国版本图书馆 CIP 数据核字（2020）第 153946 号

教育心理学(第三版)

主　　编　胡　谊
副主编　郝　宁
责任编辑　范美琳
责任校对　林文君　时东明
版式设计　庄玉侠
封面设计　俞　越

出版发行　华东师范大学出版社
社　　址　上海市中山北路 3663 号　邮编 200062
网　　址　www. ecnupress. com. cn
电　　话　021 - 60821666　行政传真 021 - 62572105
客服电话　021 - 62865537　门市(邮购)电话 021 - 62869887
地　　址　上海市中山北路 3663 号华东师范大学校内先锋路口
网　　店　http://hdsdcbs. tmall. com/

印 刷 者　常熟高专印刷有限公司
开　　本　787 毫米×1092 毫米　1/16
印　　张　26.25
字　　数　595 千字
版　　次　2021 年 1 月第 1 版
印　　次　2025 年 8 月第 7 次
书　　号　ISBN 978 - 7 - 5760 - 0249 - 2
定　　价　59.00 元

出 版 人　王　焰

(如发现本版图书有印订质量问题,请寄回本社客服中心调换或电话 021 - 62865537 联系)

第三版前言

DISANBAN QIANYAN

　　本教材的编写工作延续了前两个版本——《教育心理学：献给教师的书》(2003 年)和《教育心理学：理论与实践的整合观》(2009 年)的宗旨，即出版一本供师范生和中小学教师使用，具有时代性、前沿性、逻辑性和实用性的教育心理学书籍。

　　本教材深入贯彻党的二十大精神，旨在进一步加强学科建设，推动心理学创新发展。在新时代教育理念的指引下，为了落实立德树人的根本任务，第三版教材尤其注重介绍中国的教育心理学学科发展历程。例如，第一章"教育心理学概述"介绍了我国传统教育中关于学习、学生、教学的理念；教育心理学这一学科自诞生以来，中国学者的教材编写、科学研究等方面的种种工作，尤其是近些年来逐渐形成的中国特色的心理学理论建构工作（如汉语学习、课堂教学等）。第十三章"复杂情感：品德心理"则突出了德育工作中的心理学概念、原理和方法，力求帮助教师科学地应对育人工作中的复杂情感习得和转变，以及正确价值观的形成。同时，在本书的通篇安排上，案例选用侧重我国教育实践，图片呈现注重中国学生和教师的形象。

　　近十年来，教育心理学的研究内容、研究方法已经发生了较大变化。为了反映这些变化，教材不仅在首章介绍了这一趋势，即教育心理学与脑科学、计算科学、社会学和生态学的结合，而且在后续章节具体详述了这些变化：第四章"智力与创造力"介绍了创造力与脑的知识；新增的第六章"学习的概述"在学习概念和分类的基础之上，阐述了当代学习科学的进展；第十一章"复杂认知：问题解决与专长"则增加了对人工智能取向下的问题解决过程的介绍；第十七章"有效教学"则介绍了网络教学、智能辅导系统和虚拟现实教学等新的课堂方法。

　　教材在学科逻辑框架上也做了一些梳理，力求更广范围地反映学科发展的脉络。具体体现在学习理论和学习心理这两部分。第七章"学习的行为主义观"增加了班杜拉的社会学习理论和社会认知理论，以展现行为主义与认知心理学的融合；第八章"学习的信息加工模型"增加了格式塔学习理论、符号学习理论、学习的人本主义思潮，突出了学习的认知取向对其他理论的继承和发展；第九章"学习的建构主义"则梳理了激进建构主义和信息加工建构主义的思想；第十二章"复杂认知：学习策略与迁移"则重新梳理了学习策略的分类,增加了经典的迁移理论及相关知识。

为了响应线上和线下混合课堂教学的做法,我们在编写新版教材主题内容的基础上,准备了大量的课堂辅助材料。在每一章,教材配备:**教学课件**,即课堂教学 ppt,供任课教师参考;**视频资料**,如对某个心理学理论的应用和解释或实际案例或教学案例;**教学资料**,包括文献资料(供学生了解某一理论知识的来龙去脉、科学证据等)和研究工具(包括用于教育心理学研究的心理量表或问卷、实验范式等);**学生作业**,包括读后感(学生自选文献,撰写读后感的案例)和实验实践(学生自己进行的实验室研究、问卷调查或其他类型研究的案例);**章节考核**,包括考研真题(10 年内教育学专业和心理学专业的考研真题及其参考答案)和自编习题(包括选择题、名词解释、简答题等,供学生学习之后进行自我学习效果评估)。部分资源读者可至 have.ecnupress.com.cn 下载。

本教材的修订是任职于或毕业于华东师范大学的高校教师通力协作的结果。大部分章节由胡谊和郝宁修订,下述章节得到相关教师的支持:第二、三章(认知发展、社会化发展,刘俊升)、第五章(特殊学生,宋永宁)、第七章(学习的行为主义观,袁欢)、第十、十四章(学习的社会文化观、复杂情感:动机心理,王婷婷)、第十三章(复杂情感:品德心理,袁薇薇)、第十五章(复杂行为:知觉与动作,蒯曙光)、第十六、十八章(教学计划、课堂管理,杨翠蓉)、第十七章(有效教学,王青)、第十九章(学习测评,张亚)、第二十章(教师心理,杨翠蓉)。各章节的辅助材料,由刘洁琼、赵楠、朱怡、杨亚希四位研究生完成。

第三版教材在编写过程中,不可避免地存在一些问题;各类教师和学生在阅读和使用本教材的过程中,如有好的建议,请不吝赐教!

胡　谊
2024 年 2 月 1 日

目录

MULU

▶ 微课视频

第一章
教育心理学概述

引　言

　　人类生存的最基本条件之一,就是不断地获取前人拥有的经验,并力求去创造新的知识。怎样才能更有效地获取、传授和发现这些经验和知识呢? 心理学家遵循人类心理与社会活动的规律,围绕着"学习与教学",已构建出一个科学而有效的解释体系,这就是我们接下来要学习的一个心理学分支学科——教育心理学。

　　学完本章后,你应该能够:

- ☞　阐述早期教育心理学的思想内容和代表人物;
- ☞　解释学生心理、学习心理、教学心理的含义;
- ☞　了解当前主要的教育心理学著作;
- ☞　阐述国内外教育心理学研究的趋势;
- ☞　阐述教育心理学中的主要研究方法;
- ☞　分析如何处理教学干预研究中的问题;
- ☞　举例说明教育心理学的核心观点。

教学设疑

　　李老师是本科生的学业导师,这学期准备上"教育心理学"这一课程。在与本科生的一次座谈中,李老师了解到学生已经学习了"心理学导论"、"实验心理学"、"心理统计"等课程;对于将要学习的教育心理学,学生提了很多问题;但是,李老师一时半会也不知道如何来回答。

　　假如你是李老师,请思考:

- ☞　教育心理学为什么是心理学,而不是教育学的一个分支学科?
- ☞　为什么教育心理学中的很多著名学者,同时也是教育家?
- ☞　教育心理学是教师要学的,还是学生要学的?
- ☞　教育心理学与教育学的区别是什么?
- ☞　为什么教育心理学的研究要用一些实验室方法?
- ☞　教育心理学研究主要讲了什么?
- ☞　教育心理学与实际教学有什么联系?

视频

教育心理学概述

第一节　教育心理学的发展

　　古今中外，关于人类学习、教学或教育的观念与相关做法，众多智者与学者皆有精彩论述，这构成了教育心理学中取之不尽、用之不竭的思想宝库。教育心理学作为一门研究学习与教学的中间学科或联系学科，其诞生与发展，也只不过是一百多年来的事！

一、早期的教育心理思想

学习要求　简述我国古代学者的朴素的教育心理思想；
　　　　　　　简述西方教育心理学学科诞生前的教育心理思想。

我国古代先贤哲人早就认识到学习的复杂性，他们非常强调学习目标、学习方法、学习策略的重要性。在春秋战国时期，孔子（公元前551—公元前479）提倡，"志于学"，"博学多闻"，"不耻下问"，"学而不思则罔，思而不学则殆"，

图1.1　孔子　　图1.2　荀子　　图1.3　朱熹

"学而时习之"，"温故而知新"（图1.4）；荀子（约公元前313—公元前238）则提出"无冥冥之志者，无昭昭之明，无惛惛之事者，无赫赫之功"，"善学者尽其理，善行者究其难"（图1.5）。

图1.4　讲学（孔子）

图1.5　劝学（荀子）

我国古代哲人很注重学习过程中的学习兴趣、注意力和意志力等。例如,孔子提出,"知之者不如好之者,好之者不如乐之者";荀子提出"心不使焉,则白黑在前而目不见,雷鼓在侧而耳不闻","锲而舍之,朽木不折;锲而不舍,金石可镂",宋代学者朱熹(1130—1200)则要求学习必须"得趣"、"得真味"、"不忍舍"。

先哲们特别强调了教师的作用。孔子认为,教师应"学而不厌,诲人不倦";《学记》较早记载了"教学相长"的概念。唐代学者韩愈(768—824)则提出"师者,所以传道受业解惑也","弟子不必不如师","师不必贤于弟子","闻道有先后,术业有专攻";朱熹也提出教师要"做得个引路底人","做得个证明底人,有疑难处同商量而已"。

图 1.6　柏拉图　　图 1.7　亚里士多德

与上述观点相比,西方古代学者则在教学方法、知识本质等方面论述较多;代表人物如希腊三贤:苏格拉底(Socrates,约公元前 469—公元前 399)、柏拉图(Plato,公元前 427—公元前 347)和亚里士多德(Aristotle,公元前 384—前 322)。苏格拉底提出,教师可以通过一个接一个的问题,引导学生思考,一步一步得出正确的结论;这就是著名的"产婆术"教学法。柏拉图则认为,知识与生俱有,随着经验性的学习而日趋完善。他强调教育活动中理性的锻炼。亚里士多德则提出,观念之间的联想能促进理解和记忆。

西方文艺复兴后,关于学生发展、教学过程的思想不断涌现。捷克学者夸美纽斯(Comenius,1592—1670)提出,要依照人的自然本性来组织教育与教学过程。法国思想家卢梭(Rousseau,1712—1778)则认为,教育与教学必须符合儿童身心发展的特点。瑞士学者裴斯泰洛齐(Pestalozzi,1746—1827)提出,把教育与教学建立在心理学的基础上,以符合人类智慧发展的规律。在德国,赫尔巴特(Herbart,1776—1841)提出四阶段教学法,即明了、联想、系统和方法;福禄倍尔(Fröbel,1782—1852)则注重儿童的自由发展;第斯多惠(Diesterweg,1790—1866)则强调教育应适应儿童自然本性。在 19 世纪末—20 世纪初,美国兴起儿童研究运动;霍尔(Hall,1844—1924)运用心理学方法研究儿童,提出了适合儿童的教育和教学原则,并致力于推动心理测量的发展。上述思想及做法,为教育心理学学科的诞生奠定了坚实的理论基础与实践基石。

二、西方教育心理学的发展

学习要求　阐述西方教育心理学关于学生心理的探索工作;
　　　　　　比较西方教育心理学中对学习现象的不同理论解释;
　　　　　　阐述西方教育心理学关于教学心理研究的内容。

教育心理学这门学科正式诞生的标志是美国心理学家桑代克(E. L. Thorndike,

图1.8 桑代克

学生心理

主要从发展的角度关注学生，研究能力的实质、能力的发展特征、教育与智慧发展的关系、智力与非智力因素的关系以及个体差异性等。

1874—1949)的著作《教育心理学》(1903)的出版；该书后来发展成教育心理学三大卷：《教育心理学：第一卷，人的本性》(1913)，《教育心理学：第二卷，学习心理学》(1913)，《教育心理学：第三卷，心智运作、疲劳、个体差异及其原因》(1914)。从该学科诞生至21世纪20年代一百多年的发展历程中，研究者对学与教中各种现象及其关系的探索，主要涉及三大范畴：学生心理、学习心理和教学心理。

■（一）关于学生心理

教育心理学从学生心理发展的角度主要关注这样一些问题：何为能力（或智力、素质、智慧）？人的能力如何发展（阶段的还是突变的）？智力与非智力因素的关系是什么？人与人之间差异的表现及其原因？等等。

教育首先要考虑学生的认知发展状况，如已有的知识、认知结构和思维特点；教学活动是个体发展中经由自身需要与环境特征的交互作用这一过程；不同年龄阶段的学生，需要得到相应的教育指导，从事不同的学习活动，获得这个阶段心理发展所需的知识和能力。当然，教育也要适当地先于学生的发展水平，教育与教学在儿童发展中会起引导作用。个体发展既包括认知内容，如知识、能力和思维，也包括非认知内容，如情绪、个性、社会化等。

在我国现行教育体系和实践中，已经越来越强调学生素养的整体、协调发展，如德、智、体、美、劳等五育并举；这极大地促进了心理学工作者从不同角度来探究心理发展过程及其规律。

在对学生所形成的能力实质及其发展的探索上，研究者集中关注于智力的本质及其测量。在理论构想上，从最初的"智力二因素理论"，到当今的"多元智力理论"、"智力三元理论"，体现了研究者对智力内涵理解的不断深入。在心理测验上，从20世纪初的比纳—西蒙量表，到之后可以系统测量各年龄阶段个体智力的韦克斯勒智力量表，反映出智力测验工具的不断完善，甚至，如今已经发展出运用人工智能来模拟人类智力活动的研究工作。

在对个体心理差异，特别是对一些特殊个体的心理特征的了解方面，心理学工作者已经进行了大量富有成效的工作；例如，对智力落后、学习障碍、情绪障碍和躯体障碍等的研究已经揭示出这类特殊人群的独特心理特征，并提出了一些有助于有效学习的教育方法或手段。

■（二）关于学习心理

学习心理

主要从学习的实质、学习的过程和学习的条件等方面展开不同理论的解释，包括行为主义、认知心理学、建构主义、社会文化观等。

自德国心理学家艾宾浩斯(H. Ebbinghaus，1850—1909)出版《论记忆》(1885)一书后，心理学家开始通过实验来研究学习。可以发现，关于学习的研究主要围绕学习的实质、学习的过程和学习的条件这三个主题。

无论是经典条件作用学说，还是操作条件作用学说，都采取在实验情境中研究动物的学习现象这一思路,通过揭示动物学习过程中的一些外在行为变化,进而推断人类具有相同的学习现象或学习规律,据此提出一些教学方法或手段,如强化与惩罚的运用、程序教学等。在行为主义者看来,学习的实质就是联结或"S—R"联系,其过程就是获得这些联结或联系,其条件就是外界不断给予各种刺激或反馈。

自 20 世纪 60 年代起,从科学心理研究的角度,教育心理学研究工作者一反过去半个世纪的研究思路,将目标确定为试图理解和改进教学中的实际做法,同时又试图在此基础上提出自己的理论。心理学家借鉴其他学科(如计算机科学)的一些观念,来推测个体在学习时头脑中发生的各种变化,如信息加工论就解释了学习过程中个体对新信息进行感知、贮存、编码和提取等加工,以及元认知与自我调节能力在人的复杂作业中的重要性。这一时期,教育心理学还积累了一些描述学习心理过程的重要概念和规律,如概念形成或获得,具体领域问题解决的特征及其规律,有效策略的使用,迁移的实质及其促进方法等。从认知观出发,学习的实质就是个体能力或倾向上的变化,其过程就是获得知识并运用知识来解决一般领域或具体领域的问题,其条件就是学习者原有的知识基础、学习态度和学习方法等。

至 20 世纪 80 年代,研究者开始结合社会情境来理解个体学习,即侧重从社会认知角度来思考个体的学习过程,将学习者置于一定的物理或社会情境中。研究对象从"自然人"逐步转变为"社会人",这一研究视角的改变在学与教的诸多方面引发了广泛的讨论,例如:知识的情境性是什么? 学习是如何建构的? 教师在互动学习中的作用是什么? 如何在这类社会环境中设置课程? 如何采用多种形式的测评? 按照学习的社会认知、社会建构和社会文化观,人类学习的实质是一种具有社会特性的行为,其过程主要通过个体的建构活动,将外在知识内化为个体自己的知识,其条件既包括外界提供的学习情境(如各类学习材料、语言、媒介等),也包括学习者自己主动参与学习的意识,以及建构自己认知结构的内部活动等。

总的来说,从 20 世纪初的学习行为主义观,到 60 年代兴起的学习认知观(主要指信息加工观),再到 80 年代的社会认知观和建构主义观,学习心理的研究积累了庞大的资料,相关实证研究越来越多,形成了数十个可解释不同学习现象的理论派别。该领域的研究投入力量大,研究成果丰富,但争议也最多。

■（三）关于教学心理

自 20 世纪 60 年代起,随着认知心理学与教学中的实际问题不断结合,一个直接以提出各类"描述性"(descriptive)或"处方式"(prescriptive)教学理论的新兴学科——教学心理学,也应运而生。1969 年,美国教育心理学家加涅(R. M. Gagné, 1916—2002)及其合作者在《心理学年鉴》(*Annual*

教学心理

主要从教学专长发展与课堂实践的角度出发,提出有助于学习的有效教学方法和技术,包括制定课堂教学计划、激发学生学习动机、进行有效的课堂教学和对学生学习结果进行测评等。

Review of Psychology)上,首次以"教学心理学"这一名称对当时这方面的研究工作做了述评。至 20 世纪 70 年代末,当时持认知观点的研究者大多认为,从行为主义角度对教学所作的分析,往往不适合解释教学对一些高级或复杂学习的影响;与其他绝大多数对人的学习与人的发展研究一样,当时的教学心理学也基本上持认知的观点,它涉及人的学习的内部心理过程,涉及它们怎样通过教学而得以提高。

20 世纪 80 年代末,美国教育心理学家格拉泽(R. Glaser,1921—2012)及其合作者认为,教学心理学这一领域经过近二十年的发展,已经初步揭示出各种能力的实质,并从这些理论出发,对学与教的干预条件及干预活动做出种种探索,如认知技能的形成、自我调节能力的发展和知识结构的获得等。至 21 世纪初,格拉泽在《教学心理学进展:第五卷,教育设计和认知科学》(*Advances in Instructional Psychology: Vol. 5,Educational Design and Cognitive Sciences*)(2000)一书中,总结了近年来出现的一些教学理论和方法,如抛锚式教学、促进学习的自我解释的内在机制、认知模型与情境化教学对技能获得的促进作用等。

对教学的心理学研究,除了上述从实验角度来揭示一些教学规律的研究途径外,研究者还从教学专业发展与课堂实践的角度,提出一些有助于学习的有效教学方法和技术,如在制定课堂教学计划(对教学目标、教学材料、教学问题、教学事件等的计划)、进行有效的课堂教学(以教师为中心的教学、以学生为中心的教学、借助科技手段的教学)和对学生学习结果进行测评(对知识、技能、情感等测评)等方面。如图 1.9 所示。

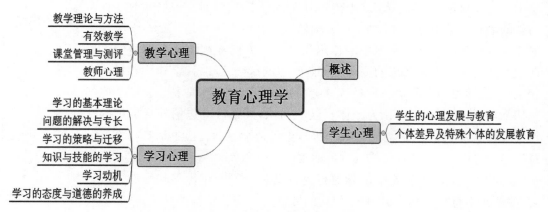

图 1.9　教育心理学基本内容框架

三、我国教育心理学的发展

学习要求　简述我国教育心理学的发展历程。

我国教育心理学学科的发展,基本上与西方的发展同步。国内第一本《教育心理学》(廖世承,1924)教科书,主要参考了桑代克等人的教育心理学著作,并结合了我国当时的实验材料。在 20 世纪上半叶,我国心理学工作者一方面侧重理论和方法的引进,如西方心理学流派、心理测验或测量技术等,另一方面结合本国教育实践,开展了一些具有中国特色的心理学研究,如中国古代教育心理思想、汉字与汉语学习心理等。同时,随着师范教育的开展,教育心理学作为心理学服务于教育的重要学科,也被列为师范院校的必修课程。

新中国成立后,我国教育心理学界开始学习苏联,并运用马克思主义来改造我国的教育心理学学科。心理学家潘菽主编了以辩证唯物主义为指导并结合中国实际的《教育心理学》(1963 年讨论稿);在其主持下,成立了中国心理学会教育心理专业委员会(1962)。此时,国内学界一方面翻译苏联的教育心理学类著作,引进苏联教育心理学的学术思想,另一方面结合中国中小学教学实践开展心理学研究,呈现蓬勃发展的局面。之后,受到当时的政治运动影响,教育心理学的研究停滞不前,直至“文革”结束才开始有所起色。

改革开放再次吹响了中国教育心理学走向世界的号角。1980 年,潘菽主编了改革开放后第一本《教育心理学》(1980,人民教育出版社)。如图 1.10 所示。该教材集全国力量编写而成,在智育方面的内容阐述较多,其中不同学科(语文、数学、外语、自然、历史和地理、艺术等)的学习与教学论述值得学习。20 世纪 80 年代初,华东师范大学心理学系邵瑞珍、皮连生、吴庆麟合作出版了《教育心理学》(1983/1988,上海教育出版社)。如图1.11 所示。他们的教材注重引进西方认知心理学思想,如加涅、奥苏伯尔、安德森等,侧重阐述知识和能力的学习过程、学习规律和学习条件,强调心理学要为中小学校课堂教学服务。

世纪之交,全国教育心理学界出版了一系列颇具特色的教材。上海师范大学李伯黍、燕国材主编了《教育心理学》(1993 年/2000 年,华东师范大学出版社),如图 1.12 所示。德育心理是其一大特色,涉及道德认识、道德情感、道德行为、价值观的发展,以及相应的教育模式和评定方法;同时,注重挖掘我国传统的教育心理思想。北京师范大学陈琦等主编了《当代教育心理学》(1997 年,北京师范大学出版社)、《教育心理学》(2003 年,高等教育出版社),如图 1.13 所示。注重介绍西方不同的学习理论,其中建构主义理论及相关教学内容是特色;注意吸收新近教育心理学研究成果,如自我调节、信息技术与教学整合、联结主义理论等内容。北京师范大学冯忠良等编写了《教育心理学》(2000 年,人民教

图 1.10   图 1.11

图 1.12   图 1.13

图 1.14　　　　图 1.15

育出版社),如图 1.14 所示。内容体系自成一派,具有较强的理论框架性和结构性;均衡介绍学科理论性质、学习理论、学习心理、不同类型学习的规律、教学心理等主题内容,整合化程度较高。值得注意的是,我国台湾地区学者出版的教育心理学著作具有自己对西方教育心理学思想吸收消化后的内容体系。例如,张春兴(台湾地区)出版了《教育心理学》(1998 年,浙江教育出版社),如图 1.15 所示。首创三化研究取向,以建立合于我国国情的教育心理学独立体系,即研究目的教育化、研究对象全人化、研究方法本土化,学理与应用兼顾,文笔通达,易读易理解。

　　进入 21 世纪,我国学界紧跟国际步伐,关注教育心理理论和实践的发展,如建构主义、社会文化理论、教师专业化理论、专长心理理论、学习的认知神经观、信息技术下的教学变革等。在奋力追赶的同时,我国心理学研究人员积极整合来自中西方不同的教育观念和心理学理论,不断推进科学思想和方法进入各级学校,展开各类基于实证的教育心理研究。

四、教育心理学的发展趋势

学习要求　阐述教育心理学的研究趋势。

■ (一)多学科整合下的教育心理研究

　　如今,教育所涉及的研究课题和方法纷繁复杂,往往不是单个学科所能承担和解决的。从多学科角度研究教育中的各种现象与问题,则是一种趋势。这种跨学科交叉研究,主要有三种方式:一是从生理层面来理解学生心理,比如心理学与脑科学的交叉研究;二是以计算手段来提供新型教育方法,比如心理学与计算机科学的交叉研究;三是以更大的时空视角来理解教育活动,比如心理学与社会学、人类学的交叉研究。

　　十几年来,脑科学特别是神经影像学的发展(如近红外、脑电、功能性磁共振成像、脑磁图等),为研究人类大脑活动和认知提供了非侵入式的技术手段,这为教育心理学领域带来了巨大的发展机遇。例如,国外研究者完成了一个大胆且有趣的实验,他们在实际的生物课教学过程中给听课的学生和老师同时带上脑电帽,用以记录脑电波,监测老师讲课过程和学生的学习过程;研究结果表明:对于这门生物课,学生最喜欢的是小组讨论,对视频的内容也很感兴趣,对老师的讲授就没那么感兴趣了;学生之间的脑电波同步性,则与学生对课程的打分有很高的一致性;在考虑学生的个体特征之后,研究还发现,学生的专心程度、团体亲密性、同情感等都能预测个体—团体的脑电同步性。由此可见,脑科学与心理学相结合,已经可以在保持一定教育生态效度的前提下,将神经科学技术用于探索教育进程中的实时记录、分析和评测等问题,这为促进学与教方式的变革提供了科学依据。

心理学与计算机科学的渊源颇深,两者之间相互启发、相互促进;可能因为人脑与电脑,一碳一硅,本身就有很高的可比性。当代心理学的核心分支——认知心理学,其概念体系的最初形成,也是深受计算机科学的启发。心理学与计算机科学的交叉,主要在两大领域:人机交互和人工智能。首先,以计算机为媒介的各种网络课程的兴起将教育学从物理空间的束缚中解脱出来,实现了教育的网络化飞跃。其次,在计算机科学和心理学的影响下,产生了诸如智能学科工具、智能机器人、特殊教育智能助手等学习过程中的支持工具。"人工智能+教育"逐渐成为教育行业的新赛道。人工智能技术不仅仅能在试题生成、自动批阅、学习问题诊断等方面发挥重要的评价作用,更重要的是可以对个体在学习过程中的知识、身体、心理状态进行智能诊断和反馈,在评价和预测学生综合素质中发挥不可替代的作用。进一步,通过大数据的收集和分析手段,可以洞察教育系统运行过程中的问题本质与发展趋势,实现更高效的资源配置,有效提升教育质量。

心理学与社会学、人类学的融合,目前大多处于理论探索阶段,但其潜在的实践意义不容忽视。心理学与社会学结合,可以研究学校组织中的社会心理现象,如课堂活动、家庭教育等的社会本质及其规律;心理学与人类学结合,可以从人类发展的更宏大视角,把握现代人类的学习规律以及教育的本质。心理学与社会学、人类学的结合,将打破那种囿于教育本位、片面强调教育论或心理理论的状况,可以提供看待固有研究的全新视角,焕发出不同于以往的生命力,也可以为社会学、人类学的发展注入新鲜血液,在激发各自学科活力的同时,试图解决该学科在教学问题研究中长期难以解决和消化的固有难题。

■ (二)中国特色的教育心理学科体系构建

20 世纪 80 年代以来,我国教育心理学工作者在积极消化吸收国外研究成果的同时,结合我国教育实际,展开了卓有成效的研究,一些有中国特色的研究领域不断拓展,具有中国特色的教育心理学观点、理论和思想逐渐产生。

近年来,我国学者在借鉴国外研究成果的基础上,将心理学研究方法与我国教育现状相结合,展开了一系列具有现实指导意义的研究。当前我国教育心理学的研究注重吸收认知主义、行为主义、人本主义、精神分析等心理流派理论的精华,围绕着学习、动机、教学、社会心理和发展理论等内容展开。国内有关教育心理学的研究主要集中在三方面:一是教师的教学心理及教学活动,主要涉及教与学的策略、提高学与教效率、学科教学、新手教师如何成长为专家教师等研究领域。二是学生的学习心理,包括智力与非智力因素及其对学习的影响、创造力及其培养、学习动机、学习兴趣等。三是师生互动,促进教改,包括师生互动质量对于教学效果的影响、教学质量评估、教学改革等。这些研究不仅丰富和完善了我国教育心理学的体系,拓展了研究领域,而且直接推动了我国教育的改革和发展。

我国学者结合国情需要和教育实际,深入研究,积极探索,初步形成了较系统的、独具特色的教育心理研究课题,如中国儿童青少年心理发展特点和规律的研究、中国儿童青少年品德发展研究、中国独生子女心理发展的研究、中国留守儿童的教育与心理问题、汉语学习认知的研究等。尤其要指出的是，有中国文化特色的教育心理研究在德育方面尤为突出；一直以来，道德教育都是中华优秀传统文化中非常重视的一个环节，如"儒家"文化思想就在教学实践中具有重要的指导意义。我国的教育心理学家在传统文化特色教育的背景下，积极探索新的德育工作思路，创新德育途径，并提出了一些与时俱进的德育方法。

我国教育心理学研究也形成了一些有中国特色的教育心理学理论。例如，北京师范大学冯忠良教授的"结构——定向教学理论"研究，林崇德教授关于"智力与智力培养"的研究；华东师范大学邵瑞珍和皮连生教授等的"知识分类学习与教学理论及其技术"的研究；东北师范大学郭占基教授的"中小学生成就动机"和"自我效能感"的研究。此外，还出现了许多新课题的研究，比如中小学品德研究中教学模型的构想、民族心理及跨文化的研究等。我国学者也注重将一些新近实验方法和技术用在教育心理研究上；例如，已经开始将超扫描技术（即同时扫描多个人的大脑）应用于研究学生和教师的交互过程，探讨动态的学习过程及其脑基础。

由此可见，我国教育心理学研究者不再单纯引进西方的教育心理学理论和做法，更多是从中国的教育问题出发，致力于提出自己的理论构想，结合新的科学技术和方法加以验证和修改，为中小学教育实践提供更为科学的心理学解决方案。

教学之窗

汉语学习的脑科学研究

汉语由汉字组成，每一个汉字都具有三个属性即形、音、义。汉语在语音、词汇构成和语法上与其他语言（如英语）具有显著不同的独特性。近些年，随着认知神经科学的迅速发展以及脑科学技术的不断更新，关于语言认知的脑科学研究也成为中外研究者日益重视的新兴研究领域。

早期关于语言认知的脑科学研究主要是以西方广泛使用的拼音文字系统为对象，对类属于表意文字类型的汉字研究较少。20世纪80年代中期后，我国学者胡超群、王新德、彭聃龄、舒华、谭力海、郭桃梅等人开始从脑科学的角度研究汉语认知的神经机制，并积累了一定的研究成果。这些研究成果进一步揭示了人脑处理汉语时的奥秘，从而为识字教学改进提供了脑科学的依据。比如近些年的神经影像学研究表明，汉字阅读活动也涉及大量的左脑区域，主要包括左脑梭状回、左脑顶下小叶、左脑颞上/中回、左脑额下回及左脑额中回，其中左脑梭状回在汉字语音和语义加工任务中均被激活。再如彭聃龄等人以汉字单字词为实验材料，比较语音和语义两种任务的脑功能定位模式。通过功能性磁共振成像（Functional Magnetic Resonance Imaging，简称 fMRI）扫描，该研究发现，人脑在进行语义判断的同时会自动激活与语音相关的脑区，但是在进行语音判断的时候，与语义相关的脑区参与较少，没有被显著激活。在进行命名任务时，尽管语义出现自动激活并且强度高于语音激活，但是在汉字识别的时间模式上，语音激活早于语义的激活。可见"音形"联系的强度虽然低于"音义"的强度，但是在汉字识别过程中,语音仍然是不可忽视的重要部分。

　　(资料来源:张灵芝:《心理学视域下的对外汉语课堂教学》,《海外华文教育》2010 年第 4 期,第 49—56 页.曾琦,方舒怡:《汉语认知的脑科学研究及对识字教学的启示》,《教育研究与实验》2019 年第 4 期。)

第二节　教育心理学的研究

　　教育心理学是一门研究学习与教学的中间学科或联系学科,该学科基础性与实用性并重,既不是普通心理学原理的简单应用,也不是发展心理学、学习心理学和差异心理学等几门与教育有关的心理学分支学科的简单组合。教育心理学这门学科具有自己的学科体系和内容,拥有特殊的核心理论观点、方法与结论。

一、教育心理学的研究主题

学习要求　阐述教育心理学的新近研究主题。

　　教育心理学要研究什么?对这一问题的回答取决于不同的研究主体。对专业实验研究人员工作者来说,就是要探讨各种学习和教学现象,揭示其中的规律,提出科学有效的各类理论;对一线实践教师来说,就是要获得各类行之有效的基于理论的具体做法;对教育行政人员来说,则是要关注概括化和一般化的教育措施以及引申的建议、制度与政策行为。教育心理学家既在实验室也在课堂中,研究与学习和教学有关的广泛现象。纵观近十年来国际上的主流教育心理学期刊(Cognition and Instruction,CI;Contemporary Educational Psychology,CEP;Educational Psychologist,EP;Educational Psychology Review,EPR;Journal of Educational Psychology,JEP),近十年期间发表的论文,对课堂学习的研究兴趣显著增长。下表列举出这些领域中的 33 个研究主题,以及发表论文的篇数,如表 1.1 所示。

表 1.1　2009—2019 发表在 CI,CEP,EP,EPR 和 JEP 等期刊上的研究主题

等级	主　题	发　表　数
(1)	阅读/识字	199 [11%]
(2)	学业成就	149 [8%]
(3)	动机	143 [8%]
(4)	认知发展	138 [8%]

续　表

等级	主　题	发 表 数
(5)	教学	114 [6%]
(6)	课堂研究	108 [6%]
(7)	数学学习、教学和成就	101 [6%]
(8)	理解力	83 [6%]
(9)	学习理论	79 [5%]
(10)	语言的发展	63 [<5%]
(11)	写作的发展	60
(12)	学习的社会情境	53
(13)	学习或教学评估	43
(14)	兴趣	41
(15)	自我概念	37
(15)	自我效能	35
(17)	记忆、记忆策略与学习	34
(18)	研究方法	34
(18)	技术和多媒体	33
(20)	思维	31
(21)	科学教育/科学推理	30
(21)	自我调节	17
(21)	学习的性别差异	17
(24)	教育心理学(职业问题)	17
(25)	学生的特征和个体差异	15
(25)	注意力	15
(27)	同龄关系和社会发展	13
(27)	智力	12
(29)	合作学习	12
(30)	伦理比较/多样性/多元文化主义	11
(31)	专长	11
(32)	元认知	6
(33)	道德发展	6

　　(注：圆括号内的数字代表 2009—2019 年间的等级；方括号内的数字代表所有文章的百分比。样本数据来自 Web of Science 数据库。)

从上表可以看出,如今的教育心理学研究,尤为关注具体领域知识或能力的学习(如识字、理解、数学、写作、科学等),关注学习的结果与过程(如学业成就、学习评估、合作学习等);同时强调,学习活动中的认知因素(如认知发展、记忆、元认知)和非认知因素(如动机、兴趣、自我等),以及各类环境因素(如课堂、社会等);研究主题有明显的时代烙印(如技术媒体、个体差异、文化比较等)。

二、教育心理学的研究方法

> **学习要求**　简述观察法、访谈法、问卷法、测量法、实验室法的优缺点;
> 简述教育心理干预研究的一般过程。

教育心理学的研究目的,一是在于发展描述性理论,二是在于提出处方式理论。前者是对教育活动中诸多现象进行科学阐述,如采用观察法、访谈法、问卷法、测量法和实验室法。后者则希冀教育者能像医生对待病人一样,向学生给出或实施有效的"教学处方",解决学习问题,发展心理素质;为达到这一目的,如今更多采用教育心理干预这一研究范型。如图 1.16 所示。

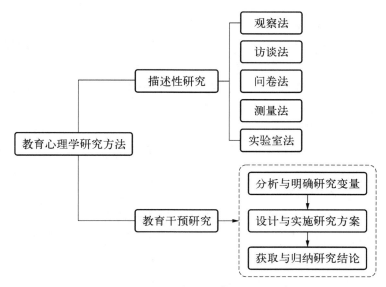

图 1.16　教育心理学研究方法

■ (一)描述性研究

描述性研究通常发生于自然条件,比如说课堂、学校、家庭与实验室等。其目的是收集关于特定情景或现象的细节性信息。其内容包括课堂行为、课堂真实对话的记录或者师生互动的记录等。

> **描述性研究**
> 通常发生于自然条件下,比如说课堂、学校、家庭与实验室等。其目的是收集关于特定情景或现象的细节性信息。

观察法是应用感官或借助科学的仪器,有计划、有目的地对观察对象的言行表现进行考察,收集资料的一种方法。运用观察法可获取当前行为的信息,尤其是一些不能直接报告或无法报告的信息,比如,动物、婴幼儿、听障人士等,就难以报告自己的心理活动。同时,该方法不会引起观察对象的注意,也不对观察对象进行控制,因此收集的数据是自然而真实的,这能保证研究与真实情境的一致性,有利于提高研究的可推广性。观察法不要求观察对象的合作,这对观察者的要求较高,尤其要防止主观及感情的干扰。

访谈法则是通过研究者与研究对象的交谈来搜集有关资料的一种方法。访谈法灵活易于操作,研究者可以根据研究的目的随时调整、追加或解释有关的问题,对重要的问题可以适时强调并导向深入,同时,访谈对象能自由发表意见、坦率直言,又可以在适当控制下不偏离主题。因此,该方法有利于研究者深入了解态度、情感、思想观念和主观感受,从而对各种心理和行为进行多方面的分析和研究。访谈法适用对象广,如儿童、成人、老年人等。访谈法使谈话人之间的心理特征与行为等相互影响,其效果取决于配合程度,这对访谈者提出了更高的要求。此外,访谈需要花费时间与精力,这就导致访谈对象的数量受到限制,时间精力的成本较高;其结果处理与分析也比较复杂,尽管可以量化,但信效度有待提高。

问卷法是将严格设计的系统问题或表格,以书面的形式发给(或寄给)研究对象,请求其如实回答,进而搜集资料的一种方法。在研究对象上,该方法不受人数限制,样本可大可小。问卷法如取样范围广泛,则有利于获取大量数据。在研究内容上,该方法适用收集外显的行为表述,也可收集内隐的心理数据。在研究处理上,大部分问卷调查是可以按照标准化的方式回答的,这易于整理和统计分析。应当注意,问卷法对问卷的编制有较高的要求。编制一份良好的问卷的难度比较大,体现在问题的数量与顺序、问题的措辞、问题类型与复杂性等方面。有时,各种原因使问卷回收效率较低,达不到预期的效果;有时,也比较难以辨别、证实答卷内容的可靠性,从而影响所得资料的真实性与结论的科学性。

测量法就是按照一定的规则和程序,对心理现象进行数量化测定,从而研究个体心理的一种方法。测量法与通过观察、访谈等获取信息的研究方式不同,其过程是以测验作为研究的工具,通过考察个体在测验题目上的得分来评定、推断其心理过程或心理特质。测量结果可以类别、等级和顺序关系等表示,代表着不同的心理特质或水平。一般来说,好的测验能够测量出个体稳定的心理特征,如智力、动机、兴趣等,对测验的编制、选用也会有较高的要求。测验本身应该可靠、准确、具有实用性,在大多数情况下,还应该由受过专门训练的工作人员来进行施测、记分和解释等。

实验室法就是创设一定情境,对某些变量加以操纵,意图揭示几个心理变量之间关系的一种方法。实验室法需要控制各种无关变量,对研究变量进行简化;研究者在理想条件下,探讨自变量与因变量的关系,揭示此情境中心理规律、发生条件与影响因素等。在实验室法中,需要借助仪器、标准程序和统计方法,因而数据的记录、处理与分析比较可靠;这将提高结论的科学性与精确性。但是,由于人为处理较多,这妨碍研究结论的可重复性和可推广性。

■ （二）教育干预研究

教育干预研究通常发生于实验室场景。其目的是探讨某项或几项干预措施实施之后，个体心理特征、学习过程、教育方法、学校环境等之间的关系。教育干预研究一般分为以下步骤：

首先，分析与明确研究变量。从数量上来讲，干预研究中自变量的情形有两种：单个自变量和多个自变量。在涉及单个自变量的研究中，干预措施是主要探讨的自变量，而其他潜在影响预期结果的变量都需要控制，如被试变量（年龄、学习成绩、智力、态度等）、环境变量（课堂座位、实验时间等）、实验者变量（教师讲解、教学态度等）。例如，精心设计某段材料，以新颖的方式呈现给学生，伴之以特殊的教学指导语，力图改进学生的某些学习行为；有时，在正式实验之前，还要培训授课教师，以期更好地执行所规定的教学程序。可见，在单一干预自变量中，需要变化或控制多个要素，其过程比较复杂。

在多个自变量的研究中，往往要探讨干预措施与其他潜在变量的交互作用，如学生的心理特质（如认知、智力、个性等），学业成绩等；有时，各个因素还存在不同水平，其中作用关系比较复杂。应当指出，无论涉及多少个自变量，干预措施仍然是首要研究的自变量，它与其他自变量的交互作用，只是考察干预措施影响方式的一种途径；存在一些研究，着重探讨其他自变量的主效应，这明显偏离教育心理干预研究的实验初衷。

教育心理干预措施意欲改变的学生心理特征，无非是认知、情感、态度、观念等，但是，学生头脑中的内部活动是否真正受到影响呢？此时，要借助某些行为指标，如反应时间及速度、测验成绩、评估分数等，来测量干预措施对因变量的影响大小。在大多数学校教育活动中，学习成绩仍然是研究中的主要因变量，这是因为它不仅标识学生知识和能力的掌握状况，也标识教师教学质量的高低。

其次是设计与实施研究方案。科学研究始于严谨的理论推导，需要一定的理论假设；研究者通过实施精心设计的实验方案，收集数据，探讨该假设在多大程度上得到实践的支持。在设计研究方案时，取得实验的外部效度，即直接针对并解决课堂教学中的实际问题，仅是初步要求，更为重要的是，要保证实验的内部效度，即通过随机化、对照组等方式来获得有效证据和科学结论。

所谓的随机化处理，就是将被试按照概率的原理，随机分配到各个实验当中，消除或减少无关变量和潜在变量对实验的影响。这需注意两点：一是每次实验处理不同样本，二是样本随机产生，并相互独立。在实际操作中，有时只选择1—2个班级加以干预；但是，此类研究中班级内的学生并不独立。这是因为，在同一班级之内，学生极有可能程度不一地接受了干预内容；而且,各自的学习活动也会相互影响,最终取得的成绩不仅与干预有关,也与其他学生的学习活动有关;因此,同一班级内学生之间并没有接受"严格意义"上的随机化处理;此时,一个合理的处理方法是,选择大量班级,而不是一至两个班级进行干预。

在实验组安排中,采用配对学生(或班级、学校)的方式来探讨干预措施对特定教育结果的影响,这是一类准实验设计(quasi-experiment design)。在该设计中,证明干预措施有效性的证据主要来自两方面:一是被试比自己以前做得更好,这来自前后测分数的比较;二是被试比其他人做得更好,这来自对照组与实验组的分数比较。其中,被试变量匹配尤为重要。例如,在追踪性分析中,只观察实验组在经过若干时间段后的行为变化,其原先实验中的对照组或被弃用,或从当前人群中重新选择,应当指出,这种追踪研究价值大减,因为此时无法明确导致结果指标长期变化的原因是干预措施还是其他因素(如成熟、实践经验等)。

最后,获取与归纳研究结论。在教育心理干预研究中,一般采用如下统计检验及分析方法:t检验、F检验、χ^2检验、协方差分析、路径分析等。必须指出,采用何种统计方法,一是要看使用该方法的前提假设,二是要看干预研究中所关注的因果假设。如果两类假设一致,则采用该方法是可行的;反之,则存在误用统计方法的状况。

值得注意,当干预研究发生在个别化教学活动中时,就构成基于个体的实验条件,即:被试视为来自总体,对各被试分数的平均分数往往进行t检验。当干预研究发生在课堂教学活动中时,就构成基于班级的实验条件,即:被试组被看作是一个整体,共同接受实验中干预措施的影响,此时,对各被试组分数的平均分数进行t检验,才符合这类研究的随机化设计假设。但是,在实践操作中,在基于班级的实验条件下,仍然采用基于个别被试平均分数的t检验,这就是一种统计分析错误。

经过数据统计之后,进入研究探讨环节,这不仅要结合本研究的数据,还要综合来自不同实验条件的其他研究,以分析此类干预的影响效果及其内在机制,这一过程就是元分析(meta-analysis)。元分析一般在该类干预措施重复多次实验以后才进行。例如,如果某类干预研究做了十次实验,其中五次产生了显著差异,另外五次产生了差异但没有达到显著水平,那么结论是什么呢?按传统分析方法,倾向认为该类干预措施没有效果,或者该干预措施有效但没有达到显著意义。根据元分析方法,则要对每次实验所导致差异的算术平均数再次进行分析,以确定该干预措施是否有效。

三、教育心理学的核心观点

学习要求　理解教育心理学对学习(教学)的实质、过程和原因的核心陈述内容。

教育心理学拥有专门的知识、观点和理论,用于解释学习与教学中的诸多现象及其实质,这涉及三类问题:学(教)什么?如何学(教)?为什么这样学(教)?

首先,教育心理学初步揭示了人类知识和能力的实质。从信息加工的角度,研究明确区分了不同类型的知识(如陈述性知识、程序性知识和策略性知识),并阐述了各自心理表征的特征及其运作规律;从专长研究的角度,教育心理学描述出了学校学习中不同学科能力(如写作、阅读、数学、自然科学)、社会职业能力(医生、运动员、科学家、艺术家等)乃至顶级能力(创造力、天才)的特征及其发展规律。例如,对于人类一般能力与特殊能力之间的关系,该学科已给出明确答案:不是一般策略或方法(弱方法)而是具体领域的技能或策略确保个体成功解题;决定专家成为专家的不是那些通用于任何领域的思维能力、记忆能力和想象能力等,而是专家在自己领域内获得的独特知识结构、技能操作以及解题策略等。

因此,教育心理学更为明确地细分出教育教学活动的目标:在认知领域,除了事实性知识、观念性知识,更应该注重程序性知识和元认知知识,促使学生不仅会说,而且会做,并且是有效的自我调节和控制;在情感领域,从认识层面的接受,到行为层面的反应,直至人格层面的性格化,反映出学生态度、情感乃至道德品质的形成的不同梯度;在动作领域,从子技能获得,到各技能之间联系形成,最终达到自动化行为,蕴含着动作操作与认知调节的统一,知觉—动作模式与行为预测的整合。依据上述领域知识的划分,教师在教学目标的指引下,可以采用多种任务分析技术,明确从学生已有认知结构、观念或倾向到终点教育目标之间的差距,包括知识、能力、行为操作过程等,这些差距就是后续教学的着力点。

其次,教育心理学中最为核心的一条原则是:必须把将要学习的新知识,与学生头脑中的已有知识或认知结构联系起来。那么,如何获得联系?对于不同性质的内容,学习规律不一:知识学习注重建立有组织的认知结构,技能学习侧重精心设计练习活动,策略学习强调运用知识于不同情境,观念或倾向的学习突出直接体验事件的经历。然后,如何运用联系?要成功运用某类知识和能力来解决某个问题,则要经历问题表征、问题整合、预测结果、执行计划等步骤,其中关键之处在于已有知识结构中的解题图式、解题产生式、解题策略的获得,因此"学"的过程与"用"的过程是一致的。

据此出发,教育心理学对各类教学理论和方法有一个普遍的看法:几乎不存在通用于各领域的一般教学理论,更多的是只适合于某一类知识(或能力)、某些学生、某个情境的特殊教学理论。教育心理学已总结出一些促进个体学习的教学原则,并开发出相应的教学方法。例如,对于简单、低级的学习,可以采用学习行为主义观中的强化或惩罚,据此开发出程序教学和机器教学;对于高级、复杂的学习,可以采用学习认知观中一些促进理解、编码和自我调节的方法,据此开发出各类促进学习和记忆的教学策略;对于具有较强社会性质的学习,可以采用建构主义理论中的认知师徒法、合作学习和教学对话等,据此开发出促进学习积极性和思考性的教学程序。可以这样认为,学习过程的多样性,决定了教学理论和方法的多样性,其中的共性已经越来越难以被发现与证实。

最后,教育心理学研究越来越倾向认为:(1)在社会层面上,个体学习与周围环境密不可分,具有突出的社会文化属性;(2)在个体层面,学习所导致的外在行为变化与内在认知结构的变化既有一致性,也有异步性和差异性;(3)在观念层面,知识、能力、倾向等学习是一个有机整体而非割裂的各个部分。教育心理学已揭示出人类学习过程中的某些实质特征。例如,知识在头脑中的编码质量直接影响个体提取该知识;"学会如何学习"的内在认知机制,在于元认知、自我调节、反思等能力的形成;在问题解决过程中,除了解题方法或策略外,问题表征的质量也是成功解题的一个关键因素;一种学习之所以对另一种学习产生影响,在于它们之间存在共同的学习成分(或原理)。

教育心理学对有效教学过程、条件和结果,也提出了独特的学科看法。教学过程是教师已有内容知识与教学法知识综合运用的结果;教学过程既不等于学生的学习过程,也不等于单纯的教学步骤本身,这表明在学科内容与教育理论观念之间,需要形成一个整合的知识框架与结构。教学条件是教师实施教学所依赖的环境及各种途径,既体现在普遍意义上的课堂形式、教学媒体、教学工具与手段等,更反映在学生已有的知识、态度、兴趣、价值观念等,这表明教学方法与学生心理特征之间,存在某些适配关系;某个方法可能对某些学生有用,另一种方法可能对另一些学生有用。教学结果是学生经过学习(教学)活动后发生的变化,包括知识、能力、观念、倾向等,对上述结果进行科学诊断,既是此阶段教学的终点,又是下一阶段教学的起点,这表明不同教学活动之间的承接关系。

上述知识、理论和观念,是教育心理学百年多发展历程中逐渐达成的共识;一线教师如果能吸收和消化,将有助于提高自己的实践教学能力,促进自己的职业发展。当然,教育心理学这一学科发展,还远未达到"拿来就用"的程度。或许,这本就不是这个学科发展的目的。教育心理学对教育现象的种种探索,所形成的知识、理论和观念,更多是一种参考;在更为丰富的教育情境和教育活动中,这些知识、理论和观念必然会表现出不同的形式,呈现不同特征,进而形成更为"专门"的知识、理论和观念。更为重要的是,学习教育心理学,更多是一次科学思维训练的历程;该历程有助于教师形成这样一种能力,即自己去探索、分析和发现学习和教学中规律的能力,真正成为一个具有研究型思维的专家教师!

教学反思

学完本章后,请思考如下问题:

☞ 中西方教育心理学思想的比较;

☞ 教育心理学的学科发展历程;

☞ 我国教育心理学发展中的重要人物及其贡献;

☞ 我国经典的教育心理学教材及其评价;

☞ 教育心理研究的典型方法;

☞ 教育心理干预研究中的一般流程;

☞ 教育心理学的核心观点。

本章总结

■ 教育心理学的发展

自古以来,关于学生、学习和教学的思想层出不穷。1903 年桑代克出版《教育心理学》,标志教育心理学这一学科的诞生;自那以后,西方教育心理学界围绕着学生心理、学习心理和教学心理这三大主题,展开了一个多世纪的探索。随着西方教育心理学知识不断引介到国内,我国学者在融入国际教育心理学发展潮流的过程中,做出了一些颇具特色的教育心理学研究。如今的教育心理学越来越体现出一种跨学科趋势,这主要有三种方式:心理学与脑科学的交叉研究;心理学与计算机科学的交叉研究;心理学与社会学、人类学的交叉研究。

■ 教育心理学的研究

教育心理学的研究主题,主要围绕着学生、学习和教学。教育心理理论和观点的提出,离不开科学而规范的教育心理研究过程,这包括描述式研究方法和教育干预研究。通过这些研究方法,教育心理学主要回答三个问题:学(教)什么? 如何学(教)? 为什么这样学(教)? 教育心理学已揭示出一般知识或能力的分类,并正逐步深入探讨不同领域的特殊知识或能力的实质;同时,非常注重不同类型知识或能力的各自获得规律,以及相互关系;由此,提出针对不同内容的相应的教学方法和措施;最后,教育心理学从成功的学习和教学出发,揭示出制约个体学习的各类影响因素,提出有效的学习理论和教学理论。

重要概念

学生心理　学习心理　教学心理　描述性研究　教育干预研究

参考文献

1. 陈琦、刘儒德主编:《教育心理学》,高等教育出版社 2005 年版。
2. 冯忠良等著:《教育心理学》,人民教育出版社 2010 年版。
3. 高觉敷、叶浩生主编:《西方教育心理学发展史》(第二版),福建教育出版社 2005 年版。
4. 潘菽主编:《教育心理学》,人民教育出版社 1980 年版。
5. 吴庆麟主编:《教育心理学:献给教师的书》,华东师范大学出版社 2003 年版。
6. 张人骏、朱永新主编:《心理学人物辞典》,天津人民出版社 1986 年版。
7. Borich, G. D., & Tombari, M. L. (1997). Educational Psychology: A Contemporary Approach (2nd ed.). New York: Addison Wesley Longman, Inc.
8. Dikker, S., Wan, L., Davidesco, I., Kaggen, L., Oostrik, M., & Mcclintock, J., et al. (2017). Brain-to-brain synchrony tracks real-world dynamic group interactions in the classroom. Current

Biology, 27(9), 1375 - 1380.

9. Duchesne, S. , & McMaugh, A. (2016). Educational psychology for learning and teaching (5th ed.), Melbourne, Australia：Cengage Learning.

10. Fetsco, T. , & McClure, J. (2005). Educational psychology：An integrated approach classroom decision. Boston：Allyn and Bacon.

11. Mayer, R. E. (1987). Educational psychology：A cognitive approach,Boston：Little,Brown.

12. Slavin, R. (2003). Educational psychology theory and practice (7th ed.). Boston, MA：Pearson Education，Inc.

13. Zimmerman, B. J. (1990). Self-Regulated Learning and Academic Achievement：An Overview. Educational Psychologist，25(1)，3 - 17.

扫一扫二维码获取心
理学、教育学考研同
步真题及参考答案

扫一扫二维码获取同
步练习题及参考答案

第二章
认知发展

引 言

怎样向 6 岁和 14 岁的儿童解释"圆"或"球"这些概念？该用文字、图片还是例子来说明？年幼儿童和年长儿童在理解这些概念上有何差异？而教师在他们学习这些概念时应起何种作用？对这些问题的解答，主要涉及儿童的思维特征及其转变。认知发展理论认为，不同阶段的儿童的行为及其思维，不仅存在着量的差异，更有质的不同，是量变的累积达至质变，并在此基础上开启新一轮量变的辩证统一。

学完本章后，你应该能够：

☞ 阐述皮亚杰认知发展理论的基本观点；

☞ 解释儿童在皮亚杰提出的四个发展阶段上的思维差异；

☞ 阐述皮亚杰理论的教学启示；

☞ 阐述维果茨基认知发展理论的基本观点；

☞ 阐述维果茨基理论的教学启示。

教学设疑

在诗歌欣赏课上，刘老师正在讲解诗词中常见的"象征"手法。根据往常经验，他知道小学 5 年级的学生很难理解"象征"这一抽象概念，他决定用提问和举例说明来帮助学生理解。刘老师问："象征是什么？"一个学生说："象征就是……，比如，好像……"另一个学生说："象征就是一个东西代表另一个东西。"大多数学生仍茫然不解，老师举例说，"象征是指，比如戒指是结婚的象征，心形是爱的象征，或者……"有学生插话说："五星红旗象征国家"，"绿色象征和平"，"鸽子也象征和平"……刘老师接着问："小林，奥运会会旗上五个圆圈象征什么呢？""象征……象征……，噢，对了，象征团结。"就这样，刘老师通过不断地提问，自己举例和学生举例相结合，帮助学生理解了"象征"这一抽象概念。

如果你是刘老师，请思考：

☞ 从学生的这些反应中，可以看出他们的思维有何特点？

☞ 根据这些特点，接下来的课你会做些什么改变？

☞ 你会采用什么方法，去"倾听"学生的思维？

☞ 还有什么方法，可以让学生对"象征"手法有更多的具体体验？

☞ 如果有的学生还是不能理解目前的教学做法，你该怎样做？

视频

认知发展

第一节 皮亚杰的认知发展理论

图 2.1 皮亚杰

皮亚杰(Jean Piaget，1896—1980)是 20 世纪杰出的认知发展心理学家、发生认识论专家。他的研究把众多心理学家的目光引向了认知过程，促使研究者重新思考人的认知发展是如何发生的这一问题。皮亚杰一生著述极为丰富，出版了近 50 部著作，发表了 200 多篇论文。皮亚杰通过将心理学视为连接认识论和生物学的桥梁，一生致力于个体认识发生发展的研究，成功地创立了"发生认识论"。而该理论的核心内容——"儿童认知发展理论"已成为最具影响力的儿童心理学理论。

一、皮亚杰理论的基本观点

■ (一)发生认识论

> **发生认识论**
>
> 研究认识如何发生或起源以及如何逐渐发展的一门学科。

学习要求 阐述皮亚杰发生认识论的核心思想。

在皮亚杰那一时代，心理学界主要流行着精神分析学派以及行为主义学派的思想。精神分析学派的心理学家认为，人的天性是非理性的，人的行为取决于无意识的需求和欲望；而行为主义者由于不研究人头脑内部的事件，因而认为人是否具有理性无关紧要，在他们看来，只要对环境中各种刺激进行精心的安排，引出有机体的反应并加以及时地强化，就可以控制和塑造人的行为。

与上述两种观点不同，皮亚杰认为，人总是积极地、理性地试图学习。他把儿童看作是积极的学习者，他们会主动去建构有关外部世界的知识。在皮亚杰看来，儿童就像小科学家，他们通过对自己的假设进行检验，来发现世界是如何运作的。因此，人生而理性，人总是企图了解周围世界，这就是皮亚杰对人的根本看法。

从这一观点出发，皮亚杰认为，智慧或思维的本质是"生物适应性的一种特殊表现"；儿童的思维(智慧)不是单纯地来自客体，也不是单纯地来自主体，而是来自主体对客体的动作，即来自主体与客体的相互作用。这种对于认识起源实质的回答，强调了儿童本身的主动性和能动性。可见，知识(认识)不是人脑对外物的简单摹写，它要通过人与环境、人与其他人的相互作用才能获得。

所以，在皮亚杰看来，发生认识论有充分的理由作为一门独立学科而存在。他认为，"发生认识论就是企图根据认识的历史、它的社会根源以及认识所依赖的概念与运算的心理起源，去解释认识尤其是科学认识的一门学科"

（Piaget，1970）。也就是说，发生认识论研究人的认识的发展，它要解决人（群体和个体）的智慧是通过何种机制，经历怎样的过程，怎样从低级水平过渡到高级水平的这类问题。总之，发生认识论研究的主题是，认识是如何发生或起源的，以及认识是如何逐渐发展的。

■ （二）认知发展

学习要求　举例说明图式在个体发展中所起的作用；

说明认知发展的结构与机能的关系；

举例说明同化与顺应在认知发展中所起的不同作用。

皮亚杰在阐述儿童认知发展的过程中，常涉及一些关键概念，诸如认知发展、认知结构与图式、认知机能、组织、适应、同化与顺应等，它们之间的关系如图 2.2 所示。

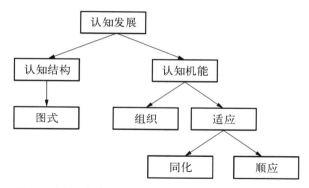

图 2.2　皮亚杰关于认知发展的重要概念之间的关系图

任何事物的发展都包含结构和机能的辩证统一，儿童认知的发展也是如此。图 2.2 表明，在皮亚杰的理论中，认知发展包括认知结构和认知机能两部分。

1. 认知结构

皮亚杰把认知结构称为**图式**，它是个体经过组织而形成的思维以及行为的方式；它有助于我们适应外在的环境，并可能表征着行动和经验的某种固定的形式。儿童最初的图式是先天的，即皮亚杰所说的"遗传性图式"。它只有少量的几种，如"吸吮图式"、"抓握图式"等，正是依靠这种"遗传性图式"，婴儿做出了最初的反应，开始了构造图式的漫长心理发展历程。例如，婴儿天生具有"抓握图式"，会伸出小手去碰触物体；如果碰触的是毯子，在一次又一次碰触毯子的过程中，婴儿逐渐知道了毯子的一些属性，如重量、大小以及质地。换言之，婴儿构建了有关这条毯子的图式。从此例可知，个体后天建构的图式最初源于动作，这种主体和他周围环境相互作用的观点，构成了皮亚杰理论的一个核心。

> **图式**
>
> 是个体经过组织而形成的思维以及行为的方式。

2. 认知机能

皮亚杰把认知机能区分为组织和适应两种；**组织**是生物有机体将结构组成更复杂的认知结构或系统的普遍倾向；例如婴儿能够将已有的代表老鹰的图式和代表鸽子的图式联系起来，形成代表飞行类动物的一个更大的图式。**适应**包括同化和顺应。

所谓**同化**，是指个人对环境中的信息进行整合，吸收到已有图式或正在形成的图式中去的过程。以吃饭为例，食物进入口腔后，先要进行一番咀嚼，使之适合我们食管、消化道等的生理结构；然后进入肠胃，被人体消化吸收，成为人体的一部分。学生的同化学习过程也是如此，针对课本中的知识、教师讲课的内容、黑板上的板书以及多媒体呈现的信息，学生根据自己的图式主动地对它们进行整合，使之符合自己的认知结构，然后，把这些知识吸收到自己的认知结构之中。

所谓**顺应**是指环境中刺激导致图式调整或重构的过程。例如，有些人开始喝苦丁茶时，会导致腹泻，说明这些人的肠胃无法同化苦丁茶；但如果再坚持喝几天，苦丁茶会使这些人的生理结构产生生物化学变化，可能从此再也不会拉肚子了。同样地，当我们和周围环境中的刺激相互作用时，一方面我们改变了刺激物，但同时刺激物也会改变我们原有的认知结构。

总体来说，组织和适应代表着认知机能相辅相成的两个方面。组织代表着认知机能的内部方面，适应代表着认知机能的外部方面。组织和适应这两种机能，与认知结构紧密联系在一起。通过组织这一认知机能，个体的认知结构得以重组和扩充；通过同化这一认知机能，个体的认知结构得到了丰富；通过顺应这一认知机能，个体认知结构得到了改造。通过上述过程，有机体的认知结构发生了量变和质变。认知结构和认知机能的辩证统一，就构成了儿童心理发展的重要内容。

> **同化**
> 对环境中信息进行整合，吸收到图式中去的过程（一种量变）。

> **顺应**
> 环境中刺激导致图式调整或重构的过程（一种质变）。

■ （三）影响认知发展的因素

> **学习要求** 举例说明成熟、物理环境、社会环境和平衡化对个体认知发展的影响。

在皮亚杰看来，影响认知发展的因素主要有四类：成熟、物理环境、社会环境和平衡化。

首先，有机体的成长，特别是神经系统和内分泌系统的成熟，为儿童形成新的行为模式和思维方式提供了生理基础。例如，婴儿只有在手眼能够协调时，其动作图式才可能建构。但成熟只给儿童的认知发展提供了可能性，如要使可能性转变为现实性，有赖于个体的练习和经验。

其次，个体从与物理环境的相互作用，尤其从对物体发出的动作中获得经验。皮亚杰把这种经验分为两类：一类是物理经验，指个体作用于物体，了解物体的特性，如物体的大小和重量等；另一类是逻辑—数理经验，它是个体对动作与动作之间关系理解的结果，这类经验来源于动作，而不是来源于物体。例如，儿童在沙滩上摆放鹅卵石，通过反复地摆放，会逐渐明白，不管把鹅卵石摆放成什么形状，不管从左数还是从右数，鹅卵石总数都保持不变。儿童通过对各个摆放动作关系的理解，明白了一组物体的总和，与这组物体中各部分的空间排列位置无关，也与计数的先后次序无关。

再次，认知发展也会受制于社会环境，如人与人之间的相互作用和社会文化的传递（如教育活动）。社会环境与物理环境一样，它要对个体的认知发展发挥作用，必须建立在能被个体同化的基础上。皮亚杰主张，教育必须适合儿童的认知结构，"只有当所教的内容可以引起儿童积极从事再创造的活动，才会被儿童有效地同化"。由此，教育的关键在于，对儿童提出恰当、不超出当前的同化能力，又能促进更高阶段发展、富有启迪作用的"适中问题"。儿童与其他人（包括老师、成人、同龄人）之间的相互作用，可以使他们分享一些观念，并获得新的认识；个体通过与不同人进行相互作用，不断拓展自己的认知发展内容和范围。

最后，具有自我调节作用的平衡化过程对认知发展起关键作用。所谓平衡化，就是指一种动态的认知过程，其目标是要达到更高水平的平衡状态。其具体的历程是：当个体已有的认知结构能同化环境中新的信息时，在心理上就处于暂时的平衡状态。但当个体已有的认知结构不能同化环境中新的信息时，在心理上则处于不平衡状态；这种不平衡会使个体产生一种自我调节的内驱力，推动个体调整或者建构新的认知结构，直到能同化环境中新的信息为止；此时，相比较之前的状态，个体心理处于更高的平衡状态，其结果自然是个体智慧水平得到了提高。因此，皮亚杰认为，具有自我调节作用的平衡化过程是智慧发展的内在动力。

二、皮亚杰的认知发展阶段理论

皮亚杰提出，人的认知（思维）发展依次经过四个主要阶段，每个阶段都大致地对应一定的年龄范围，而且每个阶段都以行为的质变为特征。儿童认知发展既是连续的，又是分阶段的，每个阶段是前一阶段的自然延伸，也是后一阶段的必然前提，发展阶段不能逾越，也不能逆转，认知总是朝着必经的途径向前发展。

■（一）感知运动阶段

学习要求　阐述处于感知运动阶段的儿童认知的特征。

感知运动阶段（0岁—2岁）的儿童只有动作层面上的智慧，语言和表象

> **感知运动阶段**
> 儿童仅靠感知动作的手段来适应外部环境，并构建动作图式的认知发展阶段。

尚未产生。本阶段的主要特征是:儿童仅靠感知动作的手段来适应外部环境,并构筑感知动作图式。也就是说,婴儿这时只能通过看、听、触、摸、尝、嗅等方式来探索周围世界。感知和动作是他们用以获取信息的直接而有限的手段。在该阶段中,感觉和运动经验使儿童获得技能并发展图式。直到本阶段结束,儿童开始使用符号和语言。

处于感知运动阶段的儿童,在认知上获得两大成就:主体与客体的分化以及因果关系的初步形成。第一,世界最初在婴儿的眼中只是一幅幅走马灯式的、变动不居的画面,每幅画面反复地时生时灭,在他们看来,只有自己看得见的东西才存在,看不见的东西就不存在。所以,婴儿最初的世界不存在永久的客体。直到2周岁左右,儿童才表现出会将眼前消失的物体仍然视为存在,这也被称为**客体永久性**。例如,即使一只球绕着沙发迂回滚到下面,儿童仍然能够找到。儿童之所以能够这样做,是由于他虽然看不见球了,但他仍能在自己的内心想象球滚动的轨迹。这标志着儿童已经把主客体分化开来,这对儿童的认知发展来说意义重大,以至于皮亚杰称之为"哥白尼式的革命",此时的儿童已能将自己看成是无数客体中的一个。第二,早期婴儿把一切事物的运动看成是自己动作或欲望的延伸。到后来,在动作与客体的不断相互作用过程中,婴儿逐渐对动作与动作的结果两者之间进行了区分,以后又扩展到客体之间的运动关系。当儿童能运用一系列协调的动作实现某一个目的,例如儿童用手拉动面前的毯子,拿到放在毯子上的玩具的时候,就意味着因果性认识已产生了。

■ (二)前运算阶段

学习要求 阐述处于前运算阶段的儿童认知的特征。

前运算阶段

儿童逐渐从具体动作中摆脱出来,开始用表象符号代替外界事物,出现表象或形象图式的阶段。

与感知运动阶段相比,处于**前运算阶段(2岁—7岁)**儿童的思维有一个质的飞跃:处于前一阶段的儿童只能对当前知觉到的事物施以实际的动作而进行思维,而处于本阶段的儿童,由于语言的出现和发展,开始用表象符号来代替外界事物,出现表象或形象图式。在这一阶段,儿童能够从事许多象征性游戏,如唐诗有云:"郎骑竹马来,绕床弄青梅";在两小无猜的幼年时代,一根竹竿就是一匹骏马。前运算阶段又可具体分为两个子阶段:前概念或象征性思维阶段(2岁—4岁)和直觉思维阶段(4岁—7岁)。

在前概念或象征性思维阶段,儿童已能运用概念进行思维,但儿童运用的概念与成人运用的概念有很大的差异。儿童的概念往往是把初学到的语言符号附加到一些事物上而形成的。在这一阶段,儿童的概念是具体的、动作的,而非抽象的,往往游离于概念的一般性和个别样例之间。该阶段的儿童不能做出合乎逻辑的推理,只能是从个别现象推到另一个别现象,皮亚杰称之为"传导推理"。例如,儿童看见别人戴的帽子与自己的相同,就认为是自己的帽子,这是因为,在儿童看来,"帽子"这个概念仅表示他的那顶帽子(样例),不具有普遍性。

在直觉思维阶段,儿童思维的主要特征是,其思维直接受知觉到的事物表面特征所影响。儿童的判断基于直觉知觉活动,还不能真正认识事物;这一点在皮亚杰的守恒任务上表现尤为突出。如图2.3,桌子上放有两个形状一样的玻璃杯子,里面盛了相同多的水;当着4岁或5岁儿童的面,将两个杯子里的水分别倒入一个高而窄的杯子,以及一个矮而宽的杯子;然后问:两杯水是否一样多?部分儿童会说矮而宽的杯子中水多,另一部分儿童会说高而窄的杯子中水多。这种现象表明此时儿童的思维极易受到事物表面特征的影响。

1 将同样多的水倒入　　　　2 将同样多的水倒入　　　　3 哪个容器的水多
　等同大小容器　　　　　　　不同容量的容器

图2.3　水任务的守恒

处于前运算阶段的儿童的思维往往是自我中心的。此时,儿童认为万事万物不仅为"我"所设,还为"我"所控制。例如,儿童认为:太阳和月亮是跟着"我"走而走的;天为什么会下雨呢,那是因为"我"要它下雨。此外,儿童的自我中心思维还表现在不能从他人的观点考虑问题,以为每个人看到的世界都和"我"看到的一样。例如,皮亚杰请儿童坐在一座山的模型的一边,将玩具娃娃放在另一边,要求儿童描述玩具娃娃所看到的景色;结果,儿童所描述的玩具娃娃看到的景色和自己看到的景色完全相同。

教学之窗

对处于前运算阶段的儿童的教学

☞　使用具体事物和视觉辅助物
　✔　在讨论"部分"、"整体"或"一半"这些概念时,使用纸板做成的形状进行说明。
　✔　在学加法和减法时,让儿童使用小木棒、石头或糖果。
☞　采用行动,缩短直接说教的时间
　✔　如果教师想让幼儿学会在课间休息后如何进入教室并准备学习,就可以让一名幼儿做演示,安安静静地走进来,直接走到自己的座位上,把课本、纸和笔放在课桌上。

- ✓ 使用行动而不是语言来解释游戏规则。
- ✓ 向幼儿说明作业要求时，准备一份符合要求的作业并使用投影仪向他们展示。

☞ 注意不同幼儿在从他人角度来看待世界的能力上存在个体差异
- ✓ 常识、语言等课的内容与儿童已有经验的差距不应过大。
- ✓ 明确所要学习的规则及使用的材料，但避免对规则的一般原理做过长解释。

☞ 关注幼儿可能为同一个字词赋予不同含义，也可能用不同的字词来表达同一个意思，同时，应注意到幼儿也期望每个人（包括教师）都理解他们创造的字词
- ✓ 如果幼儿说，"我不打瞌睡，我要休息"。注意学生这里说的"打瞌睡"可能是"换上睡衣，躺在床上"的意思。
- ✓ 要求幼儿解释他们自创的字词。

☞ 在学习一些复杂技能如阅读时，让幼儿有机会大量地练习基础性的子技能
- ✓ 使用图片进行识字教学。
- ✓ 在算术学习中除了使用纸笔任务，还可以附加一些需要测量和简单计算的活动——可以设立课堂活动展览区，并平均分配资源。

☞ 在概念和语言的学习中，为幼儿提供各种体验
- ✓ 带幼儿去动物园、花园、电影院和图书馆，邀请他人进课堂讲故事。
- ✓ 用字词描述学生正在做的事，包括听到的、看到的、触摸到的、尝到的和闻到的。

■ （三）具体运算阶段

学习要求　阐述处于具体运算阶段儿童的认知特征；
举例说明儿童守恒观念的发展。

具体运算阶段

儿童逐渐从表象性思维中摆脱出来，逐渐进行抽象思维的认知发展阶段。

　　处于**具体运算阶段**（7岁—11、12岁）的儿童正在小学阶段读书，此时的儿童认知结构中已经具有了抽象概念，因而能够进行逻辑推理。但是，他们的逻辑推理是具体的，不是形式的。他们只能对具体事物、具体情境进行思考，如果在纯粹语言叙述的情况下进行推理，儿童就会感到困难。比如，当成人说要对某些想法"泼泼凉水"时，他们可能会立即问"为什么要弄湿它"。与处于前运算阶段的儿童相比，处于具体运算阶段的儿童在分类、排序、推理、守恒等任务上都有所不同，具体如下：

　　首先，儿童能够根据客体的各种较为抽象的特征来分类，也就是能够根据物体的相似性来划分事物的种类，例如，根据动物出现的地点来分类（农场动物、丛林动物、家庭动物等）。相比之下，处于前运算阶段的儿童就只能在

客体的物理特征(大小、形状、颜色等)的基础上进行分类,而不能在抽象特征的基础上进行分类。同时,处于具体运算阶段的儿童已能很好地理解整体与部分的关系。

其次,具体运算阶段的儿童能够按照逻辑上的顺序给客体排序。当给他们一些长短不一的小木条,他们就会从短到长依次排列出来,反之亦然;甚至,无需提出这种要求,他们也会自动按顺序排列。而处于前运算阶段的儿童,即使要求他们按顺序排列,他们也只能够随机地摆放这些小木条。

再次,处于具体运算阶段的儿童已能进行递推性思维。如问七八岁的儿童:假定 A>B,B>C,问 A 和 C 哪个大,他们可能难以回答。但如果问他们,小明比小刚高,而小刚又比小伟高,问他们"是小明高还是小伟高?"处于具体运算阶段的儿童能正确回答这个问题,而处于前运算阶段的儿童则需要亲眼看到这三个人,才能得到正确答案。

最后,处于具体运算阶段的儿童已出现了守恒观念,这也是这个阶段的标志之一。所谓**守恒**是指儿童已认识到无论客体的外形发生什么变化,但其特有的属性不变,其根本原因是儿童已能够同时考虑到问题的多个维度。皮亚杰曾做了许多守恒实验,以检验不同阶段的儿童是否已形成守恒观念。以儿童判断不同形状的杯子中的水是否相等的实验为例(见图 2.3),处于前运算阶段的儿童尚不能正确判断,而处于具体运算阶段的儿童,已形成了守恒观念,而且几乎都可以完成皮亚杰设计的各种守恒任务。

> **守恒**
> 指儿童已认识到无论客体的外形发生什么变化,但其特有的属性不变。

教学之窗

对处于具体运算阶段的儿童的教学

☞ 使用具体的事物和视觉辅助物,尤其在教复杂内容时
  - ✓ 在历史课中使用时间列表,在自然科学课中使用立体模型。
  - ✓ 使用图表说明层级关系,如政府下面的各个机构,机构下面的各个部门。

☞ 继续为学生提供操作的机会
  - ✓ 安排简单的科学实验(如燃烧和氧气关系的实验),并问"当你从远处吹蜡烛,但又不将蜡烛吹灭,这时火焰会发生什么变化?"或者问"如果用一个瓶子罩住蜡烛,将会出现什么结果?"
  - ✓ 若有条件,可让学生亲自体验一些我国传统的手艺活,并以此说明我国古代劳动人民的职业特点。

☞ 表述和阅读材料应简短且组织良好
  - ✓ 让学生阅读的故事或书籍,篇幅应短但要有逻辑性,只有当学生具备了一定的阅读能力,才可考虑让他们阅读篇幅较长的材料。
  - ✓ 在表述说明过程中注意停顿,在讲新内容前让学生复习先前学习的内容。

☞ 使用学生熟悉的例子来说明复杂的观念

    ✓ 比较学生的生活与故事中人物的生活。如在读完有关一个女孩独自在荒岛上成长的真实故事后,问学生"你们曾经独自一人待过很长时间吗? 有什么感受?"

    ✓ 在教"面积"这一概念时,让学生亲自去测量学校中两间教室的面积。

☞ 让学生对复杂水平递增的物体和观念进行组合和分类

    ✓ 把段落中每个句子分别写在每张小纸条上,让学生把这些句子重新组织成完整的段落。

    ✓ 把人类身体的各个系统与其他物质系统进行比较:如大脑与电脑、心脏与水泵;把故事分解成各个成分:作者,人物、情节、主题,地点、时间,对话、描写、行动。

☞ 呈现一些需要逻辑思维和分析性思维的问题

    ✓ 使用谜语、脑筋急转弯等问题。

    ✓ 讨论开放性问题,以激发学生的思考,如"大脑和心理是同一回事吗?"、"城市应该如何处理流浪的动物?"、"最大的数字是什么?"。

■ (四) 形式运算阶段

学习要求 阐述处于形式运算阶段的儿童认知的特征;

                     比较处于形式运算阶段的儿童与处于具体运算阶段儿童的认知差异。

> **形式运算阶段**
>
> 儿童逐渐从依赖于具体内容的抽象思维中摆脱出来,而逐渐进行脱离具体内容的抽象思维的认知发展阶段。

处于**形式运算阶段**(11、12 岁以上)的儿童,倾向于从可能性开始,然后进展到现实;当面临问题时,他们会细致地考察问题情境,并试图确定所有可能的解决办法,然后再来系统地检验哪一种方法才是现实的。可见,此时的儿童已懂得将现实性视为更广泛的可能性的一部分。这一阶段的儿童还能运用逻辑思维来处理抽象的、假设的情境。例如,他们可以回答诸如"如果巨大的行星与地球相撞将会怎样?"等一些抽象的、假设的问题。显然,处于形式运算阶段的儿童,其思维的最大特点是已经摆脱了具体事物的束缚,能根据种种可能的假设进行推理,相信演绎得到的推论,使认识指向未来。

处于具体运算阶段的儿童,虽然也能够产生、理解和验证命题,但是在处理命题的方式上,他们只能个别地考虑命题,只能根据相关的经验材料逐个地检验命题。由于每一个命题只是关于外部世界的个别论断,因此皮亚杰将具体运算思维称为命题内思维,即儿童的思维被限制在某个单一命题内。而处于形式运算阶段的儿童还能够推论两个或更多命题之间的逻辑关系,皮亚杰称之为命题间的思维,更为重要的是,这种思维形式至少在原则上可以不受现实和情感因素的影响。

教学之窗

对处于形式运算阶段的儿童的教学

☞ 继续使用具体运算阶段的教学策略和材料

   ✓ 使用图表和插图等视觉辅助物,可以增加图表的复杂程度。

   ✓ 比较故事中人物的经历和学生自己的经历。

☞ 鼓励学生探索人为假定的问题

   ✓ 让学生写表明立场和态度的论文,然后与持对立观点的同学交换文章并阅读;讨论一些社会热点话题,如环境、经济、国家医疗保险制度等。

   ✓ 让学生写下对乌托邦的个人看法,想象并描述人类灭绝后的地球。

☞ 创造机会让学生科学地推理及解决问题

   ✓ 安排小组讨论,让学生自己设计实验以解答问题。

   ✓ 让学生确定关于"动物权力"这一主题的两种立场,并提供符合逻辑的论据。

☞ 教学内容不应仅限于事实,应逐渐加入一些普遍性的概念,尽可能利用接近学生生活的材料和观念。

   ✓ 鼓励学生思考和讨论。例如,为什么中国在鸦片战争后会由封建社会沦为半殖民地半封建社会。

   ✓ 在流行歌曲中选择一些能反映社会问题的歌词,引导学生对流行音乐在文化中的地位等问题展开讨论。

三、基于皮亚杰理论的教育活动

根据皮亚杰的认知发展理论,教育界提出了几种行之有效的教学方法,这包括:活动法、自我发现法、认知冲突法和同伴影响法。

从前面内容已知,皮亚杰认为智慧(思维)发端于动作,而主体的活动(动作)就是连接主客体的桥梁,也是智慧的根本来源。在教学过程中实施活动原则,就应该放手让儿童自己动手、动脑子去探索外物,获得丰富的逻辑—数理经验,通过反省抽象,逐步形成、发展自己的认知结构。活动越多,认知结构同化外来信息的功能就越强。对教师来说,强调活动就意味着应着眼于儿童认知结构的发展,而不必拘泥于某一事物的精确记忆。

根据皮亚杰的理论,儿童自我发现的东西才能积极地被同化,进而产生深刻的理解。对于某些学习内容,较之于"呈现学习的材料,强化正确答案"的传统学习方法,自我发现法的学习效果要好得多。皮亚杰曾指出:"每次过早地教给一些儿童自己日后能够发现的东西,会使他不能有所创造,结果也不能对这种东西有真正的理解。"要实施自我发现教学,教师要根据儿童的认知发展水平来创设适当的教学情境,给予儿童自我探索、自我发现的机会,使儿童通过积极的同化和顺应,获取对外界事物的认识。

认知冲突法（或认知失衡法）是让儿童学习那些与自己已经具有的知识有所不同的新事物。前面论及的平衡化思想可以说明这一点。平衡化是一种动态平衡过程，它是影响发展的重要因素。处于某一发展阶段的儿童具有一定水平的认知结构，儿童运用这些结构去同化输入的信息，有些能同化，有些则不能；于是，在能够同化与企图同化的两种信息之间就有了矛盾，导致认知结构内部的不平衡。这种内部的不平衡接着又可能引起认知结构的变化（即顺应作用），这样就使认知结构得到了发展。

运用认知冲突法，要注意材料引发的认知冲突的适当性，即材料的适度新颖原则，这样才能激起儿童求知的欲望，增强学习的动机。新旧知识的衔接、承启、组织，从激发学生学习动机的角度来说，是十分重要的。欲望、动机、兴趣，甚至意志，都是认知活动不可忽视的动力方面，都是教师在教学中应当注意和加以利用的。

皮亚杰一贯重视儿童之间的互教和相互影响。儿童之间交流彼此看法，可以了解不同人的观点；与同一认知水平上的儿童交往，似乎比与成人的交往，更能够促进儿童从自我中心中解脱出来。因此，鼓励儿童多与自己年龄相仿的儿童进行一起活动、一起游戏、一起学习，可以有效地促进儿童认知水平的发展。

第二节　维果茨基的认知发展理论

维果茨基（Lev. S. Vygotsky，1896—1934）是苏联杰出的心理学家，也是一位享誉世界的大学者。他一生主要研究儿童心理和教育心理，着重探讨思维与语言、学习与发展的关系等问题。在短暂的学术生涯中，他以马克思主义哲学为指导，创立了著名的社会文化历史学派。在他去世80多年后，维果茨基在西方重新声名鹊起，被公认为是当今学习理论中社会建构主义和情境学习理论的先驱。

图 2.4　维果茨基

一、维果茨基理论的基本观点

■（一）社会因素在儿童认知发展中的作用

文化—历史发展理论
由维果茨基提出，是运用社会文化环境等因素，从历史发展角度来考察人类高级心理机能的一种认知发展理论。

学习要求　举例说明个体心理发展的两种心理机能；
简述社会文化环境因素在儿童认知发展中所起的作用。

维果茨基创立了"文化—历史发展理论"，用来解释与动物有本质区别的人类高级心理机能,诸如思维、逻辑记忆、概念形成、随意注意、意志等。维果茨基认为,在个体心理(行为)的发展过程中,融合了两类心理机能:低级的心理机能和高级的心理机能,这两类心理机能分别依赖于生物进化和人类发展的历史。维果茨基强调,研究儿童心理的发展,必须依据历史的观点,在社会环境中考察儿童高级心理机能的发生发展过程,特别是心理结构的质变过程。

维果茨基提出了著名的"两种工具"说,即"物质生产工具"和"精神生产工具"(心理工具)。原始人使用的石器、现代人使用的机器等均是物质生产工具。精神生产工具也即心理工具,是指人类社会特有的语言和符号,它能使人的心理机能发生质的变化,使人在低级心理机能的基础上上升到高级阶段,从而形成各种高级心理机能。由于语言符号是人类社会文化历史发展的产物,它受社会文化历史发展规律的制约;从而个体心理尤其是人的高级心理机能的发展,也必然受社会文化历史发展的制约。

在维果茨基看来,在整个认知发展过程中,虽有生物成熟的影响,但成熟更多的是对低级心理机能(如各类感知觉)的制约作用;而对高级心理机能而言,主要是社会文化环境的影响。儿童自出生以来,就处在其周围特定的社会环境的影响之中;其成长过程中伴随着所处的社会文化环境中语言文字符号的学习;儿童在学习和运用语言文字符号的过程中,心理会发生质的变化。个体心理(认知)发展,是在特定社会文化环境的影响之下,以各种逐步掌握的心理工具为中介,在各种低级心理机能的基础上逐步发展其高级心理机能的过程。而在整个儿童认知发展过程中,社会文化环境因素的影响可谓举足轻重。

■ (二)心理发展的原因

学习要求 举例说明儿童心理机能发展的原因。

维果茨基认为,心理发展就是个体心理在环境与教育的影响下,在低级心理机能的基础上,逐渐向高级心理机能转化的过程。儿童心理机能发展的原因何在? 维果茨基强调以下三点:

其一,儿童心理发展是受社会文化—历史发展以及社会规律制约的结果。儿童生来就处在一定的社会文化环境之中,在社会文化环境的影响下,在物质生产活动中,在与人的交往中,儿童才逐步发展起新的行为系统(高级心理机能);因此,个体行为(心理)起源于并受制于社会文化历史的发展;心理的发展是在物质生产过程中发生的人与人之间的关系和社会文化历史发展的结果。

其二,儿童心理发展是儿童在与成人交往的过程中,掌握了能对高级心理机能起中介作用的工具——语言、符号——的结果。通过与社会环境(包括组成社会的人)的相互作用,儿童逐步掌握了心理工具(语言、符号),即获得了向高级心理机能发展的工具。一旦掌握了这种心理工具,就为低级心理机能向高级心理机能的转化提供了可能。

其三,儿童心理发展是高级心理机能本身不断内化的结果。维果茨基是**"内化"**学说的最早提出者之一。他指出,教学要能够激起和推动儿童一系列内部的发展过程,从而使儿童把外在人类经验内化为自身的内部财富。他认为,儿童早年的心理活动是"直接的和不随意的、低级的、自然的",只有掌握语言这个工具以后,才能转化为"间接的和随意的、高级的、社会历史的"心理机能。所有高级的、社会历史的心理活动形式,首先都是作为外部活动的形式,而后内化为在头脑中进行的内部活动。

二、维果茨基在语言、学习与教学上的发展观

■ (一) 语言与发展

学习要求 描述语言在社会交往过程中所起的作用;

举例说明语言作为自我调控的工具;

比较维果茨基与皮亚杰关于语言的不同阐述。

---

1. 语言:作为发展的媒介与思维的工具

语言是维果茨基认知发展理论的核心;维果茨基认为,语言在儿童认知发展中起关键作用。他相信,拥有高度发展语言的人,可以完成那些文盲所不能完成的复杂任务。这是因为人们在学习语言时,不仅仅在学习语词,同时还在学习与这些语词相连的思想。语言是儿童用以认识与理解世界的一种中介工具,也即一种思维的工具。

语言使得人们能够向其他人学习,并提供了获得其他人已有知识的途径。所以,语言为学习者提供了认知工具,使得他们能够对世界进行思考并解决问题。同时,语言作为一种中介物,不仅能促进儿童认知的发展,还能帮助儿童建构自己有关世界的知识,并对这一知识进行检验、精制和反思。此外,语言也提供了分享观念、精炼想法的机会。

2. 语言:作为社会交往与活动的工具

语言在发展中还有另外一种功能,即使得儿童能与他人进行交往,从而开始人与人之间的文化交流或观念交换。维果茨基认为,文化在发展过程中起到重要的作用,而社会交往是文化得以分享并传递的主要途径。

成年人(尤其是父母亲和其他照顾孩子的人)以及同伴,在文化的传递过程中均起到重要作用。成年人进行解释,给予指导,提供反馈并引导交流。而同伴则在游戏与课堂情境中,通过对话来促进儿童之间的合作。所以,社会交往一方面可交换信息,另一方面也提供了各种有关观念有效程度的反馈。

"活动"这一概念也是维果茨基理论的一个重要因素。儿童在"做"中学,即通过与更有能力的人一起进行有意义活动来学习。活动提供了使对话可能发生的情境。通过活动来进行对话,个体之间相互交流思想,个体便得以发展。

3. 语言:作为自我调控与反思的工具

语言在发展中还有第三个作用,即为人们提供了对自己的思维进行反思与调控的工

具。所有的人都会自言自语,但维果茨基认为,这种"自言自语式"的外在言语是个人言语内化的先兆。个人言语能引导个体思维与行为的自我谈话。皮亚杰在年幼的儿童中也观察到了这种现象,他称个人言语为"自我中心式言语"。皮亚杰认为,这种形式的言语只是思维的一种副产品,它还缺乏指向性,因而它是认知发展不成熟的一种表现。

但是,与皮亚杰的自我中心式言语观点不同,维果茨基对个人言语作了不同的诠释。他认为,这些仿佛没有目标的"咕哝",其实是个人内部言语的开端,而且这种语言在自我调控的发展中起重要作用。个人言语,最初是大声咕哝出来的,然后逐渐被内化,进而成为复杂认知技能的基础,这些技能包括保持注意("我得注意了,这很重要")、记忆新信息("如果我重复说这个数字,我就能记住它")和问题解决("我应该先做什么呢")。如表2.1所示。

表2.1　皮亚杰的自我中心式言语理论与维果茨基的个人言语理论的区别

	皮亚杰	维果茨基
发展的意义	代表一种不能从他人角度出发,或无法进行相互交流的表现	代表外在的思想,其功能是与自己交流,旨在自我指导与自我指引
发展过程	随年龄的增长而削弱	年幼时增加,然后慢慢变为听不见的、成为内部言语的思想
与社会言语的关系	呈负相关;在社会性和认知上最不成熟的儿童,使用更多的自我中心言语	呈正相关;正是在与他人的社会交往过程中,个人言语才得以发展
与环境的关系	——	任务越难,联系越密切,在需要较多认知努力来解决问题的情境中,个人言语可发挥良好的自我指导作用

教学之窗

维果茨基有关语言的观点在课堂教学中的运用

在课堂教学中,语言的中介作用体现为,学生逐渐内化成人的自我指导性言语,由此控制自己的行为。例如,教师可能教授或演示一些自我监控和自我指导的规则,而学生通过观察、模仿或实践,就逐渐学会问自己:"现在应该干什么?我们在语文课之后要做什么?语文课中有没有一些没有实际用处的内容,或者是否需要收集一些材料,为下节课做准备?"

在帮助儿童学会把语言作为中介过程来使用这一方面,父母和教师起相当重要的作用。研究发现,3—4岁天才儿童的父母亲,往往会鼓励孩子使用语言来预测、监控和检测他们自己的行为,而同龄的一般儿童的父母亲却不这样做。例如,天才儿童的父母,通常会提这样的问题:"你认为故事的下一步会发生什么事?"或"爸爸这样做之后,你应该做什么呢?"与此类似,在儿童预测、自我监控和自我改正时,教师或父母也可鼓励儿童用语言表述出来,这样有助于儿童发展自己的高级思维机能。

■ （二）学习与发展

学习要求　描述两种不同的认知发展水平；
　　　　　　　阐述最近发展区对儿童学习和发展的影响。

教师可能会发现，在实际课堂教学情景中，不同学生虽然"现有"能力相当，但在一些"超前"类问题上则表现出较大差异：一些儿童在引导性问题、例子及演示等的帮助下，可较容易地解决超过其认知发展的（真实）水平的问题，而另一些则不能。此外，教师通常会发现，与自己独立完成某些任务的学习形式相比，学生在同教师（或小组同伴）一起学习时可能会表现更好。维果茨基将这种现象解释为，人类认知过程在个体和群体两种水平上可能表现出不同功能。进一步，维果茨基认为，至少应确定儿童的两种发展水平：第一种水平是儿童现有心理机能的发展水平（儿童实际的发展水平）；第二种水平是在成人的指导和帮助下所达到的解决问题的水平（儿童潜在的发展水平），也就是通过教学所获得的潜力，如图 2.5 所示。

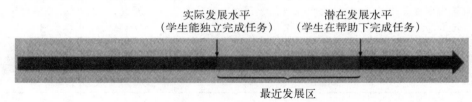

图 2.5　维果茨基的"最近发展区"

最近发展区
是指认知发展的真实水平与认知发展的潜在水平这两者间的距离。

根据这两个发展水平的假说，维果茨基提出**"最近发展区"**这一概念，其意指认知发展的真实水平（由独立解决问题所决定）与认知发展的潜在水平（由在成人的指导下或与其他更能干的同龄人合作解决问题所决定）这两者之间的距离。最近发展区存在个别差异和情境差异。也就是说，不同学生的最近发展区有所不同；同一学生在不同情境中，也可能有不同的最近发展区。

教学之窗

维果茨基的"最近发展区"观点在课堂教学中的运用

作为教师，应当尽力弄清每个学生的最近发展区。在个别教学过程中，通过提问或者提出一些建议，来促使学生向他们认知发展的潜在水平方向发展。此外，还应营造合作性的学习情境使学生们相互指导和帮助。也就是说，教师应当通过教学或合作性学习情境的创设，来促进儿童跨越其最近发展区，从而促进儿童认知的成长与发展。

以下就是一个运用"最近发展区"来教授百分比的教学实例：

在百分数教学中，教师与小林、小丽和小亮一起进行小组学习。小林很快做出了答案；小丽还在自言自语，埋头苦做；小亮已经放弃努力，在四处张望了。此时教师没有和往常一样对小丽和小亮讲解如何解，他让小林说一说解题的过程。

"我是这样想的，如果要求解卖掉的书的百分比，则先要得到一个分数，有了一个分数，我就把它化成小数，然后就得到百分数了。你们看，我第一步是这样的……"

小林在说的时候，小丽和小亮一直跟着小林的思路。

接下来，教师就对小丽和小亮说，"现在你们两个帮我来解这道题目，芳芳有12颗糖，送给小明9颗，那么芳芳送掉的糖的百分比为多少？"

"首先，"教师接着说，"我们要找到一个分数，然后就能得到一个小数，接着就知道百分数了，小丽，我们为什么需要一个分数？"

"因为……如果……如果我们有了一个分数就能得到小数，然后是百分数。"

"很好，那么芳芳给小明的糖是几分之几呢，小丽？"

"$\frac{9}{12}$"。

"太好了，小亮，我们怎么把这个分数化成小数呢？"

……小亮还是在摇头。

"再看看这个分数，怎么化呢？"

此时教师看到小丽很快就得出了答案0.75，而小亮仍不知道如何去做。

从这个教学实例可以看出，学生从教学中得益的程度是有差异的。同样是百分数问题，对小林而言，完全在其实际发展水平之内，他不需要额外的帮助就能解决问题；小亮则处于潜在发展水平之外，即使有教师的帮助仍不能解答这类问题，小丽恰位于这个"最近发展区"之内，在教师和同伴的帮助下学会了解题方法。可见教学应该瞄准儿童的"最近发展区"，在师生的共同合作之下，促进潜在水平的发展。

■（三）教学与发展

学习要求　理解皮亚杰"发展先于教学"和维果茨基"教学先于发展"的观点；
　　　　　解释支架式教学。

维果茨基把"教学"概念分为广义和狭义两种。广义的教学是指儿童通过活动和交往而掌握"精神生产工具"的过程，它带有自发的性质；而狭义的教学则是有目的、有计划、有系统的交际形式，它"创造着"儿童的发展。根据儿童的不同发展阶段，维果茨基还把教学划分为三类：针对3岁前儿童的教学为自发型教学，儿童按自身的"大纲"来学习；针对学龄前期儿童的教学是自发反应型教学,大多数要考虑儿童自身的需要或兴趣;针对学龄期儿童的教学为反应型教学,是一种按照社会的要求来进行的教学,以向老师学习为主要形式。

与皮亚杰认为儿童认知发展必须先于教学,即儿童只有处于特定的阶段才能掌握某些概念的观点相反,维果茨基认为,发展和教学相互影响,甚至教学要先于发展。显然,维果茨基更强调教学在儿童认知发展中的重要作用。那么,教学如何促进发展呢?基于维果茨基认知发展的理论,教师可以采取教学支架(teaching scaffolding)。

教学支架就是在儿童试图解决超过他们当前知识水平的问题时,教师所给予的支持和指导。给予教学支架的目的就是使学生最终能够独立完成任务,帮助他们顺利通过最近发展区。在操作上,教学支架应该考虑学生的需要:当学生需要更多的帮助时,教师就进一步提供"支架";当学生需要较少的帮助时,教师就撤销"支架",以便学生能独自完成任务。从功能发挥的角度来说,教学支架扩展了学习范围,使学习者能完成一些在其他条件下不可能完成的任务。所以,这种支架式教学是一种教学模式,它要求为学生提供一定的帮助,使其能够完成不能独立完成的任务,如图 2.6 所示。

> **教学支架**
> 是指儿童试图解决超出他们当前知识水平的问题时,教师所给予的支持和指导。

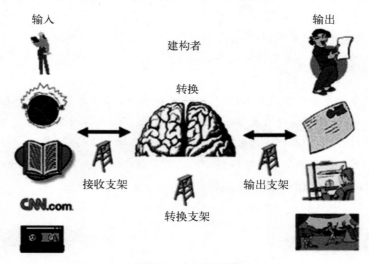

图 2.6　支架式教学

在课堂上,支架式教学一般采取的方式有:把学生要学习的内容分割成许多便于掌握的片段;向学生演示要掌握的技能,提供有提示的练习;在学生准备好之后让他们自己活动等。在支架式教学中,教师的作用在于,为学生自己完成任务提供恰到好处的支持和帮助。如果教师提供的帮助太多,学生独立思考或操作能力就得不到充分发展;相反,如果提供的帮助不够,学生又会因失败而泄气。所以,有效的教学支架必须是灵活的,必须适应学生通过最近发展区的需要。

教学之窗

支架式教学类型及其实例

☞ 示范解题步骤，让学生知晓有效解题方法

通过演示如何解决问题，教师就可以给学生提供专家是如何解决问题的具体例子。例如，美术课教师先演示如何绘制两点透视图，然后要求学生自己去画。

☞ 进行"出声思考"，让学生理解操作时的思维过程，并进而模仿

这一技术有助于学生在自己解决问题时模仿使用教师有效的思考方法。例如，一位物理课教师在黑板上解答动量问题时，口述自己的解题思路。

☞ 使用"提问"，激发学生的思维

通常，在学生自己努力解决问题的时候，教师提出问题来引导他们，或者把学生的注意力引向关键之处，或者给予一些选择性建议等。例如，在示范和出声思考以后，物理老师让学生思考一些涉及重要知识点的问题。

☞ 改变教学材料，层层递进式发展学生能力

改变教学材料的一种形式就是改变任务要求。例如，在教学生如何对阅读材料进行提问的时候，教师先提出关于单个句子的问题，然后是关于段落的问题，最后是整篇的问题。再如，在体育课上，老师调低篮圈，让学生练习投篮，一旦练习熟练后，再升高篮圈。

☞ 提供书面或口头的"提示和线索"，引导学生的思维

如在幼儿教育中，常常用"小兔子绕洞跑，跑了一圈跳进去"来教儿童如何系鞋带，等等。

三、基于维果茨基理论的教育活动

维果茨基的理论对教育工作者之所以具有吸引力，是因为它本身就十分强调成人在指导儿童认知成长过程中的积极作用，以及教师在帮助学生成为更成熟的思考者过程中的潜在作用。

在教育活动中，我们可以首先确定每个学生的两种水平：一是他们能够独立而有效地完成作业的水平，二是他们在指导下能够有效地完成作业的水平。也就是说，要弄清每个学生认知发展的实际水平和潜在水平。认识到学生的最近发展区将有助于制定教学计划，以促进学生实现其潜在水平。例如，如果知道学生能够独自完成"异分母分数的加法运算"，那么在老师的帮助下，他们可能会完成"异分母分数的减法运算"，甚至不久之后，他们将无需帮助也能完成。

依据维果茨基的理论，教师可以定期与每个学生一起探讨那些能提供"教学支架"的问题；向学生呈现新任务时，提供言语指导并演示新技能，安排好学生进行小组作业，使他们能够相互学习。群体学习能够诱发动机；社会交往可以激发学生使用语言来交流他们的看法、为自己的观点辩护以及阐述相关问题；小组作业则可以教会学生合作性地工作、

同意和反对以及从不同角度看待事件。

同时，教师可以鼓励学生在解决问题时使用内部言语。"对你自己说"或"大声说出解决问题的步骤"，有助于学生认识到问题的关键方面、判断可能的解决办法、认识其推理过程中的破绽或矛盾。教师还可以把班级营造成为学习者团体。通常，教师能够指导学生，但实际上，学生们自己也可以相互指导。教师应当鼓励学生在结对学习或小组学习中相互支持。

此外，教师或成人在帮助儿童学习时，还可以通过以下途径进行：示范行为以供学生模仿；在学生表现出所期望的行为时给予奖励；给予学生其作业情况的反馈，允许他们对自己的作业做出修正和改进；为学生提供必须学习的信息；提出一些需要学生积极阐述予以回答的问题；为学生组织和理解新知识提供必要的认知结构，这种结构可能是宏大的，如一种理论、世界观或哲学，也可能是简易的，如指明一个概念，等等。

教学反思

学完本章后，请思考如下知识点：
- ☞ 认知的同化和顺应；
- ☞ 个体认知的"不平衡状态"；
- ☞ 认知发展的阶段理论；
- ☞ 学生的自言自语和内化；
- ☞ 学习的最近发展区；
- ☞ 教师提供的"教学支架"。

本章总结

■ 皮亚杰的认知发展理论

皮亚杰认为，人是建构外部世界知识的能动主体，而非被动的接受者，人类智慧的源泉应是主体对客体的动作，也就是主体与客体的相互作用。从这个角度出发，皮亚杰创立的"发生认识论"，主要研究认识如何发生或起源乃至逐渐发展的问题。按照皮亚杰的观点，个体是凭借认知结构（或图式），通过适应（同化与顺应）和组织这两种机能，才逐渐认识外界事物、适应外界环境，实现认知的发展。而在认知发展过程中，个体主要经历了感知运动阶段、前运算阶段、具体运算阶段和形式运算阶段这四个阶段，每个阶段都大致地对应一定的年龄范围，而且每个阶段都以行为的质变为特征。

■ 维果茨基的认知发展理论

维果茨基主要采用历史观点，在社会环境中考察儿童高级心理机能的发生发展，创立了"文化—历史发展理论"。该理论强调个体心理发展过程中社会文化这一影响因素，尤其重视语言在这一思维内化过程中所起的突出作用。维果茨基还提出"最近发展区"概念，以拓展对学生能力理解的认识（当前能力和潜在能力），指出教师或成人在儿童认知发展中所起的重要作用（提供教学支架），这一观念对当前建构主义的教育思想产生了深远影响。

重要概念

发生认识论　图式　同化　顺应　感知运动阶段　前运算阶段　具体运算阶段　守恒　形式运算阶段　文化—历史发展理论　最近发展区　教学支架

参考文献

1. 刘金花主编：《儿童发展心理学》，华东师范大学出版社 1997 年版。

2. 皮连生主编：《学与教的心理学》，华东师范大学出版社 1997 年版。

3. 皮连生：《教学设计：心理学的理论与技术》，高等教育出版社 2000 年版。

4. 邵瑞珍主编、上海市教育委员会组编：《教育心理学》（修订本），上海教育出版社 1997 年版。

5. ［瑞士］J. 皮亚杰著，王宪钿等译：《发生认识论原理》，商务印书馆 1981 年版。

6. ［加］R. 凯斯著，吴庆麟等译：《智慧的发展：一种新皮亚杰主义理论》，上海教育出版社 1994 年版。

7. Borich, G. D. & Tombari, M. L. (1997). Educational psychology: A contemporary approach (2nd ed.). New York: Addison Wesley Longman, Inc.

8. Eggen, P. & Kauchak, D. (1997). Educational psychology: Windows on classroom (3rd ed.). Uper Saddle River, NJ: Prentice-Hall.

9. Woolfook, A. (2001). Educational psyhchology (8th ed.). Boston: Allyn and Bacon.

扫一扫二维码获取心理学、教育学考研同步真题及参考答案

扫一扫二维码获取同步练习题及参考答案

第三章
社会化发展

引　言

　　人从一出生就开始与周围世界互动,社会化过程也由此开始,并贯穿个体一生。在社会化过程中,个体需要了解自己以及周围社会环境。了解自己,包括形成健康的自我意识,正确地认识自己、形成积极的自尊、悦纳自己及恰当地调节和控制自己;了解周围社会环境,则包括逐渐掌握判断是非的标准,并将这些标准内化,最终反映在自己的实际行动中。在个体社会化过程中,家庭和同伴是两个最重要的因素。

　　学完本章后,你应该能够:

👉　描述埃里克森心理社会发展的八阶段;

👉　提出一些促进学生自信心的方法;

👉　解释个体自我意识的发展;

👉　提出一些提升学生自尊的方法;

👉　阐述父母教养方式和同伴关系对个体社会和情感发展的影响。

教学设疑

　　作为班主任,汪老师发现班上有些学生很特殊:小明学习成绩虽好,但几乎没有知心朋友;小红表现出对周围世界充满了好奇心,喜欢寻根究底,有时还给任课教师的课堂教学带来很多麻烦;小平成绩一般,但自我评价过高,骄傲自满;小军做事退缩,缺乏自信心,不善于表现自我,有点不合群;小力由于父母放弃管教,整天在游戏机房玩耍而不上课;小花是父母的掌上明珠,被爷爷奶奶宠爱,以致在学校也只会指挥他人,养成了骄纵的习惯。

　　如果你是汪老师,请思考:

👉　如何帮助小明建立良好的同伴关系?

👉　如何引导小红的探索行为?

👉　如何使小平正确认识自我?

👉　如何帮小军树立自信心?

👉　如何与小力的父母沟通,使其重新回到课堂?

👉　如何和小花的父母沟通,帮助她改变"骄纵"的习惯?

视频

社会化发展

第一节　心理社会发展理论

在个体成长过程中,免不了要与社会环境(人或事)发生冲突。这些冲突反映到个体心里,则是各类冲突;对之进行成功解决,则是成为一个心理健康的人的必要过程。

一、心理社会发展八阶段

学习要求　讨论生物、社会与心理这三种因素在个体人格发展中所起的作用;从年龄、任务、品质和特征等角度,描述埃里克森心理社会发展八阶段的内容。

埃里克森(Eric H. Erikson,1902—1982)是一名美国精神分析医生,也是一位精神分析学家,建立了代表新精神分析学派的人格发展理论。他认为个性的发展受生物、心理和社会这三方面因素的影响,并从情绪、道德和人际关系的整体发展角度来研究个性。因此,埃里克森的这一理论又被称为**心理社会发展理论**。

埃里克森认为,在人的心理发展过程中,自我与社会环境相互作用,所形成的人格是生物、心理和社会三方面因素组成的统一体。他把人的一生从出生到死亡划分为八个互相联系的阶段,具体见表3.1。

> **心理社会发展理论**
>
> 阐述人的一生从出生到死亡,由生物、心理和社会等三方面因素制约的人格和社会发展理论。

表3.1　埃里克森心理社会发展的八阶段

危　机	年龄范围	特　征
信任感对不信任感	婴儿期(出生—1岁)	通过持续不断的爱与关怀,形成对环境的信任,获得安全感
自主感对羞耻感与怀疑感	幼儿期(1—3岁)	在父母的支持下,不断体验成功,形成自主性行为
主动感对内疚感	儿童早期(3—6岁)	由交流和挑战所导致的探究和探索态度
勤奋感对自卑感	儿童晚期(6—12岁)	通过成功和取得各类成就,体验对任务熟练掌握的胜任感
自我同一感对同一感混乱	青少年期(12—18岁)	在学校和社会实践中,通过扮演不同角色,形成人格、社会、性别和职业等方面的自我同一感

续　表

危　机	年龄范围	特　征
亲密感对孤独感	青年期	通过与他人交往,对他人开放并形成亲密联系
繁殖感对停滞感	成人期	通过职业的成功和社会责任感的增强,对社会做出大量富有创造意义的贡献,关心下一代的发展
自我整合感对绝望感	老年期	通过理解个人在整个生命周期中的位置,接受并理解自己的生活

　　上述八个阶段以不变的序列逐渐展开,每一个发展阶段都需要解决某一种具有普遍性的心理与社会矛盾。对于这些心理与社会矛盾,埃里克森使用了"危机"这一词汇,其含义并不是一种灾难性的威胁,而是指发展中的重要转折点。在每个转折点上,个体不可避免地要对发展的方向做出选择。前一阶段危机的积极解决,增加了下一阶段危机解决的可能性;而消极地解决危机,则减少了这种可能性,给下一阶段的发展造成障碍。因此,各阶段发展任务解决得顺利与否,将直接影响到个体未来人格和生活的具体方面。从本质上讲,社会环境决定了各阶段的任务能否获得积极解决,也正是出于这个原因,埃里克森才把人生的八个阶段称为心理社会发展阶段。下面具体介绍这八个阶段的内容。

■ (一)信任感对不信任感(出生—1岁)

　　该阶段的基本任务主要是形成信任感,发展对周围世界,尤其是对社会环境的基本态度。这个阶段的儿童对成人的依赖性最大。如果父母等抚养者能爱抚儿童,及时满足他们各方面的基本需求,就能使婴儿对周围的人产生信任感,使其感到世界和人是可靠的,因而会获得一定的安全感。相反,如果需要没有得到满足,儿童就会产生不信任感和不安全感。对人和对环境的信任感,是形成健康个性品质的基础,也是以后各阶段发展的基础,更是青少年期形成同一性的基础。"婴儿期"这一阶段危机的积极解决,会在儿童的个性中形成一种良好的品质,即"希望",它是指对自己愿望的可实现性具有持久的信念。

■ (二)自主感对羞耻感与怀疑感(1—3岁)

　　该阶段的基本任务主要是形成自主性。一方面,父母要给儿童一定的自由,允许他们去做力所能及的事情。如果父母对子女的行为限制、惩罚与批评过多,就会使儿童产生羞耻感,怀疑或否定自身的能力。另一方面,父母也要根据社会的要求,对儿童的行为进行一定程度的限制或控制。只有这样,才能使儿童既学会独立生活,又能服从一定的规定和要求,以便将来能遵守社会的秩序和法规。积极地解决这一阶段的危机,所形成的良好品质为"意志",它是指个体能成功驾驭自己的情感。

■ (三)主动感对内疚感(3—6岁)

　　该阶段的基本任务主要是发展主动性。在这一阶段,儿童的肌肉运动与言语能力发展很快,活动范围也进一步向外界扩展,对周围环境充满了好奇心。此时,如果成人对儿童的好奇心和探索行为没有横加阻挠,而是让他们有更多机会自由参加各种活动,并耐心地解答他们提出的各种问题,那么儿童的主动性就会得到进一步发展。相反,如果父母经常采取否定与压制的态度,这会使儿童认为自己所玩的游戏不好,提出的问题笨拙,从而产生内疚感和失败感。对这一阶段危机的积极解决,所形成的良好品质为目的,它是指面对和追求有价值的目标的勇气。

■ (四)勤奋感对自卑感(6—12岁)

该阶段的基本任务主要是发展学习中的勤奋感。儿童不仅受到父母的影响,而且还受到教师和同学的影响。为了不落后于众多同伴,儿童必须勤奋学习,但不可避免地会体验到失败情绪。如果儿童在学习上不断取得成就,在其他活动中也经常受到成人的奖励,就会产生勤奋感;如果在学业上屡遭失败,在日常生活中又常遭到批评,就容易形成自卑感。这一阶段危机的积极解决,所形成的良好品质为"能力",它是指在完成任务中运用自如的聪明才智。

■ (五)自我同一感对同一感混乱(12—18岁)

该阶段的基本任务主要是发展或建立自我同一感。所谓自我同一感,是一种关于自己是谁,在社会上占什么样的地位,将来准备成为什么样的人,以及怎样努力成为理想中的人等一系列感觉。实现同一感的关键是教师或父母鼓励并支持青少年亲自去做一些尝试。通过亲身体验,他们会发现适合自己的生活方式,并逐渐形成自己独特的世界观、人生观和价值观。然而,有些青少年由于长期遭到同一性挫折,出现了持久的、病态的同一性危机。这些青少年不能正确选择适应社会环境的生活角色,形成的自我同一感是消极的,且背离了社会的要求。此外,他们的道德推理不够成熟,行为冲动,责任感不强。这一阶段危机的积极解决,使青少年获得积极的同一性,形成一种良好的品质为忠诚,它是指忠于自己内心誓言的能力。

■ (六)亲密感对孤独感(青年期)

该阶段的基本任务主要是形成亲密感。亲密感是人与人之间的亲密关系,包括友谊与爱情。亲密感在危急情况下,往往会发展为一种互相承担义务的感情,它是在共同完成任务的过程中建立起来的。埃里克森指出,只有建立了牢固自我同一感的人,才敢热烈追求与他人建立亲密关系。亲密关系的建立,要求个体把自己的同一性和他人的同一性融合在一起,此过程包含着让步和牺牲。而一个没有建立自我同一性的人,担心同他人建立亲密关系而丧失自我。这种人离群索居,害怕与他人过于亲密,不愿与他人交流思想和情感,从而产生孤独寂寞感。这一阶段危机的积极解决,所形成的良好品质为爱,它是指一种永久的相互献身的精神。

■ (七)繁殖感对停滞感(成人期)

这一阶段有两种发展的可能性:一种是积极的发展,即繁殖感,个人除了关心家庭成员外,还会扩展到关心社会上的其他人,他们在工作上勇于创造,追求事业的成功,而不仅仅为了满足个人的需要;另一种是消极的发展,即停滞感,就是只顾及自己和自己家庭的幸福,而不顾他人的困难和痛苦。这一阶段危机的积极解决,所形成的良好品质为"关心",它是指自觉地关心他人、爱护他人。

■ (八) 自我整合感对绝望感(老年期)

有些人积极地解决了前面七个阶段中的发展危机,此时他们具有充实感和完善感,回顾这一生会觉得一辈子过得很有价值,生活很有意义。而屡遭挫折的人在回忆自己一生时,经常体验到失败甚至绝望,这是因为他们生活中的主要目标尚未达成。他们感到已经处于人生的终结,想要重新开始已经太晚了。这一阶段危机的积极解决,所形成的良好品质为"明智",它是指以超然的态度来对待生活和死亡。

二、心理社会发展理论的教育含义

学习要求　举例说明针对不同心理社会发展阶段的教育方法。

埃里克森的心理社会发展理论不仅指出了每个发展阶段的任务,个体将面临的危机,还提出了解决矛盾、完成任务的具体教育方法。其教育措施既强调父母的作用,又十分重视同伴、教师和社会的作用。

在第一阶段(婴儿期),为了形成基本的信任感,应使儿童的生活有一定的规律并适时地满足他们的各种需要。父母不仅要重视育儿技巧,更要重视育儿时亲子关系的双向性。父母对生活、对他人、对社会的不信任感会潜移默化地传递给儿童。

在第二阶段(幼儿期),为了发展自主感,应允许并鼓励儿童去做一些力所能及的事情。在这一阶段,儿童开始学习走路,玩玩具,对周围世界充满了好奇,并自发地进行探索。此时过多的限制、批评和惩罚则会阻碍儿童的发展。例如,对幼儿尿床过度批评,或对儿童打碎杯子碗碟严加指责,就会使儿童产生羞耻感。当然,过分爱护,替儿童包办一切,也不利于其自主感的发展。

在第三阶段(儿童早期,对应学前期),为了发展主动感,应提倡儿童开展各类游戏或自己从事某些活动。开展游戏的目的在于补偿儿童对失败和受挫的体验,有助于缓释和解决前面两个阶段中未能很好处理的危机。如果父母对儿童的游戏行为给予鼓励和支持,则会增加儿童探索外界事物的信心,从而更有可能形成主动性。相反,如果父母对儿童的游戏不闻不问或讥讽嘲笑或横加阻止,都会给儿童的心灵带来伤害,产生退缩和焦虑反应。同时,这一阶段也是儿童最喜欢问"为什么"的时期。对于儿童提出的各种问题,父母应该耐心地给予解答。这不仅能丰富儿童的知识,而且也促进了他们的求知欲。

在第四阶段(儿童晚期,对应小学期),发展勤奋感,要善于利用各种心理效应和强化手段。教师是这一阶段儿童心目中的权威,其影响力逐渐超过了父母。教师的期待可以使儿童向期望的方向发展,这也就是通常所说的"皮格马利翁效应"。儿童如果在学习中屡遭失败,在同伴中不被认可和尊重,自卑感就随之产生。如果教师严厉批评他们的学习表现,或采取听之任之的忽视态度,都将加深儿童的自卑感。如果教师能抓住时机恰当地给予表扬和赞许,久而久之,儿童会建立自信心,并对学习产生兴趣,从而自觉地投入到学习中去。

在第五阶段(青少年期),形成自我同一感,要帮助或引导学生的人格、心理、性别和社会等方面的发展。在这一阶段,学生面临着众多选择,如升学的选择、理想的选择、职业的选择、异性朋友的选择等,此时,青少年往往会感到茫然、焦虑与不安。父母和教师应给他们自由选择的权利,同时要提供正确的参考意见,并以自身的言行为他们树立榜样。过分干涉或漠不关心,都不利于青少年的身心发展。

在个体一生中,尤其是从婴幼儿期到成年早期,家庭和学校教育对个体的心理社会发展起到了十分重要的作用。了解个体社会化的整个过程以及各个阶段心理活动的特点和规律,有助于父母和教师采取相应的教育方式和行之有效的措施,帮助孩子健康成长。

第二节　自我意识的发展

自我意识(self-consciousness)不是与生俱来的,而是个体在与周围环境相互作用的过程中,随着身心成长逐渐产生和发展起来的。自我意识是个体社会化的一个结果,同时它的形成和发展又进一步推动了个体社会化的进程。

一、自我意识的含义

学习要求　解释自我意识的三个心理成分;
　　　　　　解释自我概念。

自我意识是指人对自己的认识以及对自己和周围人的关系的认识。自我意识由自我认识、自我体验与自我控制三种心理成分构成。这三种成分相互联系、相互制约。

自我认识是主观的我对客观的我的认知与评价。自我认知是自己对自己身心特征的认识,而自我评价是在此基础上形成的判断。正确认知并评价自己是一个复杂的过程,除了认知因素外,动机、需要、期望等心理因素也参与其中。如果一个人只看到自己的缺点,长期徘徊在失败的阴影中,则很容

> **自我意识**
>
> 是指人对自己的认识以及对自己和周围人的关系的认识。

易失去自信心，导致自卑心理的产生。相反，如果一个人一直以自我为中心、盲目乐观、刚愎自用，则会阻碍良好人际关系的形成，容易在社会交往中受挫。所以，恰当、准确的自我认识，对个体发展非常重要。

自我体验是个体对自己所持有的情绪体验和态度。自尊、自信、自负、自我满足、自我欣赏、自我贬低都是各种类型的自我体验。自尊是自我体验中最主要的一个方面，是指尊重自己的人格和荣誉，维护自我尊严的情感体验。对于一个缺乏自尊心的人，任何表扬和批评都无法起作用。羞耻心与自尊紧密相连，是指发现自己的缺点、不足和错误时产生的羞愧感，是自尊心产生的基础，也关系到个体的进步和成长。

自我控制是个体对自身行为和心理活动自觉而有目的地调整和控制。自我控制包括两个方面：一是激发作用，即命令自己或激励自己从事某些活动；二是抑制作用，即审时度势地控制自己的言行。自我控制有利于个体学习和工作的顺利进行，同时它促进了良好人际关系的形成和维系。

自我意识有积极和消极之分。积极的自我意识对"现实我"有比较清晰客观的认识，而且"理想我"的确立比较现实，既不好高骛远又具有一定的挑战性。对自我的情感体验是健康、向上的；在实际生活中能自觉地自我控制，不断地完善自己。而消极的自我意识则恰恰相反，它对自我的认识是不准确的，是否定的或歪曲的；情感体验是消极或虚妄的；面对所发生的事情往往无所适从。

值得注意，在自我意识中，**自我概念**（self-concept）相当重要。自我概念通常是指"由个体对自身的观念、情感和态度组成的混合物"。在很多场合，自我概念和自我意识可以互换使用。自我概念不是永恒、统一或不变的，它随着情境和年龄阶段的不同而发生变化。有研究者总结出英语国家学生自我概念的层级结构，如图3.1所示。

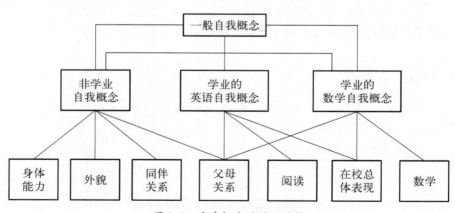

图 3.1　自我概念的层级结构

从上图可以看出，自我概念可以分为非学业方面的和学业方面的。其中学业自我概念至少包括两部分——英语的和数学的。这种分法比较适合小学阶段的学生，随着年龄增长、学业课程的增加，学生可能形成其他的学业自我概念，如对社会科学、自然科学等的自我概念。这些位于第二层的自我概念本身又是由更为具体而独立的第三层自我概念组成的，如对身体、能力、外貌、与同伴的关系、与家庭（尤其是父母）的关系等方面的认知。

上述不同层面的自我概念,其形成往往来自日常经历及体验,例如体育运动表现,对身体、皮肤或头发的评价,友谊,对群体作出的贡献等。

二、不同年龄阶段的自我意识

学习要求　描述不同年龄阶段儿童的自我意识特点;
　　　　　　讨论学生自我意识发展的水平对学习与教学的影响。

■ (一)婴幼儿的自我意识

婴儿在刚出生时不具有自我意识。大约到第一年末,幼儿开始能把自己的动作和动作对象区分开来,随后又能把自己和自己的动作区分开来,此时自我意识开始萌芽。一岁左右,儿童在跟其他人的交往中,逐渐认识了自己身体的各个部分并产生了对自己行动的意识;三岁左右产生了对自己心理活动的意识;四岁以后,开始出现对自己的认识活动和语言的意识。

自我评价是自我意识的一种表现,大约从二三岁左右开始出现。幼儿的自我评价尚处于学习阶段。它具有以下五个特点:(1)依从性,由于幼儿自身认知水平的限制,加上对权威的服从,他们常把成人对自己的评价作为自己对自己的评价;(2)被动性,幼儿的自我评价通常不是自发的,而是出于成人的要求,而且评价的内容多数仅仅是重复成人的评价;(3)表面性,自我评价集中于自我外部表现的具体行为,尚不会评价自己的心理活动及个性;(4)主观情绪性,幼儿对权威(如父母、教师)和自己的评价总是偏高;(5)不稳定性,幼儿的自我评价忽高忽低,很不稳定,这一特点与儿童自我评价的依从性和被动性有关。

■ (二)学龄初期儿童的自我意识

儿童进入学校以后,自我意识得到加速发展。一方面是由于儿童已经能利用语言符号调节自己的行动;另一方面客观环境向儿童提出了一系列的要求,迫使儿童按照这些要求来检查、约束自己的行为,同时成人和同伴也经常以这些要求来评定儿童的行为。因此,儿童对自我有了更多的了解。

一般来说,小学生自我评价的水平还很低,处在从具体的、个别的评价向抽象的、概括的评价过渡的阶段,有以下五方面的变化:(1)从受外部条件的制约过渡到受内部道德认识的制约;(2)从注重行为的效果过渡到注重行为的动机;(3)从注重行为的直接后果过渡到注重行为或后果的性质;(4)自我评价的独立性逐步发展,并且有了一定的批判性;(5)从对具体行为的评价到有了一定概括程度的、涉及某些个性品质的评价。

■ (三)青少年的自我意识

随着个体的成长,同伴作用日益增强,尤其在青少年时期,同伴的影响甚至超过了父母和教师。在与周围同龄人的相处中,青少年倾向于把自己和同龄人进行比较,寻找自己的优缺点,不断调整自己与周围人的关系。通过这一过程,自我体验水平高的青少年,不仅能正确认识自己的价值,且对自我的一切包括缺陷能泰然处之,不怨天尤人。而自我体验水平较低的学生则过于自责,他们可能因有某方面的缺陷而贬低自己,丧失自信。

应当注意,从中学开始,青少年的独立意识迅速发展。他们会自觉地、更加深刻地认识自己并产生自我实现的愿望。自我控制力较强的学生在学习和生活各方面能自我监督、自我约束、自我检查,为达到预定目标而对自己的认识、情感和行为进行积极主动的调节。而自我控制力较差的学生,往往难以集中注意力,不能对自己的行为做到果断、自觉地监控,常产生程度不同的敌对行为或攻击行为,如意志薄弱、行为无目的、盲从、遇事优柔寡断、轻率鲁莽等。因此,对这个时期的青少年,如果父母或教师仍把他们当作孩子对待,就会导致他们的不满情绪,甚至会演化为敌对情绪,进而产生反社会行为。

教学之窗

在教育中如何引导学生自我意识的三种心理成分

☞ 引导学生正确评价自我

向儿童展示规范行为的榜样,提供评价行为的参考信息,并创造有利的环境,使他们通过活动反馈形成正确的自我评价。例如,教师首先应以身作则,通过自己良好的言行为学生树立自我评价的榜样。教师的模范行为对学生起着潜移默化的作用。同时,在集体中有意识地树立"小模范"作为儿童的学习榜样,或者用学生熟悉的模范人物的思想和事迹去启发他们,为他们找到自我评价的生动具体的标准。此外,由于教师和家长的评价对儿童的成长具有指导性,因此教师和家长的评价一定要正确、适当且及时。孩子做了好事,有了成绩,应给予表扬;做了错事,出现问题,要给予批评。通过评价引起儿童自我教育、自我完善的需要,从而促进其自我意识的发展。

☞ 引导学生产生积极的自我体验

激发学生的成就动机,不断创造条件增加学生的成功体验。具体来说,教师应注意发现学生身上的闪光点,从多方面挖掘学生的潜能,使其在某些领域取得成功和进步,这些措施都有利于唤起学生的自尊、自重、自强的良好体验。当然,帮助学生确立符合实际的理想,对于培养学生的自信心也是十分必要的。例如,有些学生争强好胜,常常在给自己确立目标时好高骛远,而当遭遇失败、境况不如意时,极易产生自暴自弃、悲观消沉等不良体验。遇到这些学生,教师应引导学生明确所努力的目标。

☞ 引导学生学会自我控制

应注意培养学生良好的意志品质,提高学生调节、控制情绪的能力。引导学生从多个角度全面地看待、理解问题,避免因片面看问题而导致消极情绪的产生,同时指导他们恰当、适度地表达情绪,这有助于达到心理的相对平衡状态。为了充分发挥学生的自我调节和控制能力,真正实现自我教育,教师应协助学生制定计划,并在实现目标的活动中,不断给予鼓励、指导和反馈,直至其目标实现。学生的自觉性和能动性一旦被激发,他们就能坚持不懈地努力实现既定目标,在此过程中逐渐培养和发展自觉、果断、自制等良好的个人品质。

第三节　自尊的发展

自我意识中一个重要内容就是自尊,它是一种积极的自我体验,对人类社会生活和个体精神生活具有独特的作用和贡献,因此备受心理学研究者的关注。

一、自尊的概述

学习要求　理解自尊的含义和结构;
　　　　　　　描述自尊的发展过程。

■（一）自尊的含义

关于自尊概念的界定有很多,不同时期、不同的研究者对自尊心理有着不同的认识和理解。最早关于自尊的定义是心理学家詹姆斯(James)提出的,他认为自尊作为自我价值的感受,取决于实际情况与自己设想的可能性的比值,提出了著名的自尊公式:自尊=成功/抱负。在此之后,国内外心理学家对自尊的含义和结构做出了不同的论述。目前,大多数研究者都赞同,自尊包含着个体自我认知的价值判断,是个体对自我价值、重要性和成功持有的一种积极的情感体验。

自尊不是一个单维结构,它不仅包括以对自我价值的一般评价为基础的整体自尊,也包括以在不同背景中(例如,家里、学校、工作、休闲或同伴之间)对自我价值的具体评价为基础的特殊自尊。

研究发现,当人们充分认识到自尊时,它会产生一种积极的体验,告诉自己,我们能够适应当下的生活;我们具备生活于现在这个世界的条件;我们相信自己能够应对生活中的各种挑战;我们认可人人可以成功、人人都有追求幸福的权利;我们也会对提升自身的价值、维护自身的利益、享受劳动果实充满信心。

自尊
一种包含着个体自我认知的价值判断,是个体对自我价值、重要性和成功的积极的情感体验。

■（二）自尊的发展

自尊是后天发展而来的。在儿童时期,自尊的发展受到家庭环境和父母教养的极大影响,其中父母教养的作用尤为显著。其一,如果父母可以同时接受儿童的长处和短处,并为儿童设立一种可以达到的高标准时,儿童便有可能发展出高自尊。其二,在稳定的权威式的父母教养方式中,儿童得到温暖与尊重,而且有机会与父母直接讨论问题,并得到父母的指引,便于发展出高自尊;而如果父母教养方式是不稳定的、随意的、专制的,经常拒绝或辱骂孩子,则孩子会发展成低自尊。其三,父母的榜样作用也对儿童自尊的发展产生影响。如果父母能用一种积极的问题解决方式去应对生活中的挑战,那么这种榜样作用更可能帮助儿童形成高自尊。相反,如果父母面对生活中的挑战总是回避问题、惊慌失措,儿童就可能形成低自尊。

儿童期形成的自尊具有相对稳定性,但也会随着个体生活的进程发生一些变化。学前儿童的自尊倾向于比较高,然后在青春期之前自尊开始逐渐降低,这种降低的趋势可能是由于处于该阶段的儿童更多依赖于社会比较和外在评价(如同伴和老师的反馈)来进行自我价值的判断所造成的。

跨入青春期,自尊有了一个明显的下降,但在随后的整个青春期内,自尊又开始逐步上升。自尊在青春期开始阶段的下降趋势,可能与青少年对于青春期发育而导致的身体和社会角色上的变化进行了消极评价有关。例如,在这个阶段,青少年会发现他们的生理特征开始出现变化,很多孩子,尤其是女孩子对此非常排斥,认为自己不再纯洁,自尊便开始下降。此外,这时期的青少年也会发现同伴关系具有竞争性,这种竞争性有时会导致他们体验到挫败感,这也会导致他们对自己的评价没有以前那么积极。

随着个体进入成年期,他们的自尊又会逐步上升。研究表明,成年期的某些重要转折点,如大学毕业、工作、结婚、生子、升职或搬迁等,都会促进自尊的提升。但在成人后期,随着身体的衰老、能力的下降、社会地位的边缘化,个体的自尊又会逐渐下降。

二、自尊的作用

学习要求 阐述自尊的作用。

在多数情况下,高自尊有利于促进一个人在生活、工作、学习等方方面面表现良好,而低自尊会起到相反的消极作用,有时甚至会导致心理健康出现问题。

首先,自尊与学业成就的关系问题,一直以来都是心理学研究者关注的一个重要话题。传统观点认为,学业上的成功会导致个体自尊的提高,在学校里的成功体验是影响自尊的主要因素。而自20世纪60年代以来,研究者开始关注自尊对学生学业成就的影响。研究发现,学生的自尊与学业成就之间存在着显著的相关关系。霍利(Holly,1987)的研究认为,尽管自尊是学业成就的结果而不是学业成就的原因,但对于一个想在学业上取得成功的学生来说,某种水平的自尊是必需的前提,自尊与学业成就两者间是相互影响、相互制约的。柯文顿也认为,自尊与学业成就之间是正相关的关系,自尊能通过直接的指导而得到改变,并且通过指导而改变的自尊能够促进学业成就的提高。

其次,许多研究发现,低自尊与暴力和犯罪间存在密切的关系。第一,较低水平自尊的人最有可能采用反常的行为模式,因此低自尊往往容易成为愤怒和不友好行为的动因,而这些行为经常会造成暴力犯罪。第二,研究发现,那些青少年犯罪者的自尊水平普遍低下,同时他们的阅读技巧和学业成绩也明显低下。第三,青少年组建帮派的原因是为了满足被认同、获得归属感、减少同伴压力、逃避成人控制等需要,而这些因素均与青少年的低自尊有密切的关系。第四,在引发暴力行为的因素中,最通常的是"自我图像补偿",很多犯罪分子都承认暴力行为是对他们不安全感和低自尊感的补偿。因此,低自尊是一种非常消极的甚至是危险的自我体验。

再次,研究发现,一方面,低自尊会导致并强化神经紧张、焦虑、退缩、自我封闭等,最终致使酒精和药物的滥用;另一方面,低自尊会使人更容易在药物的使用中产生依赖。此外,研究者也发现,那些滥用药物或酒精成瘾的人,他们通常是用药物或酒精来补偿生活中缺乏的自尊和对生命缺乏控制的感觉。研究者也已证明,如果能够增强个体的自尊,将会明显改善他对药物或酒精的滥用和依赖程度。

最后,自尊恐惧管理理论(Terror Management Theory of Self-esteem)认为,自尊具有焦虑缓冲功能。在自尊恐惧管理理论中,社会适应过程就是焦虑减轻的过程,也是在一定的环境中获得意义感和价值感的过程,即维持和获得自尊的过程。虽然并非所有的研究都支持低自尊会导致个体的抑郁心理这一论断,但是许多纵向调查发现,在面对高水平的生活压力时,低自尊者发生抑郁心理的现象更为普遍,并且伴随着否定的自我评价。换句话说,低自尊会使人在面对高压力时,更可能出现焦虑、抑郁、恐惧等心理问题。

三、自尊的提升

学习要求　了解提升自尊的方法,并能运用于学校教学工作中。

不同个体的自尊水平有高有低,研究发现,个体的自尊水平受到多种因素的影响。通过优化这些因素的作用,可以提升自尊水平。

■（一）积极的社会比较

尽管自尊不是社会比较的必然产物,但社会比较对自尊的影响还是非常显著的。一般来说,"积极的社会比较"可以获得高自尊,而"消极的向上比较"则容易导致低自尊或自卑。所谓的"宁作鸡头,不作凤尾",及"要作小池塘里的大鱼",都隐喻了社会比较对个人自尊的影响。国外的一项研究表明,在黑人占多数的学校里,黑人学生的自尊比在黑人占少数的学校里更高,因为在黑人占多数的学校里,他们可以比较容易地超过其他同学,进行积极的社会比较。此外,家庭经济状况的社会比较也会影响个体自尊。研究表明,儿童在幼年的自尊不受父母社会经济地位和家庭经济状况的影响,而青少年的自尊与父母的社会经济地位存在相关,这是因为青少年开始相互攀比,进行消极社会比较的结果。因此,为了提升学生的自尊水平,应引导其多进行积极的社会比较,不要好高骛远,不要盲目攀比,充分认识自己的价值和优势。

■ (二)建构社会支持网络

在 20 世纪 80 年代期间,哈特等人对自尊与社会支持之间的关系进行了一系列的研究。他们发现,知觉到来自重要他人的支持与自尊之间的相关在 0.50—0.65 之间,高中低的社会支持水平相对应高中低的自尊水平。例如,当学生认为在遇到困难时,老师父母会提供支援,同学朋友会鼎力相助,他们的自尊水平就会更高。因此,为了提升学生的自尊水平,应帮助学生努力建构良好的人际支持网络,获得群体归属感。

■ (三)其他多种途径

心理学家巴斯(Buss)认为,影响自尊的因素包括以下几个方面:(1)外貌,也就是身体吸引力。(2)能力与成就。能力包括在具体领域的能力和一般能力,成就则依靠社会和个人标准来确定,高能力和高成就会带来高自尊。(3)道德。当个体为社会和他人服务,觉得自己在社会和他人眼中是有价值的,他的自我价值感也就更高。(4)影响力。如果对他人的观点和行为具有一定的影响力,能够主持或领导某项活动(不一定是领导),则自尊水平会更高。(5)社会奖赏。社会奖励不是物质奖励,而指获得来自老师、朋友、家人、同学的表扬和尊重。很显然,老师的鼓励、父母的爱、同学的赞扬和朋友的尊重都会使学生体会到自身的价值。(6)替代性资源。个体如果能够认识到自己在某方面的优势,也可以提高自尊,例如,有学生为自己的学习成绩感到光荣,有学生以自己的社会实践而自豪,还有学生为自己有良好的人际关系而骄傲。因此,为了提升自尊水平,应鼓励学生有意识地,积极地追求成功,锻炼自己的能力,养成良好的道德品质,扩大积极的影响力,欣赏自己的成就,找到令自己骄傲的支撑点(如能力、学习成绩、美德、良好的人际关系),等等。总之,要让学生欣赏自己、悦纳自己,要让他们真正认识到"每个人身上都有金子般的闪光点"。

第四节　影响个体社会化的因素

儿童社会化过程基本上是沿着这样两条路线进行:最初几年在家里度过,与其相互作用的主要对象是父母。家庭作为儿童社会化最基本的动因,对儿童早期的行为塑造起关键作用。随着年龄的增长,个体的认知能力不断提高,活动范围也进一步扩大。个体逐渐地从生理上的断乳期过渡到心理上的断乳期,自然地疏远了与父母的交往,而更多地走到同龄伙伴中去。

一、父母教养方式

■（一）父母教养方式的类型

学习要求　描述父母不同的教养方式及其可能后果；
讨论自己所接受的教养方式，或者对子女的教养方式。

> **教养方式**
> 父母将社会价值观念、行为方式、态度体系及社会道德规范传递给儿童的方式。

一般来说，可以从两个维度来理解父母教养方式：一是父母对待儿童的情感态度，即接受—拒绝维度；二是父母对儿童的要求和控制程度，即控制—容许维度。在情感维度的接收端，家长以积极、肯定、耐心的态度对待儿童，尽可能满足儿童的各项要求；在情感维度的拒绝端，家长常以排斥的态度对待儿童，对他们不闻不问。在要求与控制维度的控制端，家长为儿童制定了较高的标准，并要求他们努力达到这些要求；在要求与控制维度的容许端，家长宽容放任，对儿童缺乏管教。根据这两个维度的不同组合，可以形成四种教养方式：权威型、专断型、放纵型和忽视型。不同的教养方式无疑会对儿童的社会性发展和个性形成产生重大影响。具体如表3.2所示。

表3.2　教养方式的两维分类

教养方式	维度类型	可 能 后 果
权威型	接受＋控制	儿童期：心情愉悦，幸福感；高自尊和高自我控制 青少年期：高自尊，高社会和道德成熟性；高学术和学业成就
专断型	拒绝＋控制	儿童期：焦虑，退缩，不幸福感；遇到挫折易产生敌对感 青少年期：与权威型相比，自我调整和适应较差；但与放纵型和忽视型相比，常有更好的在校表现
放纵型	接受＋容许	儿童期：冲动，不服从，叛逆；苛求且依赖成人；缺乏毅力 青少年期：自我控制差，在校表现不良；与权威型或专断型相比，更易产生不良行为
忽视型	拒绝＋容许	儿童期：在依恋、认知、游戏、情绪和社会技巧方面存在缺陷；产生攻击性行为 青少年期：自我控制差；学校表现不良

1. 权威型教养方式

这是一种理性且民主的教养方式。权威型的父母认为自己在孩子心目中应该有权威，但这种权威来自父母对孩子的理解与尊重，来自他们与孩子的经常交流及对子女的帮助。父母以积极、肯定的态度对待儿童，及时热情地对儿童的需要、行为做出反应，尊重并鼓励儿童表达自己的意见和观点。同时他们对儿童有较高的要求，对儿童不同的行为表现奖惩分明。

这种高控制且在情感上偏于接纳和温暖的教养方式,对儿童的心理发展有许多积极的影响。这种教养方式下的儿童独立性较强,善于自我控制和解决问题,自尊和自信心较强,喜欢与人交往,对人友好。

2. 专断型教养方式

专断型父母要求孩子绝对地服从自己,希望子女按照他们为其设计的发展蓝图去成长,希望对孩子的所有行为都加以保护监督。这一类也属于高控制型教养方式,但在情感方面与权威型父母有显著的差异。这类父母常以冷漠、忽视的态度对待儿童,他们很少考虑儿童自身的要求与意愿。对儿童违反规则的行为表示愤怒,甚至采用严厉的惩罚措施。

这种教养方式下的学前期儿童常常表现出焦虑、退缩和不快乐。他们在与同伴交往中遇到挫折时,易产生敌对反应。在青少年时期,在专断型教养方式下成长的儿童与权威型相比,自我调节能力和适应性都比较差。但有时他们在校的学习表现相比于放纵型和忽视型下的学生较好,而且在校期间的反社会行为也较少。

3. 放纵型教养方式

这类父母和权威型父母一样对儿童抱以积极、肯定的情感,但缺乏控制。父母放任儿童自己做决定,即使他们还不具有这种能力,例如,任由儿童自己安排饮食起居,纵容儿童贪玩、看电视。父母很少向孩子提出要求,如不要求他们做家务事,也不要求他们学习良好的行为举止;对儿童违反规则的行为采取忽视或接受的态度,很少发怒或训斥儿童。

这种教养方式下的儿童大多很不成熟,他们恣意妄为,往往具有较强的冲动性和攻击性,而且缺乏责任感,合作性差,很少为别人考虑,自信心不足。

4. 忽视型教养方式

这类父母对孩子既缺乏爱的情感和积极反应,又缺少行为方面的要求和控制,因此亲子间的互动很少。他们对儿童缺乏最基本的关注,对儿童的行为缺乏反馈,且容易流露厌烦、不愿搭理的态度。如果儿童提出诸如物质等方面很容易就能满足的要求,父母可能会对此做出应答;然而对于那些耗费时间和精力的长期目标,如培养儿童良好的学习习惯、恰当的社会性行为等,这些父母很少这样去做。

这种教养方式下的儿童与放纵型教养方式下的儿童一样,具有较强的攻击性,很少替别人考虑,对人缺乏热情与关心,这类孩子在青少年时期更有可能出现不良行为问题。

■ (二)父母教养方式对儿童的影响

学习要求 解释不同教养方式对儿童的影响。

1. 学业成绩

儿童进入学龄期后,学业成绩成为父母最为关注的成长内容。研究表明,父母对子女的教养方式均可直接影响到孩子的学习成绩。如果父母关心、体谅孩子,同时对孩子有较高的要求,则原本学习成绩良好的学生会更加努力,取得更大的成就。但如果父母采取的教育方式为埋怨、放弃、不管不问或严厉惩罚,这不仅会严重影响孩子的身心健康,而且会使原本成绩差的学生越来越差。

2. 自我价值感

个体的自我价值感与父母教养方式的各个维度之间存在密切关系。教养方式的各维度中,父母的"情感温暖与理解"对子女的自我价值感有显著的积极影响,而父母的"过分保护"、"拒绝否认"、"惩罚严厉"则对子女的自我价值感有显著的消极影响。也就是说,儿童所感受到的来自父母的情感温暖与理解越多,其自我价值感的水平越高;而当感受到的父母的惩罚严厉、拒绝否认以及过分保护时,其自我价值感的水平越低。

3. 心理健康

父母教养方式对子女心理健康状况的影响非常显著。如果父母对待孩子缺少情感温暖和理解,过多采用惩罚和拒绝否定的教育方式,则孩子易形成孤独、学习焦虑和对人焦虑的心理障碍;而父母在家庭生活中注重亲子间的情感交流,这可以大大减少孩子的孤独感和对人的焦虑。但是,过度的溺爱或过度保护,也容易使孩子有冲动任性的倾向。这是因为,如果儿童从小对父母过度依赖,而父母对孩子的不良行为采取不适当的严厉惩罚或拒绝否定,则儿童容易对父母产生反感,甚至是敌意。

教学之窗

帮助父母采取正确的教养方式

教师可以建议学生家长采用如下措施来促进儿童的学业成绩、自我价值感和心理健康:

☞ 及时沟通

当子女遇到不顺心的事情时,父母应多从子女角度考虑,给予理解,使其感受到父母的支持与鼓励。

☞ 体贴入微

父母作为家庭生活的主导,子女健康成长的监护者,应该细心关注孩子成长过程中的情绪、行为的微妙变化,给孩子以理智的爱和适度的控制。

☞ 适当要求

对子女提出知识和社会能力方面的要求,提供各种便利条件。

☞ 监督学习

先了解子女的学习状况,制定学习计划,随时检查每一内容的理解和掌握程度,并以此作为调节进度的依据。

但更为重要的是,家长应慎用各种惩罚措施。有研究者曾专门研究了惩罚这一普遍性的教养方式对儿童社会化的影响。他们把惩罚分为强制和"爱的收回"两种。强制是指父母对儿童的体罚、冷漠地拒绝、剥夺以及威胁等。研究表明,强制方式会阻碍儿童道德规范的内化,同时也会降低儿童良知的发展。之所以会产生这样的结果,是因为强制会引发孩子的敌意,同时又向儿童提供了一个社会模仿的榜样。"爱的收回"是一种心理上的惩罚方式,它表现为父母不理睬、孤立儿童、对儿童表示失望等。这种惩罚方式会导致父母与儿童感情的破裂,使儿童体验到对自身安全的威胁和焦虑感。

而另一些研究则表明,那些有着强烈的亲社会行为和道德责任感的儿童,他们的父母对其惩罚常富有情感,并伴随着合理的解释,而且父母一般采用权威型的教养方式。有研究提出,对孩子的适当要求不仅可以促进儿童认知的发展,而且还能促进其社会能力的发展,特别是当要求与对儿童的支持和反应相结合时更有效。

二、同伴关系

■（一）制约同伴关系形成的条件

学习要求　解释学生同伴关系形成的特征;
　　　　　　讨论不同同伴关系的形成的条件。

影响同伴关系形成的因素,主要涉及学业成绩、个人的行为特征、教师的评价和个人的身体特征这四方面。

首先,学业成绩影响着同伴关系的形成。儿童在校的学习成绩不仅是教师、家长关注的焦点,而且也是学生评价自己和同学的重要标准。在赋予学习成绩极高价值的社会文化中,学业成绩好,就易于被某一同伴群体接纳;而学习成绩差,则往往被同伴群体拒斥。所以,学习优秀的儿童,其同伴接纳水平最高,而且容易为同伴所尊重和羡慕。相反,学习困难的儿童不仅自己为学业上的失败感到自卑,而且也为同学们所轻视,成为不受欢迎、不受接纳的对象。

其次,个人的行为特征是被同伴接纳的重要条件。在同伴关系中,受欢迎的儿童大多具有亲社会性、擅长体育、风趣等特点;被拒斥的儿童最容易产生攻击和破坏性行为;被忽视的儿童的亲社会性和攻击性都很低,他们害羞、不敢自我表现。与此类似,被同伴喜欢的重要原因,则有宽厚大度、容易相处,对人友好、合群、易接近,有同情心、善解人意等特征;而不被同伴喜欢的重要原因,则是自私自利、不考虑他人、攻击与破坏等行为。

再次,教师的评价对同伴关系的形成也产生影响。儿童常常会说,"我们老师就是这样说的"、"老师是这样教我们的……"、"不行,老师知道了,会批评的"。而随着年龄的增长,虽然学生已不再把教师的话机械地奉为评判标准、行为准则,但教师的言行、评价、期望仍会对学生产生较大影响。所以,教师对一个学生的评价和认可程度会间接地影响其他学生对这个学生的接纳程度。

最后,个人的身体特征也影响是否被同伴接纳。儿童倾向于给外貌有吸引力(如英俊、漂亮)的同伴赋予积极的认知与评价。对外貌有吸引力的儿童的评价,往往是肯定、积极的,而对无吸引力的儿童的评价则相反。因此,有吸引力的儿童常被同伴更多地提名为"最好的朋友",当然,并不是所有儿童都把身体吸引力作为择友的标准。

■（二）同伴关系对儿童的影响

学习要求　解释同伴关系在儿童社会化中所起的作用；
　　　　　　　讨论父母与同伴关系对儿童的不同影响。

1. 满足儿童的多种心理需要

第一,同伴关系能够满足儿童的安全需要。他们能从同伴那里获得情感支持和帮助,这无疑减少了他们的孤独感和恐惧感。特别当儿童面临挫折时,同伴的帮助可以使他们减少无助感。如果这种需要得不到满足而且经常被同伴拒斥,就会产生焦虑进而影响其身心健康。

第二,同伴关系能够满足儿童归属与爱的需求。同伴群体是与儿童息息相关的非正式群体,是儿童学习和生活的一个重要环境。在与同伴的交往过程中,儿童逐渐发展复杂的人际关系和友谊。儿童可以从同伴处得到宣泄、宽慰、同情和理解。

第三,儿童成就感的需要同样可以通过发展同伴关系得到满足。学习行为对小学儿童择友的影响很大。小学儿童用学习的好坏来衡量一个人能力的大小和在班集体中地位的高低。学习好的儿童容易得到教师的赞扬和集体的承认,因而也容易成为同学们敬慕的对象。

2. 为社会能力发展提供背景

皮亚杰曾指出,年幼儿童是自我中心的,他们不能意识到同伴的观点和感情。然而在同伴交往中,儿童逐渐建立起平等互惠的关系,同时他们也体验到彼此观点和意见的冲突。与同伴的交往使儿童意识到积极的社会交往是通过合作而获得并维系的。皮亚杰也特别强调,同伴间的讨论和争论是道德判断能力发展所必需的。因此,没有与同伴平等交往的机会,儿童将不能学习有效的交往技能,不能获得控制攻击行为所需要的能力,也不利于性别社会化和道德价值的形成。

3. 促进自我意识的发展

在同伴交往中,经常可以听到这样的评价,"你真聪明"、"你很内向"、"他学习很差"、"大家都不愿和他交朋友",等等。来自同伴的评价,在儿童自我意识的发展中起了重要作用。儿童或者听到或者从同伴的言行、表情了解到他人对自己的评价,通过整合多方面的反馈就形成了自我评价。良好的同伴关系也是形成健康的自我意识所必需的。当他人的评价不一致时,儿童经常运用社会比较,即把自己与同伴做比较。随着社会比较能力的发展,儿童的自我意识也越来越准确,越接近真实的自我。

从上述三方面可以看出,同伴关系对儿童社会化发展产生重要影响。但是,也不要忽视它所带来的不利一面。由于同伴群体鼓励服从,因而有可能压抑个体的独特性。群体成员对所属群体表现出的忠诚有可能使他们为自己划定交往的圈子,从而失去与其他人交往的机会,这对个体的社会适应以及社会认可行为的获得反而不利。同时,还应该看到,并不是每个人都能加入到某个同伴群体中去,有些学生可能会遭到拒绝,从而这部分学生的归属感难以得到满足,自我意识受到损害。另外,同伴群体的规范和价值观可能不完全正确,甚至是错误的,如果个体盲目遵从,就会产生过错行为,甚至品行不良。

教学反思

学完本章后,请思考如下知识点:
☞ 埃里克森心理社会发展八阶段理论;
☞ 自我意识和自我概念;
☞ 促进学生自我意识的发展;
☞ 促进学生自尊的发展;
☞ 父母教养方式的两个维度、四种方式;
☞ 同伴关系的形成与作用。

本章总结

■ 埃里克森的心理社会发展理论

埃里克森认为,在人的心理发展过程中,自我与社会环境相互作用,所形成的人格是生物、心理和社会三方面因素组成的统一体。他把人的一生从出生到死亡划分为八个互相联系的阶段:信任感对不信任感;自主感对羞耻感与怀疑感;主动感对内疚感;勤奋感对自卑感;自我同一感对同一感混乱;亲密感对孤独感;繁殖感对停滞感;自我整合感对绝望感。这八个阶段以不变的序列逐渐展开,每一个发展阶段都有普遍性的心理与社会矛盾需要解决。

■ 自我意识的发展

自我意识,是指人对自己的认识以及对自己和周围人的关系的认识。自我意识是个体社会化的一个结果,同时它的形成和发展又进一步推动了个体社会化的进程。自我意识包括两个方面,一个是主观的我,即对自己身心活动的觉察者;另一个是客观的我,即被觉察到的我。具体来说,个体的自我意识由自我认识、自我体验与自我控制三种心理成分构成。这三种成分相互联系、相互制约。此外,不同年龄阶段的学生具有不同的自我意识。

■ 自尊的发展

自尊是一种包含着个体自我认知的价值判断,是个体对自我价值、重要性和成功的积极的情感体验,它不是一个单维结构。自尊是后天发展而来的,受到家庭环境和父母教养的极大影响,也会随着个体生活的进程发生一些变化。自尊与学业成就、青少年犯罪、青少年药物和毒品滥用、心理健康等关系密切。通过积极的社会比较、建构社会支持网络以及其他多种途径,可以提升青少年的自尊水平。

■ 影响个体社会化的因素

在影响儿童社会化过程的诸多家庭因素中,父母教养方式非常重要。根据接受—拒绝和控制—容许这两个维度的不同组合,可以形成四种教养方式:权威型、专断型、放纵型和忽视型,不同的教养方式无疑会对儿童的社会性发展和个性形成产生重大影响,具体体现在对学生的学业成绩、自我价值感和心理健康等方面。随着年龄的增长,同伴关系对个体社会化逐渐发挥作用。而同伴关系对儿童社会化的影响主要在于满足儿童的多种心理需要,为社会能力发展提供背景,促进自我意识的发展等方面。

重要概念

心理社会发展理论　自我意识　自尊　教养方式　同伴关系

参考文献

1. 陈帼眉、冯晓霞、庞丽娟著:《学前儿童发展心理学》,北京师范大学出版社 2013 年版。
2. 刘金花主编:《儿童发展心理学》,华东师范大学出版社 1997 年版。
3. 全国 13 所高等院校《社会心理学》编写组编:《社会心理学》,南开大学出版社 1995 年版。
4. 时蓉华主编:《现代社会心理学》,华东师范大学出版社 1989 年版。
5. 张文新著:《儿童社会性发展》,北京师范大学出版社 1999 年版。
6. 〔美〕詹姆斯.O.卢格著,陈德民等译:《人生发展心理学》,学林出版社 1996 年版。
7. Berk,L. E. (2012). Child development (9th ed.). Boston:Pearson.
8. Penrod,S. (1983). Social psychology. New York:Prentice-Hall. Inc.
9. Slavin,R. E. (2000). Educational psychology:theory and practice (12th ed.). Boston:Pearson.

扫一扫二维码获取心
理学、教育学考研同
步真题及参考答案

扫一扫二维码获取同
步练习题及参考答案

第四章

智力与创造力

引 言

如何根据儿童智力分数的高低,预测他们将来的行为？怎样对智力水平不同的学生进行教学？智力高,创造力就一定强吗？对创造力强的学生,应该如何教学？智力和创造力是天生的,还是受后天因素影响更大？可以开设专门课程来培养个体的智力或创造力吗？这些问题长期以来受到心理学研究工作者的关注。如今,各式各样的智力理论层出不穷,这一方面表明了人类对自身智慧能力的认识不断深入,另一方面也说明目前尚未达成令人满意的一致和共识。

学完本章后,你应该能够:

☞ 简述经典智力理论中的不同观点;

☞ 阐述现代智力理论的不同观点及其教学含义;

☞ 比较不同心理学视角下的创造力观;

☞ 阐述影响创造力的因素,运用一些培养创造力的方法。

教学设疑

钱老师想了解班上学生的智力状况,于是安排了一次智力测验;结果发现：甲同学平时挺爱提问题,但其智力测验分数不如其他人;乙同学学业成绩一般,其智力测验分数反而超过班上许多人;丙同学智力超常,测验分数也与其优秀的学业成绩相一致;丁同学平时测验属于中上,但其智力测验分数却不及班上大多数人;戊同学平时比较调皮,成绩属下游,但其智力测验分数却高于班级的大多数人……

如果你是钱老师,请思考:

☞ 如何看待甲同学"好提问"与智力分数的关系？

☞ 如何看待乙同学、丙同学的学业成绩与智力分数的关系？

☞ 如何向丁同学的父母解释智力测验结果？

☞ 如果戊同学想知道自己的智力测验分数结果,该如何介绍？

☞ 如何理解知识学习、智力与创造力之间的关系？

视频

智力与创造力

第一节　智力理论与教育

人类对自身的智力及其发展问题始终表现出浓厚的兴趣。近百年来,智力研究者们从心理学、心理计量学、认知科学、信息加工等不同角度,对人类智力问题进行了种种探索,提出了一些智力理论。迄今为止,大家对于"什么是智力"依旧没有统一的说法。总的来说,关于智力的理论研究主要有两大模式:心理地图模式和计算模式。心理地图模式将智力视作心理地图,由此得到智力的结构理论(经典智力理论);计算模式将智力视作具有信息加工功能的计算性装置,并以此为基础构建了智力的信息加工理论(现代智力理论)。

一、经典智力理论

学习要求　描述不同经典智力理论的内容;
　　　　　　分析不同经典智力理论的差异。

该类理论认为,智力是人脑的内部特性和有待发现的心理结构。建构这种理论的主要方法是因素分析法。所谓因素分析,是从一组变量或不同测验的实验数据中,找出其中潜在的起决定作用的共同基本因素。通过因素分析,研究者们得到的智力因素结构各不相同,这也就形成了不同智力结构理论间的分歧与争论。

> **经典智力理论**
> 将智力视为人脑的内部特性和有待发现的心理结构的理论。

■(一)斯皮尔曼的智力二因素理论

英国心理学家斯皮尔曼(C. E. Spearman)在因素分析的基础上,于1927年首先提出了智力的二因素理论。他认为,智力由两种因素:单一的一般因素(g因素)和一系列的特殊因素(s因素)构成,而完成任何一项任务都必须依靠这两种因素。他认为,一般因素是智力的首要因素,基本上是一种推理因素,而且在很大程度上是遗传的;特殊因素有五类:口语能力、数算能力、机械能力、注意力、想象力,此外,还可能有第六种因素,即心理速度。他指出,每个人的一般因素和特殊因素都不相同,有时即使拥有同一种特殊因素,但在水平上也会有所不同。例如,人们在多种测验中的得分表现出正相关,有些人几乎在所有测验中得分都很高,而有些人则总是居中,还有些人得分总是很低。这种不同测验得分之间所存在的一致性,为一般因素提供了依据。有时,同一个人在有些测验上却比在另一些测验上得分高,这又为特殊

> **斯皮尔曼的智力二因素理论**
> 智力由一种单一的一般因素g因素和一系列的特殊因素s因素构成。

因素的存在提供了依据。但是,一般因素与特殊因素是相互联系的,其中一般因素是智力结构的关键和基础。

■（二）卡特尔的流体智力与晶体智力理论

20世纪50年代,美国心理学家卡特尔(R. B. Cattell)等人认为,仅凭一般因素无法为智力提供足够的解释,他们在因素分析中发现了前人没有注意到的一个重要事实:一般智力因素不是一种,而是两种,即流体智力和晶体智力。流体智力是指与基本心理过程有关的能力,如知觉、记忆、运算速度和推理能力等,它排除了文化因素,几乎可以参与到一切活动中去,因而被称作流体智力;晶体智力是经验的结晶,它是在一定的社会文化背景中习得的,是流体智力过去应用的结果,如在学校学习获得的词汇能力和计算能力等。在卡特尔看来,流体智力大多是先天的,主要依赖于大脑的神经解剖结构,而不是学习;而晶体智力则主要依赖于后天的学习和经验。这两种智力通常包含在任何智力活动中,难以分开。流体智力随生理成长而变化,随机体的衰老而衰退,在20岁左右达到顶峰,然后就逐渐下降。相比之下,晶体智力的衰退要缓慢得多,它随年龄不断增长、保持,直到50岁左右才开始缓慢衰退,如图4.1所示。

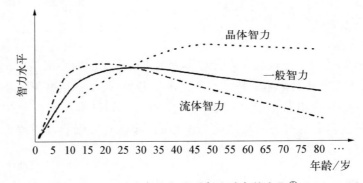

图 4.1　晶体智力与流体智力随年龄变化[①]

■（三）瑟斯顿的群因素论

美国心理学家瑟斯顿(L. L. Thurstone)凭借多因素分析的方法,突破了过去智力因素理论的框架,于1938年提出了一种智力七因素结构模型。他认为,存在着7种"基本能力":计算(N)、语词流畅(W)、语词理解(V)、记忆(M)、推理(R)、空间知觉(S)、知觉速度(P)。瑟斯顿认为,斯皮尔曼的二因素理论过分强调g因素,达不到区分个体差异的目的。因此,他提出智力由以上7种基本心理能力构成,并且各基本能力之间彼此独立,这是一种多

① Rindermann, H. (2018). Human Capital, Cognitive Ability and Intelligence. In Cognitive Capitalism: Human Capital and the Wellbeing of Nations (pp. 40 – 84). Cambridge: Cambridge University Press. doi:10.1017/9781107279339.004

因素论。后来,瑟斯顿通过测验发现这些能力之间并非是独立的、彼此无关的,而是有不同程度的正相关,似乎仍可提取出更高级的心理因素,而这种因素很可能就是斯皮尔曼的g因素。瑟斯顿的智力理论成了后来多重智力理论的前身,从某种意义上讲,这一理论能说明学生在智力的某些方面表现出不足,但在另一些方面往往又很优异的现象。

■（四）吉尔福特的智力结构模型

美国心理学家吉尔福特(J. P. Guilford)否认斯皮尔曼提出的一般因素的存在,坚持智力因素的独立性。他认为,智力结构应该从操作、产物和内容三个维度去考虑。他于1959年提出了智力结构模型,经1977年修改后,确立该模型含三个维度共150种独特的智力因素。第一个维度是操作,即心理活动或过程,包括:认知(发现或认识)、记忆(保持)、发散思维(求异思维)、集中思维(求同思维)和评价(判定知识的适当性);第二个维度是内容,即心理加工的信息材料类型,包括:视觉(视觉图像信息)、听觉(听觉声音信息)、符号(词或数字)、语义(言语含义或概念)和行为(与人交往的智力行为);第三个维度是产物,即心理加工所得到的结果,包括:单元(一个单词、数字或概念)、类别(一系列有关的单元)、关系(单元与类别之间的关系)、系统(用逻辑方法组成的概念)、转换(对安排、组织、意义的修改或改变)和蕴含(从已知信息中观察某些结果)。

■（五）阜南的智力层次结构模型

英国心理学家阜南(P. E. Vernon)于1960年提出了智力层次结构模型。他继承和发展了斯皮尔曼的二因素论,反对吉尔福特的三维智力结构论,认为智力结构是按层次排列的。他把智力划分为四个层次:最高层次是智力的普遍因素(g因素);第二层次分为两大因素群,即言语和教育方面的因素、机械和操作方面的因素;第三层次分为几个小因素群,包括言语理解、数量、机械信息、空间能力和手工操作等;第四层次指各种特殊因素(s因素)。

前述的各种经典智力理论主要是对智力结构进行静态描述,由于建构这些理论的方法(以因素分析法为核心)存在不足,因而这些理论很少涉及智力活动的内部心理过程。同时,这些理论各自为政,尤其在"是否存在一般性的智力"这一问题上莫衷一是,难以得到整合,往往给人零散琐碎之感。此外,根据这些理论编制的智力测验,也仅仅停留在测量各种反映个体差异的智力构成因素上,难以对内在心理过程作进一步揭示。

教学之窗

对智力测验分数的正确认识

☞ 智力测验只是对一般学习倾向的评定

✓ 可对学生之间的微小分数差异忽略不计。

✓ 同一学生的不同分数,也会由于各种原因而发生变化,其中因素包括测量误差等。

✓ 由于总分代表在几类测题上的平均分,所以在中等或者平均水平以上的分数,既可能意味着这名学生在每类问题上的表现都处于中等或平均水平,也可能说明这名学生在某些领域表现非常好,而在其他领域表现差。

☞ 智力测验分数反映的是一名学生过去的经验与知识

✓ 将这些分数视为对学生学业能力的预期,而不是对他们先天智力的测量。

✓ 如果一名学生平时成绩不错,不要因为他某项分数偏低就改变对他的看法或者降低对他的期望。

✓ 对少数民族学生以及母语不是中文的学生,在解释智力测验分数时要尤其小心。因为受社会文化因素影响,这些学生的测验得分可能较低。

现代智力理论
认为智力是人脑对各种信息进行加工、处理的能力,并对智力的内部活动过程进行了深入研究的理论。

二、现代智力理论

> **学习要求** 阐述加德纳的多元智力理论及其教育含义;
> 阐述戴斯的 PASS 智力模型及其教育含义;
> 阐述斯腾伯格的三元智力理论及其教育含义。

20 世纪 60 年代以来,信息加工心理学得以蓬勃发展,心理学家们对智力的研究也开始把重点转移到对其内部活动过程的分析,提出许多新的智力理论。这些理论大都属智力的计算模型,认为智力是人脑对各种信息进行加工、处理的能力,并对智力的内部活动过程进行了深入探讨,因而被称为现代智力理论。

加德纳多元智力理论
人有七种智力,即:言语智力、逻辑数理智力、音乐智力、空间智力、身体动作智力、人际智力和自省智力;在此基础上,还有自然智力、精神智力和存在智力。

■ (一)加德纳的多元智力理论

美国心理学家、哈佛大学教授加德纳(Howard. Gardner)认为,人至少拥有七种智力:言语智力、逻辑数理智力、音乐智力、空间智力、身体动作智力、人际智力和自省智力;之后,他又推测出,人的智力除前述七种外,还包括自然智力、精神智力和存在智力。在他看来,前八种智力都有经验证据的有力支持,而后两种智力的证据稍显薄弱。虽然加德纳对智力进行类别划分,带有传统智力理论的一些痕迹,但相比之下,他的智力划分是在更为宏观的水平上进行的,且更多的是从各专门领域所需专长的角度来研究智力,因而也与当代认知心理学有着密切联系。各种智力的内涵见表4.1。

图 4.2 加德纳

表 4.1　加德纳的多元智力的含义及教学

智力种类	运　　用
言语智力	让学生就某个主题,写下自己观点或发表意见?
逻辑数理智力	引进数字、逻辑和分类,鼓励学生将观念进行量化或逻辑阐述?
音乐智力	帮助学生使用周围环境的声音,或者将观念嵌套于节奏与旋律?
空间智力	帮助学生想象、画出观念,或者让他们在空间上将某个思想概念化?
身体动作智力	帮助学生用整个身体来运动,或者依照教师口头传授的经验来运动?
人际智力	通过同伴、跨年龄的学生或者合作学习,帮助学生发展交互技能?
自省智力	让学生思考自己的能力与感情,了解自己的个性和学习特点?
自然智力	提供经验,让学生对各种物体进行分类,并分析相关图式?

　　根据加德纳的观点,每个人都或多或少地拥有上述 8 种智力;不同人在有些智力上表现出高水平,而在某些智力上表现出低水平;这些智力相互独立,能够用来解释不同个体的能力差异。加德纳(H. Gardner & T. Hatch, 1989)等认为,社会和学校教育仅重视言语智力和逻辑数理智力,而对其他类型的智力关注较少;如果要全方位发展学生的各种智力,学校应从其他类型的智力角度来激励学生,并为学生提供更多获取成功的额外机会。

教学之窗

基于加德纳多元智力理论的教学方法

　　多元智力理论要求学科教学采用多种方式进行,在学生学习某个主题时提供不同的切入点。教师解释或教授某个主题的方式越多,学生的理解也就越深刻。例如,加德纳(1991)在《未经教育的头脑》(The Unschooled Mind)一书中曾指出,对任何内容至少可用以下五种方式来教授:叙述、逻辑分析、动手经验、艺术探索和哲学考验,他后来还增加了参与合作的经验或人际经验的方式。例如,学习“进化论”这一知识点,可以通过以下不同的途径:阅读关于达尔文及其旅程的故事(叙述);考查繁殖的显性和隐性特征的数量关系(逻辑);饲养具有某种特征的果蝇(动手);寻找果蝇翅膀的相同点和不同点,并画出图像(艺术);思考一些基本问题,如是否所有事物的进步都由进化导致(哲学);在某个项目上一起工作,承担不同的角色(人际)。

　　值得注意的是,在运用多元智力理论于课堂教学时,应注意一些错误运用的观念或方法,如:(1)想使用所有的智力来教授所有的概念或学科;(2)假定使用一种智力就够了;(3)将一种智力当作其他活动的背景,例如当学生在做数学题的时候放音乐;(4)将智力与教师期望的其他品质混合起来;(5)直接评价甚至不考虑情境就对智力进行评估。因此,为正确运用多元智力理论,教师应持有个别化教学的观念,运用各种不同的方法来获得概念、主题知识和学科知识,培养学生多方面的能力。

■ （二）戴斯的 PASS 智力模型

加拿大的心理学家戴斯(J. P. Das)等人把信息加工理论、认知研究新方法与智力研究的传统方法(因素分析)相结合，通过大量的实验研究探讨了智力活动中的信息加工过程，于 1990 年提出了人类的智能活动的三级认知功能系统的智力模型："计划—注意—同时性—继时性加工"模型(Planning-Attention-Simultaneous-Successive Processing Model)，即 PASS 模型。该理论认为，智力有三个认知功能系统，即注意—唤醒系统、同时—继时编码加工系统与最高层次的计划系统，如图 4.3 所示。

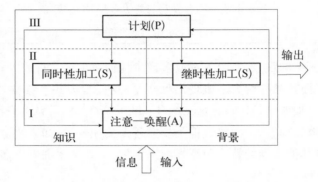

图 4.3　戴斯的 PASS 模型示意图

根据戴斯的观点，注意—唤醒系统是影响个体对信息进行编码加工和做出计划的基本功能系统，该系统在智力活动中起激活和唤醒作用。

编码加工系统负责对外界刺激信息的接收、解释、转换、再编码和存储，该系统是智力活动中主要的信息操作系统。它的认知功能可据其加工方式划分为两种基本类型：一是同时(并行)性加工，指若干个加工单元同时对信息进行处理，或把一组有序信息形成一个单一编码，如认识到"猫、狗、金鱼都是宠物"时，就是进行同时性加工；二是继时(序列)性加工，指几个加工单元相继对信息进行加工处理，或把要输入的信息生成为一组有序信息并保存它，如将数字列成一个电话号码，或遵照一系列指令行事，这时就是进行继时性加工。

最高层的是计划系统，它是整个认知功能系统的核心，负责认知过程的计划性工作，在智能活动中确定目标，制定和选择策略，对操作过程进行监控和调节。它对前两者都起着监控和调节作用。三个功能系统在一定的知识背景中执行各自的功能，但它们又是相互影响、共同作用的。

教学之窗

基于戴斯 PASS 智力模型的教学设计原则与教学方法

戴斯等人(J. P. Das, J. A. Naglieri & J. R. Kirby, 1994)曾指出与教学设

计有关的一些原则。第一,个体策略的获得是一个归纳和渐进的过程,学习者只有理解策略的特点,并且知道它在什么情境下有用,才可能保留并有效使用这种策略;第二,策略的归纳过程是在一系列经验的基础上进行的,而且个体应当有机会去试图进行策略的迁移,从这个角度讲,向学生提供在广阔背景基础上学习的机会,并指出归纳、概括的方法,学生就有可能发生远迁移;第三,教学应该在儿童对任务的解决方法有所理解之后才开始,应当让学生理解"老"方法和"老"策略的无效性,以及发展"新"策略的必要性;第四,策略和技能的学习应以小步调进行为宜,从熟悉的和亲切的内容入手,复杂性应当逐步地增加,并常常要回到容易的内容上;第五,认知过程教学应从非学业内容入手,但也应逐步加入学业内容,以便在每一阶段都能有效地显示一般认知过程的应用状况。

戴斯等(J. P. Das, J. A. Naglieri & J. R. Kirby, 1994)还指出,为提高儿童的认知功能,必须重构儿童的思维习惯,那么,教师在学生学习时要做出一定程度的干预。教师在引导学生正确学习方面应做到以下几点:

(1)同学生之间相互影响。作为教师,要了解学生对课程目的的想法。学习目的是什么?教师自己的想法是什么?完成任务的最好方法是什么,最差方法是什么?必要时要给予形式灵活的表扬。

(2)记住原理是可迁移的,而技能则不能迁移。技能通常与各种具体任务相结合,这并不利于技能的迁移,而各种基本原理则具有良好的迁移性。因此,让学生在理解过程中,通过自动化归纳或推理来形成基本原理,可以说是一种有效的教学手段。

(3)将正式教学的知识和自发知识联系起来。为了促进保持和迁移,书本知识必须与学生自发获得的知识相结合,在把两者不断结合起来的学习过程中,教师应该给予相当的帮助,无论是什么学科,都应当尽力做到这点。

(4)注重一般过程训练,并将其与具体内容的课程教学相结合。为了促进对所学信息的同时性或继时性加工的发展,首先要给学生呈现一批继时性加工任务,然后设计适合一般过程任务的教学。

当然,在教学活动中应该根据具体的实际情况,灵活地运用,不刻板遵循这些原则,这样才能有助于实现教学目标,即提高儿童认知功能、重构思维习惯。

■（三）斯腾伯格的三元智力理论

美国耶鲁大学的斯腾伯格(Robert. J. Sternberg)教授通过"成分分析"的方法,力求从类推、系列问题等复杂任务来理解智力,在大量研究的基础上,于1985年提出了"智力的三元理论"。该理论由三个亚理论组成:情境亚理论、经验亚理论和成分亚理论。它们分别针对智力行为发生的外部环境、智力行为的内部与外部的中介以及智力行为的内部认知过程等方面。这三个亚理论的结合,描绘出

> **斯腾伯格的三元智力理论**
>
> 该智力理论由三个亚理论组成,即情境亚理论、经验亚理论和成分亚理论。

图4.4　斯腾伯格

一个较为全面的智力构成图,其关系如图 4.5 所示。

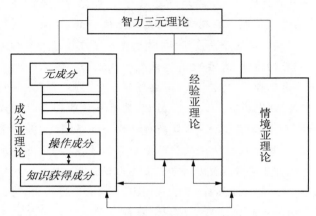

图 4.5　斯腾伯格的智力三元理论

智力的情境亚理论将智力与个体的外部世界相联系,它针对的是这样一些问题:哪些行为对个体而言是智慧的表现,这些行为在何处才显示出智慧。情境亚理论明确了智力行为在其发生的社会文化情境中是如何被定义的,明确了哪些行为体现了智慧特征或构成了智慧行为的内容。斯腾伯格认为,情境智力行为包括三个方面:(1) 对现实环境的适应;(2) 对更优环境的选择;(3) 改造现实环境,使之更适合自己的能力、兴趣或价值取向。也就是说,任何社会文化背景下,聪明的个体总是努力去适应、选择和改造有利于自身发展、有利于扬己之长和避己之短的环境。

经验亚理论将智力与个体内、外部世界均联系起来,它回答了"行为何时才是智慧的"这一问题。该亚理论表明在某项任务或情境中,智力与经验量之间的联系。斯腾伯格认为,当个体面临一个相对(但非完全)新异的任务或情境时,或在特定任务或情境的自动化操作过程中,其智力才能很好地展现出来。所以,不能将一个任务或情境的应对简单归类为需要或不需要智力,而应当考虑该任务或情境需要智力多大程度的参与,这取决于个体具有多少关于该任务或情境的经验。斯滕伯格的经验亚理论为之后的智力测验的编制提供了重要的启示,即了解受试者对于测验项目的熟悉程度,对准确评价其智力的水平是十分关键的。

成分亚理论将智力与个体的内部世界联系起来,它回答了智力行为是如何产生的问题。这一亚理论明确了构成智力行为的心理机制,而不论其行为的内容。成分亚理论是智力三元理论的核心,是对构成智力行为的内部(认知)结构和机制的刻画。斯腾伯格指出,成分亚理论中有三种成分:元成分,它控制信息加工过程,并使个体监督和评价这一过程;操作成分,它执行元成分构建的计划;知识获得成分,它进行选择性编码,联结新信息,并选择性地比较新旧信息,以使个体学习新信息。从本质上说,元成分是一种策略构造机制,支配操作成分和知识获得成分,对后两者进行协调,使之指向一定的目标。因此,斯腾伯格认为元成分构成了智力的主要基础,并以"元成分功能落后"来解释个体的智力落后现象。

基于斯腾伯格三元智力理论的教学及评价方法

基于三元智力理论,斯腾伯格又提出了"成功智力"(successful intelligence)这一概念,认为成功智力是对现实生活产生重要影响的智力,是用以达成人生中主要目标的智力。成功智力包括三个方面:(1)分析性智力,用于解决问题和判定思维成果的质量;(2)创造性智力,帮助个体从一开始就形成好的问题和想法;(3)实践性智力,将思想及其分析结果以一种行之有效的方法加以实施。

在学校教育中,学生通常在成功智力的三方面有所差异:有的人分析能力很强,有的人创造能力很强,有的人实践能力很强。但是,通常的教学大多主要针对那些擅长通过记忆来学习的学生,而对那些拥有很强的分析能力、创造能力或者实践能力的学生却不能或没有很好地顾及。因此,教师要以各门学科的具体内容为基础,选择一系列分别强调记忆能力、分析能力、创造能力、实践能力的活动,并把它们有机整合,从而构成整个教学活动。下面就是一个体现不同能力培养的教学评价实例。

☞ 记忆活动
- ✓ 勾股定理的内容。
- ✓ 9×6 是多少?
- ✓ 距离、时间和速度的关系是什么?

☞ 分析活动
- ✓ 如果你从付出的 20 元钱里得到 4.52 元的零钱,请问你花费了多少?
- ✓ 如果 $3x + 9 = 30$,那么 x 是多少?
- ✓ 用 3 进制表示 46 是多少?

☞ 创造活动
- ✓ 设计一个测验题目来测量同学对因式分解的理解。
- ✓ 创造一种新的数学运算(除了四种常用的运算加、减、乘、除以外),并说明如何使用。
- ✓ 设计一种操作材料帮助儿童学习数字,并说明如何使用它。

☞ 实践活动
- ✓ 如何在桥梁建设中应用三角学?
- ✓ 以第 87 号公路某处为起点向北直走 30 公里就到达第 48 号公路,再沿第 48 号公路向西直走 45 公里到达目的地,如果第 94 号公路直接连接起点和终点,一个人以每小时 60 公里匀速驾车前进,问走第 94 号公路可以节省多少时间?

第二节　创造力与教育

"人类文明历史主要就是人类创造力的纪录。"从古至今,人们越是深入地研究创造力,就越发意识到呈现于面前的创造力面貌还是相当模糊。时至今日,尽管经许多研究者不断艰辛努力,但对创造力的认识依旧如此神秘莫测,令人困惑。

一、创造力的含义

学习要求 解释创造力。

什么是创造?古希腊哲学家亚里士多德把"创造"定义为,在精神和物质领域"产生前所未有的事物"。这一界定虽然得到许多研究者认同,但却过于简练而难以令人满意。从认知心理学的角度,有研究者认为,创造性成果对思维者或文化都是新颖而有价值的,这种思维是非传统的、有目的的并持续的,它对一个原先模糊而未经界定的问题进行了明确系统的阐述。那么,什么是创造力?目前要给创造力下一个准确且具有操作性的定义确实是一件困难的事情。因为,不同的心理学家或心理学流派对创造力的看法不同。

■ (一) 传统认识

第一,精神分析学派的理论者,如弗洛伊德认为,创造力主要是非理性的过程。他把创造看作是以社会接受的方式来表达不被接受的无意识野心和追求权力或者爱的冲动的结果。

第二,格式塔心理学家认为,创造力和灵感关系密切。所谓灵感,就是个体在创造过程中突然产生某种新颖的形象、概念或思维的心理状态。格式塔心理学认为,任何创造性思维或创造性活动都离不开灵感,例如,阿基米德称皇冠的故事,以及德国化学家凯库勒顿悟了苯分子的结构等。这些创造性的个体都声称他们最具有创造性的作品是在意识之外完成的。

第三,心理测量学家认为,创造力是一种独特的思维方式,他们将创造力概念化为一套发散性和聚合性思维的技巧。在他们看来,创造力表达的完整过程就是从发散思维到聚合思维,再从聚合思维到发散思维的多次循环和不断深化。也就是说,只有发散思维和聚合思维有机结合并协调活动,才有可能发现事物之间的新联系,提出假设并解决新问题。

第四,人格心理学家认为,创造力是一种人格机能。那些高创造力的人具有创造性的个性品质,如:理智的好奇和理智的诚实,承认过程和结果的联系,客观性、批判性和开放性倾向,确信事物间不寻常的因果关系,计划的有序性、适应性和灵活性,坚持和决断能力等。

第五,认知心理学家认为,创造力就是一种创造性解决问题、产生新颖而适用的产品的能力。一个人所具有的知识、策略、方法、元认知水平等对创造

创造力

代表一种能激发新想法和产生创新性解决方案的能力,所得到的产物不单纯是新颖或者超乎寻常的,而且是与情境相适应,并被他人认为是有价值的。目前的心理学研究将创造力视为认知、人格、社会、动机多层面的整合体,将它视为不同于能力的另一种更复杂的心理结构。

性解决问题具有重要作用。

第六，社会心理学家认为，一个人所处的环境因素，如丰富的家庭支持、良好的学校氛围、公平的社会制度对创造力的出现至关重要。另外，他们也强调内部动机对于创造力的推动作用。

■（二）整合性解释

如上所述，在创造力的早期研究中，研究者将创造力当作一种个性特质，当作一种思维方式，或者当作一种能力等，往往强调创造力的某一层面。目前，研究者认识到，创造力是一种复杂的心理现象，仅仅依靠某种单一的概念框架获得解释是十分片面的，因而他们试图将创造力看作一种认知、人格和社会层面多因素的整合体。

例如，阿玛比勒（Amabile，1983）提出一种创造力的三成分模型，认为创造力是领域相关的技能、创造力相关的技能和任务动机等三种成分综合作用的结果。领域相关的技能是创造力的知识基础，创造力相关的技能是认知风格方面的特征，任务动机是人格因素。

斯腾伯格（Sternberg，1988）也提出一种创造力的三层面模型，即创造力的智能层面、创造力的智能风格层面和创造力的人格层面，认为创造力是认知、倾向性和人格多层面因素相互作用的结果。

费德胡森（Feldhusen，1995）认为创造力应具备如下三种主要成分：知识基础、元认知技能和人格因素，即获得创造力应具备一个结构完善的领域知识基础及领域技能系统，一系列使用原有知识加工新信息的元认知技能，以及多种态度、秉性、动机等因素。

总之，目前的心理学研究将创造力视为认知、人格、社会、动机多层面的整合体，将它视为不同于能力的另一种更复杂的心理结构。概括来说，创造力代表一种能激发新想法和产生创新性解决方案的能力，所得到的产物不单纯是新颖或者超乎寻常，而且是与情境相适应，并被他人认为是有价值的（Simonton，2000）。

教学之窗

创造力的测量

创造力的测量主要是依据一定的创造力理论，使用测验对创造力进行定量描述的过程。研究者们一致认为，1883 年高尔顿发表的《对人类能力的探求》引发了人们测量创造力的兴趣；1950 年吉尔福特在美国心理学会上的演讲推动了创造力测量进入高峰期。创造力的测量经过几十年的发展已经较为成熟。研究者归纳了十类测量创造力的方法：心理测量工具（发散思维测验）、人格量表、态度和兴趣系列、传记调查表、同伴提名、教师提名、专家评定、产品评价、卓越表现、自我报告的创造性活动和成绩（Zeng，Proctor & Salvendy，2011）。这里并未区分一般领域和具体领域的创造力。

目前，在不同领域创造力的测量方法中，运用最多的技术主要包括：发散思维测验、顿悟类测验、创造力成就测验和同感评估技术。

（1）发散思维测验。亦被称为南加利福尼亚大学发散思维测验，由美国心理学家吉尔福特及其同事进行能力倾向研究时设计而成。发散思维测验一般是以开放性问题的形式呈现，要求被试尽可能多的根据题目要求罗列答案。例如，从测验的形式可将其分为：语言测验、图形测验以及动作测验；或从测验内容可将其分为：灵活使用任务或多用途任务（如请列举砖头的各种可能用途），举例任务（如请写出所能想到的带有"土"结构的字，写得越多越好）以及结果任务（如请根据以下故事情节，用简洁的语言写出故事的各种可能的结尾，写得越多越好）。

（2）顿悟类测验。顿悟类测验的基本理论假设是：高创造性个体能够凭借诸如远距离联想、思维重组、原型启发等认知加工过程整合并处理与目标有关的信息，从而更好地解决顿悟问题，并产生顿悟体验。其中应用最广的是 Mednick（1962）首创的远距离联想测验。远距离联想测验一般由 30 个项目构成，每个项目包括三个词汇，要求被试根据所呈现的三个词汇进行联想，填入与之相关的新词。如：光、生日、蜡，正确答案应为：蜡烛。远距离联想测验在创造力、联想以及精神病理学等研究领域中都得到了广泛应用。

（3）创造力成就测验。对创造力成就的测量方式主要为：可证实的成就或荣誉的数量、已存在的创造性产品所获得的评价以及自述创造力成就清单。经常被使用的测验包括：创造力行为清单（Creative Behavior Inventory，简称 CBI），创造力成就量表（Creative Achievement Scale，简称 CAS），创造力成就问卷（Creative Achievement Questionnaire，简称 CAQ）以及创造力行为传记清单（Biographical Inventory of Creative Behaviours，简称 BICB）等。

（4）同感评估技术。是当前创造力测量领域中最主要的评分技术，与创造力成就测验大多采用自评不同，该方法本质上为专家评价法。专家的评分完全根据其对创造性的主观感觉独立打分，是参照不同的作品本身给出评分，并不是参照任何的标准分数。通常在 5 点里克特量表上打分，但这个标准并不是固定的，也有研究者用 6 点或 7 点，但至少要大于 3 点。该方法中评分者一致性系数的高低非常重要，因为较高的一致性系数表明同感评估技术的有效性，通常 0.70—0.80 的一致性系数是可接受的。

二、影响创造力的因素

学习要求 阐述影响创造力的各种因素。

创造力虽然普遍存在于每一个人类个体身上，但还是有着个体差异。有人创造力水平很高，做出了推进人类社会进步的重大发明创造，而有人创造力水平很低，甚至在面对日常生活中的琐事时也少有创见。那么，影响个体创造力的因素有哪些呢？

■（一）人格与创造力

心理学家费斯特（Feist，1999）的研究发现，高创造力的艺术家和科学家有着与常人不同的人格特征，他们对新理论、新观点更加开放，更自信、有支配欲、有干劲，有野心和冲动，更善于面对挑战，更少遵循传统。同时，高创造力的科学家与艺术家之间也存在不同的人格特征,科学家更加严谨,而艺术家则表现出情绪不稳定性和不守常规。其他一些研究也证实,创造力较高的个体往往都有充沛的精力,对风险的高忍耐力,信任自己控制自己的效力,而且必要时能够承受孤单,尽管他们仍需要得到别人的最终赞同。目前认为,一个人是否具有稳定的、持久的、高水平的创造性人格特质,对其创造力水平起到决定性的作用。

■(二)智力与创造力

传统观点认为,智商越高越聪明(传统 IQ 测验分数越高)的人,创造力就越强。但一些研究发现,对于高创造力的个体来说,拥有最基本的智力水平是必要的,但在这个基本水平之上,创造力和智力是两种相对独立的能力。智力和创造才能间表现出一种低水平的相关或完全不相关。

吉尔福德在综合前人研究的基础上,总结出创造力与智力的关系模型,对于人们理解该问题具有一定的参考价值,如图 4.6 所示。

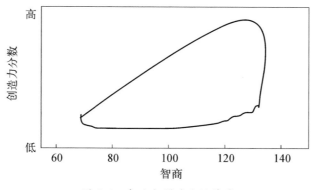

图 4.6　智力与创造力的关系

从图 4.6 中可知:第一,创造力与智力间存在着一定程度的正相关;第二,智力越高,其与创造力的相关就越低;第三,智商在 130 以上者,其创造力分数甚为分散,有的很高,有的则很低;第四,高创造力者必须具有中等以上的智力。

因此,对智力和创造力之间的关系,我们应该用辩证的眼光来看待:一方面,认为智力和创造力毫无关系可能过于绝对,至少智力是创造力的必要条件之一;另一方面,纯粹的智力也不能用来鉴定创造力或预测创造成就,一旦离开了其他心理品质,智力可能并不会有助于创造力。这似乎是一种更可取的观点。

■(三)知识与创造力

创造力不是空中楼阁,它靠的是坚实的知识基础和精湛的专门技能。一个人只有精通于自己所在专门领域的知识,并努力开发创造力所必需的技能,他才可能表现出不同于一般个体的创造力。事实上,伟大的发明创造都来自于发明者深厚的知识积累,他们在各自领域中拥有丰富的经验、渊博的知识、卓越的专长,因而才能有新颖独到的解决问题的办法,才能产生伟大的创举。一言以蔽之,伟大的发明创造者都是各自领域中知识丰富的人。

　　一些心理学研究也表明,创造力与个体知识结构之间存在十分密切的联系。在对著名音乐家的研究中,海耶斯(Hayes,1989)发现,音乐家在产出有意义的音乐曲谱之前,一个坚实的知识基础是十分必要的。该研究发现,仅有 0.6% 的杰出乐曲是在作曲家职业生涯的前 10 年中完成的,而剩下的 99.4% 的伟大乐曲都是在作曲家职业生涯的 10 年乃至 20 年以后才得以创造出来的。可见,长期的知识积累是多么重要。所以,认为创造力是一种无需涉及领域知识就可以培养的心理能力,这种观点至少在心理学领域已被证明是错误的。

■ (四)问题解决能力与创造力

　　现代认知心理学越来越倾向于用问题解决过程来探讨创造过程。在这些研究者看来,创造发明也就是一个问题解决的过程,只不过它不是一般的问题解决,而是一种具有创新意义、超乎寻常的问题解决过程,是一个发现问题、组织问题和解决问题的过程。从信息加工的观点看来,创造力是在产生有价值的新信息的过程中,所运用的各种智力品质的综合。研究者发现,个体的问题解决能力,如发现问题的能力、明确问题的能力、阐述问题的能力、组织问题的能力、输出问题解决方案的能力,以及是否具有解决问题的各种策略(尤其是个体所在领域的特殊策略)和元认知监控策略等,对其创造力均有重要的影响作用。

■ (五)动机与创造力

　　具有强烈且持久的内部动机对创造力是非常重要的。内部动机是指个体参与某项活动的意愿是出于自己认为有挑战性、感兴趣和享受过程等原因,而不是为了达到其他目的。例如,每天早上 6 点起床锻炼身体,是因为很享受锻炼的过程,而不是为了得到他人的表扬;努力学习数学是因为享受解数学题过程中带来的快感和成就感,而不是为了得到测验的高分。相反,外部动机的产生则来自于想通过参与活动去达到某些外部目标的愿望,例如,拾金不昧是为了得到老师家长的赞赏,努力工作是为了经济上的报酬,遵守纪律是为了避免受到制裁或逃避其他惩罚等。

　　研究发现,与外部动机相比,内部动机对个体的创造力更具有积极意义。因为,诸如为了获得回报、奖金等外部动机,会使一个人把注意力从任务本身上转移开,从而降低了其感知的自主性和对任务的洞察力,阻碍创新性观念的产生,降低创造力水平;而内部动机能使一个人关注任务本身,使他对任务的洞察力更强,敏感度更高,从而提高创造力水平。

　　另外,成就动机中追求成功和避免失败的需要也对创造活动有着不同的影响。研究发现,力求成功者(追求成功的需要高于避免失败的需要)要比避免失败者(追求成功的需要低于避免失败的需要)更适合进行创造活动,也具有更多的创造机会,更能创造性地解决问题。这很好理解,一个害怕失败多于追求成功的人,是少有冒险精神的,他们不敢突破成规,更容易因循守旧,显然是做不出什么创新之举的。

■（六）教育与创造力

良好的教育环境有助于创造力的发展。这些教育环境来自于三个方面：家庭、学校和社会。大量研究表明,家庭因素是影响个体创造力发展的一个重要因素。良好的早期家庭教育、父母的积极期望、更多的关注、民主和谐的家庭教养方式等都有助于儿童创造力的开发和发展。在一种温暖、融洽、和谐、民主的家庭气氛中,孩子的新奇想法、探索行为会受到家长的赞扬和鼓励,这对孩子创造力的发展显然十分有益。相反,在一个专制、控制的家庭中,孩子做什么不做什么都由家长决定,结果是孩子新奇的想法受到压制、探索的行为也被制止,他们只会以父母马首是瞻,成年后更可能墨守成规,缺乏创造性。

学校教育是一种有目的、有组织、有系统的教育,在促进个体心理发展中扮演极其重要的角色。当然,对个体创造力的发展也具有重要意义。研究发现,教师对学生自主重要性的认识与儿童创造力的发展有关。在儿童创造力发展中也存在"皮格马利翁效应",即：如果教师对学生的创造性抱有较高的期望,则这种期望可通过教师的行为表现(如微笑、眼神、言语鼓励、对学生回答问题的积极反馈等)使学生体会到教师对自己创造性观念、行为的认可和重视,从而推动学生创造力的发展。此外,教师不同的教学能力和个性类型(强硬专制型、仁慈专制型、放任自流型、民主型),对学生创造力的发展也起到不同的影响作用。其中,民主型的教师个性类型最能促进学生创造力的发展。

社会是整个教育系统的一个有机成分,是对学校教育的补充。现代社会教育机构多种多样,如少年宫、青少年之家、少年活动站、图书馆、博物馆、科技馆、业余培训学校等,这些社会教育机构丰富了学生的第二课堂,扩大了学生的视野,培养了学生的观察力和科学兴趣,再加之多样的课外读物和发达的影视文化、互联网资源等,所有这些为个体创造力的发展提供了丰富多样的刺激。此外,公平公正的社会环境、尊重知识和创新的社会氛围、健全的社会激励机制等,对于个体创造力的发展也起到积极的推动作用。

■（七）年龄与创造力

年龄和创造力之间有什么关系？我国的研究者对这一问题已进行了一些探讨。例如,早在 1986 年,王极盛等人通过一项调查发现,无论是中国科学院院士还是一般科技工作者,他们中年时代的创造成果均高于青年时代,但这一差异没有达到显著性水平；程学超于 1991 年列举的一项统计结果显示,中国科学院北京地区部分研究单位在第一次科技大会上的获奖者中,年龄在 36 岁至 50 岁的人占获奖总人数的 80%。

莱曼(Lehman, 1953)的研究常被人当作此类研究的经典之一。他对不同学科领域中做出杰出贡献的人进行了数年的考察,这些学科包括化学、物理和数学等。他首先从不同角度对各类成果的创造性质量进行评估,如根据某一成果被相关学科的教科书引述的次数作为创造性质量的一个指标,而后再对高质量成果创造者的年龄进行判断。他将许多学科的研究结果合成在一起,呈示出创造力与个体年龄之间的关系,如图 4.7 所示。

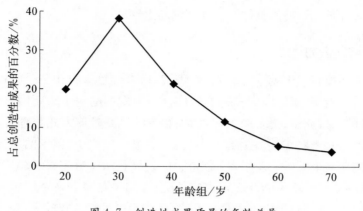

图 4.7　创造性成果质量的年龄差异

(引自 Lehman, 1953)

从图 4.7 可看出, 在高质量的创造性成果中, 有 20% 是 20 岁至 29 岁的人做出的, 近 40% 是 30 岁至 39 岁的人做出的, 20% 多一点儿是 40 岁至 49 岁的人做出的, 而只有约 20% 是 50 岁以上的人做出的。可见, 30—39 岁是创造高质量科学成果的高峰年龄, 40 岁后的下降幅度便很明显了。莱曼在 1942 年对艺术家 (如画家等) 和哲学家的创造成果的分析中也得出了类似的年龄差异模式。

根据创造性成果的数量还是质量来判断个体创造力的高低一直是令研究者困扰的问题。在现实生活中, 我们常能看到, 有的人在一生中有许许多多成果, 有的人则只有一项或几项创造性成果, 但后者的创造性价值并不比前者低。因此, 以创造性成果的质量还是数量为指标来考察创造力与个体年龄的关系, 经常会得出不同的发展曲线。图 4.7 中显示的是莱曼以质量为指标得出的结果, 而丹尼斯 (Dennis, 1966) 以创造性成果的数量为指标得出了不同的发展趋势, 如图 4.8 所示。

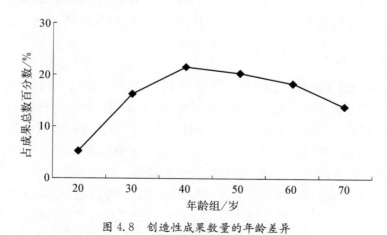

图 4.8　创造性成果数量的年龄差异

(引自 Dennis, 1966)

综合图 4.7 和图 4.8 可知, 无论是以创造性成果的质量还是数量为指标, 创造力总是随着年龄的增长呈现出先上升后下降的发展趋势。那么, 人类在成年期的什么年龄达到创造的高峰？又从什么年龄开始创造力显著下降呢？

西蒙顿（Simonton，1990）在对此类研究进行大量比较后指出，虽然在 40 岁左右达到创造力高峰的结果相对较多，但是不同领域的差异仍很明显。在有些领域，如抒情诗歌、纯数学和理论物理领域，创造力的高峰相对来得较早（在 30 岁左右），且高峰后下降的幅度相对较大；在另一些领域，如小说、历史、哲学和一般学术成就，创造力高峰来得较晚（40多岁甚至 50 多岁），高峰后下降的幅度也相对较小。值得注意的是，西蒙顿认为，对创造性成就影响最直接的是个体从事某项活动的职业年龄（career age），而不是生理年龄。因为一个人在某领域中做出创造性成就总是有限的，并且要在对该领域有长时间的熟悉之后才有可能。一旦他转到另一个不同的领域中，他等于一切从零开始。因此，一个人在某领域表现出的创造性主要与他在此领域的工作年限有关，而与他的实际年龄关系并不太密切。

教学之窗

世界知名科学家的创造力是如何来的？

当今社会，创造力被认为是一种不可多得的卓越才能。纵观人类历史上那些在各个领域引领人类进步的知名科学家们，无一不是极具想象力和创造力的天才。他们的大脑有什么特别之处？是什么让他们与众不同呢？

20 世纪 60 年代，美国心理学家及研究学者弗兰克·巴隆开展了一系列关于人类创造力的实验，试图找出天才人物特有的共同之处。他将一些备受瞩目的人包括一些世界知名的作家、顶尖的建筑师、科学家、企业家、数学家等邀请到加利福尼亚大学伯克利分校一个以前的兄弟会俱乐部。这些人在研究者的观察下互相认识、互相了解，填写关于自己人生、事业和性格的评估，并进行寻找脑部疾病和创造性思维的信号的测验。

巴隆发现，与人们惯常的想法相反，智力在创造性思维中起到的作用其实并不大。研究表明，创造力是由智力、情感、动机和道德共同滋养产生的。无论在哪个领域，有创造力的人所具有的共同特征是：内心开放；相对于简单的东西，更能欣赏复杂和不明确的事物；对混乱和无序的状态具有不同寻常的高度忍耐力；具有从杂乱无章中提取条理的能力；独立，不遵循常规；乐于接受挑战。

在随后的研究中，巴隆和另一位心理研究学者唐纳德·麦金农发现，创造力似乎与精神疾病联系密切，特别是极具创造力的作家，其精神健康问题也异常严重。为什么会这样呢？根据巴隆的研究，善于创造的人也更加善于内省，包括对自身比较阴暗和令人不舒服的部分的认知，这使他们成为摇摆于健康和病态的行为之间的不同寻常的综合体。也正是这种多重的矛盾性给了他们非同一般的驱动力，让他们有了强烈的内在愿望去进行创造。

那么科学家的大脑与常人相比又有什么特别之处呢？我们经常听到神奇的"右脑"的说法，这部分大脑被认为能够控制我们的想象力、情感和创造力。然而巴隆却认为创造力并不是由大脑的某一区域或是某一侧控制的。事实上，创造的过程是由全部大脑整体参与并发挥作用的。大脑的"默认模式网络"对创造力有着特殊的重要作用,也被称作"想象力网络"。虽然"想象力网络"有着十分重要的作用,然而它却无法独立运作,它与大脑的"执行网络"有着错综复杂的密切联系。对大多数人而言,这些大脑网络很容易互相发生冲撞,而一个具有创造性的大脑却非常善于灵活自如地启动和关闭每一个网络。

总的来说,那些具有创造力的天才人士与普通人相比,能够在"认知和情感"、"谨慎和随性"这些看上去极其矛盾的思维模式里切换自如,加上其独特的大脑加工模式,促成了其强大的创造力。

三、培养学生的创造力

■ 创造型教师

要培养富有创造力的学生,则需要创造型教师。有研究者认为,创造型教师,就是那些善于吸收最新教育科学成果,将其积极运用于教学中,并且有独特见解,能够发现行之有效的新教学方法的教师。通常,教师倾向于喜欢高智商的学生而不是高创造力的学生,这实际上不利于学生创造力的发展和培养。研究表明,教师的创造性高低对培养学生的创造力是至关重要的。

要做一名创造型教师,一般可以从以下几个方面入手:第一,要转变传统教育观念,树立创造性教育观念;第二,要具备丰富、合理的知识结构;第三,要培养和塑造自己的创造性个性特征,如自信、热爱学生、好奇、幽默、睿智、兴趣广泛等;第四,提高教学艺术水平,把教学安排得生动活泼、有声有色、趣味横生,不断赋予教材以新意和活力;第五,要有高水平的管理艺术,努力创设并维护一种易于表现创造力的师生关系、同伴关系及班级风尚,使学生的创造力得到最充分的发挥。

■ 创造力的培养

具体到创造力培养措施上,教师可以:(1)使用所有课程的所有方面来激发学生的创造性思维,如绘画、听音乐、编写故事,解决数学和物理等学科的难题;帮助学生不仅寻求问题的解答,而且要去发现新的问题。(2)将激发学生创造性生产的外部奖励减少到最低程度,鼓励学生发现自己通过努力而获得的内在满足感。(3)在可能的时候就让学生自己选择,如在编写故事时,给学生以自己选题的机会;在科学项目上,鼓励学生确立他们感兴趣的且能够从事的领域,等等。(4)帮助学生体验创造活动带来的积极情绪,发展他们的自信心、自尊心和自我判断能力。(5)安排学生自我评价和评价同伴,而非只是教师评价。(6)通过"头脑风暴"、类比及其他策略,要求学生围绕问题而思考,给他们产生发散思维或横向思维的时间;让学生明白异常的或新颖的解决办法必须适合当前要解决的问题。

培养学生的创造力,主要通过课堂教学。在学校环境中,可采用"开放课堂"来促进学生的创造力发展。所谓开放课堂,是一种教学模式,包括空间上的灵活性、学生对活动的选择性、学习材料的丰富性、课程内容的综合性、更多的个人或小组教学等。开放课堂形成了一种气氛,它有助于促进批判性的探究、好奇心、冒险精神和自我指导的学习,而不是分等级的或权威的教学。

此外,对学生创造力培养还需要创造合适的家庭教育氛围。有研究者总结了四种促进创造力发展的独特家庭教育方式:(1)对规定和限制作出解释,允许孩子参与;(2)适时地表达对孩子的期望,并恰当地运用奖惩手段;(3)在家庭中提供丰富的玩具、材料;(4)家长与孩子一起从事学业方面的活动。

教学之窗

鼓励学生的创造力

☞ 接受并鼓励发散思维
 - ✓ 在课堂讨论时,问学生:"有人对这个问题有不同的解法吗?"
 - ✓ 强化学生用不常见的方法来解题,即使最终的结果并不完美也没关系。

☞ 接纳不同意见
 - ✓ 让学生支持自己与众不同的观点。
 - ✓ 确保那些不墨守成规的学生在课堂中享有相同的权利与奖赏。

☞ 鼓励学生相信自己的判断
 - ✓ 当学生提出一些易于解答的问题时,可以改述或者再阐明这些问题,让学生重新对它们进行思考。
 - ✓ 有时要布置一些不评分的任务。

☞ 强调每个学生都具有某种形式的创造力
 - ✓ 在介绍一些伟大艺术家或者发明家的成就时,要避免让学生觉得成果高不可攀。
 - ✓ 善于识别学生的创造表现,对某些任务可以就其创意进行额外评分。

☞ 鼓励创造性的思维
 - ✓ 无论什么时候,只要可能就在课堂上进行脑力激荡的活动。
 - ✓ 针对班级所有成员,提出与众不同的解决方案,以示范创造性的问题解决过程。
 - ✓ 鼓励学生直到考虑了所有的可能性后,再判断下一问题的解决方法。

教学反思

学完本章后,你可以思考如下知识点:
☞ 智力的含义;创造力的含义;
☞ 学习成绩与智力的关系;
☞ 智力与人际交往能力、游戏能力、运动能力等的关系;

☞　成功与智力的关系；

☞　创造力与思维活跃的关系；

☞　创造型教师与创造型学生。

本章总结

■ 智力理论与教育

关于智力的理论研究有两大模式：心理地图模式和计算模式。心理地图模式将智力视作心理地图，由此得到智力的结构理论。本章首先简要介绍了斯皮尔曼的智力二因素理论、卡特尔的流体智力与晶体智力理论、瑟斯顿的基本心理能力理论、吉尔福特的智力结构模型和阜南的智力层次结构模型等。而计算模式将智力视作具有信息加工功能的计算性装置，以此为基础构建了智力的信息加工理论，本章则主要介绍了加德纳的多元智力理论、戴斯的 PASS 智力模型和斯腾伯格的三元智力理论。

■ 创造力与教育

关于"创造力"，从不同观点出发得出的概念含义必须得到整合。从观念整合的角度，创造力存在于任何个体，是认知、人格、社会、动机多层面的整合体，是不同于能力的另一种更复杂的心理结构。就影响创造力的因素而言，个体的人格特征、智力水平、拥有的知识及其组织结构、解决问题的能力、对学习的动机水平和所处的教育环境等，都与创造力有一定的联系，但这些因素作用的发挥并非各行其是，而是以互动、关联的方式一起影响个体的创造力。

重要概念

经典智力理论　斯皮尔曼的智力二因素理论　卡特尔的流体智力与晶体智力理论现代智力理论　加德纳多元智力理论　戴斯 PASS 智力模型　斯腾伯格的三元智力理论　创造力

参考文献

1. 贡喆，刘昌，沈汪兵：《有关创造力测量的一些思考》，《心理科学进展》2016 年第 1 期。

2. 俞国良著：《创造力心理学》，浙江人民出版社 1996 年版。

3. ［加拿大］J. P. 戴斯等著，杨艳云、谭和平译：《认知过程的评估：智力的 PASS 理论》，华东师范大学出版社 1999 年版。

4. ［美］R. J. 斯腾伯格著，吴国宏、钱文译，李其维校：《成功智力》，华东师范大学出版社 1999 年版。

5. ［美］R. J. 斯腾伯格著，俞晓琳、吴国宏译，李其维校：《超越 IQ：人类智力的三元理论》，华东师范大学出版社 2000 年版。

6. Gardner，M．（1985）．*Frames of mind: The theory of multi-intelligences*．New York，N. Y.：Basic Books．

7. Mednick，S．A．（1962）．The associative basis of the creative process.，Psychological Review，69（3），220−232．

8. Plucker，J．A．，& Renzulli，J．S．（1999）．*Handbook of creativity*．Cambridge，U. K. New York：Cambridge University Press．

9. Simonton，& Keith，D．（2000）．Creativity：cognitive，personal，developmental，and social aspects．The American Psychologist，55（1），151−158．

10. Sternberg，R．J．，& Williams，W．M．（1998）*Intelligence，instruction and assessment: Theory into practice*，Mahwah，NJ：L．Erlbaum Associates．

11. Sternberg，R．J．（1985）．*Beyond IQ: A triarchic theory of human intelligence*．Cambridge；New York：Cambridge University Press．

12. Zeng，L．，Proctor，R．W．，& Salvendy，G．（2011）．Can traditional divergent thinking tests be trusted in measuring and predicting real-world creativity? *Creativity Research Journal*，23（1），24−37．

扫一扫二维码获取心
理学、教育学考研同
步真题及参考答案

扫一扫二维码获取同
步练习题及参考答案

第五章

特殊学生

引 言

特殊学生又称有特殊教育需要的学生,一般指身心发展处于正常发展范围之外的学生。特殊学生有广义和狭义之分,广义是指智力发展水平超过或低于正常水平及各种感官、肢体和品德有缺陷的学生;狭义是指生理和心理有缺陷的学生,如盲、聋、哑和智力低常及言语等有缺陷的学生。特殊学生本属特殊教育的对象,但随着"全纳教育"(inclusive education)理念日渐深入人心,以及随班就读政策的倡导的实施,越来越多的特殊学生被纳入普通教育的范畴。

学完本章后,你应该能够:

☞ 阐述天才儿童的鉴别手段及教育举措;

☞ 阐述智力落后学生的特征和教育方法;

☞ 阐述有情绪和行为障碍学生的特征和教育方法;

☞ 阐述有学习困难学生的特征和教育方法;

☞ 阐述一些应对有感觉障碍和躯体障碍学生的教育方法。

教学设疑

谢老师发现,周围一些孩子,或多或少有这样那样的问题:自己邻居家的小孩——小其,智商低于80,父母还是希望其随班就读;班上有名学生叫小丁,好像有点多动症,上课从来没有认真听讲过,一直动个不停;而另一名学生小马,智力正常,但学习效果一直不好;还有一名学生叫小巧,听力有点问题,学习很刻苦,但成绩一直不好;而学生小蕾则在绘画方面很有天赋,多次在市里得奖,但其他科目的成绩却很差。

如果你是谢老师,请思考:

☞ 如何给小其的父母提供一些建议?

☞ 如何确定小丁有多动症? 可采用的教学措施有什么?

☞ 针对小马,可以采取哪些教学方法?

☞ 如何帮助小巧提高学业成绩?

☞ 如何看待小蕾? 她是天才儿童还是学习困难儿童?

☞ 面对这些特殊学生,应该注意哪些方面?

视频

特殊学生

第一节 智力的异常学生

在学校教育中,智力往往被视为影响学业的最重要因素之一。有的学生天赋异禀,被视为超常学生或天才学生。心理学研究已提出许多解释天才的理论体系,这些理论提供了看待天才的多元视角,对天才儿童的教育干预也具有启发意义。有的学生智力低下,被称为智力落后学生,心理学研究也对此进行了明确界定,提出了相应的教育方法。

一、天才学生

■ (一) 解释天才的理论

学习要求 理解解释天才的多种理论并评述各自的特点和彼此的异同。

天才代表着人类的杰出才能,是认知能力与非智力因素共同作用的产物;遗传的天赋在后天教养作用下历经一系列发展过程,系统发展为某领域的杰出才能;极少数人拥有这类能力,成为人类社会不断进步与发展一个重要推动力。下面介绍不同学者的天才观。

1. IQ 决定观

将天才归结为高智商使然,在心理学关于天才的研究中是一种强势传统。在过去近百年的时间里,"聪明"与否成为解释一个人的杰出能力乃至未来成就的最简单归因。这种研究传统起始于推孟(Terman,1921)的研究工作,他利用斯坦福—比纳智力测验甄选出智商(IQ)高于 140 分的 1 500 名儿童,经过长期追踪研究后发现,这些儿童在成人阶段有更好的适应性与更高的成就。自那以后,智商 140 以上的儿童就被称为天才儿童。

在以 IQ 解释天才的理念下,天才被视为天生的、特殊的、超常的、高智商的个体,而教育机构和学校应当通过 IQ 测验将天才儿童挑选出来,给予他们专门设计的特殊教育,例如允许跳级、提供更多学习资源等,以促使其快速成为各领域中未来的精英。

2. 多元智力观

加德纳的多元智力理论为我们看待天才提供了一个新的视角:天才是由在某种或某几种智力上的杰出所导致的,因为 8 种智力以相对独立的形式存在,则天才也相应地分为多种类型,例如,极高的空间智力会导致绘画天

天才

代表着人类的杰出才能,是认知能力与非智力因素共同作用的产物;遗传的天赋在后天教养作用下历经一系列发展过程,系统发展为某领域的杰出才能;极少数人拥有这类能力,成为人类社会不断进步与发展一个重要推动力。

才,极高的音乐智力会造就音乐天才,而极高的数理逻辑智力会带来科学发明的天才。这样看来,虽然大多数人的总体智商在 140 以下,但可能具有各自的优势智力,是不同方面的天才。通过多元智能检测,可以帮助家长与老师清楚地了解个体的多元智能先天的强弱顺序,知道个体后天容易形成的优势和特长,为家长、教师的有效教育提供科学依据。

3. 训练造就观

加涅提出一种基于训练或学习解释天才的理论构想。他认为,人类具有四种遗传的或天生的能力:智力、身体能力(包括感觉与运动能力)、创造能力、社会影响能力(如领导力);并指出,与天生能力相对应的是"系统发展起来的、刻画个体在某领域活动中行为特征的能力,如钢琴家、教师、记者、木匠、游泳运动员、飞行员等所表现出的能力"。依据加涅的观点,如果儿童在四种遗传能力中具备至少一种高水平的能力,则该儿童可被称为"聪慧"的儿童,但只有那些在系统发展起来的能力上具备极高水平的成人,才是真正应当赋予价值的天才。

加涅进一步提出,个体在成人阶段杰出能力的发展基于上述四种天生能力之上,但并非是自然而然发生的,受到这四方面因素的影响:生理成熟;在问题解决情境中长期历练;非正式训练与练习;正规训练与练习。可以看出,在这四种影响因素中,有三种因素涉及后天的训练和学习。因此,在加涅看来,训练与练习在天才发展中起到重要作用,他说:"聪慧意味着儿童发展的可能性,而天才则是这种可能性在成人阶段的实现,天才的发展过程也就是聪慧的个体追求更高水平能力的系统训练与教育的过程。"

4. 发展阶段观

费尔德曼(Feldman,1986)提出一种在发展心理学的框架内解释天才的理论构想。他认为,一个人要想获得某领域的卓越才能,需历经一系列的发展过程,即逐步掌握水平递增的、按层级排列的不同发展阶段;每一阶段均以个体对该领域知识技能的心理重构(reconstruction)为标志,且各阶段并非所有个体均可达到(即非普遍性的)。

费尔德曼认为,正是这种能力的非普遍性发展,解释了"天才水平"的行为表现,他说:"对于普通人来说,他在某领域中所经历并掌握的阶段,明显少于那些天才的个体。"他进而强调,如果一个人要达到行为的杰出水平,成为某领域的天才,必须接受积极的、专门设计的环境刺激(如家庭支持、学校教育及其他获得该领域技能的机会等),这对他经历并掌握每一个发展阶段是至关重要的。

天才的发展阶段观具有的重要理论价值,它将天才视作一种具备发展性特征的普遍现象,类似于在人类个体身上所发生的其他发展性现象,从而消除了天才所具有的神秘色彩。

5. 非智力因素观

波兰心理学家达波维斯基(Dabrowski,1977)认为,某些人具有超出一般水平的天生特质与潜力,表现为"极度兴奋性"(overexcitability),具体体现在精神运动、感官、智力、想象力和情感五个方面。极度兴奋性具有双重作用:一方面,具有极度兴奋性的个体,可能因其情感丰富、想象力独特等而表现出较高的发展潜力；另一方面，这些超常的因素也可能在不利的发展环境中诱发和强化神经官能症。

美国哥伦比亚研究团队借用了达波维斯基的理论，认为天才通常具备某种或某几种极度兴奋性，尤其具备情感的极度兴奋性，这使得他们有更强烈的冲动、更敏锐的内心体验、更具爆发力的情感冲突，因此他们能够写出深邃细腻的诗歌，画出色彩绚丽的图画，谱写热情似火的音乐。也就是说，这些极度兴奋性与他们的认知能力结合在一起，造就了天才的行为表现。

6. 心理社会观

泰伦鲍姆(Tannenbaum，1990)依据社会的需求区分出四种才能：(1) 罕见的才能(scarcity talents)，指人类社会总是需要但却一直短缺的才能，这种才能能使人类的日常生活更加舒适、安全、便利及推动社会进步，如爱迪生、富兰克林等具备的才能；(2) 过剩的才能(surplus talents)，指能够将人类精神文明带入新的高度，但对日常生活的延续并非必要的才能，如哲学家、艺术家、文学家的才能；(3) 定额的才能(quota talents)，指具有专精技艺以产出社会所需产品与服务的才能，如工程师、律师、建筑设计师的才能；(4) 异常的才能(anomalous talents)，指社会较不赋予特殊价值的才能，例如，有些人具有超常的心算能力或奇特的记忆能力，但这些才能对社会发展不具特别的价值。

这种分类，体现了泰伦鲍姆关于天才的心理社会(psychosocial)观，他认为："尽管可以确定某些高水平潜能的存在，但却是社会决定着这些潜能得以实现的方向，因为社会可能对某些潜能造就的成就赋予很高的价值，但对另一些潜能所造就的成就忽略不计。"也就是说，泰伦鲍姆承认个体潜能上的差异，但认为这些潜能只有发展为社会认可其价值的成人阶段的杰出能力，个体方可被视为天才，天才的内涵和价值是由社会文化决定的。

这种观点也得到了其他研究者的赞同。培恩特(Painter，1980)认为，天才的个体是那些具有在他们的社会中被高度赞扬的才能的人；斯腾伯格(Sternberg，1986)也说，天才儿童是被我们发明而非发现的。

教学之窗

什么是超常儿童

近年来，尽管社会上关于超常儿童的话题越来越热门，但是什么是超常儿童呢？

早在公元前 552—479 年间，我国古代就有关于"神童"的记载。当时将那些才智出众、少年得志的儿童称为"神童"，认为这些儿童神奇、不可理解，若天神降临非凡人可为也。古希腊的柏拉图(公元前 427—347 年)把那些聪明异常的儿童叫作"金人"，意在"稀少、珍贵"。我国古代的庄子曾把这些聪明绝顶的儿童叫"天人"(公元前 369—286 年)，意为上天赏赐之人。而"天才"(Gifted)一词始于 17 世纪，后因英国人种学家高尔顿而被广泛使用，有天生之才之意。

　　在心理测验兴起以后,特别是美国斯坦福大学的心理学家在 1916 年提出了智商这一概念以后,人们又提出以智商(IQ)作为定义"天才"儿童的标准。如美国著名心理学家推孟认为"天才"儿童是那些智商超过 140 的儿童。后来,人们又对用智商来标定"天才"的观点提出了异议。除此以外,还有"资优"、"奇才"和"英才"等名称。不同的学派对超常儿童有不同的界定标准。国外的很多研究及我们自己近年来所完成的一系列心理学实验结果显示,与同年龄的常态儿童相比,超常儿童的基本信息加工速度更快,而且差异达到显著水平。这些结果与国外同行的研究结果类似。而对于那些研究智力结构的人来说,超常儿童的表现可能是多样性的。在他们中有一个共同的特点,就是承认个体能力的多样性,超常个体的表现是多方面的。换句话说,只要在某一个方面表现出色就可以认为在这方面超常。

　　根据我国心理学家的观点,一个儿童只要在心理活动的任何一个方面的表现比他(她)的同龄人的平均表现高两个标准差,或高于比自己大两岁的儿童的平均表现,那么他(她)就可以被认为是这个方面的超常儿童。因此,超常儿童的形式是多种多样的。

■（二）鉴别天才学生的手段

学习要求　了解鉴别天才学生的多种手段,并认识每种手段的局限性。

　　以上谈到,每位学生都可能具有某方面的天赋,且教育和训练对其成长为未来的杰出人才非常重要。那么,怎样发掘每位学生的"天赋",从而给予有针对性的教育呢？近年来,国内外研究者倾向于采用多指标、多形式的手段来鉴别天才儿童,如教师提名、智力测验、成就测验、创造力测评、特殊能力测评、性向测验、人格测验、家长提名或同学提名、面谈、个性化作品评估等。

1. 教师提名

　　教师提名是常用的鉴别天才儿童的方式。雷查德森(Richardson)于 20 世纪 80 年代中期进行的一项调查研究显示,教师提名是最常用的鉴别天才儿童的方式(使用率91％),随后是学业成就测验(90％)和智力测验(82％),而其他如学业等级、同伴评价或自我评价、创造力测评等方式的使用率很低(约 10％)。

　　教师提名方式操作简单,尤其在欠发达地区的使用非常广泛,但我们却不能对这种方式赋予过高的价值。一方面,教师通常把那些学习成绩好、礼貌的、听话的、举止得体的学生归为天才之列,甚至有时将某个学生归为天才以作为对他学业成绩优秀的奖励;另一方面,如何评价教师提名的准确性也缺乏可信的标准,因为教师的提名出于各自内隐的天才观,他们选择天才儿童的标准并不统一。因此,教师提名最好作为一种鉴别天才儿童的前期辅助手段,而不应被视为一种科学的测评方法。

2. 智力测验

　　智力测验一直是鉴别天才儿童最常用的方式之一,通常将智商 140 以上的儿童界定为天才儿童。但应注意,以智力测验作为鉴别天才儿童的手段是以接受天才的 IQ 决定观为前提的。而且,即使我们接受天才的 IQ 决定观,那些认为智力测验是鉴别天才儿童的最有效手段的想法也可能过于乐观。拜尔德(Baird,1985)证实,在许多强调动作或技能的领域,如音乐、绘画、运动领域中,IQ 与杰出行为间的相关非常低。因此,智力测验更适于鉴别学业领域或其他倚重思维领域中的天才儿童。

近年来的研究发现,即便是鉴别学业天才儿童,智力测验也不是一种完美的手段:(1)智力测验所提供的信息对于学业天才儿童的教育处置帮助甚微,因为智力测验的内容与学校课程中通常含有的学科内容没有什么关系;(2)智力测验可以有效预测学生在低年级所能取得的学业成就,但随着学生年级的增高,它的预测性逐渐降低,它对个体未来所能取得的最终成就并没有预测作用。

3. 成就测验

成就测验和智力测验不同,是对个体学习和训练效果的测量,涉及特定的学习经验,反映个体已经学会了什么和能做什么。成就测验按其内容和功能可以分为两大类:(1)对多学科知识和技能的"学习程度"的测量,也叫普通成就测验或综合成就测验,如 Stanford 成就测验、Metropolitan 成就测验等。(2)特殊成就测验,也叫单科成就测验,数量众多。在 1985 年出版的心理测验年鉴(MMY - 9)中,共收入 134 个语言测验,97 个阅读测验,46 个数学测验,26 个理科测验,以及其他学科领域的一些测验。

成就测验显然适用于鉴别学业天才儿童。比之智力测验,成就测验更拟合学校课程的内容,可反映学生在相应学术领域已取得的成就,并可预测将来可能取得的成就。鲁宾斯克(Lubinski,1993)证实,7 年级和 8 年级学生在学术成就测验(SAT)上数学学科的得分,可有效预测其在高中和大学阶段的数学成就,以及将来选择数学作为职业领域的可能性。但应注意,成就测验也存在某些限制,它无法刻画那些水平远超于成就测验的天才儿童的真实程度,因此近年来使用成就测验鉴别天才儿童有这样一种趋势,即把设计对象为高年级学生的成就测验拿来用于甄选低年级的天才儿童。

4. 创造力测评

有研究者以测评创造力作为鉴别天才儿童的手段。但这种做法是有局限性的:(1)必须在认同创造力是天才的核心成分的前提下,通过测评创造力来鉴别天才儿童在逻辑上才是成立的。(2)现有的创造力测评工具和量表本身存在缺陷。常用工具包括:创造性思维测验(TTCT)、奥尔波特—弗农—林赛价值调查(SV)、加利福尼亚心理调查表(CPI)、高级级数矩阵(APM)、自传创造性调查表(BIC)等。这些测评创造力的工具因编制者对创造力的认识不同,偏向评价创造力某一维度的特征,真正的、纯粹的"创造力测验"尚未存在。因此,以测评创造力作为鉴别天才儿童的手段应当谨慎,即使认同创造力是天才的核心成分,以现有创造力测验鉴别天才儿童的准确性也是值得商榷的。

5. 特殊能力测评

鉴别音乐、绘画等艺术领域的天才儿童不可以使用智力测验手段。研究表明,此类天才儿童在各自领域的高能力与 IQ 无正相关,甚至其 IQ 低于正常水平。显然,这种现象应从天才的多元智力观角度加以理解,应通过特殊能力测评将此类天才儿童甄选出来。

通常来说,学校教育并不承担对艺术领域天才儿童的鉴别。原因在于,尽管有某些特殊能力评价量表,如:巴伦—韦尔什艺术量表、西肖尔音乐才能测验、戈登音乐能力倾向测验、迈尔美术判断力测验、美沃伦兹基本美术能力测验等,但这些测验的内容过于专业,多数学校缺乏有能力施测的教师。因此,对此类天才儿童的鉴别更多采用专家提名和观察现场表演或创作的方式加以鉴别。通过观察儿童是否具备这些优于同龄人的特征,可较容易地将具备艺术领域特殊能力的天才儿童甄选出来。

6. 其他鉴别手段

家长可参与到天才儿童的鉴别中来。任朱利等(Renzulli,1976)编制的优秀学生行为特征等级量表,可用于家长对孩子的鉴定。该量表涉及 10 个维度能力的测评:学习、动机、领导力、绘画、音乐、戏剧、交流的精确性、交流的表达性、计划和创造力。应承认,该量表可帮助家长发现孩子具备哪些方面的优势,但因编制该量表的理论基础,即对天才内涵的界定比较模糊,据此甄选出的儿童是否是天才儿童值得商榷。此外,家长可能因为偏爱而过高估计自己孩子的能力水平,这也会导致该量表缺乏客观性。

如果天才儿童是少数民族,其鉴别可能需要使用特殊手段,原因在于:(1)少数民族儿童可能缺乏系统良好的学校教育,典型的纸笔测验可能低估其能力;(2)多数测验是为主流文化的儿童所设计的,具有文化不公平性;(3)专家或教师对少数民族天才儿童的提名可能存在偏见。因此,对少数民族天才儿童的鉴别应使用专门设计的非语言的问题解决能力测验,同时,应提高教育者对文化差异的敏感性,从而避免提名时的偏见。

个性测验有时也被用于鉴别天才儿童,如:少年非智力个性心理特征问卷、小学生个性特征问卷、幼儿个性特征问卷、幼儿性格量表等测验。显然,使用个性测验甄选天才儿童以接受天才的非智力观为前提,认为天才儿童在个性方面异于常态儿童,独特的个性特征是造就其杰出的核心因素。

教学之窗 ●

天才儿童的鉴别与教育

鉴于各种鉴别手段均存在某些局限性,所以教师综合利用多种鉴别手段甄选天才儿童是一种较合理的做法,分为三个阶段。

第一,初选阶段。教师利用已有的信息,如学生的日常表现,学习成绩、其他教师的推荐、获得的奖励等,提名某些学生作为天才儿童的候选人。该阶段的目的是广泛撒网,利用一般性标准将更多优秀学生挑选出来,避免遗漏某些潜在的天才儿童。

第二,选择阶段。利用各种鉴别手段进一步收集更详细、更可靠的信息,在该阶段应注意:针对不同类型的天才儿童,选择不同的鉴别手段;所选的鉴别手段应尽可能为教育处置提供更多信息;选择信、效度高的量表或测验;避免测验中的天花板效应和文化不公平性。

第三,评估阶段。该阶段的目的在于评估选择阶段的有效性,考察选择阶段是否遗漏了某些天才儿童,及是否甄选出真正的天才儿童。应评估如下问题:选择出的某类天才儿童是否在相应领域或任务上获得成功;选择阶段是否遗漏在相同领域或任务上获得成功的其他学生;选择出的天才儿童在长期历练之后是否在相应领域达到极高水平。

通过综合利用上述多种手段,教师发现某些学生具有各自的天赋,是不同类型的"天才儿童",如高智力型、创造型、学业成就型、绘画型、音乐型、运动型等,那么教师应该怎样对其进行教育,促进其又好又快地发展呢?

目前主要有三种针对天才儿童的个别化教学方案:(1)抽离方案,即将天才儿童单独编班,进行有针对性的教育,如各种少年班、实验班、特殊能力班等。(2)丰富方案,即天才儿童在普通班中随班就读,但有几天时间对其进行知识的扩展教育,如更丰富的学习材料、更难的学习内容、更高的学习要求等。(3)加速方案,即让天才儿童提早入学、跳级或缩短学制。在目前"全纳教育"的理念下,丰富方案受到多数研究者的赞同,且有研究表明,抽离方案和加速方案不利于天才儿童的社会化和心理健康发展。

二、智力落后学生

学习要求　阐述智力落后的定义与分类标准;
　　　　　　　分析自己班级是否存在智力落后学生。

■ (一) 智力落后的含义

智力落后可以理解为智力残疾。依据第二次全国残疾人抽样调查(2007年),智力残疾"是指智力显著低于一般人水平,并伴有适应行为的障碍。此类残疾是由于神经系统结构、功能障碍,使个体活动和参与受到限制,需要环境提供全面、广泛、有限和间歇的支持。"智力残疾包括"在智力发育期间(18岁之前),由于各种有害因素导致的精神发育不全或智力迟滞;或者智力发育成熟以后,由于各种有害因素导致有智力损害或智力明显衰退"。在上述定义中,"智力显著低于一般人水平",是指在标准化智力测验中智商得分低于平均分数(100)两个标准差以上。"适应行为的障碍",是指通过标准化的社会适应行为量表,对个体作出评定,以具体的数值表示个体的社会适应能力,如果数值低到一定限度便视为适应性行为障碍。值得注意,智力分数不是鉴别智力落后的唯一标准,除了考虑智力外,还应考虑个体的年龄和在典型环境中的表现,如表5.1所示。

> **智力落后**
> 是指人的智力明显低于一般人的水平,表现出适应性行为的障碍,并且发生在发育时期(18岁以前)。

表 5.1　我国智力落后智力残疾分类标准

级别	分　级　标　准			
	发展商(DQ) 0～6 岁	智商(IQ) 7 岁及以上	适应性行为 (AB)	WHO‐DAS Ⅱ分值 18 岁以上
一级	≤25	<20	极重度	≥116 分
二级	26～39	20～34	重度	106～115 分
三级	40～54	35～49	中度	96～105 分
四级	55～75	50～69	轻度	52～95 分

在人群中究竟有多少智力落后学生？根据智力落后的定义和按智力的常态分布曲线计算,这个比例应该为 2.27%。根据 2001 年中国 0—6 岁残疾儿童抽样调查结果,现患率 0.931%,约 95.4 万人;年平均发生率千分之 1.331,每年新增约 13.6 万人;然而,实际的调查由于受到定义、研究方法、社会状况、年龄、性别、地理环境等因素的影响,各个国家和地区得出的数值不尽相同。

■（二）智力落后学生的特点

在认知方面,研究表明,智力落后学生存在注意缺陷,即注意范围狭窄、持续时间短、分配障碍等。在记忆上,工作记忆容量比正常学生的容量要小,加工效率低,不能充分地获取有关任务的信息,这一不足在对需要深层次加工的信息材料进行记忆时尤其明显。在语言上,虽然遵循了同样的发展过程,但其进程要缓慢得多,发展水平也低得多,往往表现为发音不清晰、表达不清楚。这种障碍的严重程度,随智力落后程度的加重而越加显著。

在个性方面,智力落后学生其主动性较差,同时,自我控制能力比较差,有时对外部环境的某一事件常常以冲动的、瞬时产生的、不假思索的行动作出反应。在对个人欲望的追求方面,常常是不达到目的誓不罢休,表现出极大的冲动性和顽固性。他们对周围人带来的影响表现出一种矛盾的状况,常常不加思考地接受周围人们的驱使和建议,无理智地、盲目地服从他人意见;也经常表现出顽固的特点,毫无理由地与合情合理的意见对抗,这种固执有时还表现为缺乏随机应变的能力,遇事反应刻板,缺乏弹性。

正是由于上述认知和个性上的问题,智力落后学生与正常学生相比,所掌握的有关外部世界和学业领域的知识更贫乏,不太容易形成学习策略,或者对已掌握的策略不能灵活地加以应用。同时,他们不善于支配和管理自己的行为,哪怕是最小的困难,也常常要在老师和父母的督促、鼓励下才能完成某件事情。他们不会按照比较长远的目标去行动,只有近期目标才能对他们起激励作用。

在面对失败时,智力落后学生比智力正常学生更倾向于谴责自己。失败导致智力落后学生对自己解决问题的能力产生怀疑,并因此愈加希望他人能够帮助自己,提供解决的办法。值得注意的是,这种依赖对智力落后学生却是一个难处理的问题,由于智力落后学生对自己作为学习者和问题解决者的自信心很低,所以这些学生比正常学生更不愿意向他人寻求帮助,这样他们就处于一种矛盾之中。一方面,他们需要帮助;另一方面,因为怕被别人看不起,又不愿意主动寻求帮助。

教学之窗 ━━━●

针对智力落后学生的教育

1. 学习兴趣与动机的培养

在日常生活中,智力落后学生由于遭受的失败经历比较多,而这种挫折加深了他们的自卑感,造成心理上的压抑。因此,特殊学校的教师或普通学校随班就读的教师可以采取一些办法,来恢复他们的自信心,激发其学习积极性和主动性。例如,把学习环境与智力落后学生感兴趣的知识领域结合起来,努力发现什么才是对学生重要的,然后在教学中尽可能运用那些重要的发现,以激发学生的新奇感和对事物的兴趣,明确学习动机。

2. 提供成功的经验以培养自信心

提供成功的经验感受,并不是说要降低对智力落后学生的要求,而是为他们提供合适的教材内容、教学方法和作业等。在课堂提问中,让他们回答比较容易的问题或重复比较困难问题的正确答案,使他们体会成功的喜悦,最终提高学习兴趣。教师应该培养智力落后学生一些积极信念,如"如果我制定计划并付出努力,我就能做好这件事",而不是恪守被动的信念,如"我很笨,我为什么要努力"。

3. 具体而针对性强的教学方法

由于智力落后,学生的抽象认知贫乏,思维长期停留在直观形象阶段,以至于他们在学习抽象知识的时候感到特别困难,因此,加强直观教学就显得尤为重要。例如在数学教学中,在教授"4+3"这样的加法时,可以使用各种具体直观的教具进行辅助教学。用具体形象的例子帮助学生把加法过程视觉化,使得答案更直观;还可以使用幻灯片、录像资料等有利于提高教学直观性的教具帮助学生学习;适当使用色彩符号,等等。

4. 促进自我表达与人际交往

与正常学生相比,智力落后学生在自我表达方面存在不少困难。教师应该为智力落后学生创造条件,利用任何可能的机会鼓励学生进行言语表达,提高言语表达水平。例如,安排一些家庭演讲、团队活动等。

当然这种机会应该生动有趣、适合学生发展的水平。研究和教学经验表明,这种机会在小学阶段、低年级的教学中更为重要。

第二节　非智力的异常学生

在学校教育中,从智力或认知角度来观察学生的异常是一个视角,其中还有不同视角来审视学生的特殊心理或生理状态。如从学业角度来看,则存在一些学习困难的学生;如从行为表现来看,则存在一些有情绪和行为障碍的学生;如从生理特征的角度来看,则存在各类残疾学生。

一、学习困难学生

学习要求　阐述学习困难的定义;
　　　　　　阐述造成学习困难的原因。

学习困难

在我国,是指智力正常,但学习效果低下,达不到国家教学大纲要求。

■（一）学习困难的含义

在我国,学习困难是指智力正常,但学习效果低下,达不到国家教学大纲要求。该定义有两层含义:一是学习困难学生的智力是正常的,即使有些学生的智力偏低,但仍在正常范围之内,另外心理发展的进程也是正常的;二是由于种种原因,学习成绩长期达不到教学大纲所要求的水平,而且这种学习困难不容易被克服。因此,判断一个学生是否学习困难,至少要符合以下三个条件:(1)个体的智力可能接近正常也可能在正常水平之上,其潜能和成就之间有严重的差距,取得的成就低下;(2)学习困难不是由智力落后、感官障碍、情绪和行为障碍等因素造成的;(3)学习困难学生无法在正常的学习条件下从事有效的学习活动,必须接受特殊教育服务才能取得学习成功。

■（二）学习困难学生的特点

学习困难学生的智力一般处于平均水平或高于平均水平,也就是说,学习困难并不是由智力缺陷所致。其表现主要在注意、记忆和动机等方面。

首先,学习困难的学生很难将注意力保持在同一对象上,容易受干扰而分心,有时候注意缺陷还伴有其他行为症状如粗心、多动等,这通常被称为注意缺失及多动障碍(Attention Deficit Hyperactivity Disorder,简称 ADHD)。而用来描述学习困难也包括"不能完成任务"、"不能专心致志"、"容易受干扰"等一类与注意有关的术语。

其次,学习困难学生往往不能记住老师布置的作业和与别人约定的约会,记忆方面最大的障碍主要集中在工作记忆方面,对刚刚看到或听到的信息,他们都不能正确地回忆。研究发现,学习困难学生的记忆障碍主要是因为他们不能像正常学生那样灵活地使用策略。例如,当要求对一组词汇进行记忆时,正常学生一般会运用策略进行复述,并将这些词汇加以分类和组织,以便能更迅速地记住它们,但学习困难学生则不会自发地运用这种策略。学习困难学生贫乏的记忆能力导致了认知方面的缺陷,如在思维和解决问题时显示出混乱和没有组织等特征,这使得他们在计划和组织学校及家庭生活时有很大困难。

最后,学习困难学生比起正常学生更显得被动和缺乏动机。学习困难学生似乎并不愿意尝试去控制和影响生活中某些事件的发生,他们认为生活由外在因素(如运气、命运),而非内在因素(如决策和能力)所控制。持这种观点的学习困难学生,常常表现出习得性自弃的特征,即对任何事情都总是想放弃或作最坏的打算,因为他们认为自己不管怎样努力,最终的结果都是失败。他们常常处于恶性循环之中,在学校里表现不好和不能顺利完成学业使得他们认为自己的智力有缺陷,这反过来又影响他们的学业表现。因此,与高学业成就的学生相比,学习困难学生对自己在学校里的表现之预期要低得多。

教学之窗

针对学习困难学生的教育方法

1. 集中注意力

学习困难学生在没有干扰的环境里学习效果最好,如装备有不透明或半透明窗户、隔音设备的教室能为他们创造良好的学习环境。当分发书面学习材料给学习困难学生时,要强调相关的刺激而消除或淡化其他无关的刺激。例如,用大写字母、下划线或不同的颜色突出重要的书写信息。同样,当对学习困难学生进行口头教学时,要强调重要的信息,告诉学生这些信息与他们已经学习的信息和将要学习的信息之间存在重要关系。

2. 指导式教学

许多研究都表明,基于知觉缺陷上的训练并不能帮助学习困难学生克服学习上的困难。相反,使用指导式教学,却能帮助他们克服特定学业领域内的技能困难。例如,如果学生对书面字词存在着严重的解码困难,可以教授学生如何对书面文字进行解码。指导式教学强调掌握特定领域内的学业技能,而非强调改善基本的知觉过程。教师也通常采取循序渐进的方式进行教学,在教学过程中强调重复、学生的参与和教师本人的反馈。

3. 教授策略

可以教授学习困难学生"多次研读"的方法,用来改善阅读理解技能。学生阅读书面材料三次:第一遍称为浏览,只阅读材料的标题、子标题、导言和小结,尝试总结整篇文章的中心,理解组成文章各个部分之间的逻辑联系;第二遍是品评,即区分重要的观点,搜寻重要的信息或线索,并对自己设问且自答;第三遍是挑选,尝试回答文章后面或老师提出的问题,当确实不能回答问题时才允许浏览文章以寻找答案。

4. 提高学习动机水平

教师在教学过程中应当帮助学习困难学生发现自身的"闪光点",进而形成对自身正确全面的评价,以提高其自尊心和自信心,这是促进学生学习成绩转化的前提和基础。另外教师应当调整自己的教学方式,合理地组织教学内容,实施愉快教育,让学习困难学生能够尝到学习的甜头,获得成功的体验,以激励和强化他们的学习动机。

5. 情感关怀

苏联著名教育家赞可夫说过,"当教师必不可少的,甚至几乎是最主要的品质就是热爱儿童"。从教育过程看,爱是教育的基础,这一点在教育学习困难学生时尤为重要。教师要以平等、尊重、关心的态度对待学习困难学生,关注他们在学习和生活中的点滴进步,使他们感受到老师的温暖和重视。

二、情绪和行为障碍学生

学习要求　阐述情绪和行为障碍的定义与类型;
　　　　　　设计一个针对情绪和行为障碍学生的教学方案。

■ **(一)情绪和行为障碍的含义**

> **情绪和行为障碍**
>
> 由不明原因所导致的人际关系障碍,或不适宜的行为和情绪,或者不愉快或压抑感,或者各种生理不良症状和恐惧反应。

对情绪和行为障碍的判断,国内外的心理学家一般认为,如果学生长时间表现出一种或几种明显而持续的行为特征,并且这些特征影响学生的学习,则认为该学生有情绪和行为障碍,这些特征有:(1) 学习困难不能由智力、感知觉和生理健康因素解释;(2) 不能与同伴和教师建立和维持良好的人际关系;(3) 在正常环境下表现出不适宜的行为和情绪;(4) 有一种弥漫性的不愉快或压抑感;(5) 容易出现与个人学习困难有关的生理不良症状和恐惧反应。

情绪和行为障碍包括若干子类别,但至今没有统一的分类。《中国精神疾病分类方案与诊断标准》(1989 年,第二版)把学生少年期精神障碍分为:学生精神病、学生情绪和行为障碍、多动综合征、品行障碍、特殊功能发育障碍和学生少年期其他行为障碍如排泄障碍、进食障碍、口吃、抽搐障碍。而有研究者针对中小学的情况,将情绪和行为障碍分为五类:

人际关系问题:无法与同学或教师建立和保持良好的人际关系,经常与同学发生口角、攻击教师、乱发脾气、不与同学来往、任意指责或批评同学等。

行为规范问题:违规或反社会行为,如无故迟到、缺席、逃学、说谎、偷窃、易怒、破坏行为、考试作弊、不守规则或伤害别人等。

抑郁情绪问题:经常有不快乐或沮丧的情绪,如对活动不感兴趣、自伤、愁眉苦脸、悲观、对自己的事情漠不关心、情绪低落或退缩等。

焦虑情绪问题:因过度焦虑导致明显的身体不适、恐惧反应或强迫行为,如容易紧张、因焦虑引起生理反应(呕吐、头晕等)、坐立不安、影响教室内的活动、不断重复同一动作、情绪激动、动作过度夸张、过度的恐惧反应等。

偏畸习癖:如经常咬、吮吸大拇指、咬指甲,作异性打扮,沉迷于游戏机和色情书刊电影,吸毒成瘾或恋物癖等。

■ **（二）情绪和行为障碍学生的特点**

有情绪和行为障碍的学生要么表现出攻击性行为,如对他人或事物有意侵犯、争夺或破坏,如破坏公物、对同学或小动物进行虐待、争吵、斗殴、抢劫和性攻击等;要么表现出退缩性行为,如好做白日梦、空想、压抑、不善于交友、逃学、离家出走、偷盗和不尊重权威等。常表现出退缩性行为的情绪和行为障碍学生,由于经常保持沉默,不会招惹麻烦,在幼儿园或学校里常被教师忽略。此类学生往往有习得性自弃感,他们表现出无能、无助的样子,缺乏自尊心,甚至表现出抑郁症状,常常伴有学业失败的经历,并把失败归因于自己缺乏能力,因此形成强烈的焦虑感,严重时可能导致自伤甚至自杀。所以,严重情绪和行为障碍的学生可能具有某些精神疾病的特征,社会性交际功能下降,少数学生还往往伴有其他障碍。

情绪和行为障碍学生在智力测验上的分数涵盖了智力分数分布的整个全域。大部分情绪和行为障碍学生的学业成就与其在智力测验上的分数不一致,也就是说,智力测验分数比较高的情绪和行为障碍学生,学业成绩不一定好。事实上,当学生的学业成绩与智力水平明显不一致时,教师和父母就应该考虑到造成这种现象的可能原因是情绪和行为障碍。

当然,情绪问题可能导致学业问题,如当学生的情绪出现问题时,他们可能变得易分心而不能很好地完成学业。在学校,被认为是情绪和行为障碍的学生,可能更易遭受惩罚(如老师的反感,受到退学、开除处罚等),而这些惩罚反过来又限制了他们的学业。学业困难也可能导致情绪和行为障碍,当学生在学业上表现不好时,他们对自我价值的知觉可能出现问题,他们会变得退缩和具有攻击性。那些在学业上获得较低分数的学生,可能会放弃学业并开始表现出行为出格。当然,其他因素(来自生活的压力,如父母离异、搬迁、亲人去世)也可能导致学生出现情绪和行为障碍,从而不能正常完成学业。

教学之窗

对情绪和行为障碍学生进行教育要注意的问题

对情绪和行为障碍学生的教育意义随他们表现出的障碍程度而异。例如,对轻度情绪和行为障碍的学生进行教育的目标是让他们趋于(接近)正常学生,而对于那些障碍严重的学生来说,教师和父母的目的是使学生在日常生活中能自理。

教师应着重帮助学生掌握识字技能,发展其阅读和数学技能,指导其交往和社会化,因为这些学生在书面和口头交流活动中需要非常具体的指导。他们在社会化技能方面也同样需要非常具体的指导,社会化技能的训练可以帮助他们学会在社会团体中举止得体、怎样与他人交往,并有利于将来形成良好的工作习惯,如合作、守时和持之以恒。

对具有人格问题的学生进行教育时必须为学生提供支持、安慰、保护,并要避免批评及对抗。许多情绪和行为障碍的学生都会表现出行为异常,教师应该帮助学生消除问题行为并习得合适的行为方式。教师在教学过程中必须形成一种学生期望的自我控制、一致的态度、行为及责任,不过对教师来说,要形成这些技能需花很长的时间。

总之,解决情绪和行为障碍学生的困难的方法还有很多。无论家长、教师还是心理治疗师采取什么方法来对情绪问题学生进行干预和教育,都应该视学生的具体情况而定。随着教育理论的日益发展和治疗技术的不断进步,以及教育干预者实践经验的积累,势必会出现越来越多、行之有效的干预手段和方法。

三、感觉和躯体障碍学生

■ (一) 听觉障碍

学习要求 阐述听觉障碍的含义;
描述有听觉障碍学生的特点;
讨论针对有听觉障碍学生的教育方法。

1. 听觉障碍的含义

听觉障碍,是指由各种原因所导致的双耳听力丧失或听力障碍,而听不到或听不清周围环境的声音。听力损失一般通过对音高和响度知觉的测试来确定。不同年龄发生听力损失,会对学生语言能力的发展产生影响。如果听力损失发生在习得语言之前,个体将较难使用语言,但经过训练后也可能使用语言;而如果发生在习得语言之后,个体还可以使用语言,也可能从容应对学业。

从听力损失的程度来讲,听觉障碍包括觉察不到的听力损失到完全听不到声音的听力损失。听觉障碍分为聋和重听,聋指听力损失至 71 到 91 分贝之间,重听指听力损失至 41 到 70 分贝之间。

2. 听觉障碍学生的特点

首先,大部分有听觉障碍的学生,语言的句法有严重的错误。在教学中所接受的书面语言和口头语言,主要利用主谓宾句型,但实际生活中,并非所有句子都是这样,所以,他们就可能发生句法混淆。而随着年龄的增长,有些听觉障碍学生的语言问题如果仍得不到解决,他们的文章结构往往就会杂乱无章,而且缺乏逻辑性。

其次,有听觉障碍的学生正因为语言发展的缺陷,其认知发展明显落后于正常学生。聋儿虽然语言能力较低,但能进行各种思维,只不过其思维能力低于正常学生。有语言局限的耳聋学生,在掌握比较抽象的概念方面比较迟缓。许多教育家和研究人员都认为,有听觉障碍的学生,如果没有接受系统的语言,也能够进行逻辑思维,但掌握语言对他们解决问题或完成学业有极大帮助。

最后,有听觉障碍的学生由于听不懂正常人的语言,不能理解语言表达的思想和要求,往往对别人形成误解和猜疑;不能用语言表达自己的思想和愿望,容易与周围人产生对立情绪。因为表达上的困难,他们希望被人理解、接受的需要得不到满足,从而诱发一定的情感和行为问题,如自制力差、猜疑、攻击性、自我中心、焦虑、胆怯、退缩、自我封闭等。

教学之窗

有听觉障碍学生的随班就读

一般来讲,对于有听觉障碍的学生,不应该把他们送到特殊学校或特殊班级,而应该让他们继续留在普通班级坚持下去。但必须根据他们的特殊需要提供特殊服务,采取一些特殊措施,以使他们获得最佳的学习效果。

具体来说,在对有听觉障碍的学生进行安置时,必须考虑他们的具体情况而做出合理的安排。对那些听力严重损伤的学生来说,还是应该将他们安置在特殊学校或特殊班级里,因为在普通班级里他们根本无法进行正常的学习,教育效果会适得其反。因此,听觉障碍学生随班就读必须具备一定的条件:(1)听力损失在重听范围内,佩戴助听器后能比较正常地使用听觉功能,利用其他感觉渠道能参与一般正常的教学活动。(2)有较好的言语理解能力和言语表达能力,以及适当的看话能力(唇读)。(3)实际年龄接近班级里的正常学生。(4)有较好的意志品质,适应能力较强。

另外,要使听觉障碍学生随班就读获得成功,还要考虑其他一些重要条件,例如,教室里的照明光线要适当,必要时要辅以扩音设备,配备专门的服务人员。教师要引导正常学生理解、接纳听觉障碍学生等。

■ (二)视觉障碍

学习要求　阐述视觉障碍的含义;

描述有视觉障碍学生的特点;

讨论针对有视觉障碍学生的教育方法。

1. 视觉障碍的含义

视觉障碍是指由于各种原因导致双眼视力损伤或视野缩小,并因此难以完成正常人所从事的工作、学习和生活活动等。视觉障碍的程度复杂多样,一般根据患者的残余视力将其分为盲和低视力。盲可分为:一级盲,视力较好眼的最佳视力低于 0.02,或视野半径小于 5 度;二级盲,视力较好眼的最佳视力等于或好于 0.02,但低于 0.05,或视野半径小于 10 度。而低视力可分为:一级低视力,视力较好眼的最佳矫正视力等于或好于 0.05,而低于 0.1;二级低视力,视力较好眼的最佳矫正视力等于或好于 0.1,而低于 0.3。

2. 有视觉障碍学生的特点

首先，虽然有视觉障碍的学生的视力比正常学生要差，但研究表明，有视觉障碍的学生的触觉能力、听力和记忆力比一般学生要好，这符合心理学上的知觉补偿原理。

其次，心理学研究表明，大部分有视觉障碍的学生，其智力都没有缺陷，除非是伴有智力缺陷的多重残疾学生。有视觉障碍的学生能利用其听的能力和与他人口头交往的能力，促使其智力正常发展。

再次，有视觉障碍的学生，其言语发展并不表现出异常。有研究表明，有视觉障碍的学生，可通过听觉途径来学习，其与语言有关的成绩，与正常学生相比没有显著差异，但他们在视知觉、视觉联想和视觉记忆方面的成绩低于正常学生。

最后，有视觉障碍的学生的运动技能存在先天盲和后天盲的明显差异。前者由于生下来就没有机会从事较多运动，其运动能力自然差，而后者因为可能有机会和正常学生一起游戏如爬树、滑冰、摔跤等，因而在运动协调能力方面不会存在严重缺陷。

教学之窗

针对视觉障碍学生的教育方法

☞ **教学应该具体化**

从信息获取的渠道看，视觉障碍学生主要依靠听觉和触觉获得信息。要使他们真正理解周围的世界，必须为他们提供能触摸和操作的物体。如可以让他们观察（通过触摸）实物模型，了解物体的形状、大小、重量等特性，以掌握物体的属性和性质。

☞ **提供整体化经验**

视觉障碍学生缺乏视力，无法把握经验的整体关系。教师必须将整体的概念融入实在而具体的经验之中，并有条理地加以说明，以使视觉障碍学生获得整体的经验。由于视觉障碍学生的生活环境受到限制，所以就必须扩大他们的接触面，发展其想象力，提供丰富多彩的学习、生活环境，通过这样系统地刺激发展他们的经验。

☞ **让学生在操作中学习**

就视觉障碍学生认识环境而言，激发他们的能动性是必要的。视觉障碍学生不想触摸某个物体，是因为该物体不足以吸引他们，由于视觉障碍个体必须通过触觉、嗅觉、听觉等感知物体的存在，因此，应该为他们提供系统的动机情景，以激发他们去接触物体。

☞ **充分发展视觉障碍学生的听、联想和记忆能力**

与正常学生相比，视觉障碍学生用来获得同样知识和完成同样任务所消耗的时间较长，所以必须让他们学会珍惜和有效地利用时间，因而教师必须有效地组织教材，善于利用讲解和声音进行教学。

☞ **重视视觉障碍学生的不同残障程度，发展相应的适应性行为能力**

一般分为低视力和全盲两种，但在独立能力和认知能力等方面，低视力学生肯定要比全盲学生好很多，尤其在时空定向、经济活动以及感觉运动等诸多方面。无论在生活中还是精神上，都要努力鼓励视觉障碍学生使用残余视力，而且利用残余视力去接触外界，使自己的用眼能力慢慢提高。对于全盲学生来说，尤其要不断地对他们的听觉和触觉进行强化训练，开导他们的说话能力。

■（三）躯体障碍

学习要求　阐述躯体障碍的含义；
　　　　　　描述躯体障碍学生的特点；
　　　　　　讨论针对躯体障碍学生的教育方法。

---

1. 躯体障碍的含义

躯体障碍是指由于躯干或四肢等部位不能正常活动（这些不正常可能由遗传或外部原因如车祸所导致），需要在特殊的服务、训练、设备、材料或设施辅助下才能使个体学习、生活的一种障碍。

2. 躯体障碍学生的特点

一般来说，有躯体障碍的学生除了在身体方面与正常个体存在较大差异外，很多方面与正常个体并没有明显的不同。但由于他们的身体存在缺陷，而可能造成其个性有一定的缺陷，如比较自卑、畏缩、胆小、内向等。

有躯体障碍的学生表现多种多样，在智力上他们可能正常或低常，也可能超常；他们可能在行动和学习方面存在很大的局限，也可能局限不大。有的躯体残疾学生往往还伴有其他障碍。躯体障碍学生的心理特点也千差万别，有的个体能很好地适应残疾情况，没有情感和行为问题，完全能在普通班级里学习，并能同正常学生建立良好的人际关系；而有的个体则可能在学习和适应能力方面受到障碍情况的严重影响，从而不能适应正常的学习、生活环境。

教学之窗

针对躯体障碍学生的教育方法

由于有躯体障碍的学生表现出多样性，对他们的教育安置就不能一概而论，不管他们是在普通班级里随班就读，还是在特殊学校里学习，教师们都应该周全地考虑问题。具体来讲，教师应该做到以下几点：

☞ 在人格上尊重有躯体障碍的学生，让他们感觉到自己与正常学生并没有什么明显的差异，也同样能得到尊重、理解和支持。

☞ 必须满足躯体障碍学生的特殊需要，提供给躯体障碍学生必须的教学环境，建立必要的特殊设施，为他们提供特殊服务。

☞　对无法到学校学习的有躯体障碍的学生,教师应尽可能地到学生家里提供家庭教育。

☞　制定系统的教学计划,循序渐进地实施教学。

教学反思

学完本章后,请思考如下知识点:

☞　不同心理学视角下的天才观;

☞　天才的鉴别方法;

☞　智力落后与学业成绩的关系;

☞　情绪和行为障碍的表现;

☞　偏科学生与学习困难学生;

☞　"身残志不残"的教育方法。

本章总结

■ 智力的异常学生

　　天才代表着人类的杰出才能,是认知能力与非智力因素共同作用的产物;遗传的天赋在后天教养作用下历经一系列发展过程,系统发展为某领域的杰出才能;极少数人拥有这类能力,成为人类社会不断进步与发展一个重要推动力。教师应多元地看待自己的学生,综合利用教师提名、智力测验、学业成就测验、创造力测评、特殊能力测评等手段,系统评估每位学生的天赋,从而进行有针对性的个别化教学。智力落后是指人的智力明显低于一般人的水平,表现出适应性行为的障碍,并且发生在发育时期。对智力落后分类的方法有很多种,使用比较普遍的有依照智力水平和可接受教育程度这两种分类系统。一般来说,智力落后学生的特点主要表现在认知和个性这两方面。

■ 非智力的异常学生

　　学习困难是指智力正常,但学习效果低下;其智力一般处于平均或高于平均水平,主要困难表现在注意、记忆和动机等方面。情绪和行为障碍则是由不明原因所导致的人际关系障碍,或不适宜的行为和情绪,或者不愉快或压抑感,或者各种生理不良症状和恐惧反应;其障碍主要表现在认知和社会交往这两方面。听觉障碍则是部分或全部丧失听力,其困难一般表现在语言、认知和个性等三方面。视觉障碍是指由于各种原因导致双眼视力损伤或视野缩小,并因此难以完成正常人所从事的工作、学习和日常活动等;其特点一般表现在感知觉、智力、言语和运动技能等方面。躯体障碍是指由于躯干或四肢等部位不能正常活动,需要在特殊的服务、训练、设备、材料或设施辅助下才能使个体学习、生活的一种障碍。

重要概念

天才　智力落后　学习困难　情绪和行为障碍

参考文献

1. 陈安福主编：《心理教育》，四川教育出版社 1994 年版。

2. 郝宁：《浅析天才儿童的鉴别》，《上海教育科研》2008 年第 2 期。

3. 郝宁：《试析解释"天才"的不同视角》，《上海教育科研》2007 年第 4 期。

4. 汤盛钦主编：《特殊教育概论》，上海教育出版社 1998 年版。

5. 徐云、施毓英主编：《弱智儿童教育经验精选》，浙江教育出版社 1990 年版。

6. ［美］柯克·加拉赫著，汤盛钦、银春铭主编译：《特殊儿童的心理与教育》，天津教育出版社 1989 年版。

7. Bos，C. S. & Vaughn，S.（1994）. Strategies for teaching students with learning and behavior problems. Boston：Allyn and Bacon.

8. Hallahan，D. P.，& Kauffman，J. M.（1997）. Exceptional learners（7ʰed），Boston：Allyn and Bacon.

9. Olson，J.，& Platt，J.（c2000）. Teaching children and adolescents with Special Needs. Upper Saddle River，N · J.：Merrill.

扫一扫二维码获取同步
练习题及参考答案①

---

① 注：本章无对应考研真题。

第六章

学习的概述

引 言

在学习的时候,我们的行为、生理和心理发生了什么变化呢? 哪些是先天遗传的,哪些是后天习得的? 为什么有些东西学过就记住了,而有些内容很快便会遗忘? 为什么某些事物会成为一种惩罚,而另外一些事物就成了奖励呢? 如何使学习轻松起来? 上述这些问题,有的在本章可以找到答案,有的则要在整本书中寻找答案。回答这些问题,本身就是学习的过程。让我们一起开启一段学习之旅吧。

学完本章后,你应该能够:

☞ 举例说明学习的含义;

☞ 理解并掌握学习的作用;

☞ 理解不同学者的学习分类;

☞ 了解学习科学的含义及其基本假设。

教学设疑

在资深教师李老师的指导下,实习教师王琳开始讲授四年级数学课。通过三周的观察,王琳已经学习到了很多东西。她深知,实习对她将来成为独当一面的老师非常有帮助;她也明白,之前的学校学习,并不如她自己在实际教学中遇到的情形多;在以前的教学法课上,自己只学习到了一些皮毛,教学实际上远比她想象的要更艰巨、更复杂。眼下,李老师为王琳布置了一项任务:设计一节课,下周执教。这节课是分数单元的第一课,要介绍分数的基本概念及其应用。现在,她真的要给孩子们上课了!

如果你是王老师,请思考:

☞ 学生在这节课中要学会什么呢?

☞ 如何尽快地让学生掌握这些知识?

☞ 在学习过程中,如何维持学生的动机?

☞ 学生之间的差异,如何影响班级教学?

☞ 怎样确保学生真正听懂教师的内容?

☞ 如何帮助学生尽快地学习?

视频

学习的概述

第一节　界定学习

在日常生活中,学习无处不在,如果给它下一个定义,要怎么来描述呢?学习在无形之中影响着我们每一个人。试想一下,一个婴儿从出生以来,哪些行为是学习? 又有哪些行为不是学习? 本节将对学习的实质进行深入的探讨。

一、学习的含义

学习要求　*理解并掌握学习的含义。*

学习是个体与环境之间相互作用的过程。在生态系统中,个体与环境是不可以分离的,个体必须适应环境并与环境保持相对平衡,如果做不到这点,其生命就将终止。个体对环境的适应分为生理适应和心理适应。生理适应主要通过个体固有的遗传机制的成熟和成长实现。心理适应则必须通过学习来不断建构新的心理机制,从而产生相应的心理变化。从这个意义上说,学习是以个体心理的变化来适应环境的过程。个体心理的变化是在主客体相互作用的过程中,在主体反映客观事物的基础上,获得作为活动的主观经验来实现的。

> **学习**
> 指个体通过练习或经验而导致行为比较持久改变的过程或结果。

总的来说,学习是个体通过练习或经验而导致行为比较持久改变的过程或结果。这个定义,涵盖了下述三个基本内容:

■ (一)行为或行为潜能的改变

学习的发生以行为和行为潜能的变化为标志,是个体获得行为经验的过程。学习与行为之间的关系并不相互对应,但学习的结果可以通过可观察到的行为变化而表现。例如,幼儿在学习识字时,看见字形而不知字音和字义,经过学习和练习后,能够知道字形,也能够正确发音,并了解字义,此时即发生了学习行为。若在学习初期,幼儿虽注意到字形. 也能够了解字音和字义,但要求在陌生人面前说出对该字所知时,若不能在行为上表现,这种情形仍不能称为学习,但这种已产生学习而未能在行为上表现出来的现象,称为行为潜能。

学习会引起个体行为的改变,这种改变说明个体"学会了什么"。行为改变有的是外显的,有的是内隐的。外显行为即为学习行为,内隐的学习即为行为潜能。例如,幼儿在听老师讲10个故事后的测验表明,幼儿能回忆其中

6个故事,但这并不意味着幼儿对另外 4 个故事没有产生学习,只是它们处于潜在行为。个体的行为潜能可以通过再认故事是否学习过进行确认。即使不能再认,幼儿在重新学习这些故事时,也会比从未听过该故事的幼儿取得更好的学习成绩,这说明行为潜能对个体的学习具有重要的影响作用。

■（二）较持久的行为变化

只有发生较持久的改变才是学习。例如,学会骑自行车后,由于某些原因多年不骑,但当你又有机会骑车时,骑起来就会很容易,这是先前的"经验"已经保持下来所致。从这个意义上说,行为的变化是持久的。有些行为虽然发生了某些改变,但是只是短暂改变,时间一过即恢复原状,如因疲劳而产生的工作效率波动,个体的正常意识因为使用了麻醉药物而发生暂时改变,以烈酒改变自己的清醒状态等。凡是暂时改变的行为都不能视为学习。

学习通过行为改变表现,个体一旦学会了某种行为,就必须在不同场合表现出相对持久的一致性变化,而不是暂时的或偶然的改变。当然,一致性是相对的,即一致性的行为变化并不是永久性变化。但是,并非所有行为改变都是学习:那些可能由成熟、疲劳、疾病或药物引起的行为变化,或者可能是本能反应导致的行为变化,都不能称为学习。例如,新生儿在一周岁左右表现出独立走路的行为,这并非全是学习的结果,也有生理成熟的原因。处于青春期的个体,会对异性产生兴趣,这主要也是成熟的作用;在疲劳或生病时,活动效率降低是生理因素的原因。所以,只有那些由经验引起的行为变化以及学会的某种行为,在不同场合表现出相对一致性时,才能称为学习。

■（三）基于经验的过程

学习与个体的经验密切相关。个体只有通过经验才能产生学习行为。从信息加工的角度来看,经验涉及接受信息、加工信息、评价信息等过程;在日常生活中,经验包括习得的习惯、理解的知识、掌握的技能和形成的观念等。例如,某个人搬了家,通过经验,记住了回家的路,但是,一旦又要搬新家,就需要重新获得经验。

与前述内容一致,经验导致的行为变化,不包括成熟或由发育带来的变化,也不包括由疾病、脑损伤引起的变化,更不包括由动机、疲劳、心境或药物等引起的暂时性行为变化。虽然后面这些因素都能够改变行为,但我们不能将之称为学习。学习更多与个体的经验有关,这类经验导致的变化,其发生和发展规律则是学习研究者重点关注的内容。

因经验而产生的学习,主要有两类:一类是有计划地练习或训练,如学生在学校里接受的教育,包括算术、几何、外语、科学、法律、政治、经济等,都是在小学、中学或大学里系统学习的。另一类是虽然没有计划,但在生活中因偶然情境获得某种经验而产生的学习。例如,在路上亲眼目睹一起因行人乱穿马路造成伤亡的交通事故,此时,心理产生震撼,而后不再闯红灯,谨遵交通规则。由此可见,经验是构成个体学习的重要原因,先有引起个体经验的情境,个体在该情境中自主活动后的行为发生改变时,就产生了学习。

随着科学与技术的发展，我们的经验不一定都来自真实环境，有时候会是一种虚拟现实(Virtual reality)情境。传统的学习方法依赖于学生从老师那里获得的言传身教以及在课堂上简单书写的内容。随着 VR 技术应用于教学领域，虚拟教室和聊天机器人纷纷登场，学生们可以借助 VR 技术进行学习、寻求帮助，可以很方便地与网络上的其他学生合作，并且还可以尝试通过参与互动游戏来解决问题。比如地理课，就可以让学生基于当地的地理环境来进行知识的发现与学习，通过和虚拟地点的"看""摸"以及"互动"，学生们有可能获得新的想法和方法，同时也会增加学生的乐趣和参与度，这就是通过 VR 进行的学习。

教学之窗

你理解学习的定义了吗?

在学习了上面的内容后，你理解"学习"了吗? 让我们一起来做一个小测试：请在下列符合学习定义的描述前面打钩。

☞ 王佳这两个礼拜天天都在玩电脑游戏。他的游戏分数得到了很大的提高。

☞ 李辉不喜欢狗。不过这个周末，他需要去照顾朋友的一只可爱的拉布拉多——白雪。从那以后，他就开始喜欢狗了。

☞ 严君从自行车上摔下来，撞到了头，并在瞬间失去知觉。她苏醒后却不记得这件事了。

☞ 苏苏在数学考试之前吃了一根能量棒，因此她能记住更多的学习内容。

☞ 小沙在规定时间内做完了 100 道心算题，尽管筋疲力尽，但他又继续做了另外 100 道相同类型的题。这次花的时间比第一次花的时间更长。

☞ 马立下定决心要在竞赛游戏中赢取 10 万元奖金，所以他很努力地计算每一道题目。

选好了吗? 我们来分别看每一个例子。如果你在第一个例子上打钩了，那么，你的理解是对的。王佳基于自身的经验(玩电脑游戏)，使相关知识发生了变化，这一点可以从他的游戏分数的变化反映出来。同样，如果你选择了第二个例子，那也符合学习的定义。通过和白雪的相处，李辉的知识即对狗的态度也发生了变化。只有这两个例子属于学习。

第三个例子中的严君，虽然她身上也发生了变化，但这是由外部物理干预而不是经验所引起的。第四个例子中的苏苏也是这种情况，是借助外界物理干预也就是能量棒发生了行为上的变化而非经验。第五个例子中，小沙的行为也发生了变化——解答心算题的速度变慢了，而这种变化是由于疲劳而不是经验引起的。最后一个例子中，马立的变化是由他的动机引发的，而不是经验所引起的。

总之，上述每一种情况都包含了学习者的一种变化，但后面四种情况中的变化均不是由经验引起的。最后两种情况中的变化，甚至都不是学习者知识所导致的变化。

二、学习的作用

学习要求 理解并掌握学习的作用。

■ （一）应对各种外部环境

学习是有机体与其生存环境相互作用的一种过程。动物为了适应变化的环境需要学习,而人不仅要适应环境,还要改造环境,使环境更好地为人类服务,这就更需要学习。广义地说,学习与生命并存,对一切具有高度组织形式的动物而言,生活就是学习,但生物的发展水平不同,它们生存的环境也各不相同,因此学习在它们生活中所起的作用也就不同。

有研究者认为,低等动物的生活方式极为简单,只要依靠本能行为就能适应环境、取得平衡。例如,没有神经系统的原生动物只有最低的感应能力,对学习几乎没有要求或要求极低。但是现在的研究已经证明,草履虫经过练习能减少在毛细血管中旋转的时间,这显然是由于经验引起了行为变化。由此可见,在原生动物中也有学习发生。至腔肠动物阶段,出现了神经系统,可以建立暂时神经联系,但是这些联系是不牢固的。到了鱼类,它们就能建立牢固的暂时神经联系。到了人类,个体生活中从出生到死亡的整个过程,都离不开学习。

■ （二）适应个体内在成熟

前述内容提到了成熟,这主要指个体生理方面的发展,受生物学规律支配。生理的结构和机能为学习提供了可能性,在个体发展的一定阶段上,学习什么,从何开始,都要以学习者的相应成熟为条件。但是,如果个体的生理结构得不到使用,它的机能就会消退。如果对初生的动物剥夺某方面的刺激作用,则可以影响其相应的感觉器官的发育和成熟。

有研究者对黑猩猩进行了"剥夺研究"。他把两只刚出生的黑猩猩放在完全黑暗的环境中饲养,剥夺光刺激对它们视觉器官的作用;16 个月之后,研究者发现这两只黑猩猩的视觉能力严重落后,视觉器官也出现异常(视乳头盘苍白)。另一位研究者用老鼠也做了类似的研究。实验者把刚出生的婴鼠分成两组,一组放在具有丰富刺激的环境里并给予适当的学习训练,另一组放在刺激贫乏和缺乏学习机会的环境中;经过 4—10 个星期后,结果发现前一组老鼠的大脑皮质增重、增厚,神经突触增大或增多,神经胶质细胞的数目增多,核糖核酸与脱氧核糖核酸的比率改变,乙酰胆碱脂酶的活动提高。这些研究都证明,没有环境的刺激作用及学习活动,个体正常的成熟是不可能的。

而格赛尔著名的双生子爬梯实验也向我们揭示了个体成熟与学习的关系。在实验中,他让一对同卵双胞胎学习爬楼梯,不过弟弟在出生后第 48 周开始练习,每天练习 10

分钟,而哥哥在出生后第 53 周开始练习,接受同样的训练。两个孩子在第 55 周的时候结束训练验收学习成果,这时弟弟已经学习了 7 周,而哥哥只学习了 2 周。大家都认为弟弟理应学得更好,而结果却恰恰相反——哥哥在 10 秒钟内爬上了特制的五级楼梯的最高层,弟弟则需要 20 秒钟才能完成。如图 6.1 所示。这就告诉我们教育要尊重孩子的实际水平,在孩子尚未成熟之前,要耐心地等待,不要违背孩子发展的自然规律,不要违背孩子发展的内在"时间表"人为地通过训练加速孩子的发展。

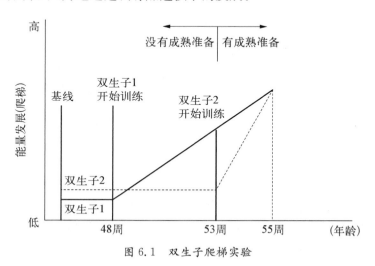

图 6.1　双生子爬梯实验

■（三）促进个体心理发展

　　学习能激发人脑智力的潜力从而促进个体心理的发展。我们知道,有些人在小时候的学习成绩和能力水平都很差,但后来他们却成为伟人,有了很高的智力水平和伟大成就。例如,明末清初的文学家叶奕绳,生性迟钝,记忆力差,却通过自己的努力成为了一名文学家;我国著名数学家华罗庚在初一时还补考过数学。国外此类例子,也比比皆是。如达尔文小时候曾被认为是低能儿,牛顿小时候学习很差,等等。还有这样一群人,因为一些先天或后天的因素,造成了身体上的残疾,但他们仍能通过学习,走出生活中的困境,获得心理上的发展,比如"当代保尔"张海迪、著名音乐家贝多芬,等等。

　　那么,是什么使他们产生了如此巨大的变化呢?是不断学习和探究把大脑中的潜能发展起来了。屠呦呦作为抗疟新药青蒿素的第一发明人,荣获诺贝尔生理学或医学奖。那一年,她 85 岁。在这举世瞩目的成绩背后,是她 50 余年默默无闻地钻研。20 世纪 60 年代,屠呦呦作为中医药协作组的组长,领着一批研究员,调查了 2000 多种中草药制剂,选择了其中 640 种可能治疗疟疾的药方。通过对 380 多个提取物的筛选,最终确定了青蒿作为治疗疟疾的首选。这其中曾有长达四年的时间,实验毫无进展。她自己还曾在反复进行的提取实验中,不慎吸入过量乙醚,患上中毒性肝炎。为了证实药物的安全,屠呦呦及其团队甚至不顾药物的毒副作用,自己服下提取物,成为第一批以身试药的"小白鼠"。丰富的临床实践经验和不服输的精神,最终帮助屠呦呦成功研发出青蒿素,震惊世界。

另外,老年学研究表明,老年人的晶体智力不仅没有减少而且有提高。正如《西游记》的作者吴承恩,他五十岁才开始写《西游记》,直到七十二岁才终于写成这部闻名中外、流芳千古的经典著作。

教学之窗

21世纪:终身教育面临的挑战与应答

21世纪以来,终身学习在国际政策议程上的突出地位得到显著提升。终身学习不仅成为全球最广泛共享的教育政策目标之一,而且成为全世界教育政策制定的一种规范。

人口挑战会影响社会中的每个人,因为每个人最终都会变老,因此需要在所有工作场所实施年龄管理、终身学习和培训措施,以预测人们在不同生活阶段的需求,迫切解决欧洲老龄化问题。

高等教育机构将是世界范围的,不分地点、年龄,满足一切需要的连接终身网络教育的桥梁。互联网、环球网及其继起之物能够根据全世界每个人一生中的需要随时随地提供教育。应审视在线教育环境,提供了有关在线终身学习的理论和实践信息,明晰终身学习策略以及如何支持高等教育课程设计、实施和评估方面的技术以及相关问题的方法。

(资料来源:何思颖,何光全:《终身教育百年:从终身教育到终身学习》,《现代远程教育研究》2019年第1期)

三、学习的分类

学习要求　了解雷兹兰依据进化水平的学习分类;

　　　　　　了解加涅根据学习结果提出的学习分类;

　　　　　　了解接受学习和发现学习,有意义学习和机械学习。

■（一）依据进化水平的学习分类

心理学家雷兹兰(G. Razran)根据进化水平的不同,将学习分为四大类,每一类中都包含一些子类别。它们由低到高分别是:

(1) 反应性学习,是最简单的一种学习,包括习惯化和敏感化。腔肠动物可以产生此类学习。

(2) 联结性学习,主要指条件反射的学习,包括抑制性条件作用,即不重复被惩罚的动作的学习,腔肠动物可以产生此类学习;经典性条件作用,简单动物可以产生此类学习;操作性条件作用,低等脊椎动物可以产生此类学习。

(3) 综合性学习,主要指把各种感觉结合为单一的知觉性刺激的过程,包括感觉前条件作用(S—S 学习)、定型作用(对复合刺激反应,不对其中的个别刺激反应)、推断学习(客体永久性观念的运用)。

（4）象征性学习,即思维水平的学习,主要为人类特有,体现于言语学习的三个阶段,即符号性学习、语义学习和逻辑学习。

雷兹兰认为,渐趋复杂的各种类型的学习是随着神经系统的进化而产生的,每种学习类型与其进化阶段相联系。只有当有机体进化到较高阶段时,才能进行比较复杂的学习,同时复杂的学习是由低于它的较简单的类型进化而来的。

■ （二）依据学习结果的学习分类

美国教育心理学家加涅(同见第一章)根据学习的繁简程度提出了八类学习,它们分别是:

（1）信号学习,是指个体学会把一个现成的反应与一个新刺激或"信号"建立联系,即经典条件反射的建立。

（2）刺激—反应学习,是指个体学会对某一认出的刺激做出某种精确的反应,包括桑代克所提出的联结的获得和斯金纳提出的操作性条件反射的建立。

（3）连锁学习,是一系列刺激—反应的联合。

（4）言语联想学习,其实也是连锁学习,是由语言单位所联结的连锁化。

（5）辨别学习,是指个体学会识别多种刺激的异同,并对之做出不同的反应。

（6）概念学习,是指个体在对刺激进行分类时,学会对一类概念做出相同的反应,也就是对事物抽象特征的反应。

（7）规则的学习,即了解两个或两个以上概念之间的关系,也叫原理学习,它的作用是控制行为。

（8）解决问题的学习,也叫高级规则的学习,是指个体学会使用两个或两个以上的规则去解决问题。

这八类学习是由简单到复杂,由低级到高级排列的,高级的学习要以低级的学习为基础,所以加涅的这一思想被称为学习层次论。前三类都是简单反应。后来,加涅对这种分类进行了修正,把前四类学习合并为一类,即学习的基本形式;把概念学习扩展为具体概念学习和定义概念学习,将辨别学习、概念学习、规则学习和解决问题的学习归并到智慧技能这一学习类别中。

加涅在《学习的条件》一书中坦承自己上述的分类对学校学习并不太适用。为此,他根据学习所得的结果或形成的能力不同,又提出了五种学习结果的划分:

（1）言语信息,是指能用语言文字表述的知识。例如,学生识字、背诵字母表、记忆历史地理知识、学习心理学理论,等等。

（2）智慧技能,是指运用符号与环境相互作用的能力。例如,运用数学

> **加涅的学习分类**
>
> 依据学生学习之后的结果类型,可以将学习分为言语信息、智慧技能、认知策略、动作技能和态度;前三种对应认知领域,后两种分别对应动作领域和情感领域。

公式来计算购物费用,运用物理公式来求解物体运行距离,等等。

（3）认知策略,是指内部组织起来的、用于调节控制自己的认知活动的特殊认知技能。例如,运用提问来引导自己的阅读过程,运用计划来安排自己的学习活动,等等。

（4）动作技能,指的是习得的、协调自身肌肉活动的能力。例如,打字、骑车、踢足球等等。

（5）态度,即习得的、决定个人行为选择的内部状态。例如,学生选择阅读某本书、为某个同学投票、参加公益活动等等。

上述五种学习又分为三个领域:前三种学习结果属于认知领域（包括知识、技能和策略）,第四种学习结果属于动作领域,第五种学习结果属于情感领域。加涅认为,每一种学习结果都有其各自的特点,其产生依赖于不同的内外条件,教学只有了解各种不同条件,才能有效地促进学习结果的产生。

■（三）依据经验获得的学习分类

奥苏伯尔的学习分类

依据经验获得,可以将学习分为接受学习和发现学习、有意义学习和机械学习。两个维度的学习分类可以交叉。

美国心理学家奥苏伯尔（Ausubel）认为,依据学习主体所获得经验的来源不同可以将学习分为接受学习和发现学习,依据所得经验内容的不同可以将学习分为有意义学习和机械学习。如图 6.2 所示。

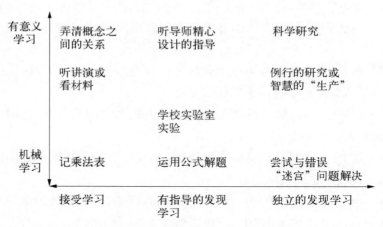

图 6.2　奥苏伯尔对于学习的分类

接受学习是在教师指导下,学习者通过教师的传授和自己的主动构建事物意义的学习;例如,在课堂中听教师讲授某篇文章,逐渐理解作者的意图、想法和写作手法。而发现学习则是在主体的活动过程中,通过对现实能动地反映及发现创造,构建起一定的经验结构而实现的;例如,通过做实验,获得数据,从而知道事物 A 与事物 B 的关系。有意义学习是指学习者利用原有经验来进行新的学习,建立新旧知识的联系;例如,根据已有的地图知识,渐渐学会了用手机来导航自己的行动方向。而机械学习是指学习中所得经验间无实质性联系的学习,例如,记忆乘法口诀表、单词表,等等。

值得说明的是,接受学习和发现学习是个体获得经验的途径,而机械学习和有意义学习更多是指获得经验的程度。两者之间可以交叉。接受学习既可以是机械学习(如记忆单词),也可以是有意义学习(如理解文章段落大意)。同样,发现学习也存在着有意义学习(如从事科学研究)和机械学习(如实验室模仿操作)的区别。

■(四)依据经验内容的学习分类

除了以上的各种分类外,我国教育心理学家冯忠良认为,依据所传递经验的内容不同,可以将学生的学习分为知识学习、技能学习和社会规范学习三类。

(1)知识学习,即知识的掌握,是通过领会、巩固与应用三个环节完成的,解决的是知与不知、知之深浅的问题。

(2)技能学习,是通过学习或练习,建立合乎法则的活动方式的过程,有心智技能学习和操作技能学习两种,解决的是会不会做的问题。

(3)社会规范学习,是把外在的行为要求转化为主体内在的行为需要的内化过程,既包含规范的认知,又包含执行及情绪体验,因此比知识、技能的学习更为复杂。

教学之窗

不同学科的学习特点

以下是两位小学老师分别的课程实录,请试着分析语文和数学两门学科在学习方法上存在哪些差异。

课程:一件运动衫

一、谈话导入

"我"的一件漂亮的运动衫,得而复失,失而复得,这是怎么一回事呢?请你用比较快的速度默读课文,想想课文讲了一件什么事?画出有关的语句。

1. 提示学生抓住"得而复失,失而复得"八个字,找相关的句子。

学生回答后,投影出示句子:

第一次"得":"到了城里,我先到小男孩告诉我的那家大商店,找到挂着那种运动衫的柜台,毫不犹豫地用三块钱买了一件,一出商店我就穿上了,心里充满了自豪。"

"失"去运动衫:"我用这件运动衫再加上一元四角五分买下这双鞋,可以吗?""我把那件骄傲地仰着头的大角麋鹿运动衫放在柜台上,抱着鞋盒走出商店。"

课程:倍的认识

一、创设情境,引入新课

1. 出示课件。

教师:今天的数学课,老师要介绍一位新朋友给同学们认识,它就是小狗菲菲。这节课,我们的新朋友菲菲将和同学们一起学习数学知识,同学们愿意吗?

2. 学生活动。

教师:上课前,老师请一些同学上来。

教师叫3名女同学站在第一排,再叫6名男同学站在第二排(每3个人站在一起)。

教师:第一排有几个女同学?(3个)第二排有几个3?(2个3)

学生回答后,教师引出课题:像这种情况,我们就说男同学是女同学的2倍。今天,老师就和同学们一道,学习"倍"的认识。(板书课题)

第二次"得":"他站起身,从枕头下面拿出一件印着仰着头的大角麋鹿红色运动衫。"

2. 给文章划分段落:(1—8 段)得到→(9—18 段)失去→(19—27 段)得到。

3. 按照板书的提示,用你自己的话简要说一说课文的主要内容:(记叙"我"买了一件漂亮的运动衫,但想到了邻居老先生的一双不能再补的破鞋,决定用运动衫去换上一双新鞋送给老先生,最后老先生又送给"我"一件运动衫的事。)

二、重点读读课文中有关"我"对运动衫的喜爱和购买的描写,想一想这样写的好处是什么?

1. 小组讨论;

2. 全班交流:学生可以从"情节完整性"的角度说明这样写的好处,也可以从"表达心意、体现情谊"的角度说明这样写的好处。学生还可能从"标价(4.5 美元)与实付的钱("三块钱"加"一元四角五分")的差价中"及售货员外加"一双长腰袜子"上发现,售货员被"我"退衫买鞋关心老人的行为所感动,才会以 4.45 美元售出鞋子还外加一双袜子。这样写,更进一步地突出人与人之间的真情。

三、说一说在读课文的过程中,你预料到故事的结局了吗?

学生各抒己见。

1. 教师可启发学生思考:当"我"得知运动衫是老人用小狗换来的时候,又有何反应?让学生想象当时的情景。(说一说当时"我"会怎么想?)

2. 小结:我们从这个出人意料的结局中不仅产生了新奇感,而且为人与人之间的真诚友谊深感震撼。

3. 请你读一读令你感动的句子,并说一说为什么?

四、教师总结

1. 这篇课文在结构安排上用了两条并行的线索,一明一暗。"我"买运动衫、买鞋是明线,康威先生用小狗换运动衫是暗线,最后结尾时两条线交织在一起,形成了出人意料的结局。

2. 你们说说这种表达方法有哪些好处呀?使学生进一步体会出:出人意料的结局中不仅产生了新奇感,而且为人与人之间的真诚友谊深感震撼。

二、动手操作,探究新知

(1)初步形成"倍"的概念。(教学例 2)

菲菲有三个好朋友,他们正在用小棒摆正方形,下面我们来看看他们摆的情况,用了多少根小棒。(课件演示例 2 中第一个小朋友,摆了一个正方形)

学生观察。你知道了什么?

学生:摆了一个正方形用了 4 根小棒。

教师:4 根小棒还可以说是几个?

学生:一个 4 根。

下面我们来看看另外两个小朋友,他们摆图形的时候用了几个几根。

出示例 2 中另外两个小朋友摆的两个和三个正方形。

学生观察。

学生说自己的发现。

引导学生得出:2 个 4 根,3 个 4 根。

(板书:2 个 4 根,3 个 4 根)

揭示"倍"的含义,指出第三个学生摆的小棒:第三个同学摆了 3 个 4 根,3 个 4 根也可以说成 4 的 3 倍。

让学生反复说几遍。

(2)巩固"倍"的概念。

如何判断第二行是第一行的几倍?学生解答时,教师要求学生说出思考的过程。

(3)教学例 3。

① 出示例 3,问:同学们会摆吗?下面,同学们自己动手摆摆看。

② 小结:要求一个数的几倍是多少,也就是求几个几是多少,用乘法计算。

三、拓展延伸,巩固深化

1. 拍手游戏。

教师拍表示一倍的次数,学生按要求有节奏地拍表示几倍的次数。

2. 76 页"做一做"。

3. 78 页第 1 题。

四、全课小结

同学们,今天你们有什么收获呢?

第二节 学习科学

对学习的研究发展至今,产生了一门专以学习为内容的科学门类,即学习科学,涉及心理学、教育学、计算机科学、哲学、社会学、人类学和神经科学等。

一、学习科学的定义

学习要求　了解学习科学的含义;
　　　　　　了解学习科学的基本假设。

1991 年,第一届学习科学国际会议成功举行,《学习科学杂志》(*Journal of the Learning Sciences*)创刊,成为学习科学学术共同体建立的标志。如图 6.3 所示。目前,世界顶尖一流大学如哈佛大学、斯坦福大学、麻省理工学院、剑桥大学、牛津大学等,都陆续建立了学习科学的教学与研究机构。

综合国际学习科学研究共同体——国际学习科学协会(ISLS)以及《剑桥学习科学手册》(2010 年)对学习科学的界定,一般认为学习科学是:具有确定的研究对象,是关于人如何学习以及如何有效促进人的学习的研究领域;是一门典型的交叉学科,包含认知科学、教育学、信息技术科学、社会学等在内的重要知识探究领域;具有较为明确而独立的研究方法,基于设计的学习研究是学习科学研究的重要方法。

图 6.3　学习科学期刊

尽管不同学科背景的研究者会站在不同的领域视角去研究学习科学,但对于学习科学的一些基本假设还是逐渐达成了共识。

专家具有深度的概念性知识。虽然专家知道很多事实和程序,但是仅仅学习事实和程序,并不能成为专家。例如,仅仅知道一些教育学知识,并不能成为优秀教师。专家对所探讨的现象,具有深度的概念性理解,这可以帮助他们将知识付诸实践。他们能够应用并修正知识以适应每一种情境。例如,优秀教师会根据不同学生、不同内容,采用不同的教学方法。深度的概念性

> **学习科学**
>
> 基于心理学、教育学、计算机科学、哲学、社会学、人类学、神经科学以及其他研究学习领域的研究,所形成的一个新兴的有关学习的交叉学科。

知识可以帮助专家发现问题并解决问题。例如,编程专家根据自己的知识,可以快速发现所编程序中的问题,并迅速修改自己所写的代码。

学习来自于学习者本身。学生接受良好的指导,并不能保证学生从教师那里学会深度理解的方法。例如,同样是在一个名师指导下,有的学生能够成才,有的学生却默默无闻。学习绝不仅仅是接受和加工由教师或书本所传授的知识。相反,学生必须积极主动地参与到他们个人的知识建构过程中。在很多知识学习领域,学生的积极思考和主动探索非常重要。

学校必须创设有效的学习环境。学校有责任创设有效的学习环境。例如,提供大量的学习材料、教授学习方法、营造合作学习环境、鼓励师生之间的交流,等等;这样,学生才能积极主动地建构个人的深度理解,从而能够对真实世界中的问题进行推论,同时可以把学校所学到的知识迁移到学校之外的生活之中。例如,学生在学习英语的过程中,多听英文歌曲,多看英文原版电影,与他人甚至是外国人交流生活、旅游、工作等方面的想法和愿望。

先前知识是关键。学生走进教室,是带着有关世界是如何运作的知识和信念的。例如,在系统学习心理学理论时,学生通过网络、电视、书籍等,已经对人类心理现象、心理问题、心理规律等有了一些初步认识。这些先前概念有一些是正确的,有一些是部分正确的,而有一些则是错误的。例如,关于心理学与大脑,心理学与生活节律,心理学与星座的关系,学生多多少少有一些或正确、或错误的认识。如果教学不从学生已经"知道"开始,那么学生只能学习一些用来应对考试的内容,他们有关世界的知识和信念将不会改变。例如,只是为了获得学分而学习心理学,不能与周围心理现象联系起来,则会让学习价值大打折扣。

反思对于发展深度概念性知识很有必要。学生需要通过写作、对话、绘画、做项目、讲幽默故事、担任职务以及做报告等方式,来呈现他们所知道的知识;各种学习方式,有助于从不同角度来理解所学知识。但是,这些方式还远远不够。想要发展深度概念性知识,学生需要进行反思——充分分析他们的作业和进程。例如,学生要学会分析作业完成质量,思考学习方法的合理性,考察学习过程的计划性,等等。

二、学习科学与认知科学

学习要求 理解人们对"学习"理解的变迁;
理解深度学习与传统课堂实践之间的差异。

人们对于"学习"的理解,与对"认知"的理解一样,经历着范式的变迁。20 世纪上半叶,学界受行为主义的影响,坚持"学习是反应的强化",并试图从动物低级学习的原理推演到人的学习原理。而 20 世纪中期第一代认知科学的兴起,使信息加工理论进入了学习研究领域。"计算机隐喻"在学习领域开始发挥影响作用,研究者将学习者视为信息加工者,将教育视为信息施予者,将学习过程视作一个信息加工的过程。从根本上来说,第一代认知科学影响下的学习概念,仍然是从教师到学生的单向施予过程,注重知识的获得而非运用。无论是行为主义范式还是信息加工范式,学习者与学习情境始终是分离的。随着情境认知、具身认知的出现,认知科学研究也从实验室转移到比较真实的场景中。研究者可以在教室环境中观察学习者与教师间的互动,开始重视实际情境中学习者的思维与求知过程。研究从"计算机隐喻"回归到人脑,也意味着研究者开始正视人类学习的本质。

第二代认知科学中具身认知的范式转变,不仅催生了学习科学的诞生,概念加工和认知神经学研究也成为了认知研究的新潮流。人类认知研究经历了"人—计算机"的浪潮后,又再次回到真实的人、真实的人体认知机制本身,技术辅助下的大脑与神经系统研究取得了飞速的发展,这直接推动了人类学习工具的飞速发展,大脑潜能的不断优化。

无论关注点是什么,所有学习科学领域的工作者,对各类领域知识(如科学、数学及文学等领域)的获得,如何从事有效学习,如何应用这些知识,等等,诸如此类问题,都很感兴趣。在《剑桥学习科学手册》(2010)中,考察了一个学习现象——深度学习,并通过定义的方式对比了其与数十年来在很多国家的学校教学中占据主导地位的传统课堂实践。

表 6.1　深度学习与传统课堂实践

深度学习知识(来自认知科学的发现)	传统课堂实践(教授主义)
将新概念与先前知识和经验联系起来。	将课程材料看作是与己无关的内容。
将知识整合到相互联系的概念系统之中。	将课程材料看作是支离破碎的知识片段。
寻找共同规律和基本原则。	学习者记忆事实并执行程序,但不理解原因。
评估新观点,并将新观点与结论联系起来。	较难理解与课本有所不同的新观点。
理解知识创造的对话过程,并批判性考察论点的逻辑性。	将事实和程序看成是静态知识,是从无所不知的权威那里传承而来的。
反思自身的理解活动,以及学习过程。	只是记忆,不反思学习目的和学习策略。

注:此处的深度学习与人工智能领域的深度的学习有所不同;后者是指一种算法,前者是指一种学习方式。

可以看出,深度学习是一种注重知识联系,强调知识探究、质疑和反思的方法;这一新型学习方式,越来越被当代学校教育所认可和倡导。现代科学技术的发展,大大丰富了知识传播和获取的渠道,这在以往依赖教材、教师和课堂的学习活动中,几乎是不可想象的。而计算机科学、人工智能、脑科学等领域的发展,拓展了人类的能力,人们完成各项工作所需的体力和脑力活动正在发生巨大变化;例如,以往的人类驾驶汽车、诊断疾病、小区巡防等工作,慢慢交由智能设备(如机器人)来完成。可以这样说,在当今社会,无论是教育学还是心理学,都在经历着一场深刻的"学习变革"!

教学之窗

计算机与学习

20世纪60年代,计算机的出现推进了计算机辅助教学(Computer-Assisted Instruction,简称CAI)的研究与实践。计算机辅助教学是指把计算机系统的功能,与教师的课堂讲授有机地结合在一起,它包括系统化的课程学习内容以及相应的练习和测试题目,还能够为学习者提供个别指导、对话咨询等学习支持。

从20世纪60年代至90年代,CAI技术的应用研究伴随计算机技术以及教学理论的发展,而不断进化,这大概可以分为三个阶段:

(1)初期发展阶段(20世纪60年代)。以大学和计算机公司为主体开展的软硬件开发研究工作,出现了一些有代表性的系统,如PLATO系统,斯坦福大学研制的IBM1500教学系统,这类系统是教学机器的高级版本,其设计思想仍然是以行为主义理论为基础的程序教学方法。

(2)实践探索阶段(20世纪70—80年代)。微型计算机技术发展使CAI的研究规模不断扩大,在数学、物理、医学、语言学、经济学、音乐等多种学科领域均开展了CAI的应用。在设计思想上,关注学习者的内部心理过程,强调学习者的心理特征与认知规律。

(3)规模应用阶段(20世纪90年代)。多媒体计算机的应用使CAI课件具有综合展示文字、图像、声音、图形的能力,并且初具人机交互能力。此阶段的CAI应用走向成熟,在设计上强调以学生为中心,重视"情境、协作、会话和意义建构"在CAI教学环境设计中的重要作用,提倡学习过程中充分发挥学生的主动性,体现学生的首创精神。

(资料来源:刘清堂,毛刚,杨琳,程云:《智能教学技术的发展与展望》,《中国电化教育》2016年第6期。)

三、学习科学与脑科学

学习要求　了解脑科学如何来解释学习现象;
　　　　　　了解神经领域的一些基于大脑的教育教学发现;
　　　　　　了解教育工作者和神经科学研究者基于大脑的教育的不同立场。

脑成像技术在20世纪80年代开始走向成熟,CT扫描、磁共振成像、正电子发射断层扫描等技术,让研究者能够用非损伤的方式更广泛、更长期地观察人的大脑活动。而其他生物技术,例如基因组测序、神经环路等,也为脑科学研究提供了技术或研究支持。自此,以脑科学为中心的认知研究进入了高潮,并直接影响学习和教学的研究。

■(一)脑科学对学习的解释

学习是影响大脑变化的重要因素。例如,研究表明,出租车司机大脑海马的体积要大于其他类型汽车的司机,增大部分与出租车司机开车的时间长短有关。研究者对于这种现象的解释是,出租车司机在驾驶过程中获得的经验使得这部分大脑区域得到了更多的锻炼(Maguire et al.，2003)。在另一项研究中,学生在学习拼读音符时,产生了自动反应,仅需看一眼音乐表——无须讲授就可以读出,原因可能在于,其运动皮层已准备好朗读音符。此外,看到一个物体时,大脑的特定区域就会被激活;仅仅是在心里想象这个物体,也会激发大脑 2/3 的相同区域。

只要有学习发生,大脑就会参与其中。正如布莱克莫尔(Blakemore)和弗恩(Firth)所说:"大脑已经发展到训练与被训练的程度常常是本能的,无须费力就能进行(2005)。"大脑塑造学习者的认知加工活动,同时也被认知加工活动所塑造。例如,即使学生没能成功地加工信息,在神经中枢水平上,几分钟后新的突触也会形成。

■（二）脑科学对教学的影响

人的经验获取会引起大脑组织和结构的变化。例如,对于使用手语的聋哑人而言,其脑电活动模式不同于没有使用手语的聋哑人。为脑卒中患者康复提供的集中教学和练习能够帮助他们重新获得某些大脑机能,形成新的大脑联结并使用新的脑区。

不同教学引发不同的脑活动。例如,在教授数学运算时,有的学生仅仅是按教师的要求记忆答案,这会引发言语信息提取脑区的激活;有的学生被鼓励使用策略,这会引发视觉—空间加工脑区的更大激活(Delazer 等人,2005);再如,阅读困难者在阅读时,没有充分利用大脑左半球,有时反而会过度利用大脑右半球;在接受了 100 多个小时的集中教学后,其阅读能力得到改进,其大脑开始像优秀阅读者那样运作,一年后,此大脑机能还在继续;与此相比,仅仅是接受标准的学校辅导的阅读困难者,没有显示出这种大脑功能变化(Shaywitz 等人,2004)。

教学环境(如文化)也会影响大脑活动。例如,母语是中文的人说出阿拉伯数字时,其大脑的运动区域会被激活,而母语是英语的人则其大脑的言语区域会被激活(Tang et al.，2006);一种可能的解释是,母语是中文的人在学习数学时,会使用空间动作来思维(如算盘,涉及运动和空间位置的一种计算工具);即使成年后,学生还保存着对数字的视觉—运动感(Varma，Mc Candiss & Schwartz,2008)。

■ 脑科学对教师的启示

大脑和学习关系密切,这对教师意味着什么? 当前,研究者正在倡导基于大脑的教育。例如,基于"大脑的认知功能分化"这一知识,可以针对学生的加工偏好(如视觉的或言语的),采用相应的教学方法;依据"早期刺激对大脑发育重要"这一知识,可以为每个新生儿提供大量、丰富的视听刺激(如播放莫扎特音乐);考虑到"阅读障碍者具有不同的大脑发育功能缺陷"这一知识,可以开发可靠的神经测试,进行科学的障碍评估、诊断和训练,等等。

应当注意,对大脑所进行的学习或教学研究,目前存在一些过度解读的倾向。许多所谓的大脑研究,一开始是有可靠的科学基础的,但这些研究在应用之后,就转向了无根据的推测。例如,关于右脑开发、全脑开发的主张,大多来自大脑单侧化的研究证据;但是这种单侧化与认知功能之间的关系,与教育活动之间的关系,远没有达到完全揭示的地步。此外,"基于大脑的教育",大多是简单地重述"什么是好的教学",并没有告诉我们,"好的教学,大脑是如何运作的",更没有告诉我们,"教师要如何进行教学"。所以,教育者在反思脑科学与教育时,对每个观点应提出这样的疑问:"科学何时结束,而推测又何时开始?"

教学反思

学完本章后,请思考如下知识点:

☞ 学习的含义和特征;

☞ 按照进化水平的学习分类;

☞ 按照经验获得的学习分类;

☞ 按照学习结果的学习分类;

☞ 学习科学的含义;

☞ 学习科学的发展。

本章总结

■ 界定学习

学习是个体通过练习或经验而导致行为比较持久改变的过程或结果,也是个体与环境之间相互作用的过程。由成熟导致的变化(如身体长高、头发变白)不能称为学习,由疾病、疲劳、饥饿等导致的暂时变化也不能称为学习。学习是有机体和环境取得平衡的条件,可以影响成熟,还能激发人脑智力的潜力从而促进个体心理的发展。根据有机体进化水平、学习的结果,经验的获得、经验的内容,我们可以对学习进行不同程度的划分。

■ 学习科学

学习科学是基于心理学、教育学、计算机科学、哲学、社会学、人类学、神经科学以及其他研究学习领域的研究,所形成的一个新兴的有关学习的交叉学科。其基本假设包括专家具有深度的概念性知识,学习来自于学习者本身,学校必须创设有效的学习环境,先前知识是关键,反思对于发展深度概念性知识很有必要等。伴随着越来越多神经科学上新的发现,是否应该开展基于大脑的教育,如何借鉴一些成熟的理论发现来促进教学效果,是教育教学从业者应该思考的问题。

重要概念

学习　加涅的学习分类　奥苏伯尔的学习分类　学习科学

参考文献

1. 陈家刚：《〈剑桥学习科学手册〉：学习科学发展中具有里程碑意义的著作》,《国外社会科学》2008 年第 4 期。

2. 冯忠良等著：《教育心理学》,人民教育出版社 2010 年版。

3. 何思颖,何光全：《终身教育百年：从终身教育到终身学习》,《现代远程教育研究》2019 年第 1 期。

4. 李曼丽,丁若曦,张羽,刘威童,何海程,刘惠琴：《从认知科学到学习科学：过去、现状与未来》,《清华大学教育研究》2018 年第 4 期。

5. 刘清堂,毛刚,杨琳,程云：《智能教学技术的发展与展望》,《中国电化教育》2016 年第 6 期。

6. 梁宁建主编：《心理学导论》,上海教育出版社 2006 年版。

7. 张大均主编：《教育心理学》,人民教育出版社 2005 年版。

8. ［美］理查德·E. 梅耶著,盛群力,丁旭,钟丽佳译：《应用学习科学》,中国轻工业出版社 2016 年版。

9. ［美］妮塔·伍尔福克：《伍尔福克教育心理学》,中国人民大学出版社 2012 年版。

10. Bransford, J. (2000). *How People Learn. Brain, mind, experience, and school.*

11. Maguire, E. A., Spiers, H. J., Good, C. D., Hartley, T., Frackowiak, R. S., & Burgess, N. (2003). Navigation expertise and the human hippocampus: a structural brain imaging analysis. *Hippocampus*, 13(2), 250-259.

12. Sawyer, R. K. (2006). The new science of learning. *The Cambridge Handbook of the Learning sciences*, 1, 18.

扫一扫二维码获取心
理学、教育学考研同
步真题及参考答案

扫一扫二维码获取同
步练习题及参考答案

第七章

学习的行为主义观

引　言

当你去医院看病的时候,会不由自主地感到害怕吗? 当听到别人对你身上的新衣服称赞不已,你会频繁地穿那件衣服吗? 当你讲完一个笑话,却没有人笑,你以后还会讲这个笑话吗? 当看到别人在课堂上因为看报纸而受到批评,你以后还会在课堂上看报纸吗? 上一章我们已经学习了什么是学习——学习是由经验引起的可观察行为的相对持久的变化。事实上,这一定义强调可观察的行为,体现了行为主义的特点,即不考虑学习者内部的认知结构,只重视考察可观察的外显行为。

学完本章后,你应该能够:

☞　解释经典条件作用的学习观;
☞　解释操作条件作用的学习观;
☞　比较经典条件作用和操作条件作用,并且举例说明;
☞　从社会学习理论的角度解释学习是如何发生的;
☞　运用学习的行为主义思想,设计课堂与教学活动。

教学设疑

某所学校的学生难于管理,传遍当地教育界;众多教师纷纷提出辞职。现在,杜老师来接手该学校最差的一个班级,但第一天上课时,他就遇到了这样的情景:还未进教室,在走廊里,就听到了班级里传来的喊叫声;上课前,仅是点名和介绍课程,就耗费了不少的上课时间;上课开始时,有些同学还会吃东西、随便走动,干扰教学秩序;即使是那些听课的同学,也总是会问一些与教师所讲主题毫不相干的问题。更有甚者,不服管教,会当众与杜老师顶撞。最后,杜老师在疲惫和失望中,结束了本学期的第一节课。

如果你是杜老师,请思考:

☞　从纪律的角度,该如何着手处理这种情景呢?
☞　哪种问题行为是需要首要解决的呢?
☞　在这种情景下,使用奖励和惩罚有用吗?
☞　可以运用哪些行为方法来矫正学生的问题行为?
☞　可以运用哪些措施来进行班级管理呢?

视频

学习的行为主义观

第一节　经典条件作用

经典条件作用（classical conditioning）的代表人物是巴甫洛夫和华生，他们主要关注无意的行为，如人不能控制的情绪的、生理的行为；探讨的行为往往发生在刺激之后；注重中性刺激与无条件刺激的匹配，例如，学生将课堂（开始是中性的）与教师的热情（无条件刺激）联结在一起，于是课堂能引发出积极情绪。

> **经典条件作用**
>
> 由巴甫洛夫首先研究，它关注无意识情绪或生理反应的学习过程。

一、巴甫洛夫的条件作用实验

学习要求　简述经典条件作用的形成过程；
　　　　　　解释泛化、辨别和消退的不同含义。

巴甫洛夫（Ivan. P. Pavlov，1849—1936）是俄国著名的生理学家，他在对狗的消化系统的研究中发现，人们可以通过某种方式来控制狗分泌唾液的反应。最初，狗要见到食物，唾液分泌量才会增加；后来则发展到只要见到送食物的实验助手，甚至只是听到实验助手的脚步声，狗的唾液分泌量便开始增加。狗的这种提前分泌唾液的现象，巴甫洛夫称之为"心因性分泌"，并由此开始了其著名的经典条件作用的研究。

图 7.1　巴甫洛夫

在巴甫洛夫的一个经典实验中，研究人员将狗置于严格控制下的隔音实验室内，通过遥控装置将食物送到狗的面前，然后通过仪器随时记录狗的唾液分泌量，如图 7.2 所示。实验开始后，研究人员首先向狗呈现铃声刺激，铃响半分钟后便给予食物，然后观察并记录狗的唾液分泌反应。当铃声与食物如此匹配呈现多次以后，仅呈现铃声而不出现食物时，狗也会做出唾液分泌反应。

图 7.2　巴甫洛夫实验装置

在这个实验开始之前,只要呈现食物,就可以诱发狗的唾液分泌反应,这时,把食物叫作无条件刺激(Unconditioned Stimulus,简称 UCS),因为食物和唾液之间的自然联结不需要任何条件或先前的训练就能建立起来。由食物诱发的唾液分泌反应被称为无条件反应(Unconditioned Response,简称 UCR),因为它是自动发生的,不需要任何条件。而铃声不能诱发狗分泌唾液,所以铃声被称为中性刺激(Neutral Stimulus,简称 NS)。

在实验过程中,当铃声与食物多次配对之后,单独呈现铃声而不呈现食物时,狗也会分泌唾液,此时,中性刺激的铃声因能诱发原来仅受食物制约的唾液分泌反应,因而变成了条件刺激(Conditioned Stimulus,简称 CS),而把单独呈现这一条件刺激便能引起的唾液反应叫作条件反应(Conditioned Response,简称 CR)。以上就是经典条件作用的形成过程。

巴甫洛夫也研究了经典条件作用过程中的另外三个过程:泛化(generalization)、辨别(discrimination)和消退(extinction)。本质上,泛化和辨别是对不同刺激分别做出截然不同的两种反应。泛化是对相似的刺激以同样的方式做出反应。例如,狗学会了对某一特定声音做出分泌唾液的反应之后,在听到或高或低的音调时,也会做出分泌唾液的反应。而辨别是对相似但不同的刺激做出不同的反应。例如,当某种音调出现之后呈现食物,其他音调出现则不呈现食物,狗开始学会做出辨别——只对某音调做出分泌唾液的反应,而对其他音调不做出该反应。

消退则是刺激出现而反应不再出现或消失的过程。例如,在条件作用建立以后,如果条件刺激反复呈现而没有无条件刺激相伴随,那么条件反应会变得越来越弱,直至最终消失。但是,这种消退现象只是暂时的,休息一段时间以后,当条件刺激再次单独出现时,条件反应仍会以微弱的形式重新出现。当然,随着进一步的消退训练,这种自发恢复了的条件反应又会迅速变弱。然而,要完全消除已经形成的某种条件反应比获得这个反应要难得多。

学生的某些情绪或行为习惯也是由泛化、辨别和消退等方式来形成的。如泛化,有些学生参加代数考试时感到紧张,后来在参加化学考试时也会有这种感觉,这是因为紧张情绪泛化到了其他科目中;而学生一旦把学校与教师的关心联结起来,通过泛化,也会对课堂、学校活动等有相似反应。如辨别,有些学生参加化学考试时感到紧张,但是参加英语和历史考试则没有这种感觉;有些学生平时测验得分很高,但一到大考就发挥失常。如消退,有些学生在课堂上具有强烈的发言愿望,积极举手要求发言,如果教师不满足他们的愿望,则他们发言的愿望就会消退,以后很可能不再举手发言。

教学之窗

教学中的接近性

假如有人问:"7 乘 8 等于多少?"你很快会反应出"56"。这种反应就是学习的结果,它是通过接近性或简单的刺激(S)—反应(R)配对发生的。接近性原理就是如果两种或两种以上感觉经常连续出现,那么它们就会联结在一起。在此之后,当一种感觉(刺激)出现时,另一种感觉也会被记起。刺激可以是视觉的、听觉的、嗅觉的或其他的感官从环境中接受的影响,反应则是联结所导致的行为。

　　结合上述乘法问题,如果经常把"7×8"与"56"相匹配,那么当你看到或听到"7×8"(刺激)时,就会得出"56"(反应)。当教师将刺激与反应匹配成对,例如使用教学卡片的演练活动,接近性就会发生。在经典条件作用中,接近性起到了主要作用。

二、华生的行为主义与教育

学习要求　了解华生的行为主义学习观对经典条件作用的发展。

图 7.3　华生

　　华生(John B. Watson,1878—1958)是美国行为主义心理学的创始人。1913 年,华生发表论文《一个行为主义者眼中的心理学》,正式挑起了行为主义的大旗,揭开了美国心理学史上行为主义时代的序幕。他主张心理学应该研究可以观察到的行为,而不是看不见摸不着的意识和精神;主张心理学必须成为一门自然科学,消除传统心理学的主观性,恪守一般科学所共有的客观性原则。

　　他认为,心理学的研究对象是人和动物的行为。研究方法是找到行为的两个基本要素,即刺激和反应。一切心理学问题及其解决,都能纳之于刺激与反应的规范之中。

　　他提出了行为"习惯说",认为反应分为非习得反应(如先天对各类危险的恐惧)和习得反应(如后天对某人的恐惧)两种。学习的过程就是把条件刺激和条件反应组织起来,形成一定联系的过程,也可以说是习惯形成的过程。通过条件制约,将已有的动作组织起来,形成新的习得反应。

　　华生的经典实验是对一名 9 个月大的婴儿——艾尔伯特所做的实验。实验假设是:一种刺激自发导致个体产生某种特定的情绪反应;如果这种刺激每次重复伴随另一种不相关的刺激出现,那么,这种不相关刺激就可能与该种特定情绪体验产生联系。在实验开始前,研究者确认了小艾尔伯特是个心理生理上都很健康、不易情绪化的婴儿。接下来,研究者用白鼠、兔子等动物靠近他;在每次小艾尔伯特对白鼠感兴趣并试图接触的时候,研究者都会用锤子敲击铁棒。突如其来的巨大噪音,使小艾尔伯特十分惊恐。在一段时间的反复训练后,即便只有白鼠出现,艾尔伯特也会表现出极大的恐惧。如图 7.4 所示。华生和他的同事还计划对小艾尔伯特建立起新的条件反射,以消除他的这些恐惧反应。然而,小艾尔伯特在做完最后一个试验后,离开了医院,矫正试验没能进行。这个实验部分佐证了华生的观点,即人类行为起源于学习和条件反射。但这一实验有方法上的缺陷,且严重违反伦理道德。

图 7.4　小艾尔伯特实验示意图

华生提出了学习的两大规律,频因律和近因律。频因律是指在其他条件相等的情况下,某种行为练习得越多,习惯形成得就越迅速,即练习的次数在习惯中起重要作用。在形成习惯的过程中,有效动作之所以能保持下来,无效动作之所以消失,是由于有效动作比任何一种无效动作出现的次数都多,每一次练习总是以有效动作的发生而告终。

近因律是指当反应频繁发生时,最新近的反应比较早的反应更容易得到加强,因为在每一次练习中,有效的反应总是最后一个反应,所以这种反应在下一次练习中必定更容易出现。由此,他把反应离成功的远近,作为解释一些反应被保留、另一些反应被淘汰的原则。在他看来,习惯反应必然是离成功时机最近出现的反应。

教学之窗

在课堂教学中应用经典条件作用

☞ 把学习任务与积极、快乐的事件相联结

　　✓ 与个体竞争相比,应更加重视群体竞争与合作。许多学生对个体竞争有消极的情绪反应,这可能会泛化到其他学习当中。

　　✓ 创造一个舒适的读书角,吸引学生主动地阅读。

　　✓ 提供温暖、舒适的课堂环境,使学生产生温馨的感觉,进而泛化到学习活动中。

☞ 帮助学生成功地摆脱产生焦虑的情境

　　✓ 给害羞的学生分配更多与其他同学交往的任务,例如分发作业本、试卷,辅导其他同学等。

　　✓ 设计小的步骤,实现大的目标。例如一位同学害怕在全班同学面前讲话,可以先让这位学生在小组同学面前坐着读一个报告,然后站着读,后来让他根据笔记内容作一个报告。最后,让他到讲台前给全班同学做报告。

✓ 向不愿意回答问题或成就动机低的学生提问时,可以提这样的征求性问题,"对于这个问题你们注意到什么了?"、"你会如何比较这两个例子?"教师可以对学生做出的任何提议给予积极的评价,帮助学生建立自信心。

☞ 帮助学生认识情境间的差异性和相似性,以便适当地辨别和泛化

✓ 有些同学在参加关键的考试时会感到紧张,应该让他们保持与日常小测验一样的心态。

第二节　操作条件作用

操作条件作用(operant conditioning)的代表人物是桑代克和斯金纳,他们主要关注有意的、人能控制的行为,探讨的行为发生在刺激(后果)之前,注重行为后果影响随后的行为。例如,学生回答问题后,受到表扬,于是回答问题的次数增加。

一、桑代克的联结—试误说

学习要求　了解桑代克的联结—试误说;
　　　　　　了解三条学习主要定律。

在第一章中,我们知道桑代克被誉为现代教育心理学的奠基人。他也是联结主义心理学的创始人、美国教育测验运动的领袖之一。按照联结主义的观点,认知内容包括节点(nodes)以及之间的联系(associations)。学习就是形成不同节点之间联结的过程。

桑代克的经典实验是猫笼实验。一开始,饿猫被放进笼子,急着想出笼;于是做了很多无谓的尝试,如用爪子抓栅栏等;偶然间,它拉到了绳子,于是逃出笼子,吃到了食物;之后,随着放进笼子的次数增多,饿猫的多余行为慢慢减少,拉绳子的行为越来越快;最后,饿猫只要被放进笼子里,就能马上拉绳子。桑代克解释道,随着放进笼子与抓绳索的联系越来越强,饿猫逐渐掌握了逃出木笼的方法,如图 7.5 所示。

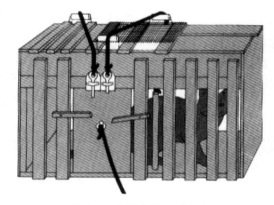

图 7.5　桑代克"饿猫"实验

学习的试误说

学习的过程是一种渐进的尝试错误的过程。在这个过程中，无关的错误反应逐渐减少，而正确的反应最终形成。

基于一系列动物学习的实验，桑代克认为，学习是刺激—反应（S—R）联系的增强或减弱，记忆就是对网络中相互联系的节点进行加工。学习主要通过"试误"（try and error）建立起情境和反应之间的联结。学习是一个渐进的、尝试错误的过程。他提出了学习的三条主要定律：效果律（law of effect）、练习律（law of exercise）和准备律（law of readiness）。

效果律，即在试误学习的过程中，如果其他条件相等，在学习者对刺激情境做出特定的反应之后能够获得满意的结果时，则其联结就会增强；而得到烦恼的结果时，其联结就会削弱。桑代克的效果律表明，如果一个动作跟随着情境中一个满意的变化，在类似的情境中这个动作重复的可能性将增加。但是，如果跟随的是一个不满意的变化，这个行为重复的可能性将减少，可见一个人当前行为的后果对决定他未来的行为起着关键的作用。

练习律，即在试误学习的过程中，任何刺激与反应的联结，一经练习运用，其联结的力量会逐渐增大。而如果不运用，则联结的力量会逐渐减少。也就是"刺激—反应"联结受到练习和使用得越多，就变得越来越强，反之，变得越弱。桑代克在他后来的著作中，修改了这一规律，因为他发现没有奖励的练习是无效的，联结只有通过有奖励的练习才能增强。

准备律，即在试误学习的过程中，当刺激与反应之间的联结，事前有一种准备状态时，实现则感到满意，否则感到烦恼；反之，当此联结不准备实现时，实现则感到烦恼。

二、斯金纳的强化学习理论

学习要求　辨别正强化、负强化、呈现惩罚和移除惩罚。

图 7.6　斯金纳

操作条件作用

通过后果和前因来加强或减弱有意行为的学习。

桑代克早期以猫的实验来研究动物的联结式学习，奠定了操作条件作用的基础。但对操作条件作用进行系统且深入研究的却是斯金纳（Burrhus. F. Skinner，1904—1990）。斯金纳认为，从发生过程来看，行为受两类环境的影响：行为之前的环境（或事件），即前因（antecedents）；行为之后的环境（或事件），即后果（consequences）。这种关系可简单地表示为"前因—行为—后果"。随着行为的发生，前一轮的后果就是下一轮"前因—行为—后果"过程的前因。

斯金纳及其同事的早期工作集中于后果，并通常使用白鼠或鸽子作为实验对象。如图 7.7 所示。研究者将饥饿的白鼠放在箱内——有一伸出的杠杆，下面有一个食物盘；只要按压杠杆，就会有一粒食丸滚入食物盘内；白鼠即可得到食物。一开始，白鼠在箱内不安地跑动，活动中偶然按压了杠杆，得到了食丸。随后,白鼠又不经意地按压了杠杆,又得到了食物。由于食物强化了按压杠杆的行为,所以白鼠后来按压杠杆行为的频率迅速上升。由此,斯金纳发现,反应之后出现的结果,对有机体做出的反应起着控制作用;它能影响以后反应发生的概率。

图 7.7　斯金纳箱

在操作条件作用中,前因能提供一些信息,表明哪种行为将导致积极的后果,哪种行为将导致消极的后果。例如,白鼠学会在绿灯亮的时候去按压杠杆,以此获得食物,但是在红灯亮的时候不会做出如此反应,因为在红灯亮的时候,按压杠杆不会导致食物出现。

而后果能决定人们是否会重复某一特定的行为。可把后果分为两类:强化(reinforcement)与惩罚(punishment)。

在强化过程中,强化物(reinforcer)并非仅仅指奖励,只要被强化的行为在频率或持续性上增加了,行为的结果就是强化物。例如,食物能增强饥饿动物的进食行为,因而在这一场合下食物是最好的强化物。但是,强化物(行为后果)能否强化行为,这有赖于个体对事件意义的理解。例如,学生甲和学生乙上课时随便讲话,引得同学们哄堂大笑,但学生甲把这一后果(哄堂大笑)当作强化物,则可能继续随便讲话的行为;而学生乙认为这不是他所期望的后果,因而会收敛随便讲话的行为。

一般来说,有两种形式的强化:正强化(positive reinforcement)和负强化(negative reinforcement)。正强化就是在某一行为后通过呈现令人满意的刺激来加强行为的过程。例如,儿童穿一套新衣服得到更多的称赞。负强化就是在某一行为后通过移去令人厌恶的刺激来加强行为的过程。例如,犯人通过积极改造以争取减刑,儿童努力学习以避免父母的责骂。值得注意的是,在正强化和负强化中,"正"是指满意刺激的出现,"负"是指厌恶刺激的消失,"强化"则指引起行为频率增加的过程。

负强化经常与惩罚相混淆。应当区分,无论是正强化还是负强化,都是加强行为的过程,而惩罚则相反,是减少或抑制行为的过程,也就是说,被惩罚行为在以后相似的情境中很少得到重复。

惩罚也有两种形式:呈现性惩罚(presentation punishment)和移去性惩罚(removal punishment)。呈现性惩罚是指在行为之后,出现的刺激会抑制或减少该行为的发生,也就是通常意义上所说的惩罚。例如,对小偷小摸行为加以斥责。而移去性惩罚,实际上并非将惩罚移走,而是移去某一刺激,以减少不当行为。例如有些儿童爱打架,家长就不让他们看电视,以此减少这种攻击性行为。可见,两种形式的惩罚,其结果都是导致受惩的行为减少。

当行为发生之后,若不给予任何强化,则此行为可能消退。在经典条件作用中,条件刺激已经建立起来,而如果条件刺激再次出现,无条件刺激没有紧随其后,那么久而久之条件作用就会消失。在操作条件作用中,如果撤去强化,人或动物将不会持久表现某一特定的行为,最终这个行为将会消失。例如,推销员挨家挨户地推销一种机器,但是几周都没有卖出一台,他很可能会放弃推销。可见没有强化发生,将会导致行为消退。

在教育情境中,依据不同情境,可以确定一些强化程序(reinforcement schedules)。强化程序是根据个体的学习特征,合理地安排各种形式的强化。例如在学习新行为时,每一个正确反应都要得到强化,就要采用连续强化;而在新行为掌握后,为了更好地保持这种新行为,则需要间断强化而不是连续强化。一般来讲,存在两种基本的间断强化类型,第一种叫时间程序——以行为与强化物之间所经历的时间量为基础,另一种叫作比率程序——以行为与强化物之间学习者须做出的反应数为基础。时间程序和比率程序既可以是固定不变的(可预测的),也可以是变化的(不可预测的)。表7.1总结了5种可能的强化程序(1种连续程序和4种间断程序)。

表7.1 强化程序表

程序	定义	例子	反应建立的方式	强化终止后的反应
连续强化	在每个反应后都给予强化	一打开电视机便见到图像	迅速地学会反应	反应几乎没有持续性,并迅速地消失
定时强化	在一固定的时段后给予强化	周测验	随着强化时间的临近,反应数量迅速增加,强化后反应数量迅速降低	反应具有很短的持续性;当强化时间过去且不再有强化物出现时,反应速度会迅速降低
不定时强化	在不定的时段后给予强化	随时测验	反应建立缓慢、稳定,强化后反应不会暂停	反应具有更长的持续性;反应降低的速度缓慢
定比强化	在固定反应数后给予强化	计件工作	反应建立迅速,强化后反应会暂停	反应具有很短的持续性;当达到预期的反应数或不再有强化物出现时,反应速度迅速降低
不定比强化	在不定反应数后给予强化	赌博机	反应建立的速度很快,强化后几乎不会暂停	反应具有最长的持续性,且保持在很高的水平上,难以消失

教学之窗

在课堂中应用操作条件作用

☞ 使用行为方法时,要尽可能地使用强化,而不使用惩罚;必须使用惩罚时,要使用移去性惩罚,而不使用呈现性惩罚。例如,在每周开始时,教师可以给学生一定的"操行分数",如果学生违规,则扣掉一分,一周后所剩的分数可换取自由活动的时间。

☞ 选择有效的强化物。例如,教师可以采用问卷,调查学生最喜欢得到什么奖励。

☞ 鼓励学生比较不同的例子和信息,促进泛化和辨别。例如,小学三年级的学生自己注意到了青蛙和蟾蜍的区别,教师应该予以表扬。

☞ 适当使用强化程序。例如,为了避免在固定间隔强化后学习效果迅速降低,代数教师可以使用一些随时测验。

☞ 对学生提供明确反馈。例如，语文教师要对每位学生的作文予以评分，并详细解释他为什么得这个分数，而且要认真地批改学生的每句话和每个字。

☞ 塑造所期望的行为。例如，当学生小有进步时教师应立即予以表扬，这种表扬会使学生的行为逐步指向教师所期望的方向。

第三节　社会学习理论

班杜拉（Albert Bandura，1925—2021），新行为主义的主要代表人物之一，社会学习理论的创始人。班杜拉原本信奉新行为主义，关注刺激与反应的联系，但受认知心理学和人本主义的影响，开始关注人的认知过程、社会情境等因素的作用，他逐渐从传统的行为主义研究中脱离出来，提出了一系列新的思想。

一、班杜拉的经典实验

学习要求　了解班杜拉的社会学习理论和社会认知理论。

> **社会学习理论**
>
> 强调通过观察他人进行学习活动。该理论后来也关注认知因素，如信念、自我认知和期望，被称为社会认知理论。

图 7.8　班杜拉

班杜拉指出传统的行为主义学习观点虽然有些正确，但不完整，因为它仅仅对学习进行了部分解释，忽略了一些重要因素，尤其是社会影响因素。班杜拉对学习的早年研究是以强化和惩罚的行为原则为基础的，但他增加了一个学习活动，即观察。

班杜拉与同事曾以儿童的攻击行为为主题进行了实验研究。研究者们首先让儿童观察成人榜样对一个充气玩偶拳打脚踢，然后把儿童带到一个放有充气玩偶的实验室，让其自由活动，并观察他们的行为表现。如图 7.9 所示，结果发现，儿童在实验室里对充气玩偶也会拳打脚踢。这说明，成人榜样对儿童行为有明显的影响。

后来他们对上述实验作了进一步的延伸。试图了解榜样攻击行为的奖惩后果是否会影响儿童攻击行为的表现。实验中，研究者把儿童分为三组，首先让儿童看到电影中的成年男子的攻击行为。在影片结束后，第一组儿童看到成人榜样被表扬，第二组儿童看到成人榜样被批评，第三组看到成人榜样既不受奖也不受罚。然后，把三组儿童都带到一间游戏室，里面有被成人榜样攻击过的对象。结果发现，榜样受奖组儿童的攻击性最多，榜样受罚组

图 7.9　班杜拉的经典实验——波波玩偶实验

儿童的攻击性最少,控制组居中。这说明,榜样攻击行为的后果是儿童是否模仿这种行为的一个重要因素。

　　但这是否意味着榜样受奖组的儿童比榜样受罚组的儿童习得了更多的攻击行为呢?为了回答这个问题,他们在上述三组儿童看完电影回到游戏室时,以提供糖果作为奖励,要求儿童尽可能地回忆榜样行为并付诸行动。结果发现,三组儿童的攻击行为水平几乎一致。

　　基于上述实验以及后续一系列实验,班杜拉认为,儿童通过观察他们生活中重要人物的行为而习得社会行为。这些观察以心理表象或其他符号表征的形式储存在大脑中,来帮助他们模仿行为。这个扩展的观点被称为社会学习理论(social learning theory)。而后,班杜拉关注认知因素,如信念、自我知觉的期望,因此,他的理论现被称为社会认知理论(social cognitive theory)。班杜拉的社会认知理论仍然接受了行为主义理论家们的大多数原理,但是更加注意线索对行为、内在心理过程的作用,强调思想对行为和行为对思想的作用。

二、观察学习论

学习要求　理解直接学习和间接学习;
　　　　　　掌握观察学习发生的四个阶段。

　　班杜拉认为,人类的学习有两种形式,一种是直接学习,另一种是间接学习。观察学习是一种间接学习的形式。人类的大多数行为是通过观察而习得的。人们通过观察他人的行为以及他人行为的后果,可获得榜样行为的符号表征和经验教训,并可引导观察者今后的行为。

班杜拉认为,观察学习包括四个阶段:集中注意、保持信息、产生行为和重复行为的动机。

下面以在互联网上观察他人跳街舞,进而自己操练,学会跳舞,来说明观察学习的过程。

集中注意是观察者将其认知活动等心理资源,贯注于示范事件的过程;它决定观察者从大量的示范影响中,选择观察的对象以及提取有关的信息。例如,在网络浏览中,偶然看到一段街舞视频,被其节奏、旋律、动作所吸引。注意要学习的事件,是形成学习的首要条件;示范对象的特征和观察者的特征,直接影响注意的效果。例如,跳街舞的人的性别,观察者的年龄,都是影响后续学习活动的因素。

保持信息是记住示范者的行为特征,观察者将注意到的示范信息转换成表象的、语义概念的符号表征,并贮存于记忆之中;有时,还需在头脑里进行认知演练。例如,看到别人跳舞好看,就去网络上进一步搜索资料,了解街舞的起源、历史和现状,观看高水平表演者的舞蹈,看到同龄人的类似反应后,慢慢开始对街舞产生好感,并产生想学习的愿望。

产生行为是将符号化的内容转化为相应的行为;它实际上是观察者在外显行为水平上,实现示范行为的符号表征,因而又称动作复现。例如,学习者会不由自主地模仿街舞表演者的动作,或者去报一个班,好好学习一下街舞的基本动作。此时,学习者需要理解行为的表征性指导(如教练的言语),理解被抽象地表征为行为的概念和规则(如专门的术语),并分析行为的概念和规则,然后从时间和空间上组织类似于示范者的行为反应(如自己在家里练习动作)。

重复行为的动机是指一种意愿,由于生成的行为有可能受到强化,个体愿意增加以后重复该行为的可能性。例如,在学会了某些动作后,个体会被鼓励在公众场合下,展现自己所学的街舞。班杜拉认为,人们并不会把自己习得的东西全部表现出来,当被习得的行为没有什么功能性价值或带有受到惩罚的危险时,学习与行为表现不一致是常有的情形。例如,自己表演动作不被父母和同伴认可时,则可能会偷偷摸摸学习,或者放弃学习。

可以看出,观察是一个非常有效的学习过程。通过观察学习,个体不仅可以学会如何表现行为,而且知道如果在具体的情境中做了这个行为,接下来会发生什么。例如,蓬头垢面时,你会拿起梳子来梳头,之后有人夸奖你仪表堂堂;口干舌燥时,你会端起茶杯喝水,会让自己得到生理满足。这些行为与这些行为发生的场合,紧密地联系在一起;后续,个体一旦处于这个场合下,就会不由自主地展现出所学习的行为。

三、交互作用论

学习要求　了解班杜拉的交互作用论。

传统的行为主义学习理论忽视对学习的内部过程以及行为的认知因素,把人的行为看成由刺激和强化决定,完全受外部环境的控制和制约。班杜拉批判了这种机械论和环境决定论的观点,认为这种观点过于片面,不能揭示个体在社会中的复杂学习行为。

班杜拉认为学习不但受外部环境的影响,而且也受到认知的调节和自我调节。班杜拉的学习理论打破了单一因素决定论的思想,强调人的行为是内部因素和外部环境相互作用的产物,他提出多因素相互作用、共同决定行为的观点,也就是交互决定论,如图7.10所示。

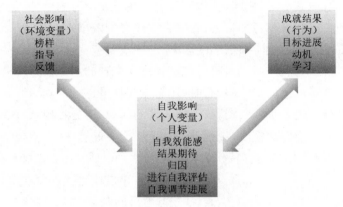

图 7.10　三因素交互作用、彼此影响

由上图可知,学习是个人、环境和行为这三类因素之间的相互作用过程:首先,是个人与环境的交互作用;例如,学习期望会影响学生选择教师;而教师的反馈,可能会使一些学生更自信,也可能会使一些学生更沮丧;其次,是个人与行为的交互作用;例如,学习目标会影响学生所采用的学习方法;而当学生付出努力达到目标时,自信心和兴趣也会增长;最后,是环境与行为的交互作用。例如,同伴榜样会鼓励个体勤奋努力、坚持不懈;如果学生轻言放弃,则教师会改变教学策略,以适应学生的学习变化。

教学之窗

观察学习在课堂与生活中的例子

☞ 引导注意

例如,在幼儿园,一个小孩正兴趣盎然地玩着好多天没人动的玩具,别的孩子也想要这个玩具,这种情景的发生,部分是因为孩子的注意力被吸引到这个玩具上。

☞ 略微调整已习得的行为

通过观察他人的行为,得知哪些习得的行为可以使用;例如:吃沙拉时如何选择合适的叉子、什么时候离开聚会、使用哪种语言合适等,模仿电视上或音乐偶像的流行服装和款式。

☞ 加强或减弱抑制

若班级成员目睹一个学生违反班级制度并逃脱了惩罚,他们就会知道违反纪律不一定会受到惩罚,若违反纪律者是教师喜爱的、地位高的班干部,榜样效应就更明显。

☞ 教授新的行为

教师通过一边思考问题,一边大声说出所思所想,示范主要的思维技巧;一位高中教师邀请打破传统就职范围的女强人给学生作报告,教育那些对职业抱着传统思想的女孩。

☞ 情感唤起

空难事件后,看到飞机飞过操场时会感到担忧;鲨鱼袭击人类的报道,会让许多在海里游泳的人忧心忡忡;校园里一些模拟的恐怖情景,会影响那些盲目的模仿者。

第四节　行为主义的课堂应用

本节将介绍一些应用行为主义的学习原理来改变学生行为的方法;这些方法通常被称为应用行为分析,也可以叫作行为矫正。从理论上来讲,应用行为分析需要清晰地描述所要改变的行为,细致地测量行为,分析行为的前因和后果,然后按照行为矫正的原理进行干预,以期改变行为,最后,还需细致地测量行为的变化。

一、课堂管理

■（一）运用强化来促进行为

> **学习要求**　了解普雷马克原理的基本内容;
> 应用适时表扬促进学生的行为。

以行为分析塑造新的行为或促进良好的行为,需要考虑这样一些问题:选择何种有效的强化物? 如何运用强化手段? 怎样形成复杂的行为? 如何使行为得到巩固? 等等。下面的内容将简要地回答这四个问题。

1. 普雷马克原理

课堂中有许多可利用的强化物,如喜欢的科目、自由时间、与同学玩耍等,教师也可以通过调查了解学生对不同强化物的看法,如表 7.2 所示,如果教师不加区别地提供这些强化物,则可能丧失其强化作用。普雷马克原理(premack principle)就是用来帮助教师选择最有效的强化物的一种方法,它是指用高频行为(喜欢的行为)作为低频行为(不喜欢的行为)的有效强化物。但要注意,对一个学生有效的强化物可能对另一个学生没有效果;此外,如果过度使用强化物,强化物可能会丧失原有效力。

表 7.2　了解学生对不同强化物的看法的调查表

你喜欢什么?

姓名　　　　　　　　　　　年级　　　　　　　　　　　日期

请你尽可能地完成所有问题的回答:

1. 我最喜欢的学校科目是:
2. 在学校我最喜欢做的三件事是:
3. 假如在学校每天都有 30 分钟的自由时间,我喜欢做:
4. 我喜欢吃的两种点心是:
5. 在课间休息时我最喜欢去(3 件事):
6. 如果有 1 元钱要花掉,我将买:
7. 在课堂上我喜欢做的三件事是:
8. 在学校我最喜欢与之一起学习的两个人是:
9. 在家我真正喜欢(3 件事):
......

2. 适时表扬

教师忽视违规的学生,表扬守规矩的学生,可以改进学生的行为。虽然表扬和忽视很有效,但并不能解决课堂管理中所有的问题。有研究表明,当教师使用正强化(多数为表扬)作为课堂管理的唯一策略时,违反课堂纪律的行为仍然存在。为进一步发挥其作用,教师的表扬必须令人信服,并且在时间上接近要强化的行为,教师要明确地说明所强化的行为,这样才会产生积极的效果。换句话说,表扬应该是对明确且良好行为的真诚认同,这样学生才能够认识到,为获得这种认同该做些什么。

3. 行为塑造

对复杂行为的学习,教师一般采用行为塑造法,这是一种通过强化每一个小的进步来达到预期行为目标的有效方法。在行为塑造的过程中,教师可以采用任务分析(具体见第十四章)。其一般过程是,把期望学生掌握的复杂任务,分解为一系列小步骤,并按等级把任务分解为基本技能和子技能的系统。在课堂管理中,教师要描述各个小步骤的逻辑顺序,并在进行每一步骤之前,明确学生是否已掌握了必要的前提技能,还需要了解导致学生觉得困难的原因。在任务分析的基础上,教师可以从三方面进行行为塑造:(1) 强化每一子技能;(2) 提高强化的准确性;(3) 提高强化行为的持续时间。应当注意,塑造需要较长时间,并且适用于在持续性、准确性与速度上需大量练习才能获得的技能。

4. 正面练习

正面练习是帮助学生用一种行为替换另一种行为的策略。这种方法尤其适用于学生的学业错误。学生犯了错误,教师必须尽可能纠正,让学生执行正确的行为。这是因为他们有时候并不知道正确的行为是什么,故而不恰当地采取了错误行为。学生违反课堂纪律时,教师也可以使用同样的方法。但要注意,学生需要的是改正行为,而不是受到惩罚。

■（二）运用惩罚来消除行为

学习要求　*学会正确地应用餍足、斥责等方法消除学生的不良行为。*

通过行为分析来改变学生的不良行为，还要考虑到该创设何种使学生感到不愉快的情境，以减少不良行为，增强学生良好的行为？下面提供了对这一问题的不同处理方法。

1. 餍足

餍足就是坚持让学生持续做某一行为，直到他们厌倦为止。使用此法应十分慎重，因为迫使学生持续某些行为，可能会给学生的身体和情绪造成伤害，甚至产生意想不到的危险。教师在使用餍足策略时，应当注意：（1）在学生未完成规定行为之前，不要放弃和降低标准；（2）所餍足的行为应是将要消除的不良行为。

2. 斥责

一般来说，在不同场合教师采取同样的斥责方式可能会起到不同效果。例如，在公开场合大声斥责学生可能会制止某些行为，但有时私下里温和地斥责学生将会有更好的效果。教师认为在课堂上大声斥责犯错误的学生，并且使全班同学都能听到，这样会起到"杀鸡儆猴"的效果，但有时学生正希望借助这种斥责来引起他人的注意，这样能体现出自己有"胆量"，于是会表现出更多的不良行为。所以，教师是否使用斥责，以及如何使用斥责，应根据不同场合而定。

3. 代价

代价就是个体由于违反某一规则，而失去一些强化物（如金钱、时间、权利、快乐）。例如，随地吐痰后被罚款。而在课堂上，教师应该明确地表明学生不良行为的可能代价。例如，首次违反课堂纪律，教师给出警告；二次违反课堂纪律，教师在点名册上做一标记，这一标记意味着失去2分钟的课间休息时间；最后，当违纪的标记达到一定数目，可能意味着该学生失去与同学郊游的机会。

4. 孤立

社会孤立就是将课堂上爱捣乱的学生从班级中隔离出来，例如，把他独自关在一间空房间，毫无乐趣可言，或者让他到校长办公室，或者限制他坐在教室的某个角落里，等等。一般来说，孤立惩罚的持续时间不宜过长，否则将导致学生的极端行为。

二、课堂教学

学习要求　*了解掌握学习的基本原理；*
　　　　　　了解程序化教学的基本原理，分析使用程序化教学的利弊。

■（一）掌握学习

掌握学习（mastery learning）的基本假设是，如果给予学生充分的时间和适当的教学，大多数学生能够掌握任何学习目标。教师在运用掌握学习时，要将课程分解为小的学习单元，每个单元包括需要掌握的具体学习目标。所谓"掌握"，意味着在一项测验中获得80%—90%的分数，或者满足其他的测评标准。因此，教师应告知学生将要达到的目标和标准。而学生只有达到最低掌握水平后，才可以学习下一单元的内容，并依次进行。

根据前面内容的掌握程度，决定是否继续以后的学习内容，这符合维果茨基"最近发展区"的思想。例如，在数学教学中，一些学生没有真正地理解分数加法，如果再往下进行更高层次题目的学习，这些学生落下的功课会越来越多，到学习分数除法时他们可能根本学不会。而如何帮助学生掌握各种知识，扎实地推动学习进程，其关键就在于课堂中是否会有其他人提供一定的帮助。

应当注意，在掌握学习中，教师必须拥有丰富的材料供学生循环使用，以此达到没有完成的目标。一般来说，只是重复相同的材料不会对学生有多大帮助。此外，每一单元都应该有几种不同的测评方案。从实践上来看，掌握学习不能消除学生间的成绩差异，除非教师减慢学习快的学生的速度，让学习慢的学生赶上来，但这没有实践意义。而掌握学习是把更多的学习空间留给学生：一些学生会学习得更多，理解得更好；一些学生会利用这样的学习机会努力地学习；而另一些学生却由于不断重新学习而受到挫折，最终失去了学习兴趣。

■（二）程序化教学

程序化教学直接体现了学习的行为主义思想。它与塑造过程紧密相关，开始让学生用已习得的反应来回答问题，然后以非常小的步骤引入新的信息，并随即提出一些新的问题，而学生也不大可能答错这些问题。程序可能是线性的，也可能是多分支的。在线性的程序中，所有的学生将按照固定顺序的教学目标进行学习。在多分支的程序中，学生要参加小测验，以确定他们是否再继续学习同样的学习目标，还是进行下一个学习目标。

程序化教学是建立在这样一种假设上的：通过正确地回答问题，人们可以得到积极的强化，因此更加可能重复学习到的行为。逐渐增加新的学习材料，并随即提出学生能正确回答的问题，通过这种方法学生能够渐渐地学到大量的新材料。程序化教学材料通常是以练习册、软件程序和录像盘等形式出现。假如教师能够细致地建构学习材料，精确地控制材料的呈现顺序，那么学生就不需要教师，而能独立地进行学习。从控制学生学习的角度来看，程序化教学在很大程度上是自我教学方法的一种。

程序化教学尤其有助于学生学习有一定困难的科目。比如统计学，一般在开始时给学生提一些问题，要求学生以简单的数学操作进行回答，像加法和减法，随后渐渐引入统计学上的概念。数学尤其适合于程序化教学，因为它可以相对容易地建立起学习顺序，在这个顺序中学生可以学到各种各样的行为。在大多数情况下，数学是线性的，新知识的学习很大程度上需要旧知识的积累。尽管如此,程序化教学也可以应用到其他学科领域,如"心理学导论"这样的科目。

值得注意,在教学效果上,有研究表明,程序化教学并不比或者稍稍比传统教学强。在一般情况下,程序化教学在学校并不受欢迎,学生通常对程序化教学反应冷淡,这可能是因为该教学情景下的学习步子小,学习速度慢,学生在还未取得大的进步前,就已经失去了学习兴趣,感到厌烦了。

三、新近应用

■（一）自我管理

学习要求　教会学生使用自我管理策略来安排学习生活。

以行为分析来解决课堂中的管理和教学问题,除了前述的用强化来增强行为、用惩罚来减少或消除行为、掌握学习、程序化教学、计算机辅助教学之外,还可以用来培养学生自己调节或监控学习行为的能力,即自我管理和自我教学。

自我管理是行为主义学习观的新近应用,是指学生首先要设置和明确目标,确立各种小的步骤;然后,学生观察自己的表现,记录自己的行为并评价自己的成绩;最后,学生自行选择和执行强化。

1. 设置目标

设置具体目标并将其公之于众,是自我管理方案的关键成分。有研究表明,对某些有严重学习问题的学生,先教他们设置具体目标的方法,然后采取不同的处理方式:一部分学生将自己设置的目标告知实验者,而另一部分学生设置目标后不告诉他人。通过对学习材料的测验结果发现,前一部分学生的成绩要优于后一部分学生。

同时,在设置具体目标上采用高标准,将会产生更好的学习成绩,但学生所设置的目标,其标准往往会越来越低。因此,教师有必要通过监督目标设置和强化高标准,促使学生维持高标准的目标。在一项研究中,小学一年级学生每天都为自己设置要计算的数学题目数,如果题数增加了10%,教师就给予表扬;通过帮助学生提高设置数学题目的数量,学生可以保持新的更高的学习标准,甚至在某学科上的目标提高会泛化到其他学科上。

2. 记录和评价行为

这一环节是指学生参与自我行为的记录和评价。有些行为适合自我记录,比如完成任务的数目、实践一项技能所花的时间、阅读书籍的数目、未经允许离开座位的次数等。而另一些行为可使用自我监控的手段,如对家庭作业和自学的自我安排。完成这些任务,并不需要教师的监督,学生可以自己画表格、写日记或列清单,记录行为的频率或持续时间等。

自我评价往往是对自我表现的评估,它与评价者的年龄有关,如与低年级学生相比,高年级学生更容易学会准确地自我评价。但是,与简单的自我记录相比,自我评价难于操作,这是因为它涉及对自己学业的评判。虽然学生对自己的行为能够做出一定评价,但其精确性往往存在问题,因此很难做到客观评价自己的任务表现。所以,学生自我评价的关键是教师要定期检查学生的自我评价,并且对较为准确的评价给予强化。而当教师和学生的评价相一致时,应给予学生在分数上的奖励。

3. 自我强化

自我管理的最后一步就是自我强化。有些学生在自我管理中无需自我强化,这是因为他们在设置目标和记录进步的过程中,就已经体验到对自己学习行为的控制感;有些学生则需要自我强化,这是因为在设置目标和记录进步之后,如果对自己较好的学习表现进行自我奖励,将会产生更强的学习动机,导致更高的学业水平。尤其是在任务太难或者目标要求太高时,学生分阶段进行自我强化,将维持在该任务上的努力,促使自己向目标不断迈进。

总之,自我管理将有助于学生学会控制自己的行为,同时也有助于教师有更多时间来观察、分析和评价不同学生的表现,有时还会起到某些意想不到的效果。例如,某一竞技游泳队的教练要求队员保持较大的训练强度,但结果不理想。于是教练画了 4 张表格,分别列出每个队员要遵循的训练计划,并在游泳池附近张贴,而队员的任务就是记录每天完成的训练量和游泳里程。由于记录是公开的,可以看到自己和其他人的训练状况和进步,这激发了队员之间的竞争意识和互相监督意识,所以他们会准确记录所完成的训练状况。而通过使用这种方法,该教练发现训练效果提高了 27%。队员们的训练也开始变得自觉。

■ **(二)自我教学**

学习要求 帮助学生运用自我教学。

前述的自我管理侧重学生参与自我行为矫正过程的各个环节,但在课堂中,教师还需考虑学生是如何思考的,也就是认知行为矫正(cognitive behavior modification),它重视学生的思维和自我谈话。正是由于这个原因,许多心理学家认为,认知行为矫正是更倾向于认知的而不只是行为的方法。

从本书第二章"认知发展"可知,认知发展有这样一个阶段,儿童似乎是用自我言语引导自己完成任务,他们和自己交谈,通常是重复父母或教师说过的话。而在认知行为矫正中,教师可以直接教会学生如何使用自我教学,这种教学可以归纳成如下步骤:(1)一个成人榜样一边大声地自言自语,一边执行任务(认知榜样);(2)儿童在榜样的指点下执行同一任务(显性的、外部的指导);(3)儿童一边大声自我教学,一边执行任务(显性的、自我指导);(4)儿童在执行任务时,小声进行自我教学(淡化的、显性自我指导);(5)儿童一边用自我言语指导自己的行为,一边执行任务(隐性自我教学)。

学生在自我学习时主要涉及四种技能:倾听、计划、工作和检查。而自我教学如何帮助学生发展这些技能呢?其中一种方法是使用个人手册或班级海报,提示学生对这些技能进行"自我谈话"。例如,可以设计一套提示海报,并把这些提示张贴到班级各处,以促进学生自我教学,如表7.3所示。这一过程的目的就是使学生参与思考,并创建他们自己的指导方法和提示,而进行讨论和公开想法会使学生更了解并能更好地控制自己的学习。

表7.3　提醒学生进行"自我谈话"的海报

下面是4幅小学五年级学生设计的海报,用于提醒他们使用自我教学,其中一些提示语反映了这些学生的特殊内心世界。

海报1　倾听时
1. 这有道理吗?
2. 我明白了吗?
3. 在我忘记前,我现在需要提个问题。
4. 注意!
5. 我能做他在说的事吗?

海报2　计划时
1. 材料都齐了吗?
2. 下一步该做什么?
3. 让我先组织一下。
4. 我要按照什么次序做?
5. 我知道这个东西。

海报3　工作时
1. 我做得足够快吗?
2. 不要看我的同桌,继续工作。
3. 还剩下多少时间?
4. 我需要停下来从头开始吗?
5. 这对我而言很难,但我能做好。

海报4　检查时
1. 我都做完了吗?
2. 我还需要再检查什么?
3. 我对这项工作感到骄傲吗?
4. 我把所有的词都写上了吗?数一下。
5. 我想我做完了。

实际上,实施认知行为矫正不只是教会学生使用自我教学,还包括教会学生如何建立师生间的对话和互动,如何树立榜样,如何引导发现,如何使用动机策略、反馈,如何将学生的发展水平与任务细致匹配,学生甚至可以参与制定计划。如果学生能够学会使用所有上述这些技能,就可以将其泛化到新的学习情境中,促进自我学习能力的发展。

教学反思

学完本章后,请思考如下知识点:
☞ 经典条件作用的基本原理;
☞ 操作条件作用的基本原理;
☞ 经典条件作用与操作条件作用的区别;
☞ 应用性行为分析的含义;
☞ 掌握学习、程序化教学的优缺点;
☞ 自我管理和自我教学的含义。

本章总结

经典条件作用

巴甫洛夫开创了经典条件作用的研究,研究了无条件刺激、无条件反应、条件刺激、条件反应,巴甫洛夫也提出了三个过程:泛化、辨别和消退。泛化就是以同样的方式对相似的刺激做出反应。辨别就是对相似的刺激做出不同的反应。消退就是一个学会的反应渐渐消失的过程。与此类似,华生也研究了刺激与反应之间的联系,提出了学习的频因律和近因律。

操作条件作用

经典条件作用主要探讨自动化的无意识反应,而人类学习大部分都是有意而为之的。桑代克提出了试误学习理论,强调学习之间联结的形成。斯金纳为操作条件作用的发展做出了巨大贡献。操作条件作用的理论认为前因和后果影响着行为。前因发生在行为之前,给后果提供一些信息。后果是发生在行为后的事件,后果分为强化与惩罚,教师可以利用强化和惩罚来控制学生的行为,也可以利用强化程序,适时合理地安排各种形式的强化。

社会学习理论

班杜拉的研究以强化和惩罚的行为原则为基础,增加了观察学习的观点,区别了知识的获得(学习)和以知识为基础的可观察的表现(行为)。班杜拉认为,我们知道的比我们表现出来的更多,他早期的波波玩偶实验佐证了这一点——儿童通过观察习得了攻击性行为。班杜拉关注认知因素,如信念、自我知觉和期望,因此,他的理论现被称为社会认知理论。

行为主义的课堂应用

教师可以在课堂管理和教学两方面应用行为主义的基本原理。促进学生行为可以采用普雷马克原理、适时表扬、行为塑造、正面练习等方法,消除学生不良行为可以采用餍足、斥责、代价、孤立等方法。行为主义观的新近应用是自我管理和认知行为矫正。

重要概念

经典条件作用　学习的试误说　操作条件作用　社会学习理论

参考文献

1. 冯忠良等著:《教育心理学》,人民教育出版社 2010 年版。
2. 潘菽主编:《教育心理学》,人民教育出版社 1980 年版。

3. 邵瑞珍主编：《教育心理学》，上海教育出版社 1998 年版。

4. 施良方著：《学习论》，人民教育出版社 1994 年版。

5. 吴庆麟主编：《教育心理学：献给教师的书》，华东师范大学出版社 2003 年版。

6. 叶浩生主编：《西方心理学的历史与体系》，人民教育出版社 1998 年版。

7. 张大均主编：《教育心理学》，人民教育出版社 2005 年版。

8. ［美］安妮塔·伍尔福克著，伍新春，赖丹凤，季娇等译：《伍尔福克教育心理学》，中国人民大学出版社 2012 年版。

9. Manning, B. H. (1998). *Self-talk for teachers and students: Metacognitive strategies for personal and classroom use*. PearsonSchweiz Ag.

10. Zimmerman，B. J.，& Schunk, D. H.（Eds.）.（2001）. *Self-regulated learning and academic achievement: Theoretical perspectives*. Mahwah，N. J. Routledge.

扫一扫二维码获取心
理学、教育学考研同
步真题及参考答案

扫一扫二维码获取同
步练习题及参考答案

第八章

学习的信息加工模型

引 言

行为主义心理学解释了学生行为形成及其改变的规律。但是在学习活动中,学生头脑里究竟发生了什么? 始于20世纪60年代信息加工取向下的认知革命,使得研究者可以推测这一过程,如注意、知觉、记忆、提取等环节。依据知识分类及各种认知加工思想的学习理论越来越被认可,并广泛地运用于学校课堂教育活动之中。据此所建立的学习与教学的认知模型,逐渐成为指导各学科学习和教学研究的理论。

学完本章后,你应该能够:
☞ 描述学习的信息加工模型和记忆的三级存储模型;
☞ 描述陈述性知识、程序性知识的学习过程;
☞ 举例运用有效的认知编码方法;
☞ 解释元认知在学习和记忆过程中的作用。

教学设疑

张老师教历史,他发现,学生把理解等同于记忆。学生对教材中每个单元的知识点,都力求记住,来应付考试,即使是班上学习最好的学生,也是这样做的。他发现,如果让学生在课堂上阅读一些原始的材料,对有关主题进行讨论,以激发他们对有关历史问题的思考,或者让他们考察一下某一时期的音乐和美术发展的情况,他们就会提出抗议:"这些内容考试会不会考?"、"为什么要让我们找这些画,我们有必要知道是谁画的,什么时候画的吗?"、"我们记住这些东西有什么用"、"这些年份这么难记,打开电脑就能找到,我们为什么非得记住它们"、"怎样才能记住这些东西",等等。即使是那些参加讨论的学生,也只是机械地引用教材中提到的术语,事实上他们对这些术语并没有真正地理解。

假如你是张老师,请思考:
☞ 历史知识是哪一类知识?
☞ 记忆历史性的事实,合适的方法有哪些?
☞ 历史性事实的记忆,其心理过程是怎样的?
☞ 可以用什么方法来引导学生正确学习历史?
☞ 如果采用新方法,那你会担心成绩受到影响吗?

视频

学习的信息加工模型

第一节　关注认知和学生的学习观

"认知(cognition)"一词来源于拉丁语"cognoscere",意为"对…的认识"。与持行为主义观的学者不同,认知心理学家更重视研究学习者处理外部环境刺激的内部过程与机制,而非外显的刺激与反应,他们一般强调,学习是认知的形成、重组和使用的过程。

一、格式塔学习理论

> **学习要求**　阐述格式塔理论对认知和学习的看法。

> **学习的格式塔观**
>
> 将认知视为一致性结构,以及将认知过程视为个体知识经验重组的理论。

与行为主义的观点不一样,格式塔(Gestalt)理论更加注重个体学习过程中内部知识的整合。格式塔理论在 20 世纪 30—40 年代流行。格式塔将认知视为结构建立的过程,这是当今认知科学中许多核心观念的基础,如图式、类比推理、有意义学习。

一般来说,格式塔理论强调人的意识的整体性,对知觉和高级认知活动(思维和问题解决)进行了专门的实验研究,认为思维是"情境的改组"或整个问题情境的"顿悟(insight)"。按照格式塔的观点,认知的内容包括一致性结构,认知的过程就是建构这一结构的过程。格式塔心理学家苛勒

图 8.1　苛勒

(Wolfgang Kohler,1887—1968)就曾做过这样一个实验,他把猿放入栏内;地上有些箱子,猿的头顶挂着一串拿不到的香蕉。研究者观察到,猿先是看看,然后突然把箱子一个个叠起来,像走楼梯一样爬上去摘到香蕉。按照苛勒的说法,猿的这种学习是通过顿悟,即对这一情境中不同物体进行心理组织,形成一种组合方式,利于达到目标(拿香蕉),如图 8.2 所示。因此,顿悟是一个结构建立的过程。

在格式塔心理学家看来,学习就是知觉的重新组织。人在认知活动中需要把感知到的信息组织成有机的整体,在头脑中构造和组织一种格式塔(或称为完形),对事物、情境的各个部分及其相互关系形成整体理

图 8.2　经典的顿悟试验

解,而不是对各种经验要素进行简单的集合。这一过程不是渐进的尝试与错误的过程,而是顿悟。也就是通过对问题情境的观察,理解它的各个部分的构成及相互联系,分析出制约问题解决的各种条件,从而发现通向目标的途径。之所以产生顿悟,一方面是由于分析当前问题情境的整体结构,另一方面是由于心智能利用过去经验的痕迹和心智本身具有的组织的功能填补缺口或缺陷。

格式塔理论强调整体观,反对行为主义的刺激—反应联结的思想。他们假定知觉的组织律适用于学习和记忆。记忆中储存的是知觉事件的痕迹。由于组织律决定知觉的构造,所以它也就决定了留在记忆中信息的结构。在学习情境中,学习者构造和"领会"问题情境的方式非常重要,如果他们能利用过去的经验,确实正确"看清了"情境,他们就会产生顿悟。

格式塔学习理论强调学习者知识经验的整体性和知觉经验的组织作用,关注知觉和认知(解决问题)的过程。他们探讨记忆是如何反映知觉组织的,以及解决问题的能力是如何在理解学习任务、重建记忆,或把学习原理迁移到新情境等过程中产生的。这对美国流行的"刺激—反应"联结主义来说是一个挑战,具有积极的意义,启发了后来的认知派学习理论家们。

二、符号学习理论

学习要求　阐述符号学习论的主要观点。

图 8.3　托尔曼

> **符号学习论**
>
> 学习是既有目的的行为,也是对"符号—完形"的认知,后者在外部刺激和行为反应之间起中介变量作用。

20 世纪 50 年代左右,行为主义所坚持的极端环境决定论与生物学化的观点,遭到越来越多人的反对。美国心理学家托尔曼(E. C. Tolman,1886—1959)是一位新行为主义者,也是一位受格式塔学派影响的行为主义者,他经常用动物的动机、认识、预期、意向和目的来描述动物的行为。他关心行为理论如何同知识、思维、计划、推理、目的、意向等概念相联系。他的理论被称为目的行为主义、整体性行为主义、符号—完形说或预期说。

托尔曼以白鼠学习方位迷宫的实验证明了自己的理论。迷宫有一个出发点、一个食物箱和 3 条长度不等的从出发点到达食物箱的通道。如图 8.4 所示。实验开始时,他将白鼠置于出发点,然后让

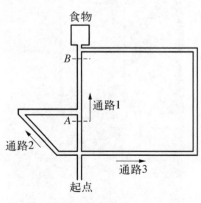

图 8.4　白鼠学习方位迷宫的
实验示意图

它们自由地在迷宫内探索。一段时间后,检验它们的学习结果。检验时,他再将白鼠置于出发点,并对各通道做一些处理,观察它们的行为。结果发现,若 3 条通道畅通,白鼠会选择最短的通路 1 到达食物箱;若 A 处堵塞,白鼠会选择通路 2;若 B 处堵塞,白鼠会选择最长的通路 3。

根据这一实验以及许多类似的实验,托尔曼提出了符号学习论(symbol learning theory),这种理论有以下 3 个基本观点:(1)学习是有目的的行为,而不是盲目的。(2)学习是对"符号—完形"的认知。白鼠在学习方位迷宫图时,并非学习一连串的刺激与反应,而是在头脑中形成一幅"认知地图",即"目标—对象—手段"三者联系在一起的认知结构。(3)在外部刺激(S)和行为反应(R)之间存在中介变量(O)。他主张将行为主义的 S-R 公式改为 S-O-R 公式,O 代表机体的内部变化。

后来,托尔曼做了一个潜伏学习的实验。他将白鼠分为 3 组走方位迷宫:第一组无食物奖励;第二组有食物奖励;第三组前 10 天无食物奖励,而在第 11 天之后有食物奖励。结果发现,第三组在前 10 天的表现与无食物奖励组相当,但在第 11 天获得食物奖励后其行为表现发生剧变,后来甚至优于经常得奖励组。这一结果表明,外在的强化并不是学习产生的必要因素,不强化也会出现学习。动物未获得强化前学习已出现,只不过未表现出来,托尔曼把这种在无强化条件下进行的学习称为潜伏学习(latency learning)。潜伏学习的事实也证明学习并不是刺激与反应的直接联结。在未受奖励的学习期间,学习者的认知结构也发生了变化。如图 8.5 所示。

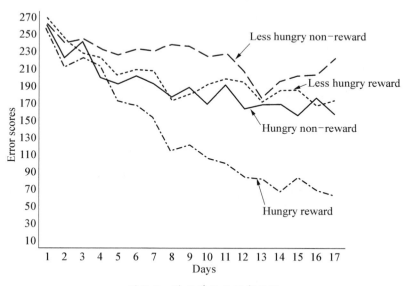

图 8.5　潜伏学习的研究结果

潜伏学习为什么能够发生?托尔曼解释为,白鼠在走迷宫时根据对情境的感知,在头脑里有一种预期或者假设。动物的行为受其预期的指导,因此动物的行为是有目的的行为。在多次尝试中,有的预期被证实,有的未被证实。预期的证实是一种强化,这就是所谓的内在强化,即由学习活动本身所带来的强化。

三、学习的人本主义思潮

学习要求　理解并掌握人格发展的途径与方法；
　　　　　　理解并掌握学生中心的教学观。

学习的人本主义观

强调人的成长和发展，以教育的视角阐述，重视为学习者创造一个良好的环境，让其从自己的角度感知世界，发展出对世界的理解，达到自我实现的最高境界。

人本主义心理学兴起于 20 世纪 50 年代。由美国心理学家马斯洛（Abraham H. Maslow，1908—1970）创立，以罗杰斯（Carl Ransom Rogers，1902—1987）为代表，被称为除行为学派和精神分析以外，心理学上的"第三势力"。人本主义强调人的正面本质和价值，研究整体人的本性、经验、价值、潜能、创造力、自我选择和自我实现。人本主义认为应该把人作为一个整体来研究，应该研究正常的人，关注人的高级心理活动，如热情、信念、生命尊严等内容；在看待学习这一现象上，人本主义强调人的成长和发展，以教育的视角阐述，重视为学习者创造一个良好的环境，让其从自己的角度感知世界，发展出对世界的理解，达到自我实现的最高境界。

■（一）人格发展

人本主义心理学家认为，人的成长源于个体自我实现的需要。自我实现的需要是人格形成、发展、成熟的驱力。人格就是一个人根据自己对外在世界的认识而力求自我实现的行为表现。所谓自我实现的需要，就是人对于自我发挥和完成的欲望，也就是一种使其潜力得以实现的倾向。通俗地说，自我实现的需要就是一个人能够成为什么，就必须成为什么，他必须忠于自己的本性。也就是说，人具有尽其所能的内在倾向。正是由于人有自我实现的需要，才使得有机体的潜能得以实现、保持和增强。

所以，人本主义心理学家认为，人格发展的关键在于形成和发展自我。罗杰斯从现象学的角度，将知识分为主观的、客观的、人际关系的三类。主观的知识就是通过我们自己的内部参照框架而获得的知识；客观的知识就是通过观察别人而获得的知识；人际关系的知识就是站在别人的立场上，用他人的观点去理解其现象场。一个人在自己的发展过程中，由于与环境交互作用，逐渐把自我与环境分化开来。这样，他便开始知觉到在他的整个经验结构中包含着自我这部分经验。

自我尽管与生俱来，却被深深地埋藏在人性的最深层，最初是知觉不到的。随着年龄的增长，在良好环境中以及在以人为中心的方法的指导下，儿童才慢慢地发现和揭示自我，从而走向独立，走向创造性。自我的发展就是一个人独立性的形成，是由依赖他人到自立的过程，是个体独特个性的形成过程。在这一过程中，如果一个人的经验同他的天赋的自我实现趋向相一致,就会产生一种积极的体验,其人格就容易得到健康发展。如果不一致,则会产生消极的体验。为了避免消极体验,个体可能采取各种防御机制,以求缓和被尊重和自尊的需要与机体经验之间的冲突,这样做的结果是可能引起人格的混乱。

■(二)知情统一的教学目标观

罗杰斯认为,情感和认知是人类精神世界中两个不可分割的有机组成部分,彼此是融为一体的。因此,罗杰斯的教育理想就是要培养既用认知的方式也用情感的方式行事的知情合一的人。这种知情融为一体的人,他称之为"完人"或"功能完善者"。当然,"完人"或"功能完善者"只是一种理想化的人的模式,而要想最终实现这一教育理想,应该有一个现实的教学目标,这就是"促进变化和学习,培养能够适应变化和知道如何学习的人"。他说:"只有学会如何学习和学会如何适应变化的人,只有意识到没有任何可靠的知识,只有寻求知识的过程才是可靠的人,才是真正有教养的人。在现代世界中,变化是唯一可以作为确立教育目标的依据,这种变化取决于过程而不是静止的知识。"可见,人本主义重视的是教学的过程而不是教学的内容,重视的是教学的方法而不是教学的结果。

■(三)有意义的自由学习观

人本主义强调教学的目标在于促进学习,而学习是学生在好奇心的驱使下去吸收任何他觉得有趣和需要的知识。罗杰斯认为,学生学习主要有两种类型,即认知学习和经验学习。认知学习的很大一部分内容对学生自己是没有个人意义的,它只涉及心智,而不涉及感情或个人意义,是一种无意义学习。而经验学习以学生的经验生长为中心,以学生的自发性和主动性为学习动力,把学习与学生的愿望、兴趣和需要有机地结合起来,因而经验学习必然是有意义的学习,必能有效地促进个体的发展,是一种有意义学习。

在罗杰斯看来,有意义学习有四个特征:全神贯注,即整个人的认知和情感均投入到学习活动之中;自动自发,即主动去探索、发现和了解事件的意义;全面发展,即行为、态度、人格等均获得发展;自我评估,即自己评估自己的学习需求、学习目标是否完成等。促进有意义学习的方法有激发潜能、自我觉察、做中学等。

■(四)学生中心的教学观

罗杰斯从人本主义的学习观出发,认为教师的任务不是教学生学习知识(这是行为主义者所强调的),也不是教学生如何学习(这是认知主义者所重视的),而是为学生提供各种学习的资源,提供一种促进学习的气氛,让学生自己决定如何学习。教学的关键不在于教师的教学技巧、专业知识、课程计划、视听辅导材料、演示和讲解、丰富的书籍等(虽然其中的每个因素有时候均可作为重要的教学资料),而在于特定的心理气氛因素,这些因素存在于"促进者"与"学习者"的人际关系之中。

那么,促进学习的心理气氛因素有哪些呢?罗杰斯认为,这和心理治疗领域中咨询者对来访者的心理气氛因素是一致的:真实或真诚,即学习的促进者表现真我,没有任何矫饰、虚伪和防御;尊重、关注和接纳,即学习的促进者尊重学习者的情感和意见,关心学习者的方方面面,接纳作为个体的学习者的价值观念和情感表现;移情性理解,即学习的促进者能了解学习者的内在反应,了解学生的学习过程。因此,这样的教学是开放性的,学习的过程就是学习的目的之所在,它是一种无结构取向的、鼓励思考的、重视接纳的教学。

教学之窗

影响认知心理学发展的相关学科和研究

心理语言学的产生,直接促进了认知心理学发展。美国著名心理学家乔姆斯基(1959)认为,人类具有掌握语言的天赋能力,人的大脑中有一套"言语获得装置",随着儿童脑的成熟,在一定的条件下,这种内在机制会被激活,人就能自然而然地获得语言。

乔姆斯基的语言学理论对认知心理学的发展具有积极的意义:第一,使人们进一步认识到行为主义环境决定论、操作性强化作用的缺陷,从而促使人们转向对人内部心理过程的研究。第二,它表明了应研究人的认知过程,而不应只专门研究动物的行为,以此来推论人的行为规律。第三,支持了理性主义的先天论传统,现代认知心理学也认为,人类具有一定的先天能力,可以运用这种能力来加工、贮存和提取环境事件。第四,他提出的语言具有新颖性和生成性的观点,也具体支持着现代认知心理学关于人的认知活动具有新颖性和生成性的观点。

此外,第二次世界大战后,知觉的研究改变了过去偏重于影响知觉的客观变量的状况,开始重视需要、动机、情感和价值取向等对知觉的影响。例如,对硬币大小的知觉,受一个人的家庭经济状况的影响,穷人家的小孩比富人家的小孩把硬币看得更大些。此外,过去经验对知觉过程的影响表现在能够使知觉以较少的信息识别事物。

第二节   学习的信息加工视角

在 20 世纪 50—60 年代,不同心理学研究(包括联结主义观和格式塔观)形成一股合力,产生了一种新的认知观,即信息加工观。信息加工观也逐渐成为认知科学的主要内容。

一、信息加工视角:经典观与认知建构观

学习要求   比较信息加工的经典观与认知建构观的不同。

在认知科学中,核心假设是认知涉及计算;也就是说,认知就是个体接受某个表征形式的输入,运用某个过程,然后产生某个表征形式的输出。认知科学或明或隐地将心理活动视作计算,以此来阐释心理运作过程。因此,在任何任务上的认知,可以描述为一系列认知过程(如一些正在操作着的计算)或者一系列心理表征的转换(如每个操作的输入和输出等)。

图 8.6 梅耶

按照美国教育心理学家梅耶(R. E. Mayer,1918—)的说法,对学习与记忆的解释存在不同的隐喻,从信息加工的角度就存在两个:将知识看作信息的隐喻,主要存在于经典观之中;将知识视作认知结构的隐喻,大多存在于建构主义,尤其是认知建构观之中。

具体来说,经典观基于人—机隐喻,人的心理就像一台计算机,其中,知识好比计算机要处理的数据,认知就是明确数据如何处理的程序。按照经典观点,人就是信息的加工器;信息则是通过一系列符号从一个大脑到另一个大脑的事物;加工则涉及运用某个算法于信息,以便按照一步一步程序来操作一系列符号。例如,当给出这样的问题"X+2=4,求 X",学习者首先形成对这一问题的心理表征,然后运用各种算子,如心算等式两边同时减 2,进而形成新的表征,即答案"X=2"。

按照经典观,在解决各类问题时,信息包括各种符号结构,如列表、树状图、网络;加工则包括对符号结构执行系列化基本信息过程。要解决一个问题,需经历一系列起始状态、中间状态、目标状态。通过各种方法,如手段—目的分析法,渐次达到问题的目标状态。由此,问题解决就涉及运用某个过程于问题的符号表征:如果成功运用,则表征发生变化;如果不成功,则基于各类策略来选用新的过程。问题越是复杂,信息过程越多,同时可能产生一系列问题表征状态(关于问题及其解决,具体见第十一章"复杂认知:问题解决与专长"一章内容)。

相比较经典观,认知建构观则基于知识建构隐喻,人的大脑是一处建构场所,学习者在整合所呈现内容和已知内容的基础上,产生自己的知识。按照建构主义的观点,学习者就是建构知识的理解者。与经典观中认为信息是客观的,可以从一处转移到另一处的观点不同,建构观中的知识是存在于大脑之内的心理表征,是个体的建构,是不可以从一个大脑输入到另一个大脑的。建构则涉及一些旨在获得意义的认知过程,如注意所呈现材料的有意义内容,从心理上将当前材料组织成一个完整结构,并将之与大脑中的相关知识进行整合。同样,与经典观中将认知过程视为运用算法的观点不同,建构观认为认知加工涉及一些旨在获得意义的认知策略的使用。

一般来说,信息加工视角下的认知心理学有广义和狭义之分,狭义的认知心理学仅指计算机隐喻下的信息加工心理学,而广义的包括认知结构隐喻下皮亚杰、布鲁纳、乔姆斯基等人的观点。值得注意,如今已经很难区分某

> **学习的信息加工视角**
>
> 从认知加工角度来理解学习过程的一种观点,分为经典观和认知建构观;前者基于人—机隐喻,将人的认知视为获得信息的过程;后者基于知识建构隐喻,将人的认知视为建构知识,获得具有个体性质的意义的过程。

种理论是经典观还是建构观,这两种观点在相互吸纳对方观点的同时,逐渐趋于融合,即经典观逐渐纳入了知识的个体性、认知过程的渐进性以及信息的意义性等内容,而建构观的某些思想则直接来源于不同表征形式的知识、认知加工的序列性和自我控制等。本章介绍狭义的认知心理学,即以信息加工模型为主体框架,来阐释知识学习的实质、获得及其条件;下一章则涉及更广意义上的学习认知观,即基于认知结构这一隐喻,来阐述建构的实质、过程和方法。

二、经典观:信息加工模型

学习要求 描述学习的信息加工模型。

学习的信息加工模型
建立在人对计算机类比基础上的,把人和计算机都看作是一套符号操作系统,并用计算机的工作原理和术语来描述人的学习和记忆的过程。

信息加工心理学是 20 世纪最有影响的认知理论,而且已经在学习与教学中产生了广泛的影响。在信息加工心理学中,研究者提出一类专门用来解释信息处理、学习与记忆的模型。该模型建立在对人与计算机类比的基础之上,把人从功能上看成是和计算机一样的符号操作系统,用计算机的工作原理和术语来描述人的学习和记忆过程。这种模型主要包括以下三个主要部分:信息的存贮;认知过程;元认知。具体见图 8.7。

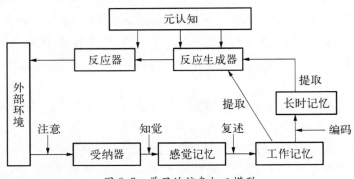

图 8.7 学习的信息加工模型

模型的第一部分是信息的存贮。它的含义正如其名,用来贮存信息。它们可以和计算机中的文件、文件夹相类比。信息加工模型中的信息存贮根据时间的长短和功能的不同可以分为感觉记忆、短时记忆(也叫工作记忆)和长时记忆。

感觉记忆仅仅对环境中的刺激进行直接的知觉复制,而不进行任何形式的加工。感觉记忆这个环节对刺激的进一步加工很关键。例如,在阅读时,如果没看清某个句子末尾部分的内容,而前面读过的内容又已经忘记,那就不可能理解这个句子的意思,口头语言也是如此。因此,感觉记忆的作用就是把信息保持一段时间,使信息经过转换后进入工作记忆中得到处理。

工作记忆就是把信息保持住,使人能够运用信息有意识地工作。它是个体进行复杂思维的工作场所,可以形象地称之为记忆的"工作台"。在面对大量刺激时,工作记忆会对这些刺激进行筛选,其方法无外乎三种:(1) 忽视某些信息(从记忆中清除);(2) 通过一遍又一遍的复述把信息保留在工作记忆之中;(3) 通过复述或者通过和长时记忆中的信息相联系,使工作记忆中的信息进入到长时记忆。

为什么要对刺激进行筛选呢,其原因可能受制于工作记忆较短的持续时间和有限容量。一般来说,工作记忆中的信息只能保持 10—20 秒,其容量大约是 7±2 个组块(组块是信息贮存的基本单元)。那么,如何来突破这个信息加工的"瓶颈"呢? 这可部分地通过"组块化"和"自动化"的办法来解决。组块化就是把各个小的项目组织成较大的、有意义的单位。比如,在 5 秒钟内看下面一行数字:"19191921194919661992",你可以把这些数字做如下排列:"1919 1921 1949 1966 1992",并赋予历史事件的含义;经这样处理后,原先20 个数字就转化为 5 个信息单位,因而可容易地记住。而自动化就是将需要意识的心理操作,转换为无需意识或需较少意识的操作。如算术中一些基本技能(简单的加法和乘法),达到自动化程度后,就可以使工作记忆专门用来解决问题,用于诸如表征问题、选择策略、计算答案及评价答案等复杂操作。

长时记忆是指信息在人脑中长久保持的记忆。长时记忆中的信息主要来自于对工作记忆信息的复述,也有一些是感知中印象深刻的内容一次性直接进入长时记忆系统而被贮存起来的。长时记忆把现在的信息保持下来以备将来使用,或把过去已贮存的信息提取出来用于现在。这样,人的活动就在长时记忆的参与下把过去、现在和将来有机地联系起来了。长时记忆中贮存着大量不同类型的知识,主要分陈述性知识和程序性知识。总之,一个人在社会环境中的生活、工作和学习活动的开展和维持,主要是利用长时记忆中随时可以检索和提取的经验与知识。

模型的第二部分是认知过程。它主要的职责是转换信息,使信息从前一个阶段进入下一个阶段。这个过程主要包括:注意、知觉、复述、编码和提取。认知过程可以和计算机中程序的指令和转换信息相类比。

模型的第三部分是元认知。它的作用是监控认知过程的每一个环节。元认知实际上是一种自我监控的形式,它监控并指挥着信息从记忆的前一环节向后一环节转移。

第三节　基于信息加工模型的知识分类

人与计算机,的确有许多共通之处,如对外界信息的输入、表征、处理和输出等。但是,与计算机相比,人如何表征外部世界的众多信息? 人又如何获得这些信息? 又有哪些因素在左右着这一过程呢? 本节将对这些问题给出此视角的初步答案。

图 8.8　安德森

一、陈述性知识及其学习

学习要求　解释命题、命题网络、表象、线性排序、图式等表征形式的含义。

美国心理学家安德森（John. R. Anderson，1947—）对知识在人的头脑中的表征性质作了两种最基本的划分：陈述性知识（知道某事是什么）和程序性知识（知道如何做事）。陈述性知识是有关事实、定义、程序以及规则是什么的知识，其表征形式主要有四种：命题、表象、线性序列和图式。前三种形式是陈述性知识表征的基本单元，而第四种形式，即图式是陈述性知识的高级表征形式，是综合前三种形式而形成的。

■ （一）命题

意义在人的记忆中如何得以表征？这主要以命题的形式。一个命题大致对应于一个观念，它由两部分组成：关系和主题。如在"小明买书"这个句子中，包含一个命题，其主题是"小明"和"书"，关系是"买"，如图 8.9 所示。

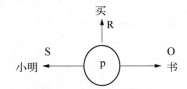

（图中S代表主体，O代表客体，它们都是主题；R表示关系）

图 8.9　命题举例

应当注意，命题的形式与句子相似，但不能将它与句子等同起来。一个命题可能是一个完整的句子，但也可能不是。如"蔚蓝的天空"是一个命题，但它却不是一个句子，仅仅是一个短语。同样，句子可以是一个命题，也可以包含多个命题。如"他正津津有味地看电视"，这个句子就包含两个命题，即命题"他正看电视"与命题"津津有味地看"。而多个命题则借助共同成分，即共同主题来形成命题网络。如命题"那个瘦男孩正在看报纸"，用命题表示为"瘦男孩"与"男孩正在看报纸"。由于这个命题共享"男孩"这个概念，因而用命题网络表示，如图 8.10 所示：

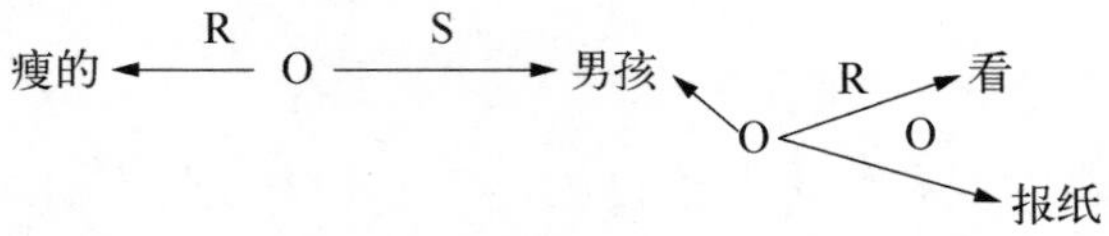

瘦的 ←——R——— O ——S——→ 男孩 ——R——→ 看
　　　　　　　　　　　　　　　　　O
　　　　　　　　　　　　　　　　　↘ 报纸

（R——→ 关系　　　S——→ 主体　　　O——→ 客体）

图 8.10　命题网络举例

■（二）表象

虽然个体常以命题的形式来处理或保存自己所知道的知识,但在另一些情况下,也经常会采用表象这种非言语的形式来处理或保存知识。与命题建立在事物抽象意义的基础上,不必保留对象的知觉信息不同,表象建立在对事物知觉的基础上,保留了事物的知觉特征。从适应角度,当需要对陈述性知识所描述的物体的连续性加以表征时,"表象"显得比命题更为经济有效。图 8.11 比较了这两种表征形式。

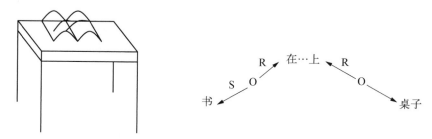

图 8.11　命题与表象的这两种表征形式的比较

显然,它们都表达了"书在桌子上"这一意思。但在表象中,它还直观地表明书在桌子上的位置,以及书及桌子的形状等。因此,表象比命题传递了更多的信息。表象具有如下特征：第一,表象能够表征不断变化的信息,能够更现实地表征客观对象的三维空间特征及各个维度上连续的细节特征；第二,表象能够承受各种施加于它们的心理运作,如对表象作旋转、扫视或有层次的组织与分解；第三,尽管表象能够表征不断变化的信息,但与实际的知觉相比,这种表征形式可能会比较模糊与概括,或者说更欠完整、欠精确。

■（三）线性序列

线性序列是不同于命题与表象的又一种陈述性知识的表征形式。这种表征结构是对一些元素所作的线性次序的编码。例如在第 27 届悉尼奥运会上,金牌总数第一的国家是美国,第二是俄罗斯,第三是中国。如果别人问你,在那次奥运会上,俄罗斯与中国,哪个国家获得的金牌总数更多？ 你会很快回答出"俄罗斯"。这是因为你在头脑中已对它们作了线性排序,在需要时能很快地提取出来。这种情形就是所谓对一组元素按某一特征所作的先后次序上的编码。

与前面两种表征形式相比,线性序列与命题的区别在于,命题仅保留了命题中所提及的元素（主题）之间的基本语义关系,但不必排定元素的次序；线性排序与表象的区别在于,表象仅保留了知觉特征之间的间隔关系（即各个特征之间的相对距离）,线性排序则排定一组元素从头至尾的顺序,并不涉及各元素之间的间隔大小。

■（四）图式

前述的命题、表象、线性序列仅是陈述性知识表征的基本单元,它们各自在陈述性知识表征中扮演不同角色。但是,陈述性知识在表征时往往不是单独以某一种形式出现,更多是三种表征形式兼而有之。例如,如果要对上课的经验进行表征的话,头脑中出现的上课的一般情景,除了命题外,还有表象、线性序列,如图8.12所示。

位置:初一(3)班
人数:较多　教室:狭长
内容:数学
顺序:上课、开始讲课、下课

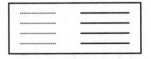
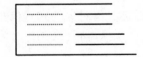

图8.12　大脑中各种知识的表征

可以推论,在这种情况下,命题、表象或线性序列显然不足以独自表征这一情景。于是,图式这一概念被提了出来。图式是陈述性知识表征的一个整合单位,它包括命题、表象和线性排序这三种基本表征形式。图式具有如下一些基本特征:第一,图式中含有变量。如上例,人数、内容都是该图式的变量。上课的人数可能不一样,上课的内容也会发生一些变化。第一次上课或许有60人,第二次则可能只有57人。但这些变化不会影响图式的形式。第二,图式可按层次组织起来,并可嵌入其他图式当中。例如,上课的图式可被嵌入整个教学图式中。第三,图式有助于推理。例如,如果我们对"鸟"这一图式有较深刻的理解,便能很快推论出"麻雀也属于鸟类"。

根据图式与教学情景的相关,可以将图式分为三种类型:自然范畴图式、事件图式和文本图式。自然范畴图式是指一些客观存在的实体范畴图式。这既包括自然界本身就有的,如动物、植物等范畴,也包括社会文化所造成的人为范畴,如汽车、飞机等。事件图式是指对多次与我们发生联系的典型活动及其顺序的表征。如对三角形全等的一般证法,通常是先找出要求哪两个三角形全等,然后再看要证全等尚缺哪些条件,接着找出这些条件,最后得出证明。文本图式是指对各种文本的一般规律的表征,如要表征一则新闻,需要注意的是"时间"、"地点"、"人物"、"经过"等。

教学之窗

课堂中命题的学习

一般来说,学生获得一个命题有四个阶段:命题的记忆,即新命题进入到个体大脑,受到认知加工或者存贮在长时记忆之中;命题的联系,即新命题通过某些主题,与头脑中原有命题建立相应的联系;命题的整合,即新命题与原有命题产生结构性关系,如知识环、等级化结构等;命题创新,即在命题整合的基础上,形成自己的新命题,产生新意。

例如,教师传授新命题:"实验证明,维生素C能促进白血球的生成。"学生首先记忆该命题,然后直接激活相关命题:"维生素C能预防感冒"、"白血球能杀死病毒";进一步,通过二级激活相关命题:"病毒会引起感冒",个体将新命题与原有命题构成一个知识环状结构的命题网络;然后,学生自己推断出新的命题:"维生素C之所以能预防感冒,是因为它能促进白血球的生成,从而杀死引起感冒的病毒。"如图8.13所示。

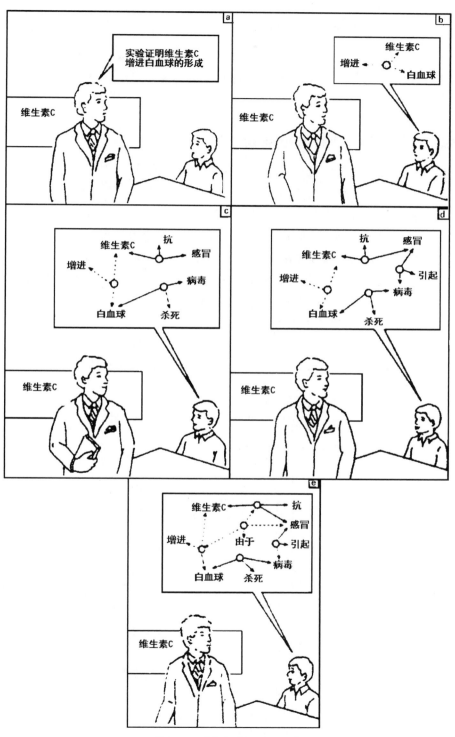

图 8.13 "命题学习的例子"

二、程序性知识及其学习

学习要求 阐述程序性知识的含义和分类。

■（一）程序性知识的结构特征

程序性知识是知道如何行动的知识，在头脑中的表征是通过产生式来完成的。一个产生式就是一个"如果—那么"规则。当"如果"得到满足，"那么"就得以执行。一个完整的产生式必须具备如下三点特征：第一，它的结构特征是"如果—那么"形式。第二，条件与行为的内外表达。这就是说，它们可以不以外部动作表现出来，而是在头脑中进行操作。明白产生式不一定以外部形式表现出来，就可以更好地理解它在人脑认知过程中的作用。第三，目的性。任何一个产生式的执行都必须有一定的目标，否则就可能成为无头苍蝇，难以系统完成所需解决的任务。

由于一个产生式只能表征一小块知识，当需要执行一个大的程序时，它就需要许许多多相关的产生式，在目标等级的控制下，构成一个产生式系统，如表 8.1 所示。

表 8.1　产生式系统举例

P_1	如果	目标是要证明 $\triangle ABC \cong \triangle A^1B^1C^1$ 但不知道哪些对应边与对应角相等
	那么	建立子目标以寻找哪些对应边与对应角相等
P_2	如果	目标是要寻找相等对应边与对应角 已知 $AB=A^1B^1$　$A^1C^1=A^1C^1$ 不知道 $\angle BAC$ 与 $\angle B^1A^1C^1$ 是否相等 不知道边 BC 是否等于 B^1C^1
	那么	建立子目标寻找 $\angle BAC$ 是否等于 $\angle B^1A^1C^1$ 或边 BC 是否等于 B^1C^1
P_3	如果	目标是要寻找 $\angle BAC$ 是否等于 $\angle B^1A^1C^1$ 或边 BC 是否等于 B^1C^1 $\angle BAC$ 与 $\angle B^1A^1C^1$ 是对顶角
	那么	得出 $\angle BAC = \angle B^1A^1C^1$
P_4	如果	目标是要证明 $\triangle ABC \cong \triangle A^1B^1C^1$ 已知 $AB=A^1B^1$　$A^1C^1=A^1C^1$ $\angle BAC = \angle B^1A^1C$
	那么	得出 $\triangle ABC \cong \triangle A^1B^1C^1$

产生式 P_1、P_2、P_3 和 P_4 构成了一个产生式系统。从该产生式系统中,我们可以清楚地看到:产生式系统通过许多子目标,控制产生式的流向。尤其应当注意的是,产生式系统的这种监控式表明,它并不需要一个外在的监督系统,它的监控蕴藏于运行之中。

■ (二)程序性知识的类型

程序性知识的划分可以依据两个维度。如图 8.14 所示。第一个维度是按照知识与领域相关程度来划分,分为特殊领域的程序性知识与一般领域的程序性知识:前者仅适用于特殊领域之内,如某一几何题的解答,小白鼠的解剖等;而后者则广泛适用于各个领域,但它在真正执行时困难不小,多数情况下只能起一种指导作用。第二个维度是根据程序性知识执行的自动化程度来划分,分为自动化程序性知识和有意识的程序性知识。例如,专家在阅读他所研究领域的文章时,对一些较简单的单词或词汇无须刻意去探讨它的意思,往往是一看便知,而对一些较难的语句,则需要通过查字典或联系上下文才能得知。上述两种维度的划分是相对的,而不是绝对的。例如,特殊领域的程序性知识可以是自动化的,也可以是有意识控制的。

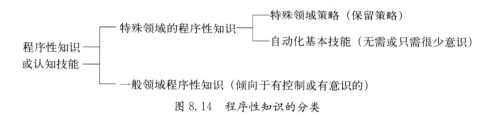

图 8.14　程序性知识的分类

教学之窗

促进自动化基本技能获得的教学措施

基于程序性知识的特点,可以提出一些促进自动化基本技能获得的教学措施,具体有:

掌握子技能或前提技能。从需要传授的技能中分解出它的子技能,从这些子技能中又再次分解出它们的子技能。例如,可以将代数看作微积分的子技能,而算术又是代数的子技能,基本的计算技能又是算术的子技能。而成功的教学设计,关键在于确定这类子技能的层级,教学的宗旨就是分别传授这些层次中的各种子技能。这样做的目的在于,让每个学生学会必要的前提知识,并为掌握新的复杂技能提供所需的子技能。

促进组合。给学生提供机会,让他们将一些小程序合成大程序。例如,在实现技能程序化的联系阶段中,为形成大的产生式,促进组合的产生,教师必须使两个小的产生式能够在工作记忆中同时或连续地处于激活状态。再如,在帮助学生合成基本技能时,要根据学生的需求来提供适时的反馈。再如,利用计算机来提供反馈,将有助于学生及时纠正错误,避免使错误成为业已编辑好的基本技能中一个自动化的成分。

促进程序化。为促使整个技能的自动化,教师应该引导学生练习整个程序中所含的一系列产生式步骤,而不是单独练习部分的产生式。随着一次次成功地执行这种动作序列,整个程序中各个步骤的联系也会更多地依靠前后步骤的匹配,而非有意识地思考或搜索。技能越是趋于程序化,学生对下一步骤的执行就越是充满自信,用语言来清楚表达自己知道该做什么的能力也越会减弱。

第四节　基于信息加工模型的教学应用

对学习的信息加工过程及其内部知识状态的描述,有助于教师采用不同的教学方法,促使学生更快地加工和存储所接收的信息,形成对外部信息的有效表征。不仅要让学生学会知识,而且要让学生学会学习。

一、针对认知编码的教学

学习要求　阐述组织化策略的含义;

阐述精致化策略的含义;

讨论"活动"与"思维"的关系。

在信息加工模型中,编码往往发生在个体对复杂信息进行心理表征,并将之贮存到长时记忆的时候。一般来说,有意义的编码主要涉及新知识和原有知识的联系及其间的组织。例如,小李形成了有关太阳系的心理表征,其他的行星都围绕着太阳在转,这个心理表征贮存在长时记忆之中。他也对冥王星的信息进行了编码,他的编码中包括了冥王星运行的轨道是平面的,这和其他行星的运行轨道有所不同,因而冥王星和其他行星相比,起源是不一样的,在小李的头脑里面,所有的这些知识都有机地联系在一起。可以看出,新旧知识建立联系是学习过程中的关键环节,也就是说,"旧"知识越多,新知识能够建立联系的"抛锚点"就越多,就越可能导致有意义的编码。

在教学中,教师可以:(1)通过教学组织,使学生的新旧知识之间建立联系,从而增加知识的有意义性;(2)通过精致化技术,即把学生复杂的新知识和原有的图式联系起来,这样也能增加知识的有意义性;(3)重视学生学习的主动性,这是因为积极加工将有利于建构意义。图 8.15 列出了上述三条有意义编码的方法。

■ (一)组织化策略

所谓组织化策略,是指按照信息之间的层次关系或其他关系对学习材料进行一定归类、组合,以便于学习、理解的一种基本学习策略。它可以帮助学生有效地记忆学习材料。

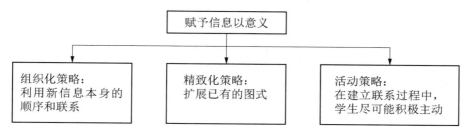

图 8.15　促进有意义编码的三种策略

组织策略的实质是发现要记忆的项目的共同特征或特质,而达到减轻记忆负担的目的。例如,在教低年级学生识字时,可以按照字音归类识字,或者按照偏旁结构归类识字。又如在地理教学中让学生背诵全国各个省份的名称,可以按照序列逐个背诵,但这样做费时费力。于是可以按照一定形式将要背诵的信息组织归类,可以按地理区域加以组织——东北、西北、西南、中南、东南、华东、华北。这些方法便是组织策略的运用。

有研究者(Moely, Olson, Halwes & Flawell, 1969)曾对 5 至 11 岁儿童的组织策略发展进行了研究。研究结果表明,对于组织策略的自发性使用,5—7 岁组比例很低,8—9 岁组开始显现,10—11 岁组比例最高。显然,儿童组织策略的自发性使用不像复述策略那么早开始,这就提醒教师,儿童组织策略的训练从 10 岁左右开始为宜。而研究者(徐芒迪,1994)也曾对初一、初三、高二年级学习优、差生的组织策略进行研究,结果显示:在无提示的条件下(即组织策略自发性地运用),各年级优、差生组均无显著性差异;在提示条件下,各年级优、差生组均有显著差异,这就意味着组织策略的训练,学习优生比学习差生更有效。

■ (二)精致化策略

所谓精致化策略,就是对头脑中已有的知识或刚学的新知识形成额外的联系,从而赋予复杂的知识以意义的过程。从前面内容已知,陈述性知识是以命题网络的形式在头脑中表征的,而人在学习新的命题时,可能会对原有的命题有所扩展,甚至作出某种推论,这种过程即被认知心理学家称为精致。而学习者附加在要学习的材料上的信息可能是一个例子,一个相关命题,一个表象或者任何能帮助信息联结的东西。例如,上海地区的学生在记化学元素溴的元素符号 Br 时,就可以把它记做"修皮鞋"(上海方言),对应着"溴Br"。又比如,学生在理解"维生素 C 能够抵御感冒"这个命题时,可能会设想其他原因,他们会结合以前的知识,想起维生素 C 能增加人体内的白细胞,而白细胞能杀死病毒,而病毒可以引起感冒,等等相关的命题。由此,学生在头脑中就将这样的命题加以精致,作出扩展,形成更大、更细致的网络了。

可见,精致化策略之所以对记忆产生影响,一方面是给回忆提供了更多的提取途径,另一方面在于帮助个体推论出自己实际上已经不记得的信息。而一个好的精致化策略应该是:(1) 富有意义,并且与学习者已有的知识相匹配,如要记一配对词组"电话——茶杯",可以用"电话洗茶杯"或者"电话砸茶杯"的联系来记忆,但前者联系语义不通,而后者有着正常的语义,帮助记忆的效果会更好;(2) 把有待联系的信息整合起来,如前例中,形成三种精致化策略"电话是程控式的,茶杯是不锈钢的"、"电话在茶杯的旁边"和"电话砸碎了茶杯"，可以看出只有后一精致形式可构成有深层次含义的联系；(3) 为整个语境充实逻辑联系，如要记忆这样的句子"口渴的小孩爬上山坡"，可做两种精致"口渴的小孩爬上山坡观赏风景"、"口渴的小孩爬上山坡眺望村庄"，显然，由于"村庄"可能意味着有水喝，后一精致句子则比前者更合乎逻辑。

■ (三) 活动策略

在信息加工模型中，学习被看作是积极主动加工的过程，而主动学习有助于促进有意义的编码。对"活动"这个词，不能仅从表面去理解，例如，在理科教学中，"动手做"往往被教师所提倡，而学生在对学习材料(磁铁或其他物体)进行操作时，教师则通常认为学生在主动学习，但实际情况可能是，如果学生不清楚学习目标，或者没被要求说出自我想法，以及陈述新旧知识之间的联系，则这样的学习仍然是无意义的。因此，"动手做"并不必然意味着学生"用脑做"。

教学活动应要求学生进行积极主动的认知，强调活动必须具有目的性，新旧知识间要建立联系并进行深加工。从理论角度讲，不同认知加工水平制约个体的学习活动，个体越是进行深加工，所学的知识就越有意义。例如，仅仅要求学生把第四颗行星从太阳系中区分出来，这是一种浅层的加工，但如果请学生从图表中归纳出一般模式，或请他们解释，为什么水星的温度和其他行星差别那么大，这属于深层加工。

为了归纳出模式，学生必须鉴别各种信息之间的关系，比如和其他的外部的行星相比，把内部的四颗行星看成是较小的、离太阳比较近的行星，外部的行星体积较大、距离较远(除冥王星外)。解释水星和其他行星的温差为什么会这么大，它也要求进行深层加工，即必须找出导致这种现象发生的原因。学生必须了解水星的旋转区域、它的重力和大气层等知识，才能做出恰当的解释。在教学中，教师要不断地寻找各种方法，鼓励学生学习时要尽可能进行深层次的信息加工。

教学之窗

促进有意义编码的教学方法

☞ 组织化策略

∨ 图表和模型图，即将大量信息组织成有意义的模型，如教师在上太阳系的课时，可以把太阳系的模型图挂在黑板上给学生讲解，这可以帮助学生把有关太阳系各行星的知识组织起来；

∨ 层级结构，用来表示新信息内部，或新信息与原有知识之间的上下位关系，如月亮与地球的关系，地球与太阳的关系，太阳与银河系的关系，银河系与宇宙的关系，等等；

∨ 实物模型，用来表征不能直接观察事物之间的关系，如上面提到的太阳系，教师还可以把太阳系的实物模型带入教室，让学生观察，这可以帮助学生学习；

∨ 概要，即对有关知识做一概述，比如，本书每一章开始都有一个概要。

☞　精致化策略

　　✓　帮助学生对新信息进行自我推论,以一种或两种方式增强信息的意义;

　　✓　提示学生回忆先前上课的内容;

　　✓　针对新信息,向学生进一步提问,提供或帮助学生自己形成类比,即比较不同观念的相同(相似)和不同;

　　✓　运用记忆术,对没有逻辑联系的知识可以人为地赋予意义。

☞　活动策略

　　✓　以问题解决的形式来掌握知识,而不是仅仅去记忆这些知识;

　　✓　教师提出的问题应该要求学生去分析,而不是去回忆有关信息;

　　✓　要求学生对得出的结论提供有力的证据,而不仅仅是得出结论;

　　✓　学习概念要结合例子并注重应用,而不仅仅是下个定义;

　　✓　考试要强调知识的应用,而不是考学生的机械记忆。

二、针对认知监控的教学

学习要求　阐述元认知的含义与成分。

　　元认知不仅仅作用于信息加工的某个环节,而是对信息加工过程中的信息贮存、认知过程中的所有活动进行调节或调控,同时也涉及对自身认知特点、所加工信息的特性以及将采用的加工方式或策略的认识。20 世纪 70 年代,美国心理学家弗拉维尔(John H. Flavell, 1928—)等人对儿童记忆、理解和交流方面的认知发展研究,使元认知研究受到广泛关注。而且,由于元认知对人的记忆、注意、问题解决和智力等都起着核心作用,所以至今仍是一大热门研究主题。

图 8.16　弗拉维尔

　　"元认知"是教育心理学中一个比较模糊的概念。什么是元认知? 各研究者对此众说纷纭。弗拉维尔认为,元认知就是对认知的认知,具体地说,是关于个人自己认知过程的知识和调节这些过程的能力,也就是对思维和学习活动的知识和控制。布朗(Brown, 1987)也给元认知下了个定义:元认知泛指个体对其认知系统的了解和控制。元认知的定义虽然很多,但一般认为,元认知的定义应包括两方面:对自己的知识、加工以及认知和情感状态的认识;有意识、有目的地监测和调节自己的知识、加工以及认知和情感状态。

　　弗拉维尔认为,元认知由元认知知识和元认知体验或元认知调节组成。元认知知识是关于什么因素和变量以什么方式影响认知行为的过程和结果的知识或信念。这些因素或变量主要包括人、任务和策略。关于人的元认知知识,就是个体对自己或他人作为认知主体的特征的认识。关于任务的元认知知识,是指对个体在认知过程中能够达到的目标的认识。关于策略的元认知知识,是大量可以习得的、有关哪种策略对达到什么目标以及在哪种认知任务中有效的知识。也就是说,元认知知识是个体关于自己的认知能力(如我的记性很差)、任务(对项目进行分类比回忆容易)和认知策略(如要记住电话号码就要复述)的知识。关于人、任务和策略的知识是相互作用的,例如,一个人在阅读自己缺乏领域知识的材料时,会不时地停下来作小结或复述要点以帮助理解,但在阅读自己专业领域的材料时,则不需要这样做。布朗指出,关于认知的知识指的是个体对自己认知过程的知识,这种知识是稳定的、通常是可以陈述的以及易出错的。可陈述的指的是个体可以知道并与他人探讨自己的认知过程,而易出错的是指个体比较容易了解自己对于认知的错误认识。

元认知调节包括各种执行功能,如计划、资源分配、监测、检查、错误检测和纠正等。有研究者根据信息是流向"元水平"还是从"元水平"流出,把元认知调节划分为监测过程和控制过程:在监测过程(如阅读时追踪自己对材料的理解),"元水平"接受来自"目标水平"的信息;而在控制过程(如对重要的学习材料分配更多的注意和努力),"元水平"对认知进行修正。元认知调节和元认知知识的关系是紧密结合、相互依赖的。例如,知道任务很难(元认知知识)能使个体仔细监控认知过程(元认知调节),反过来,成功的认知监控能使个体知道哪些任务难、哪些任务容易。

此外,与元认知调节有关的是元认知体验。元认知体验涉及元认知策略或元认知调节的运用。事实上,元认知体验是在元认知调节过程中产生的有意识的体验,是个体意识到的一种认知和情感状态,它与元认知调节密不可分。人有时会产生知道某一事物但就是回忆不出的体验,这就是一种元认知体验。人的调控过程有时是在没有外显意识时进行的,但调控通常产生并受有意识的元认知体验的影响。因此,不宜把元认知体验和元认知调节分开来谈。

教学反思

学完本章后,请思考如下问题:
- ☞ 学习认知观产生的历史背景;
- ☞ 信息加工视角下的经典观与认知建构观的不同点;
- ☞ 描述学习的信息加工模型;
- ☞ 记忆三级加工系统及其教育含义;
- ☞ 陈述性知识与程序性知识;
- ☞ 有效认知编码的方法;
- ☞ 针对认知监控的教学方法。

本章总结

■ 关注认知和学生的学习观

与行为主义观点不一样,格式塔心理学认为学习就是知觉的重新组织。人在认知活动中需要把感知到的信息组织成有机的整体,在头脑中构造和组织一种格式塔(或称为完形),对事物、情境的各个部分及其相互关系形成整体理解,即顿悟;符号学习理论也认为,学习是与内在的认知结构密切相关的。人本主义则强调以学生的经验生长为中心,以学生的自发性和主动性为学习动力,把学习与学生的愿望、兴趣和需要有机地结合起来,实现有意义学习,并进而提出以学生为中心的教学观。

■ 学习的信息加工视角

学习认知观的产生有社会、哲学、科学技术和心理学的历史背景。从认知的角度看学习,主要回答"认知是什么"以及"认知过程是什么"的问题。在信息加工观产生之后,经典认知观认为,认知就是各类符号表征的信息,认知过程就是获得这类信息的加工过程;学习建构观认为,认知就是各种意义结构,认知过程就是建构这一认知结构的过程。对人类认知及认知过程的基本看法,则成为对学习现象理解的基本前提。

■ 信息加工视角下的知识观

在狭义的信息加工视角下,学习的实质被认为是获得各类知识。陈述性知识是一类可以说出来的知识,如命题、表象、线性序列、命题网络、图式等;其中,命题的学习被视为是新命题与原有命题之间的相互作用,甚至是产生新的命题;图式的获得在于基于各类样例来归纳出相关的知识结构。程序性知识是一类支配行为操作的知识,由一系列产生式所表征,具体可以分为特殊领域策略、自动化基本技能和一般领域程序性知识等。

■ 信息加工视角的教学应用

针对信息加工模型中的不同环节,可以设计出具体的教学方法。针对认知编码,可以采用组织策略、精致策略和活动策略等方法。组织策略是依据材料本身的逻辑关系,对材料进行适当的安排。精致策略是在学习材料上设想出一种有意义的联系。活动策略则是对学习材料进行积极主动的加工。而针对监控的教学,主要在于元认知的发展。所谓元认知,就是对认知的认知,具体涉及元认知知识和元认知体验或元认知调节。促进元认知的发展,如今是教育心理学中的热点研究之一,因为这有关于学生如何学会自己来调节自己的学习,以及相关能力的发展。

重要概念

学习的格式塔观 符号学习论 学习的人本主义观 学习的信息加工视角 学习的信息加工模型 陈述性知识 程序性知识

参考文献

1. 李维主编:《认知心理学研究》,浙江人民出版社 1998 年版。

2. 刘电芝主编：《学习策略研究》，人民教育出版社 1999 年版。

3. 皮连生主编：《学与教的心理学》，华东师范大学出版社 1997 年版。

4. 吴庆麟等编著：《认知教学心理学》，上海科学技术出版社 2000 年版。

5. 吴增强著：《学习心理辅导》，上海教育出版社 2000 年版。

6. 吴庆麟主编：《教育心理学：献给教师的书》，华东师范大学出版社 2003 年版。

7. Anderson，J. R. （2005）. *Cognitive psychology and its implications*. Macmillan.

8. Flavell，J. H. （1979）. Metacognition and cognitive monitoring：A new area of cognitive – developmental inquiry. *American psychologist*，34(10)，906 - 11.

9. Pressley，M.，Guthrie，J. T.，& Harris，K. R. （1992）. *Promoting academic competence and literacy in school*. Academic Press.

扫一扫二维码获取心
理学、教育学考研同
步真题及参考答案

扫一扫二维码获取同
步练习题及参考答案

引　言

上一章主要从信息加工的角度，阐述了个体如何接受、存储、提取各类信息，以及由此引发的教育含义。这一视角较多关注"头脑里有什么？"这一问题，侧重学习过程中知识及认知结构的内容，关注个体对信息的单向、被动接受等特性。但是，"学习是双向的认知过程"这一观点如今越来越受到重视，尤其是在个体已有知识与将要学习内容之间互动这层意义上。本章将拓展这一视角，介绍基于知识建构隐喻的认知观以及相应的教育含义。

学完本章后，你应该能够：

☞　理解当代建构主义的起源和共识；

☞　理解对学习建构的不同理论观点；

☞　阐述运用规例法和例规法的基本形式；

☞　阐述研究性学习和随机通达教学的基本过程。

教学设疑

孙老师在一所初中教八年级的物理课。他在教《功率》这节内容时发现，传统的教学方法是得出功率的定义和公式，直接给出功率的国际单位"瓦特"；然后，展示生活中常见的物体的功率。但是，学生对瓦特的大小，根本没有感受；很多同学学习《功率》后，不知道1瓦特到底有多大？心理上也没能接受"瓦特"这个单位；这导致学生不能很好地理解功率的概念及其物理意义。还有一些同学靠死记硬背；考试结束后，再次考核，就出现错误。

如果你是孙老师，请思考：

☞　如何修改物理知识的教学设计？

☞　如何引导学生，进入物理课程内容的学习？

☞　如何教授学生，以使他们能正确理解概念？

☞　可以采用什么方法，促进学生对物理知识的学习？

视频

学习的建构主义

第一节　学习的认知建构思想

　　什么是建构？"建构"本来用于建筑，指把已有的零件、材料制成某种结构，实现某种功能。在教育活动中，建构是指学习者通过新知识和旧知识之间反复、双向的相互作用，形成和调整自己的经验结构。在建构过程中，学习者对当前信息的理解以原有知识为基础，但又不是简单地提取和套用原有知识，有时，要依据新内容，对原有经验本身作出某种调整和改造。这就是一种认知建构观；应注意，还可以从社会角度来理解建构；这将在下一章"学习的社会文化观"中来介绍。

一、早期的个体建构思想

■（一）巴特莱特的记忆实验

　　学习要求　描述巴特莱特记忆实验的特点。

认知建构主义
强调学习者积极主动地构建知识并理解信息意义的观点。

　　认知领域的建构思想，可以追溯到美国心理学家巴特莱特（Frederic. C. Bartlett，1886—1969）的记忆实验。在方法论上，他反对艾宾浩斯的无意义音节实验，即"剥离"已有知识经验的做法，采用了比较接近日常生活的图画和故事，用重复回忆的手段来考查记忆的"构造"过程。在理论上，他强调个体在记忆过程中的主动作用，突出了心理作用的整体性。例如，他提出"图式"，注重过去反应或过去经验的主动组织，其作用不仅使个别成分一个接着一个联系起来，而且是组织成为一个统一的整体。因此，学习是运用心理图式引导且据此解释事件的构建过程。

图 9.1　巴特莱特

图 9.2　记忆质变图

　　在一次演示实验中，巴特莱特采用图画复绘的方法测验记忆质变的情形，如图 9.2 所示，图中左边的为刺激图形，先给被试中的第一个人看，要求他凭记忆将图绘出，再将第一个人所绘的画给第二个人看，看后同样凭记忆将所看到的画绘出，然后给第三个人看，如此继续进行，直到第十八个人为止。图中垂直线右边的八个图形，就是该实验中的第 1、2、3、8、9、10、15、18 个被试所绘的图形。从这些所绘图形中可以看到,被试的记忆内容,在量上并未减少,甚至反而增加了,但从记忆内容的质上看,却发生了很大变化,变化的方向越来越显示出图形的意义,但却也越来越远离了事实。

因此,他认为,人们的报告似乎主要依赖于个人背景及其反应偏好,而不是图画内容本身。回忆出现错误是理所当然的,而回忆与初始事件毫厘不差反而是不正常的。人们常常执着于先前的理解,而不是根据实际知觉的图画内容。从量和质上的分析来看,保持这种记忆环节,并不是信息在脑中的被动的、简单的印留,而是主动的、复杂的加工过程。

教学之窗

鬼　战

巴特莱特(1932)在一个实验中,让大学生(英国)阅读印第安民间故事"鬼战"(the war of ghost),间隔一段时间后要求学生根据自己的记忆复述这个故事。

一个晚上,有两个从伊古拉来的青年男子走到河里想去捕海豹,当时,天空充满了浓浓的雾气,非常平静,然后他们听到了战争中人们的呐喊声,他们想"也许有人在打仗",他们逃到岸边,躲在了一根木头后面,就在这时,有几艘独木舟出现了,他们听到了摇桨的声音,看到其中一艘向他们驶来,船上坐着 5 个人,那些人问道:

"我们想带你们一起到河的上游去跟敌人打仗,你们觉得如何?"

其中一个年轻人说:"我没有箭。"

他们说:"箭就在船上。"

这个年轻人说:"我不想跟你们去,我可能会被杀死,我的亲戚朋友都不知道我去那里,不过你……"

他转向另一个人说:"可以跟他们一起去"。

因此,一个年轻人就跟他们走了,另一个年轻人回家了。

战士们沿河而上,到达卡拉马另一端的村庄。村庄的人涉水而来,开始战斗,许多人因此被杀死。就在此时,这个年轻人听到其中的一个战士说:"快,我们回家去! 那个印第安人被打死了。"这时年轻人想:"哦,他们都是幽灵"。他并没有感到任何不适,但他们却说他被射死了。

于是,这些独木舟回到了伊古拉,这个年轻人上岸后回到家里,并且点起了炉火,他告诉所有人说:"看! 我跟这些幽灵一起去打仗,同伴中有许多被杀死了,攻击我们的对方也死了不少人。他们说我被射中了,但我并没有感到任何的不适。"

他讲完这些话之后,安静了下来。当太阳升起的时候,他倒在了地上,有黑色的东西从他的嘴里流出来,他的脸扭曲变形。人们跳起来,大声呼叫。

他死了。

对于这个故事,巴特莱特发现:随着时间的增加,故事内容往往被略去一些,一些玄妙的内容被舍弃了;更有趣的是,被试还增加了一些新的材料,甚至加入了一些伦理内容,使故事变得更自然合理。他认为，对"鬼战"的曲解和增删，主要是由于大学生被试（英国）没有对原故事建立正确的图式；进一步，由于对北美印第安文化理解很少，只是形成了一个关于该故事的抽象表征；该表征一般为个人的信仰、情绪以及过去经验所同化，因此许多故事细节被去除，其他的则同化于长时记忆系统的信息结构。

■（二）皮亚杰关于知识建构的思想

学习要求　描述皮亚杰关于知识建构的观点。

在心理学领域，皮亚杰思想促成了认知建构主义理论观点的兴起。皮亚杰关于儿童如何获得新知识的观点，通常被称为认知建构主义。他认为，人们通常是在自身经验的基础上建构自己的知识，人们需要亲身探索和经历事物的机会。例如，在父母看来，儿童经常往地上扔玩具是一种"调皮"行为，但其实有时他们可能正在体验物体的重力现象以及自由落体的过程。从这一观点来看课堂，学生同样需要各种通过经验和实践来学习的机会。大量证据表明，在物理教学中，教师如果仅给学生解释各种概念，可能会导致学生形成"惰性知识"，因此，在某些教学内容时，给学生以实践的机会，让他们自己去发现，是很有必要的。

为什么可以让学生自己去发现知识呢？理由是儿童有一种与生俱来的探索事物如何运作的好奇心，即人具有一种探究世界的内部动机。皮亚杰认为，人之所以有各种活动，特别是认识活动，是由于人具有理解客观世界和满足好奇心的内在欲望，而儿童对周围世界的探索活动，是由这种内部动机所驱动的。从某种意义上讲，这种信念源自达尔文的生物适应环境的观点，即人使用自己的智慧去适应自身所处的环境；换言之，为了生存，人类凭借智慧去发现世界的运作方式或预测事件的发生。

可以这样认为，皮亚杰学派的建构主义观点属于心理的/个体的，较少关注"正确"的表征，而对个体建构起来的意义更感兴趣。皮亚杰认为，知识既不是客观也不是主观的，不能直接从环境中习得，它们来自个体反思和协调自己的认知。也就是说，认识并非大脑对于客观事物或现象的简单、被动地反映，学习也不是个体获得越来越多外部信息的过程，而是一种主体主动的建构活动，从中学习者学到越来越多的有关自己认识事物的程序，即建构了新的认知图式。皮亚杰感兴趣于一般知识的建构，如守恒和可逆性等。同时，他也认为社会环境是发展的一个重要因素，但不认同社会互动是思维发展的主要机制这一思想。

二、激进建构主义和信息加工建构主义

学习要求　阐述认知建构主义的当代发展。

对个体建构的当代研究,主要有：激进建构主义和信息加工建构主义。激进建构主义的代表人物为美国哲学家、心理学家和控制论专家 E·冯·格拉塞斯菲尔德(Ernst Von Glasersfeld, 1917—2010)。激进建构主义主要源于皮亚杰的思想,它有两条基本原则：一是知识不是个体通过感觉或交流而被动接受,而是通过新旧经验的相互作用而主动建构;二是认识的机能是适应自己的经验世界,帮助组织自己的经验世界,而不是去发现本体论意义上的现实。在此基础上,激进建构主义认为,世界的本来面目无法知道,人们所知道的只是自己的经验;知识的作用在于帮助个体解决具体问题,或者提供关于经验世界的一致性解释,而知识主要在个体与经验世界的对话中得以建构。与其他形式的建构主义相比,激进建构主义重视个体与其物理环境的相互作用,而较少关注学习的社会性。

信息加工建构主义建立在信息加工的认知观点基础之上,虽然仍坚持信息加工的基本范型,但倾向将知识视为学习者建构的结果,而非事先以某种先验形式存在。此外,信息加工建构主义不仅强调原有知识经验在新信息的编码表征中的作用,而且重视新经验对原有知识经验的影响。信息加工建构主义是一种"轻微的"建构主义,它取了一条中间路线,强调知识的双向建构,反对传统教学机械地对知识做预先限定,让学生被动接受,但它同时反对某些极端建构主义只强调学习中非结构的方面,忽视概念的重要性。因此,信息加工建构主义主张,一方面要提供建构理解所需的基础,另一方面要留给学生广阔的建构空间,让他们针对具体情境采用适当的策略。

激进建构主义
强调知识的主观建构,注重个体与其物理环境的相互作用的一种建构主义观。

图 9.3
冯·格拉塞斯菲尔德

信息加工建构主义
在信息加工的范型下,强调知识双向建构的一种建构主义观。

三、认知建构思想的研究共识

学习要求　阐述不同认知建构主义观点的共识。

目前并没有形成统一整合的建构主义的理论,也就是说,具有不同研究背景的学者虽然都使用"建构主义"这一术语,但赋予它的意义存在一些差异。不过在一些关键问题上,大多数关于个体建构的思想还是能达成一些共识。

■（一）关于知识与课程

大多数建构主义观点对知识的客观性和确定性提出了质疑,也就是说：知识并不是对现实的准确表征,它只是一种解释或假设,会随着人类的进步而不断变化,继而出现新的假设;而且,知识并不能对关于世界的法则进行精确的概括,而是需要针对具体情境进行再创造。此外,建构主义认为,虽然能用语言符号的形式来表述知识,但知识仍不可能以实体的形式存在于具体个体之外,这意味着不同学习者对同一知识形式有不同理解。因此,对知识的理解只能由个体学习者在自己的经验背景的基础上建构起来,这取决于特定情境下的学习历程。

建构主义的这种知识观反映在课程上,则提供了这样一个视角:课本知识只是一种关于各种现象的较为可靠的假设,而不是解释现实的"模板",虽然有些科学知识包含真理,但并非绝对正确,只是对现实的一种较为正确的解释而已。因此,在对课程知识的教学上,建构主义认为,习得的知识:并非预先确定的,更非绝对正确;只能以自己的经验、信念为背景;需要在具体情境的复杂变化中不断深化。

■ (二)关于学习

关于学习,不同倾向的建构主义的关注点有所不同,或关心个体与其物理环境的交互,或关心个体与社会环境的相互作用,但它们都把学习看成是建构过程,都以新旧知识经验的相互作用来解释知识建构的机制。因此,大多数建构主义认为,学习是学生建构自己的知识的过程。这一认识表明,学习过程并不是简单的信息输入、存储和提取,而是新旧知识或经验之间的双向的相互作用过程,这主要涉及同化和顺应。

也就是说,在建构新知识的过程中,学生不仅需要从头脑中提取与新知识一致的知识经验,作为同化新知识的固定点,而且要关注到已有的、与当前知识不一致的经验,看到新旧知识之间的冲突,并通过调整来解决这些冲突,有时甚至需要转变原有的观念。因此,一方面,学习不仅是理解和记忆新知识,而且要分析其合理性、有效性,从而形成自己对事物的观点,形成自己的思想;另一方面,学习不仅是新的知识经验的获得,同时还意味着对既有知识经验的改造。

■ (三)关于学生与教师

大多数建构主义者强调,学生并不是空着脑袋走进教室的,他们有在日常生活或先前学习中获得的丰富经验与知识,即使出现一些从未接触过的问题,他们也会从自己的经验背景出发来提出合乎逻辑的假设。同时,由于经验背景的差异,学生对问题的理解常常各不相同,然而在一个学习群体中,这种差异本身便构成了一种宝贵的学习资源。

因此,建构主义的观点大多认为,教师不仅仅是知识的呈现者,更应重视学生自己对各种现象的理解,倾听他们现在的想法,洞察他们这些想法的由来,以此为根据,引导学生丰富或调整自己的理解。有时,教师需要与学生共同针对某些问题进行探索,并在此过程中相互交流和质疑,了解彼此的想法,彼此都作出某些调整。值得注意的是,建构主义虽然侧重个体的自我发展这一特性,但并不取消外部引导(如教师或同伴)对学生学习的影响,有时甚至会突出后一方面的作用等。

■ (四)关于教学

持建构主义观点的研究者大多提倡转变传统教学的重心,把学生自身的努力放在教育的中心地位;学校教育的目的除了使学生掌握各类知识或能力外,还应培养学生的思维和研究能力,并促使他们意识到自身在知识建构中的作用。

具体到教学方法与措施上，建构主义者认为，教师应提供富有挑战性的学习环境和真实任务，让学生面对复杂的学习环境，解决一些真实的、不明确的问题。这是因为真实世界中的问题通常比较复杂，而且有多种解决途径，每一步行动又会带来一系列新的问题。同时，学校教育应该让每个学生都有机会尝试解决复杂的问题，教师可以从旁协助，如提供资源、记录学生的进展情况、指导学生细化分解问题等。

建构主义者还认为，如果学生在学习复杂内容时，仅仅学会了从一个角度理解内容，用一种方法解决问题，就会导致在以后的应用中过分简化问题。例如，在教育心理学课上，教师在介绍"负强化"时举了一个例子，后来在期末考试中要求学生解释"负强化"并举例说明，结果可能发现很多学生举的例子和课上讲的十分相似，并包含了一些错误的概念。因此，课堂教学应该通过多种途径来表征复杂的学习内容，如运用类比、例证和比喻等。此外，重新组织情境，设定不同的学习目标，从不同的角度、以不同的形式来回顾学习内容，将有助于学生从深层次上理解所学内容并有助于知识的应用。

第二节　认知建构下的学习观

认知建构的学习观是在认知观基础上发展起来的学习观。其基本观点是，学习者的学习过程是以自身的知识和经验为基础的主动建构过程，或者说，它是学生在教师创设的问题情境之下，借助已有的背景知识和经验，主动探索、积极交流、相互合作，从而建立新的认知结构的过程。

一、布鲁纳的认知—发现理论

学习要求　阐述布鲁纳的结构主义教育思想。

布鲁纳(Jerome. S. Bruner, 1915—2016)继承和发展了皮亚杰关于认知结构及其发展的基本主张，提出了所谓的"结构主义教育"思想。他认为，知识总是有结构的，是人们对客观事物构造的一种主观模式。合理的知识在于主观模式或者说结构能与客观事物相符，能很好地说明事物。他强调，不论教什么学科，务必要使学生理解该学科的基本结构，也就是该学科的基本概念、基本原理以及它们之间的关联。

例如，数学中的解方程过程，就是把已知数同未知数用方程排列起来，从而使未知数成为可知的一种方法；在求解未知数的过程中，可以运用三个基

认知—发现理论

强调学习者在获得知识时，需要获得相应的认知结构；其方式主要是发现学习。

图 9.4　布鲁纳

本法则：交换律、分配律和结合律。学生一旦掌握了这些基本法则，就能认识到，所要求解的"新"方程式完全不是新的，只不过是一个熟悉题目的变形。所以，在布鲁纳看来，学习结构不过就是学习事物之间的关系，而掌握"学科基本结构"应该是知识学习方面的最低要求。

　　学科的基本结构到底有什么作用呢？其一是把错综复杂的教材内容"简单化"，带来某种经济性效果。如物体的落体运动现象可以用公式来替代，易于理解和记忆。其二是迁移，促使学习者举一反三，扩大对学习内容的理解。其三是学习者理解了学科的基本原理，将有助于学习、记忆其他知识内容，理解可能遇见的其他类似的事物。如图9.5所示。

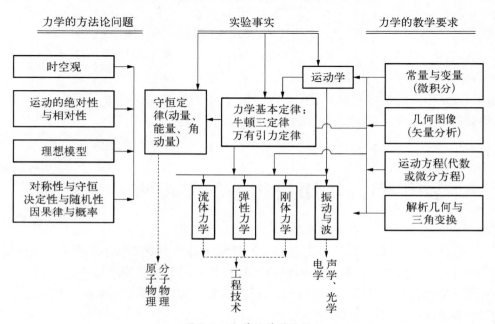

图9.5　力学的学科结构

　　为了组织最佳的知识结构，布鲁纳提出了知识呈现方式的三条组织原则：一是适应性原则，是指学科知识结构的呈现方式必须与不同年龄学生的认知学习模式相适应；二是经济性原则，是指任何学科内容都应该按合理简约的原则进行排列，有利于学生的认知学习；三是有效性原则，是指经过简约的学科知识结构应该有利于学生的学习迁移。

　　上述对知识结构的看法反映在学习上，则体现为，学习的实质在于主动地形成认知结构，其核心是类别编码系统；学习的过程则是一个类别化的信息加工活动，自己主动形成知识的类目编码系统。这一类目化活动，要么根据原有的类目编码系统，把新的信息纳入原有结构，要么形成新的类目编码系统（类似于皮亚杰的"同化"和"顺应"）。此外，布鲁纳认为，学习包括着三种几乎同时发生的过程，即：新知识的获得，知识的转化，知识的评价。这三个过程实际上就是学习者主动地建构新认知结构的过程。

　　更重要的是，布鲁纳认为，人是主动参加获得知识的过程的，是主动对进入感官的信息进行选择、转换、存储和应用的。也就是说，人是积极主动地选择知识的，是记住知识和改造知识的学习者，而不是一个知识的被动的接受者。学习是在原有认知结构的基础上产生的,不管采取怎样的形式,个人的学习都是通过把新得到的信息和原有的认知结构联系起来,去积极地建构新的认知结构的。掌握学科知识的基本结构对于促进学生认知发展具有重大意义,因此,学习最适宜采取发现法,让学生自己去发现知识的基本结构。总之,布鲁纳认为,为了全面掌握信息的结构,学生必须积极主动。也就是说,他们必须自己确认关键信息而不能简单地接受教师的解释。关于发现法,可以详见本书第十七章的内容。

二、奥苏伯尔的有意义言语学习理论

学习要求　解释有意义学习的实质及方式。

■（一）有意义学习

在"第六章　学习的概述"中,我们提到奥苏伯尔也是皮亚杰思想的追随者。他将认知方面的学习分为机械学习与有意义学习两大类。机械学习的实质是形成文字符号的表面联系,学生不理解文字符号的实质,其心理过程是联想。这种学习在两种条件下产生:一种条件是学习材料本身无内在逻辑意义;另一种条件是学习材料本身有逻辑意义,但学生原有认知结构中没有适当的知识基础可以用来同化它们。

图 9.6　奥苏伯尔

与机械学习相比,有意义学习的实质是个体获得有逻辑意义的文字符号的意义,是以符号为代表的新观念与学生认知结构中原有的观念建立实质性的而非人为的联系。所谓实质性联系,指新知识与学习者原有知识网络中的符号、表象、概念、命题建立联系。这种联系是意义联系而非字面联系。所谓非人为联系,指新知识与原有知识的内在联系,而非任意杜撰的联系。所以,与材料的逻辑意义相比,个体获得的心理意义才是重要的。而有意义学习过程就是个体从无意义到获得心理意义的过程。

进一步,奥苏伯尔指出,要成为有意义学习,取决条件是学生能否将新知识与原有认知结构建立实质性联系。如果教师教学得法,并不一定会导致学生机械地接受学习;同样,发现学习也并不一定是保证学生有意义学习的灵丹妙药。如果学生只是机械地记住解决问题的"典型的步骤",而对自己正在做什么、为什么这样做却稀里糊涂,他们也可能得到正确的答案,但这并不比机械学习或机械记忆更有意义。任何学习,只要符合上述两个条件,都是有意义学习。此外,需注意的是,有意义学习与机械学习并不是绝对的,而是处在一个连续体的两个极端上。学校的许多学习,往往处于这两端之间的某一点上。

值得注意,奥苏伯尔的有意义学习与人本主义的意义学习,是有区别的。后者关注的是学习内容与个人之间的关系;前者则强调新旧知识之间的联系,它只涉及理智,而不涉及个人意义。因此,按照罗杰斯的观点,奥苏伯尔的有意义学习只是一种"在颈部以上发生的学习",并不是罗杰斯所指的有意义学习。

■（二）同化学习理论

奥苏伯尔提出知识学习的同化理论。他认为，有意义的学习是以同化方式实现的。所谓同化是指学习者头脑中某种认知结构吸收新的信息；而新的观念被吸收后，使原有的观念发生变化。

新知识与原有知识网络中可以利用的适当观念可以构成三种关系：第一种，原有观念为上位的，新的知识是下位的；第二种，原有观念是下位的，新知识是上位的；第三种，原有观念和新知识是并列的。新旧知识的三种关系就导致了三种形式的学习，即下位学习、上位学习和并列学习。下位学习指新知识被吸纳到原有认知结构之中。上位学习指新知识相对整合性强，是在原有认知结构中的一些具体知识的基础上形成的。并列学习指新知识与原有知识是并列关系，既不是上位也不是下位概念，如图 9.7 所示。

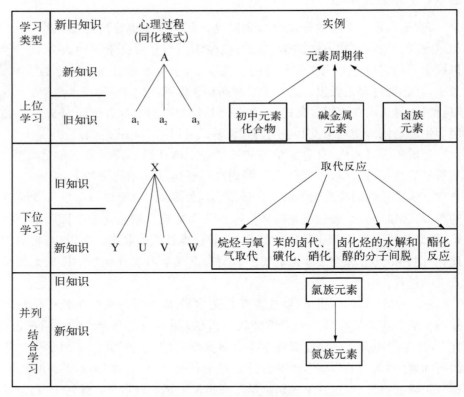

图 9.7　三种同化学习模式

（转引自：孙建新：《新课程下化学课堂教学结构优化的研究》，《辽宁教育行政学院学报》2005 年第 5 期）

值得注意，上位学习、下位学习和并列学习是三种不同的学习形式，这主要是为了讨论的方便，事实上它们之间并不是彼此孤立的，三者之间有着密切的联系，常常体现于同一学习活动之中，只是某些时候以下位学习为主，某些时候以上位学习或并列学习为主罢了。例如,在小学数学学习过程中常是先上位学习后下位学习,如运算法则一般都是先用上位学习从具体计算过程中概括出法则,然后通过下位学习将法则运用于具体计算。在实际学习中,要注意根据具体情况灵活运用几种学习形式,从而促进数学规则的更好掌握。

三、维特洛克的生成学习理论

学习要求　解释生成学习理论关于学习的本质问题。

美国教育心理学家维特罗克(Merlin. C. Wittrock,1931—　)提出生成学习(generative learning),强调学习的本质是学习者的认知结构与环境中接受的信息相互作用并主动建构意义的过程。如图 9.9 所示:

图 9.8　维特罗克

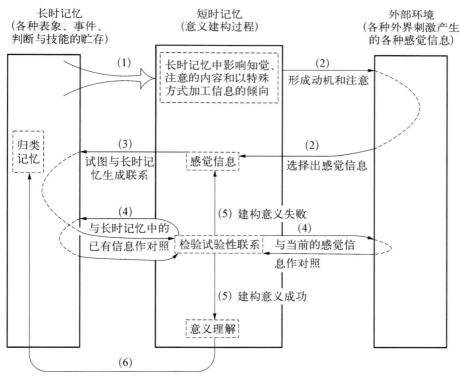

图 9.9　生成学习模型

生成学习

强调学习的本质是学习者的认知结构与环境中接收的信息相互作用并主动建构意义的过程。

从该模型可以看出,学习过程:(1)首先是长时记忆中影响个体知觉和注意的各方面的内容以及以特殊方式加工信息的倾向,进入短时记忆之中,并构成了学习者的动机。(2)个体不仅能注意外来的意想不到的有兴趣的信息,而且也能保持兴趣,主动地去对感觉到的信息进行选择性注意,并将之作为感觉信息暂时储存到短时记忆之中。（3）感觉信息如要生成学习，还看它能否与长时记忆中储存的有关信息建立起某种联系。当然，建立联系的过程是学习者主动进行的。（4）新的意义的建构必须经过与长时记忆中储存的有关信息，以及被感觉的信息进行反复对照、检验。（5）如建构成功，就达到了意义的理解；如建构不成功，则返回到感觉信息；此时，一方面检查来自选择性注意的信息是否真实可靠，另一方面检查从长时记忆中提取的借以与感觉信息建立试验性联系的信息是否合适，另外，还要辨认最初建立联系和主动建构意义的策略有无问题，等等，为再次生成联系和建构意义做出努力。（6）感觉信息达到意义的理解后，也就从短时记忆归属到了长时记忆之中，或同化到原有的认知结构中去或导致长时记忆中原有认知结构的重组和改变。

从这一模型可以看出，人们理解所知觉事物的意义，是与他们先前的经验相结合，即理解总是涉及学习者的认知过程和认知结构。同时，学习是一个主动的过程，学习者对外来信息加工具有主观能动性。大脑不是被动地学习和记录信息，而是主动地建构它对信息的解释，并从中得出结论。此外，学习过程不是从接受感觉信息开始的，而是先从对该感觉信息的选择性注意，即从长时记忆中提取相关知识经验开始的，存在着一个学习准备的环节。

四、斯皮罗的认知灵活性理论

学习要求　解释结构良好领域的知识和结构不良领域的知识；
　　　　　　阐述认知弹性理论的含义。

图 9.10　斯皮罗

认知灵活性理论

一种以案例为基础的学习理论，所关注的是复杂知识的获得与迁移问题。

认知灵活性理论是由美国心理学家斯皮罗（R. J. Spiro）等人提出来的。所谓认知灵活性，是指从不同角度以多种方式重建自己的知识，以便对变化的情境领域做出适当反应。认知灵活性理论是以建构主义学习理论为基础的。建构主义学习理论认为，学习不是学生接受教师所传授的知识，而是学生在原有的知识基础上形成自己的理解，并使原有的知识结构得到改造，并认为个人对知识的理解具有个体差异。由此而强调，学习的实质是学习者通过新旧知识经验之间反复的、双向的相互作用来形成、充实或改造自己的经验体系的过程。以此为出发点，认知灵活性理论认为，要使学生达到灵活运用知识的程度，那种只是记住概念的名称、定义和原理而形成对知识的表层理解是不够的。只有在多侧面呈现知识的条件下，学生才能对知识形成更丰富、更灵活的深层理解。在此基础上，认知灵活性理论提出了结构良好领域知识与结构不良领域知识、初级学习与高级学习以及随机通达教学这一系列具有内在联系的见解和方法，并构成其基本观点。

■ （一）结构良好领域知识与结构不良领域知识

根据知识及其应用的复杂多变程度，斯皮罗把知识划分为结构良好领域（well-structured domain）的知识与结构不良领域（ill-structured domain）的知识。他认为，人们在运用某一种知识解决问题时，经常会出现两种情况：一种情况是所要解决的问题具备明确的已知条件，有清晰的问题表述或者解决者知道问题所在，解决问题的方法有明确的规则，答案也具有确定性，基本上可以直接套用相应的计算公式或法则加以解决。这样的知识就叫作结构良好领域知识。学校的课后习题多为结构良好领域知识问题。另一种情况是在解决现实生活中的许多实际问题时，由于问题的条件具有不明确性，涉及许多知识的相互作用，问题的解决在规则和答案上也具有复杂多样性和开放性，因而，简单套用现成知识和已经学过的方法就不可行，必须在新问题和已有知识经验中建构新的理解方案和解决方案。这样的知识就叫作结构不良领域知识。实际情境中真实的问题和生活中的难题常常是结构不良领域的问题。解决这类问题需要在已有知识经验的基础上对新问题做具体深入的分析，通过运用多种概念、原理及大量经验背景的共同作用来实现。（相关表述也可见第十一章的内容）

■ （二）初级学习与高级学习

按照学习达到的不同深度和水平，斯皮罗将学校学习分为初级学习和高级学习两个阶段。初级学习是指初级知识的获得，处于学习中的低级阶段，所获得的是某种入门性知识。教师只要求学生通过练习和反馈知道一些重要概念和事实，在测验中能够通过背诵、填空、做练习题等方式把学过的知识按原样再现出来。它涉及的是结构良好领域的知识问题。对于初级知识，可以采用传统教学策略，通过大量练习、反馈而熟练地掌握。高级学习是学习中的高级阶段，是指高级知识的获得。它要求学生把握概念的复杂性和具体实例之间的差异性，能够根据具体情况改造和重组自己的知识经验，并广泛而灵活地运用到各种具体情境中。它涉及的是结构不良领域的知识问题。对于高级学习的获得，传统的教学策略是无效的，而应该采用随机通达教学以及情境化、具体化等方式，重点学习知识的综合联系和灵活变通。

第三节　认知建构思想的教学应用

认知建构主义主张学习建立在原有知识和经验的基础上，是通过新旧知识与经验之间的相互作用，不断扩充、精致、改造已有知识和经验的过程。认知建构主义学习观对教育的诸多方面都具有深远的影响和积极的意义，对教育教学具有重大的指导作用。

一、促进认知结构获得的教学

学习要求 举例说明促进概念学习的两种教学方式。

概念是学生在学校学习中获得的一项重要学习结果，是进行其他认知活动的基础"材料"，所以，对概念的教学在学校教育中处于重要地位。下面将介绍两种教授概念的常见方法：样例—规则法（eg-rule method）和规则—样例法（rule-eg method）。

■（一）样例—规则法

样例—规则法
从特殊样例到一般原理的学习或教学。

根据布鲁纳的发现学习思想，学生需要积极主动地学习，样例—规则教学就是体现这一思想的方法。在该过程中，教师呈现样例，学生对这些样例进行分析直到发现样例的内部关系，即客体的结构。也就是说，通过特殊的样例推论出一般的规则。例如，给学生呈现足够多的三角形与非三角形的样例，学生最终能够发现任何三角形所必须具备的特征。以此方式激发学生的归纳推理，就称为样例—规则法。用样例—规则法来教授概念，其中一种教学形式就是概念达成课（concept-attainment Lesson）。

概念达成课旨在帮助学生建构对某一具体概念的理解，并试图培养假设检验这类思维技能。一般来讲，概念达成课包括四种重要成分：正例与反例、相关特征与无关特征、概念的名称以及概念的定义。

样例在概念达成课程中非常重要。在教授复杂的概念时，以及向年龄较小或低能的儿童教授概念时，要利用更多的样例。不论是正例还是反例，对于清楚界定概念类的外延都是必要的，例如，讨论蝙蝠（反例）不是鸟，将有利于学生界定"鸟"这一概念的外延。

确定相关特征与无关特征也是教授概念的另一重要方面。例如，"会飞"并不是"鸟"这一概念的相关特征，事实上许多鸟不会飞（如鸵鸟、企鹅），而另一些非鸟的动物却会飞（如蝙蝠、鼯鼠）。对"鸟"这一概念的讨论必须包括对"会飞"这一特征的讨论，但学生应当理解某一动物具有"会飞"这一特征并不必然说明它就是鸟。

概念的名称对于人与人之间的相互交流相当重要，但需明确，概念的名称仅仅是一个符号或标签，简单掌握该符号并不意味着对概念的理解。例如，许多学生已经能够运用"水果"这一名称，但他们却不理解西红柿也是水果。

定义能够使概念的本质明晰化。完整的定义应当包括两要素：对概念所属的上位概念的说明以及对概念关键特征的界定。例如，水果是一种在其可食部分有籽(关键特征)的食物(上位概念);等边三角形是三边相等、三顶角相等(关键特征)的平面密闭图形(上位概念)。如此来定义有利于将概念置于相关知识的图式之中。

表9.1总结了概念达成课的三步骤:(1)教师呈现正例与反例,学生初步确定概念;(2)教师检查学生的理解;(3)学生总结概念并分析自己的思维策略。

表9.1　概念达成课程的实施步骤

步骤一:呈现样例及确定概念	步骤二:检验概念的达成	步骤三:思维策略的分析
教师呈现标明的样例(标明该样例是正例还是反例); 学生比较正例和反例的特征; 学生概括和检验假设; 学生依据关键特征陈述定义	学生对其他未标明的样例进行判断,回答"是"或"不是"; 教师对学生的假设作反馈,对概念命名、陈述定义	学生描述思维过程; 学生讨论特征和假设的作用; 学生讨论假设的种类和数目

教学之窗

概念达成课的教学实例

为更好地说明概念达成课的执行步骤,可以看下面一个教学实例:

一位小学3年级的教师希望通过一节课使她的学生学习"水果"这一概念,并试图培养学生的思维技能。首先,她向学生介绍说她头脑中有一个观念,希望同学们"指出它是什么"。然后,她在黑板上写下"正例"与"反例",她将一个苹果放在"正例"这边,将一块石头放在"反例"一边,她问道:"我头脑中的观念是什么呢?"第一个学生回答:"是我们吃的东西。"教师在黑板上写下"假设"这个词,在和学生简单探讨了"假设"的含义之后,教师在黑板上补写下"我们吃的东西"。随后,她提出另外两个假设——"活着的东西"和"长在植物上的东西",在和学生对这两个概念进行简短讨论后,她将一个西红柿放在"正例"一边,将一个胡萝卜放在"反例"一边。学生们开始进行活泼生动的假设,甚至有学生将"红色"也作为假设提了出来。在进行更多的正例(如桃子、梨子、橘子)以及反例(如白菜、土豆、莴笋)的讨论之后,学生们将他们的假设缩小至"在其可食部分含籽(核)的食物"。这样学生便建构起水果的概念,并锻炼了思维技能。

概念达成课之所以成为一种有效教授概念的方式,是因为这种教学方式对正例与反例的比较非常有效。在上述教学实例中可以看到,教师从典型的水果样例(苹果)开始,逐步呈现不太典型的水果(西红柿),这些样例显示了"水果"这一类所包含的广泛范围以及无关特征的可变性。这种呈现样例的方式使学生避免将注意力集中在无关特征上(比如颜色、味道、果皮等),防止出现将一些本为水果的食物从"水果"这一类中排除出去的现象,即"欠概括化"现象。另外,适时地呈现反例同样重要。反例同概念的正例很相似,仅仅缺少某一个或几个关键特征。例如,甜土豆和洋葱不是水果,即使甜土豆是甜的、洋葱经常用来做馅饼。呈现反例的作用在于避免将某些非水果的东西归类为水果,即避免"过度概括化"的现象。

■（二）规则—样例法

规则—样例法

从一般原理到具体样例的学习或教学。

在知识构成上，奥苏伯尔赞同布鲁纳关于人类将所学信息组成层级或代码系统的说法，但他将处于层级顶部的一般概念称为"包容者"（subsumer），因其他概念都可被一般概念包容。在学习过程上，两位学者的观点截然相反。奥苏伯尔强调，人类学习以演绎推理的方式而非归纳推理的方式进行，或者说学习是从原理到样例而不是从样例到原理。心理学家将这种使用演绎推理的方法称为规则—样例法。

奥苏伯尔强调有意义言语学习的重要性，即强调言语信息、观念以及观念间的联系应当联结在一起。在他看来，机械记忆不是有意义的学习，通过死记硬背获得的信息并不能与已有信息相联结。在此理论基础上，奥苏伯尔提出解释性教学（expository teaching）模型以促进有意义学习，避免机械接受学习。这种教学方式要求教师提供精心组织的材料，以便使学生以最有效的方式获得最有用的信息。

先行组织者

对于上位概念或背景材料的陈述，有助于介绍或总结随后的信息。

使用解释法进行概念教学主要有三个步骤（如图 9.11 所示）：步骤一，呈现先行组织者，所谓先行组织者是对关系或上位概念所做的介绍性的描述，这种描述通常较为宽泛，包括了即将学到的所有信息。步骤二，依据新旧信息的相似和差异之处以样例方式呈现内容。在学习任何材料之前，不仅应当向学生呈现新信息与已知信息的相似之处，也要呈现两者的差异之处，这样，新旧材料的干扰就可以避免。步骤三，将内容和先行组织者联系起来。

图 9.11　解释性教学的步骤

在解释性教学中，让学生自己提出一些新旧信息相似及差异之处是相当有益的。例如，在语法课上教师可以问："逗号和分号在用法上有什么不同？"在比较的同时，也要向学生提供必要的样例。由于呈现样例是凸显新旧信息相似与差异之处的最有效的方式，所以教师应当呈现一些含有逗号及分号的样句。当所有的材料都呈现之后，教师应当激励学生讨论这些样例如何扩展了已有的先行组织者。

教学之窗

通过解释来教授概念

☞　使用先行组织者

不同学科使用先行组织者的实例：

英国文学课：向学生介绍莎士比亚，将他所处时代的社会理念（比如将国家视为人类机体）作为其戏剧的框架，以此作为学习莎士比亚文学的先行组织者。

社会课：地理位置在一定程度上决定发展中国家或地区的经济，这一理念可作为先行组织者。

历史课：探讨文艺复兴历史时利用的先行组织者，可以是向学生介绍文艺复兴时期的重要理念，即对称、对古典社会的赞美和以人为中心。

☞ 使用大量的样例

数学课：让学生指出他们能在教室里发现的所有的角。

☞ 关注相似及差异之处

历史课：让学生列举美国内战前南北方的相似和差异之处。

生物课：询问学生为何将蜘蛛归类为昆虫，而将蜥蜴归类为爬虫。

二、促进认知过程发展的教学

（一）研究性学习

> **研究性学习**
> 教师提供问题情境，学生通过搜集资料、验证假设来解决问题。

学习要求　解释研究性学习与基于问题的学习的含义；
谈论研究性学习在课堂教学中的应用。

一般来说，研究性学习（inquiry learning）的过程包括以下四个成分：一是形成假设以解释事件或解决问题；二是搜集数据来验证假设；三是得出结论；四是对问题和解决问题的思维过程进行反思。例如，教师在确定了一个学习主题——大气压的作用后，其具体教学步骤为：

首先，教师提供一个新异的现象（在澄清基本原则之后）。教师对着一张纸的上面轻轻吹气，于是纸向上飘起来；然后，教师要求学生找出纸飞起来的原因。

其次，学生通过提问搜集更多的信息，找出相互影响的变量，并验证因果关系。学生问"温度重要吗"（否），"这是一张特殊的纸吗"（否），"大气压与纸的上升有关系吗"（是），"是不是空气导致纸飘起来"（是），"是不是纸上面的空气快速运动导致了气压减小"（是）……然后学生用别的物体（如薄塑料）验证假设。

再次，学生得出一个一般原理："如果物体上面的空气比下面的运动得快，将造成上面的气压减小，从而物体上升。"接下来的课程就是通过进一步的实验来验证或扩充学生对物理原理的理解。

最后，教师引导学生讨论他们的思维过程，提问"哪些变量是重要的?"、"怎么把原因和结果联系起来的?"

值得注意的是,在研究性学习中,学生学会的不仅是知识,更重要的是探究过程本身,如学会如何解决问题、如何评价问题解决的途径以及如何批判性地思考等。当然,教师必须做好准备,组织和监控工作,以保证每个学生真正参与其中。

与研究性学习相比,基于问题的学习(problem-based learning)也侧重培养学生解决问题的能力,但更注重提供真实的问题,并且要求学生以合作探究的方式共同解决。其步骤见表9.2。

表9.2 教师在基于问题的学习中的作用

阶　段	教 师 的 行 为	举　例
第一阶段 引导学生了解问题	说明学习目标,提供必要资源,鼓励学生自己选择解决问题的方法。	在本课题中,教师要求学生分析某一时政问题,以培养学生资料收集的能力。例如,X 国的一艘油船在本国海岸附近沉没,导致大量石油泄漏。教师要求学生分析这一事件的各种可能后果,具体步骤为: 事件发生后,教师搜集了相关的追踪报道并把它们装订成册。为了使学生理解这些新闻报道,教师先做了些铺垫工作,如拿来世界地图、杂志和大百科全书,便于学生查找相关内容。
第二阶段 组织学生学习	指导学生确定与问题相关的学习任务	教师模拟了石油泄漏的过程,激发学生阅读这些报道的兴趣。
第三阶段 协助学生的独立调查和小组调查	鼓励学生搜集恰当的信息,开展实验研究,寻找解释和解决问题的途径。	在学生读完这些文章后,教师让学生思考这一事件的可能后果及补救措施。
第四阶段 形成假设并相互交流	协助学生准备总结报告、录像素材或模型等,鼓励他们相互交流。	学生根据教师提供的资料进行讨论,并进一步收集、阅读其他相关资料或报道。
第五阶段 分析和评估解决问题的过程	引导学生反思调查和解决问题的过程。	学生开始采取实际行动,如设计海报、准备演讲、组织全校的募捐活动等。

教学之窗

研究性学习课题:动物的交流沟通

第一阶段是教师确定课程领域、总问题及学习难点。例如,小学教师把交流沟通作为研究性学习的内容,并提出一个大问题:"人类和动物是如何沟通的? 为什么要进行沟通?"接着对问题做了细化,如"鲸是如何沟通的? 大猩猩是怎样沟通的?"这些细化问题必须经过精心挑选,其目的是引导学生正确地理解"沟通"。在本课题的学习中,理解动物沟通的一个关键点在于生理构造、生存需要及生活环境三者的关系。具体来说,每种动物都有特定的生理构造,如耳朵大有助于寻找食物、吸引配偶和察觉捕食者等；这些结构和功能又与动物的生活环境有关联。因此，教师提出的细化问题，最好能涉及生活在不同环境中、具有不同生理结构和生存策略的动物，并选择一种符合这些要求的典型动物作为探究的对象。

下一个阶段就是让学生参与研究或探讨。学生开展多个轮回的假设、调查、确定沟通模式、报告结果等活动。具体来说，首先，教师可以让学生模仿动物的声音，猜测动物的沟通方式，并让学生交流自己的猜测。接着，调查可分为一手或二手：一手调查是指直接的经历和实验，例如测量蝙蝠耳朵和眼睛的大小，并与蝙蝠的身体大小作比较（使用图片或录像，不是真的蝙蝠）；二手调查是指学生从图书馆或因特网上查找资料，或请教专业人士。然后，学生开始确定动物的沟通模式。最后，学生完成并提交研究结果报告。

■（二）随机通达教学

学习要求　解释随机通达教学的含义；
　　　　　　谈论随机通达教学在课堂教学中的应用。

随机通达教学是由斯皮罗等人提出的适合于高级学习的一种教学方法。他们认为，对同一内容的学习要在不同时间多次进行，每次的情境都是经过改组的，而且目的不同，分别着眼于问题的不同侧面。这种反复绝非为巩固知识、技能而进行的简单重复，因为在各次学习的情境方面会有互不重合的方面，而这将会使学习者对概念知识获得新的理解。

随机通达教学对于结构不良领域高级知识的获得是有效的。随机通达教学强调，教学要避免抽象地讲解概念如何应用，而应该把概念具体应用到实例中，使概念与具体情境联系在一起，形成背景性经验。每个实例都可以用来解释概念的某一方面含义，而且各实例都可能同时涉及其他概念。有时，在与其他实例相比较的情况下，重新考察某个实例可引导学习者产生新的看法。否则，如果对复杂概念和实例进行任何单一解释就会漏掉重要的因素，或者使许多因素及其他因素的关系被隐藏起来，而这些因素或关系在其他背景下或在不同的角度是非常突出或重要的。

在结构不良领域，没有任何单一的图式能涵盖实例的所有东西，更没有任何图式或概念能涵盖广泛范围内的实例。可用的图式或概念越多，利用多种图式或概念涵盖实例复杂性的可能性就越大，使用最合适图式或概念解释结构不良领域中新实例的可能性也越大，为某一个实例找到最佳图式或概念的机会也越多。因此，从单一角度看待概念、现象和实例就是一种严重的过分简化，将会使学习者对概念应用产生片面的、静止的认识，势必会阻碍学习者在新情境中灵活使用所学知识。只有通过对复杂的主题进行非线性的、多维度的学习，才能使学习者认识到结构不良知识的多样性、多种关联性以及对情境的依赖性。

总之，认知灵活性理论强调，教学必须以多种不同的方法组织和教授结构不良知识，促使学习者对结构不良知识进行反复地交叉学习，实现多元表征，培养其认知灵活性，促进迁移，以达到结构不良领域高级知识获得的目标。

教学之窗

美国华盛顿州立大学农学院所作的教改试验(随机通达教学)

美国华盛顿州立大学农学院建立了一个"遗传技术"(Genetic Technique)课程教学改革试验研究组，其目的是以建构主义学习理论为指导，在互联网环境下开发具有动画和超文本控制功能的交互式教学系统，所用的教学方法主要是随机通达教学法。

该教学系统应满足以下要求：帮助学生形成学习动机，可用于学习分子遗传学和生物技术的有关内容。学习重点侧重基本概念、基本原理和变异过程。通过学习，学生不仅能完成所学知识的意义建构，还能实际验证。

该系统的教学过程按以下步骤进行：

1. 确定主题：通过教学目标分析确定本课程的若干主题（即确定与基本概念、基本原理以及遗传变异过程有关的知识内容，例如：细胞结构、染色体的组成、DNA的化学成分和遗传代码以及DNA的复制方式，等等）。

2. 创设情境：创设与分子遗传和生物技术有关的多样化的实际情境（为随机通达教学创造条件）。

3. 独立探索：根据学生的意愿可选学下列不同的主题，在学习某一主题的过程中，学生可随意观看有关这一主题的不同演示，以便于从不同侧面加深对该主题的认识与理解。

① 学习主题1：阅读有关细胞知识及结构的课文，观看有关细胞结构的动画（动态演示）；

② 学习主题2：阅读有关染色体的组成成分及其相互作用的课文，观看相应的动态演示；

③ 学习主题3：阅读有关DNA的化学成分、结构和遗传代码的课文，并观看相应的动态演示（学生可在三维空间中，通过多种不同的变化形式、多侧面地观察、了解、认识DNA的结构成分及遗传特性）；

④ 学习主题4：阅读有关DNA复制（合成）机制、复制方式的课文，并以病毒、微生物和哺乳动物作为模型观看有关DNA复制机制、复制方式的动态演示。

4. 协作学习：在上述独立探索的基础上，开展基于互联网的专题讨论，在讨论过程中教师通过公告板和电子邮件可对学生布置作业、对讨论中的观点加以评判和进行个别辅导。

5. 自我评价：为检验对知识的建构与验证，学生在经过上述学习阶段后应进行自我评价，为此该系统设计了一套自我评价练习：练习内容均经过精心挑选，使之能有效地测试学生对基本概念、基本原理和基本过程的理解。

6. 深化理解：根据自我测试结果，有针对地对薄弱环节作补充学习与练习，以深化与加强对知识的理解与验证的能力。

　　（资料来源：何克抗：《建构主义——革新传统教学的理论基础（上）》，《电化教育研究》1997年第3期。）

教学反思

学完本章后，你可以思考如下知识点：
☞　建构主义学习理论的兴起与共识；
☞　不同建构思想下的学习观；
☞　促进认知结构获得的教学方法；
☞　促进认知过程发展的教学方法。

本章总结

■ 认知建构的研究发展

　　巴特莱特的记忆实验开创了对原有知识经验在学习与记忆活动中作用的科学研究。对个体建构知识过程的探讨，在心理学领域，皮亚杰的思想是一种重要来源。皮亚杰关于儿童如何获得新知识的观点，通常被称为认知建构主义；认知建构主义发展到现在，存在不同的研究取向，如激进建构主义和信息加工建构主义。不同倾向的建构主义观点虽然在研究视角、使用术语等方面有所不同，但在知识与课程、学习、学生与教师、教学等方面存有一些共识。

■ 认知建构的学习观

　　布鲁纳提出了"结构主义教育"思想。不论教什么学科，务必要使学生理解该学科的基本结构，也就是该学科的基本概念、基本原理以及它们之间的关联。奥苏伯尔将认知方面的学习分为机械的学习与有意义的学习两大类；其中，有意义学习的实质是个体获得有逻辑意义的文字符号的心理意义；他提出知识学习的同化理论，包括上位学习、下位学习和并列结合学习三种形式。维特罗克提出生成学习，强调学习的本质是学习者的认知结构与在环境中接收的信息相互作用并主动建构意义的过程。斯皮罗等人提出了认知灵活性理论，注重阐释结构不良领域高级知识的建构过程，也就是知识在不同情境中的应用过程。

■ 认知建构思想的教学应用

　　针对个体建构中的认知结构，常见方法有样例—规则法和规则—样例法。前一方法即通过呈现一系列样例，学生借助归纳推理方式，发现其中的规则。后一方法先呈现规则,然后教师提供特定例子,学生通过演绎推理方式来理解此类知识。针对个体建构的认知过程是研究性学习,其过程包括四个成分:形成假设以解释事件或解决问题;搜集数据来验证假设;得出结论;对问题和解决问题的思维过程进行反思。也可以就是随机通达教学,强调教学把概念具体到一定的实例中,使概念的意义与具体情境联系在一起,形成背景性经验。

重要概念

认知建构主义　激进建构主义　信息加工建构主义　认知—发现理论　同化学习理论　生成学习　认知灵活性理论　样例—规则法　规则—样例法　先行组织者　研究性学习　随机通达教学

参考文献

1. 陈玉琨、程振响著:《研究性学习概论》,少年儿童出版社 2002 年版。

2. 郑毓信、梁贯成编著:《认知科学、建构主义与数学教育》,上海教育出版社 1998 年版。

3. [美]戴尔. H. 申克著,韦小满等译:《学习理论:教育的视角》,江苏教育出版社 2009 年版。

4. [美]莱斯利·P·斯特弗、[美]杰里·盖尔主编,高文等译:《教育中的建构主义》,华东师范大学出版社 2002 年版。

5. [美]罗伯特·斯莱文著,姚梅林等译:《教育心理学理论与实践》,人民邮电出版社 2004 年版。

6. Duffy, T. M., & Jonassen, D. H. (1992). Constructiuism and the technology of instruction: A conversation. Lawrence Erlbaum Associates, 365. Broadway. Hillsdale. NJ 07642.

7. Duncan, R. M. (1995). Piaget and Vygotsky revisited: Dialogue or assimilation?. *Developmental Review*, 15(4), 458–472.

8. Phillips, D. C. (1995). The good, the bad, and the ugly: The many faces of constructivism. *Educational researcher*, 24(7), 5–12.

9. Steffe, L. P., & Gale, J. E. (Eds.). (1995). *Constructivism in education*. Hillsdale, NJ: Lawrence Erlbaum.

10. Vermunt, J. D. (2011). The regulation of constructive learning processes. *British journal of educational psychology*, 68(2), 149–171.

扫一扫二维码获取心
理学、教育学考研同
步真题及参考答案

扫一扫二维码获取同
步练习题及参考答案

第十章
学习的社会文化观

引　言

　　与注重个体建构知识不同,另一些建构主义则从社会层面,即人—人互动角度来思考个体的学习建构过程。这一研究取向可以追溯到维果茨基的社会文化理论。近年来,研究者逐渐关注影响学习的两个重要条件——社会因素和文化因素,特别关注个体如何通过各类互动活动来学习。与认知观大多关注个体学习活动不同,社会文化观更关注某个特定社会环境中的学习活动,注重知识、学习和教学的社会性和情境性。本章将重点阐述社会文化研究下的学习观,以及它们对教学的影响。

　　学完本章后,你应该能够:

☞　理解社会文化研究关于学习者、学习过程及学习条件的观点;

☞　理解学习的社会文化多样性;

☞　阐述合作学习的实质以及合作学习的方式;

☞　阐述在教学过程中如何实施教学对话;

☞　阐述认知师徒法的特点以及如何成功实施互惠教学。

教学设疑

　　陈老师在教授"日本明治维新"一课中,设计了一个讨论题:1853—1854 年美国海军入侵,日本在未做武装反抗的情况下签订了不平等条约。然而,日本却没有像中国一样沦为半殖民地社会,而是发展成为亚洲强国。你能找出其中的原因吗? 教师规定了讨论时间,并要求每组选派一人发表见解。

　　在教学过程中,陈老师发现,在学生叽叽喳喳讨论、热热闹闹活动的背后,是没有组织、没有纪律、犹如一盘散沙的争吵。有的小组为谁先发言而吵闹;有的小组为挑选小组长而互相推辞;还有的小组成员似乎忘记了自己的任务,在眉飞色舞地闲聊。讨论时间眨眼而过,此时,各个小组又为谁先发言而开始了争吵。陈老师只好使劲敲桌子,点名发言。

　　如果你是陈老师,请思考:

☞　为什么会出现这样的问题?

☞　在这类活动中,教师应该起什么作用?

☞　如何修改你的教学设计?

☞　如何引导学生与学生之间的讨论,提高合作效率?

☞　如何促进学生的学习,探究问题解决的方法?

视频

学习的社会文化观

第一节　社会情境下的学习活动

如今，提起社会文化研究与教育心理学的关系，必然要追溯到维果茨基的社会文化理论。该思想根植于注重集体主义的社会政治环境（苏联），却"鬼使神差"地流传到对立社会意识形态、注重个人主义文化的国度（美国），并对西方的心理学发展影响颇大。看上去不解，实质上这与当今注重多元文化、强调特定群体个性主张的潮流思想暗合。与其他关注社会文化的心理学、教育学甚至是社会学理论一起，其中关于学习活动的诠释，是学习理论的一次解放，因此不能不说，这是百多年来教育心理学的一次重要变革。

一、学习活动的社会根源

学习要求　简述维果茨基社会文化学派的理论观点；

简述米德实用主义学派的理论观点；

简述批判的后现代学派的理论观点。

■（一）维果茨基的社会文化学派：基于文化的学习

维果茨基社会文化学派始于苏联学者维果茨基和鲁利亚的研究，后经其他苏联社会文化心理学家和理论学家的努力而发展壮大，如列昂捷夫的工作。

维果茨基学派认为，人的社会建构主要通过与他人互动来完成。具体来说，在人的社会性形成过程中，要获得自我表达与自我参照等能力，但更重要是掌握这些能力所需的心理工具与言语技巧。例如，当婴儿有某种意愿时，成人或年长儿童就以一定的方式帮助他表达或做出反应，教授这个社会的言语表达与物品名称。如此下去，原本混乱无序的心智活动就会逐渐发展成为具有一定结构模式的成熟心智活动。可见，在社会提供帮助的前提下，儿童的心理工具与言语技巧逐渐发展，并促使他能在这个世界上独立进行活动与感知。从维果茨基的观点来看，通过言语活动这一重要工具，人就成为独立的心理个体，能对社会符号进行描述，并且可以对他们自己的内部加工做出解释。

在普遍意义上，维果茨基和鲁利亚根据是否制造和使用工具，将人类与其他动物区分开来。他们认为，工具的制造和使用，改变了人类的生存地位和心理构成。不仅仅是物质工具（如耙子和器具）的产生，更重要的是社会实践与语言（"工具中的工具"）的产生。这些工具作为一种中介，存在于个体的活动、目标与任务之中。在这种观点下，文化包含了社会个体在历史发展过程中所创造的所有物质与社会实践。因此，在他们看来，人类的种系发展、历史演变和个体发展，都离不开我们祖先工具的使用、人类历史中劳动和符号中介的产生以及在社会文化背景下个体言语技能的获得。

应当指出,与起源于皮亚杰理论思想的认知建构主义一样,维果茨基的社会文化理论是另一取向——社会文化建构——的源泉;维果茨基虽然与皮亚杰一样,将知识和学习视为外部环境与主体相互作用的结果,但他更重视社会互动和文化情境在学习中的作用。也就是说,个体在社会文化背景下,主动建构自己的认识与知识。在此基础上,如今发展出社会建构主义、社会文化认知观、社会建构论的思想。

社会建构主义强调知识不仅通过个体与物理环境的相互作用,而且通过社会性的相互作用来建构。其中,知识分为两类:"自下而上的知识"和"自上而下的知识"。"自下而上的知识"就是学习者在自己的日常生活、交往和游戏等活动中形成的大量个体经验,经由具体水平向高级水平的发展,走向以语言实现的概括。而"自上而下的知识"是在人类的社会实践活动中形成的公共文化知识,以语言符号的形式在个体的学习活动中出现,由概括向具体经验领域发展。社会建构主义认为,儿童知识经验发展的基本途径就是,在与成人或比他稍成熟的社会成员的交往活动(特别是教学活动)中,依靠他们的帮助,解决自己还不能独立解决的问题,理解体现在成人身上的"自上而下的知识",并以自己已有的知识为基础获得新知识的意义,从而把"最近发展区"变成现实的发展。

与社会建构主义相似,社会文化认知观将学习视为一种建构过程,关注学习的社会性,但它更为注重知识(或学习)与文化、历史和风俗习惯背景的密切联系,强调知识的主要来源是不同的社会实践活动。也就是说,在一定的社会交往、社会规范、社会文化产品等的背景下,个体以自己原有的知识经验为基础,通过一系列的活动,解决出现的各种问题,最终达到活动的目标。社会文化认知观特别指出,学习应该像实际活动一样展开,在为达到某种目标而进行的实际活动中解决遇到的实际问题,从而学习某种知识。学生在问题的提出及解决中都处于主动地位,而且在此过程中可以获得一定的外部支持。

与社会建构主义和社会文化认知观相比,社会建构论更强调社会对个体发展的影响,比前两者走得更远。该理论将社会置于个体之上,在大社会层面而不是在心理水平上,研究社会交往对个体学习的影响。社会建构论认为,知识根本不存在于个体内部,它属于社会,并以文本的形式存在,而所有的人都以自己的方式来解释文本的意义。社会建构论关注人际之间语言的交流,将谈话视为人们形成新意义、发现已有意义符号的心理工具,并且正是这些谈话方式组成了人类的经验。

■（二）米德的实用主义学派：由外而内的学习

米德实用主义学派的旗手是米德;该思想肇始于美国早期实用主义学者,如詹姆斯、鲍德温和杜威等人,后来由社会符号互动主义者对学派思想进行了诠释与说明。如今,这个学派的思想深刻影响着心理学、教育心理学、数学教育研究等领域。

美国心理学家米德(George. H. Mead, 1863—1931)认为,个体在与他人的互动过程中,其行为同时指向自己。具体来说,虽然同为社会文化观,同样都关注社会文化背景以及个体之间的互动,但与维果茨基倾向将个体看成是社会文化背景下物质世界的延伸的观点所不同,米

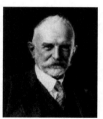

图 10.1 米德

德学派赋予个体在自己发展过程中更多自主权,更关注个体活动中突显出来的自我主体性。当然,人类集体活动也非常重要,不仅是分享经验,而是建立一个个群体从而使个体成为社会的人。此外,米德认为,智力和反省能力的发展,虽然是人类生物进化的产物,但只有在社会背景下,才能体现它的价值和重要性,因此也是社会进化、社会经验和行为发展的产物。

同样,米德认为,思维与物质世界不可分离。思维是个体内部的言语活动,这可追溯到孩提时期。那时,儿童通过符号使用、玩耍、角色扮演和游戏等活动,学会将自己的立场与他人的立场进行区分,其谈话与思维行为也逐渐受到自我意识指导。到了成人期,随着思维与自我意识的发展或成熟,个体的心理与自我逐渐独立。值得注意,只有在开始使用语言进行符号性社会互动时,个体的心理与自我才能在头脑中进行私密的内部交谈。所以,自我与心理是个体内部的言语交谈、动作和社会实践的过程;个体发展过程是作为社会过程的动态组成部分,不独立于世界,而是在世界中发展起来并作用于世界。

■ (三) 批判的后现代学派:凸显个性的学习

批判的后现代学派可以追溯到海德格尔和马克思,并通过解释学家、后建构主义者、批评理论家、后现代主义学者、后殖民主义学家、女权主义者以及新马克思主义者等人的努力发展起来。如今,这个学派同样影响着教育与心理学研究。

关于人的心理活动,主流心理学家大多认为,个体独立于社会与群体,有自己的动机与目标,且只要努力就可以达到目标;个体的生存状态是超越历史的、永恒的和普遍的,正是这样才形成了所生活世界中的能力与知识。而后现代派学者则试图打破个体与社会之间的障碍,进而将视角放在社会和群体上。他们认为,个体的心理活动,如人格、情绪、认知和思维等,并非发生于个体,而是一种社会分享,发生于不同情境个体之间的互动。

在更广的意义上,此学派的社会文化工作致力于开辟一条社会与教育的发展新径,响应不断发展的真实性参与理论和实践,以超越社会阶级、性别、种族、伦理和性取向的人为界限。采取批判性视角来分析社会文化研究的学者,通过解构二元论思想,即那些边缘化某个群体、思想和实践的思想,进而希望可以根除各类歧视与压制。在这种背景之下,教育被赋予权威,成为了这场解放与革新的工具。

所以,后现代派学者尝试着运用诸如激进的后建构主义等一些思想,以此来教育学生成为社会的主体,如提出在后现代时代应当"教自由"。在教育和教育心理学领域中,后现代派学者要求重新审查构成教育事业的价值观、假设和实践活动,特别是要考虑到社会的、文化的和历史的资源以及结果。值得注意,后现代主义的教育心理观念众说纷纭,且还没有坚实的实践基础。在此情况下,来自此学派的激进思想与看法,仍然还需要与某些教育认识相联系,如教育的作用是提升个人、知识与进步。

在上述三个学派中,社会文化学派重视人与社会的互动,以及心理工具在人的心理发展中的重要性。实证主义思想更关注个体在社会活动中的主体性。后现代主义涵盖了较大范围的研究,彼此又各不协调,其中某些分支,如许多解释学者、女权主义者、社会建构主义者等,包含了过于激进的文化相对主义和知识怀疑论的思想,这对教育改革与研究产生了不利影响。尽管如此,上述三个分支,大多认可个体(知识)是社会建构的这一观点,并突出人的学习发展离不开具体社会、文化等情境,都是朝着人的社会性这一主要研究方向而发展。

二、学习的社会文化观要义

学习要求 简述社会文化理论关于学生、学习过程及学习条件的观点。

■（一）关于学生

学生的成长,其途径是通过积极参与认识众多社会文化制品(artifacts)和习俗(practices)。在这一过程中,制品是人为制造的各类物品,习俗是各种习惯的活动程序或行为方式。以"语言"这一特殊文化制品为例,一旦获得,就将转换儿童的能力与行为。通过语言,儿童就能与他人一起从事互为主体的活动,学习自己文化的交流习惯。由于语言符号具有主体间性和思想性,所以当儿童学会按成人方式来使用各个字词和语言形式时,他们就懂得同样的客体和事件可有多种解释,这依不同观点和交流目的而定。

> **制品**
> 是人为制造的各类物品。

从这一观点出发,个体发展就是人接受所处文化中各类制品和习俗的过程,其途径是自己在社会文化环境和生物物理环境中的活动或互动。具体到正规教育,学习者就是教育环境和文化环境中的积极参与者,逐渐从"新来者"向"老资格"转变;他们不断变化的知识、技能和话语,也成为习俗社群的一部分内容。所谓习俗社群,就是具有共同的习惯活动程序或行为方式的群体。

> **习俗**
> 是各种习惯的活动程序或行为方式。

同样重要的是,在学习者成为完全的社会文化参与者之后,正因为他们的行为,作为习俗社群的学校和教育系统得以不断发展与繁荣。那么,在特定的社会文化环境中,学习者如何来从事参与活动呢? 其中一种方式是采用,即将社会文化环境中的制品和习俗"拿过来",用于自己的活动或与他人的互动之中。

在一个研究中,成人向儿童介绍一根弯曲的管子,并扔东西入内。一种情形是,成人逐个扔球,并在扔某个特殊东西时口念"现在,魔迪";另一种情形是,先用这个东西做个事情,然后用另一个东西做事情,最后将东西扔入管子,并口念"现在,魔迪"。于是,儿童在这两种社会交流场景下,立即学会用"魔迪"这一词语,但是以两种截然不同的方式:在前一情形中,"魔迪"只与扔特定东西相联系;在后一情形中,"魔迪"与扔任何东西相联系。

在另一个研究中,幼儿与伙伴一起合作,之后要求回忆哪个伙伴做了哪些事情。结果,儿童多数回忆自己与他人都做过的事情。这表明幼儿采用了他人行为,并将之运用到自己当前或将来的活动之中。研究发现,幼儿园儿童即使在最初教学事件已经过去数周之后,还能模仿教师在教学情境中的角色;进一步,这个年龄阶段的儿童不仅采用某些行为来作用于他人,还能够运用这些行为于自己,作为帮助自己学习的一种手段。

可见,学习者通过与他人一起的积极参与活动,在社会环境中所采用的不仅是字词或特定行为,而且是整个对话内容、对话关系和对话目的。尤其在学习者面临某些任务困难之时,他们通过积极参与活动,采用某个教学环境和社会文化环境中的特殊内容、策略和认识。应当指出,采用语言符号以及其他对话制品,这贯穿在学习者不断的参与活动之中。正因为此,所有的社会文化观都认为,在社会文化环境中的积极参与活动,成就了学生本身。

上述研究证明,学习者的认识在一定程度上建立在他们自己积极参与认识所处社会文化的传统及变化的习俗基础之上。在学校教育中,知识不仅是特定社会认为自身再创造的基石,而且是塑造那些有助于社会再创造和延续之能人的必备。知识的形成,来自学生参与的课堂互动习俗活动,后者或隐或显地体现了特定的文化、社会、政治、道德、心理的活动和知识。

■（二）关于学习过程

图 10.2　科尔

学习"发生在一些有意义的参与轨迹之上,后者又处于特定社会活动之中"(Lave & Wenger, 1991)。根据这一认识,社会文化研究大多关注学习者在学习社群中随时间而变化的参与活动,以及通过参与活动而展现的发展轨迹。

那么,如何来描绘这种发展轨迹呢? 美国心理学家科尔教授(Michael Cole, 1938—)等人创设了一种迷你文化——"第五维度",这是一系列以计算机为中介的教育活动和游戏,其参与者为儿童(6—12岁)、大学生和研究人员。在"第五维度"中,包括各类制品,如计算机、电脑游戏和活动,以及各种习俗、仪式;更重要的是,还包括各种特定的社会关系,如儿童与大学生之间、大学生与研究人员之间;这些关系以该迷你文化的制品和习俗为中介。

在"第五维度"中,学习者的参与活动,可以体现在与各类文化制品之间中介互动的发展轨迹之上。首先是定向阶段,诸如计算机和电脑游戏等文化制品,仅被认为是一些实际存在之物;其次是工具阶段,制品被视为用来执行有目的行为的手段或中介工具;最后是反思阶段,学习者开始从文化系统角度来思考各类制品及其所起的作用。从文化适应的角度,这三个阶段可以解释为知识获得过程,具体涉及与制品之间互动方式的角色变化、演变甚至是转化。

更为重要的是,学习者的参与活动,还体现在与更成熟、有经验的成人之间中介互动的发展轨迹之上。在"第五维度"中,最重要的社会关系是游戏新手(儿童)与老手(大学生)之间的关系,他们之间的互动,充分体现了维果茨基"最近发展区"的思想。此时的活动标准要求是,只要新手能享受这些过程,并能有效参与到"第五维度"的活动之中,他们就尽可能少地接受教学指导。按照这一要求行事的参与活动,将极大促使新手积极学习这个迷你社会的各类制品和习俗。

举例来说,老手对新手参与活动的支持,不仅建立在自己对"第五维度"理解的基础之上,也建立在新手已有能力和当前参与水平的基础之上。在面对较难解决的问题时,老手亲自上阵,新手在一旁观察;在能力所及的范畴内,老手提供指导,新手亦步亦趋;在多数障碍已经扫除时,老手袖手旁观,新手自我操作。进退维谷之间,新手渐渐熟悉了这个迷你文化中的各类制品和习俗,提高了自己的能力。

具体在正规教育环境中,学习过程就被认为是社会文化参与过程的延伸。同时,学习(教学)过程就是为了确保儿童青少年获得知识、能力与个性,以及相应的公民道德和个人责任。在这一意义上,教育就是某个社会文化中习俗社群的"学徒活动",即向新人或门外汉逐步展示各类再现、转换和变化的习俗活动。与人类其他活动相比,正规教育额外提供了众多教学制品和教学组织,体现了该教育系统及学校所置身的特定社会文化历史。在学校里,学生参与集体活动,沉浸于特定社会文化与教育之传统规定的知识习俗和内容之中。

另外,学生进入学校成为班级一员,就要依各类或明或隐的规则条例来行事。他们要积极参与到教学过程和课堂活动中,采用自己社会文化环境和教育环境中存在的各类形式、结构与策略,熟悉社会文化制品和习俗。通过这样的学习活动,学生越来越像成人一样来应对这个社会文化中的问题,而学校教育中各类习俗社群就越来越像所处文化中成人的习俗社群。

■(三)关于学习的条件

在学校教育环境下,最基本的教育挑战,就是将社会文化规定的知识要求与学习者的兴趣和能力(早年在家庭和游戏场所中形成)融合一起。教育者必须安排各种适合学习者当前能力和兴趣的教学条件,从而促使他们能积极参与其中。这些条件包括教师行为,教学材料、活动的选择与运用,学习与教学发生的社会场景,等等。进一步,这些条件不仅要使学生从课堂学习经验中充分受益,而且要与之后的公民职责、民主参与等活动发生场景联系起来。所谓充分受益,是指获取每个当前时刻之当前经验的充分意义,为学习者将来成为社会一员提供准备。当然,这样的(意义)获得,不单是学习者个体经验的累积,更是学习者在特定材料、观点、实践、问题以及特殊教育环境下的学习过程。

其中,社会文化制品的影响不可忽略。一项研究发现,美国学生采用的历史叙事,视国家进步来自个人成就,且较少认可社会习俗对个体行为的影响,因此不会让学生意识到由特定历史事件和历史文化习俗所导致的个体经验和群体经验的多样性;与此相比,北爱尔兰学生不大可能认为个人行为会引发历史变化,或将变化等同于进步。可见,历史叙事这一文化制品影响着学生的历史思维以及对自己与他人关系的认识。这种影响,既给出线索(affordances)又加以限制(constraints)。

对学习活动的影响,还离不开社会文化环境中他人的影响,如教师和父母。在一项研究中,美国学生的算术学习是脱节的,表现为最初对个位数的认识,并没有成为之后"数位"(place value)概念获得的基础,其原因在于美国父母和教师认为数位概念具有相当的难度,因此直到二年级才开始介绍。相比较而言,我国台湾地区的教师和父母认为数位概念并不难,在幼儿园里就可以引介,因此,台湾地区学生没有学习障碍,并从每天课堂互动中采用这些数位概念。可以看出,这个研究表明,学习(教学)过程与习俗体现了自身所处社会文化的认识和习俗,如关于数学领域知识的实质,以及这些知识如何组织并成为一体的认知和习俗。

第二节　文化多样性下的学习活动

学习从本质上是社会的,与特定的文化情境不可分割。社会互动、文化和活动等塑造了个体的发展和学习。那么这个社会环境具有什么特点呢?其中的教育方式如何? 其中的学生差异如何? 本节将回答这些问题。

一、生态系统理论

生态系统理论

对环境的各个复杂层面做了界定,如微观系统、中间系统、外部系统、宏观系统、时间系统等,且阐释了影响着个体发展的层面内部各个结构的相互作用以及层面之间各个结构的相互作用。

学习要求　阐述生态系统理论及其对教育的含义。

图 10.3
布鲁芬本纳

个体自身生长发育、成长家庭和社区环境以及社会文化背景,都对其发展起到了促进与导向作用。如要研究儿童发展,不应仅只关注儿童自身以及其直接的生存环境,同时也应关注更大环境系统中各个因素的相互作用。为此,美国学者布鲁芬本纳(Urie. Bronfenbrenner, 1917—2005)提出了"生态系统理论"(ecological systems theory)。该理论对环境的各个复杂层面做了界定,并认为每一个层面都影响着个体发展,每一层面内部的变化或矛盾都会波及到其他各个层面,因此,层面内部各个结构的相互作用以及层面之间各个结构的相互作用是这个理论的核心。为了强调儿童自身的生物环境也对儿童的发展起到了加速作用,由此这个理论最近更名为"生物生态系统理论"(bioecological systems theory)。该生态系统理论包含着五个层面,即微观系统、中间系统、外部系统、宏观系统、时间系统,如图 10.4 所示。

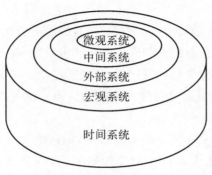

图 10.4　生态系统的五个层面

　　微观系统最接近儿童。其中的结构有课堂、家庭、同伴、学校、邻居等,与儿童发生直接相互作用。这个微观系统还包括了儿童与其直接环境的各个联系与相互作用。在这个层面上,各个因素的影响有两个作用方向——指向儿童和指向环境。例如,父母可能对儿童的信仰和行为产生影响,反过来儿童也会影响其父母的信仰与行为,这被称为双向作用。在微观系统中,双向作用力量很强大,对儿童发展产生最直接有力的影响。

　　中间系统包含了儿童微观系统中的各个结构的相互作用,例如教师与父母之间的联系,或者同伴与邻里之间的联系等。

　　外部系统是更大的社会系统。这个层面的结构,如父母的工作计划或者社区提供的家庭资源支持等,通过与微观系统中的一些结构相互作用来影响儿童的发展。儿童虽然并不直接涉及这个层面,但仍然会感觉到来自这个层面的积极或者消极的作用。

　　宏观系统没有明确的框架结构,处于环境系统最外面,包括文化价值观、习俗以及法律等。存在于这个系统中的一些普遍法则,会对其他层面的相互作用产生间接的影响。例如,如果社会文化观念认为父母应该独立抚养子女,那么这个社会将提供较少的资源来帮助父母;这会影响到父母所生存的环境结构,进而父母能否独立承担抚养儿童的责任也会影响到儿童生存的微环境。

　　时间系统涉及儿童发展的环境系统中的各类时间维度。这个环境系统中的因素可以是外显的,如学校开学的时间,或者是内隐,如随着儿童成长的生理发展。当儿童年龄越大,他们将会对环境变化产生不同的反应,同时也会对环境对他们自身的作用方式产生更大的影响力。

二、多元文化教育

学习要求　阐述多元文化教育思想及其所包含的教育方法。

　　文化是一个包括面很广的概念,是指某个社会或在某个社会的亚群体中的特征,包括价值、信仰、对可能接受和不可接受行为的观点,以及群体都认为是"正确的"等其他社会观念。如在学校教育中,存在教师群体(比如,小学教师或中学教师)、学生群体(比如,成绩优异者或成绩较差者)、年龄群体(比如,学前儿童或中学生)、语言群体(比如,说英语的或说汉语的)。

　　学生无论身处何种家庭或何种归属群体,都必须遵守群体文化的规则,任何差异都是具有威胁性且不被接受的。在文化多元主义中,每种文化都有其独特的内部协调性、完整性和逻辑性。没有一种文化天生就优于或差于其他文化,所有人在某种程度上都是被文化束缚的。

　　从多元文化的角度出发,教师可以换一种视角来观察学习和教学活动。例如,关于学习,考虑学生的背景、经验或"学生把什么带入课堂",既包括他们的认知特征,也包括他们的情感和心理动作学习特点,以促进不同文化背景的学生间对话。再如,关于教学,应该是长期持续的过程,而不是短期的事件,它不可能在一夜之间实现;应该把许多资源(比如书面材料、特邀专家)都纳入到探索多元主义和吸引当地学生的课堂中;针对国际历史和文化中的社会问题,鼓励探讨和理解压迫、不平等的问题。

在多元化教育思想下,可以采用形式各异的教育方法。如注重人际关系的方法,强调培养学生积极的自我概念,学会了解人与人之间的相似性和差异性,以及学会各种人际关系技能。如侧重体验文化的方法,其典型例子是听音乐,吃民族风味的食品,穿民族服装;一年只有一次到两次,或者在特殊日子,或每年的特殊月份才研究这些多元化的个体。还有理解文化的方法,如通过阅读多元文化文献、了解多种言语和不同文化的个体,学习不同文化的贡献和特征。在这类活动中,教师要注意,指导学生处理社会中不平等、歧视和不公正等问题,培养学生问题解决技能和批判思维,鼓励学生寻找社会结构的改变,保持对家庭文化的自豪感,同时也适应更大的共享文化。

针对不同文化背景的学生,有研究者提出了三个步骤:第一是教师观察/辨认学生的特点。第二是从三个角度来审视这些特点,即:是否提示了教师应该使用的教学材料(内容角度)? 是否提示了教师应该在课堂上创设的身体或心理背景(背景)? 是否提示了教师应该使用的教学方法(途径)? 第三是教师口述或写下新的教学策略。表 10.1 列出了一份简单的课程计划。

表 10.1　多元文化课程计划举例

科目:社会研究　级别:五年级　主题:新加坡
先行组织者:玛雅·安吉罗的诗歌《人类家庭》
目标:
1. 学生能够理解族群对新加坡发展的影响
2. 学会能够探讨民族传统是新加坡生活的一部分
3. 学生能够更多了解新加坡的种族区域的名字及其标志
过程:
　　给学生介绍族群的定义。把班级分成以下不同的群体:华人、马来人、印度人和欧亚人。发放有关族群的研究材料。让各组回答下列问题:
　　1. 每个族群把哪些传统带入了新加坡? 这些传统来自哪里?
　　2. 不同族群的传统如何成为新加坡生活的一部分?
　　3. 为什么不同族群保持一些本土风俗是很重要的?
　　4. 分享民族风俗和传统是否可以使人们更亲近? 如果是,该怎样分享? 如果不是,为什么?
　　5. 在新加坡,哪些标志、马路、公园等是以不同族群的人来命名的?
　　6. 哪些族群负责新加坡的早期发展? 这些群体为发展做出了哪些贡献?
活动:
　　学生根据他们采集的信息准备报告。各个合作小组分别在全班同学面前作报告,然后进一步开展小组讨论和全班讨论。
材料:
　　各种参考材料(例如:书、录像、人造物品、照片)陈列在教室中,其他材料可以从学校和公共图书馆以及实地考察中获得。

第三节　促进社会互动的教学方法

社会文化研究注重人际互动在学习过程中的作用,这体现在课堂教学中,主要有两种互动:学生之间的互动,教师与学生之间的互动。学生之间的互动主要是合作学习(cooperative learning),特点是思想之间的碰撞与反思;教师与学生之间的互动主要是教师与学生之间的关系认识,如教学对话(instructional discourse),以及在不同学习阶段中教师作用的变化,如认知师徒(cognitive apprentice)。

一、促进学生之间互动的教学方法

■ (一)合作学习的原理

学习要求　讨论如何创设合作学习小组。

> **合作学习**
> 由几个能力不同的学生组成小组共同学习,并强调学生之间的互动。

在教学过程中,某些活动可以放在小组中进行,以激发大多数学生的学习兴趣。例如,让学生一起调查民众对新建购物中心(方便购物但造成交通拥挤)的支持程度,或一起调查社区妇女对家庭生活的满意度等。与小组学习类似,合作学习也是把学生分成一个个小组,但它还涉及如何互动这一问题。在实际教学情境中,小组学习大多只是几个学生围在一起学习——他们之间可能有合作也可能没有。从本质上说,合作学习有别于小组学习。

为了使合作学习小组真正发挥作用,教师必须注重:面对面的互动,学生围坐在一起,进行面对面的沟通交流;良性的内部依赖,让学生体验到自己需要同伴的支持、解释和指导;各成员的职责,一开始小组成员共同合作、相互帮助,但最终必须能够独立学习,个人都要承担学习的职责;合作技能,如提出建设性的反馈意见、达成共识、发动所有成员参与等技能;成员监控,小组成员要监控活动和人际关系,以保证小组富有成效地工作。

一般来说,合作性小组的规模取决于学习的目标。如果目标是让成员练习或复习所学内容,则4—6名学生一组为宜。但如果目标是让每个学生参与讨论、解决问题或进行计算机操作,则2—4人一组为宜。在实践中,合作学习的效果依赖于成员以及他们的活动。如果学生提出疑问、得到解答并尝试解释,那么在此过程中他们可能就学会了新内容;如果学生有问题不提,或提了问题没人回答,或不参与小组讨论,他们可能根本没有学会新内容。事实上,有研究发现,学生越能清晰深入地向组内成员解释学习内容,就说明学习效果越好。在学习中,做出解释的重要性远远超过了接受解释,因为学生必须很好地组织信息、思考例证、说明信息、用自己的话表达这些信息,而且要回答各种相关问题。

为了鼓励学生真正参与,教师可根据小组的学习目标和成员年龄,合理分配角色以促进合作和学习。在分配角色时,教师要教学生如何有效地扮演这些角色,并让他们轮流扮演不同的角色,从而使学生了解合作学习的各个方面,如表 10.2 所示。教师在实践中无论运用哪些角色,必须保证它们对当前的学习起了促进作用。当小组的任务是练习、复习或掌握基本技能时,成员的职责在于持之以恒、相互鼓励和积极参与。当小组的任务是解决问题或进行复杂学习时,成员应该鼓励深入地讨论、探究和创新,同时分享各自的理解。因此,教师在分配角色时,要向学生说明小组的任务不仅仅在于扮演这些角色,还在于通过角色扮演来促进学习。

表 10.2　合作学习中的成员角色

角　　色	任　　务
鼓励员	鼓励害羞或不情愿的学生参与活动
表扬员	赞赏他人的贡献、肯定取得的成果
看门员	平衡参与,保证没有个别学生支配整个小组
教练	解释说明相关的学习内容和概念
问题控制员	保证所有学生都提了问题并得到解答
审查员	检查小组成员的理解情况
任务控制员	使小组的活动围绕任务展开
记录员	记录角色、观点和解决方案
反思员	使小组意识到自己的进展情况
纪律员	控制小组讨论的声音
材料管理员	领取和归还材料

教学之窗

在合作学习过程中可能出现的偏差

要发挥合作学习的优势,就必须要保证每个成员都参与其中并相互合作。应当注意的是,即使把学生分组,也不一定会产生合作行为。如果对合作学习理解不当,将会导致一些错误的教学措施。教师如果没有精心的计划和监控,小组互动甚至会妨碍学习,影响同学间的关系。例如,小组中地位较低的学生提出的观点可能被忽视甚至遭到嘲笑,而地位高的学生的观点则被采纳。小组中出现遵从现象或个别学生主导整个小组的现象,这些都可能导致小组采纳错误的或不完整的观点,并形成肤浅的认识。

总的来说,运用合作学习不当时,可能产生如下问题:

- ✓ 一两个学生包办了整个小组的任务;
- ✓ 学生更喜欢合作的过程,而不是学习知识;
- ✓ 学生对错误的概念不提出质疑并加以修正;
- ✓ 学生的社会互动和人际交往偏离了学习的主题;
- ✓ 学生仅仅把依赖的对象从教师转为小组中的"专家";
- ✓ 进一步增大了学生间地位的差异。

■（二）合作学习的方式

学习要求　了解三种合作学习方式的内涵与特征;
谈论如何根据不同的学习内容来选择合作学习的形式。

1. 拼图式教学

拼图式教学(jigsaw)是合作学习的一种早期形式,重视小组内部的相互依赖。具体做法是将小组的学习任务分配给每一名成员,成员在学习后成了各自那一部分的"专家",然后让学生在小组内相互教学。这样每个学生对小组的贡献都是显著的。近来,在原有基础上发展出来的第二代拼图式教学(jigsaw Ⅱ),增加了"专家小组",分别由各小组中学习相同材料的学生组成,具体实施步骤为:专家小组成员一起讨论材料的意义并计划教学的过程;接下来学生回到各自的学习小组,向组内成员讲解;最后,教师编制一个覆盖所有学习内容的测验以评估学生的学习效果,并把成员的得分作为小组的成绩。

例如,教师要教学生使用图书馆资源。首先,教师为学生设定了学习目标,即每个小组向班级其他学生介绍一个国家;然后,小组成员必须准备材料(图书馆中的世界地理杂志、世界博览、大百科全书等),并要思考如何呈现才能激起同学的兴趣;最后,小组成员向组内其他成员提供材料并作出解释。通过这一动手和相互学习的过程,学生就同一主题,直接或间接地搜集到各种图表、数据库、访谈记录、地图或论文等,学会如何整合不同来源的信息,在亲身实践中学会如何使用图书馆的资源。

2. 相互提问

相互提问(reciprocal questioning)也是一种合作学习的方式,是指学生两人或三人一组相互提问教师讲授的内容或自学的内容。为促进学生提问,教师在学生学完材料或上完课后,可提供一类"提示卡片",以便相互提问并交流答案,如图 10.5 所示。这类卡片的作用在于提供一个提问框架,帮助学生把课堂内容与原有的知识、经验联系起来。与传统的小组讨论相比,给予提示卡片这一方法能促使学生深入地思考学习内容,并学会如何来提问题。

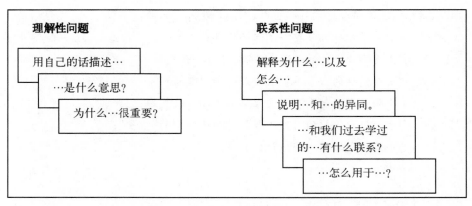

理解性问题	联系性问题

用自己的话描述…

…是什么意思?

为什么…很重要?

解释为什么…以及
怎么…

说明…和…的异同。

…和我们过去学过
的…有什么联系?

…怎么用于…?

图 10.5　相互提问的提示卡片

3. 脚本化合作

脚本化合作(scripted cooperation)是一种成对学习的方法。几乎所有的学习任务都可以采用这种学习方式,如阅读课文、解数学题目或修改作文草稿。例如,两个学生阅读同一段文字后,一个学生进行口头总结,另一个学生对此做出评论,指出疏漏和错误的地方;然后,两个人一起精致这段文字,如建立表象,联系原有的研究、例证、类比等,寻找合适的记忆方法;接下来,继续学习另外一段材料时,两人交换角色。

二、促进教师与学生互动的教学方法

■ (一) 教学对话

> **教学对话**
>
> 学生通过与教师和其他学生的互动而学习。

学习要求　解释教学对话的含义;
　　　　　　讨论如何在教学对话情境中发挥教师的作用。

所谓教学对话,就是学生通过与教师和其他学生的交流来学习的一种教学方法。教学对话的理论基础是维果茨基的理论。维果茨基认为,学习与理解需要互动和对话。具体来说,学生在各自的最近发展区中尝试解决问题时,需要通过与教师或其他学生的互动来获取帮助,而教学对话为这种互动提供了机会。这是因为,第一,教学对话首先属于教学范畴,其目的在于促进学习;第二,教学对话有别于传统的授课或讨论形式,在该教学形式中,教师仅起到引导作用,帮助学生通过对话来建构自己的理解。

一般来说,有效的教学对话包括"教学"和"对话"两部分。"教学"这一部分的步骤包括:(1)确定对话主题,教师选择一个讨论的主题,并制定一个开展讨论的总体计划,包括如何组织材料来促进学生更好地探索;(2)激活和使用背景知识,教师为学生理解文本提供必要的背景知识,在讨论的过程中穿插讲解必要的信息;(3)直接教学,在必要的时候教师可以采用直接教学的方式传授技能或概念;(4)运用各种启发技巧引导学生更深入地表达自己的观点,如提问、重复学生的话、停顿等;(5)鼓励学生寻找论据,引导他们使用课文、图片或推理来支撑自己的观点,教师可以这样问"你为什么这样认为为?"或"文中哪里这样写了,读出来给大家听听"。

而在"对话"这一部分,教师应注意:(1)少提"有固定答案"的问题,讨论围绕的主题应该有多个正确答案;(2)肯定学生的贡献,教师制定初步计划并监控讨论过程,使之紧扣主题,同时对学生的观点做出应答;(3)承前启后的对话,讨论应具有形式多样、互动且前后承接等特点;后继讨论是对先前讨论的发展和深化;(4)创设富有挑战性的氛围,同时注意掌控挑战的程度,以保证学生产生积极的情感体验;教师的身份应该是合作者而不是评价者,激励学生合作讨论并建构意义;(5)鼓励全体参与,教师不必决定由哪个学生发言,而应更多地鼓励他们自告奋勇发言或自行安排发言顺序。

教学之窗

教学对话中教师的引导

下面是3年级双语教学班上的一个对话片段。这个片段说明了参与者如何通过对话来相互调控学习。

教师:你们觉得这个故事怎么样?

圆圆:我觉得他们非常关心他。

教师:什么意思? 你是说他的父母吗?

圆圆:是的。

教师:你从故事的哪些地方看出来的?

圆圆:因为他们确实很为他担心。

教师:谁还想来谈谈自己的看法? 我希望听到每个人的观点,然后再决定我们接下来讲什么。林林?

林林:我认为作者很小的时候就有这种想法了,或者是他的一个朋友失踪了。

教师:"他有这种想法"是什么意思?

林林:作者让故事里的父母认为孩子失踪了。

教师:你的意思是作者或作者认识的人曾经失踪过?

林林:是的。

教师:哦,很多时候作者的灵感来自真实生活。方方,你是怎么看的?

方方:这像是一个道德故事,说明一个人不能太贪心,期望得到所有的东西。但在故事中,当他恐慌的时候似乎一切都发生了。

教师:你从哪里看出他很恐慌?

方方：他看到狮子的时候，变得惊慌失措。

敏敏：是的，他把自己变成了一块石头。

方方：对，他说"我希望变成一块石头！"

教师：结果真的变成石头了，是吗？

敏敏：他真的很愚蠢。

教师：可能他没有想得很远。如果是你，你想许什么愿望？

……

对话仍然继续着，学生们提出了各种解释。教师在总结中指出，"圆圆讲到了故事中的人物和他们的感受；林林从作者的角度出发谈了自己的看法；方方认为这是某一类故事"。可见，在教学对话中，教师的职责是促使每个学生参与讨论。上面那段对话中，教师时时都在引导着对话，当学生熟悉了这种学习方法后，就可以让他们更多地相互交谈。

■ （二）认知师徒

认知师徒
新手在专家的指导下获得知识和技能。

学习要求 解释认知师徒法与互惠教学的含义；
讨论互惠教学的课堂运用。

学校中学到的知识和技能往往与它们在真实世界中的应用脱节，但一些行业或职业的人才培养事例却证明，师父带徒弟是一种有效的教学方式（如图 10.7 所示）。有些教育者提倡，在学校学习中也可采用师徒法。具体来说，师父予以示范、演示、矫正并维系一种具有激励作用的人际关系，而徒弟在与师父或其他师兄弟一起工作时，可以学习技术、手艺或如何做生意。随着徒弟技能的逐步提高，其练习也日趋复杂，同时师父从旁鼓励徒弟在不同的情境中应用所学的内容。

传统的师徒法所传授的内容局限于雕塑、舞蹈或木工活等，而学校中的认知师徒法主要围绕认知技能展开，如阅读理解、写作或数学问题的解决。认知师徒法有多种模式，但一般都具有以下特点：（1）学生观察专家（通常是教师）的示范行为；（2）学生获得外部支持（包括暗示、反馈、示范和提醒等）；（3）学生接受概念性的支撑，随着学生胜任能力的加强，逐渐减少这类支撑；（4）学生学会表达他们的知识——用语言表述他们对所学内容和程序的理解；（5）学生反思自己的进步，比较当前表现、专家表现和原有表现之间的差异；（6）学生尝试以新的方式（不是师父教的）应用所学的内容。

在教学中应该如何运用认知师徒法呢？互惠教学（reciprocal teaching）是认知师徒法的一个成功例子。以阅读理解为例，教学目标之一就在于帮助学生深入地思考和理解阅读的内容。要达成这一目标,阅读小组中的学生必须学会四种策略:总结段落的内容、对中心思想提问、解释材料的难点和预测后面的内容。一般来说,熟练的阅读者能自动地使用这些策略,而阅读技能较差的学生则很少运用或不知如何运用。要使学生有效地使用这些策略,教师可以进行直接的指导和示范,并让他们在真实的阅读场景中练习。具体来说,教师首先讲解、示范这四种策略并鼓励学生反复练习;接着,教师和学生一起默读一个段落,再次示范总结、提问、解释和预测这四种策略;然后,教师让学生阅读另外一个段落并尝试使用这些策略,有些学生最初可能会犹豫、出错,教师应该及时给予提示、指导、鼓励和支持;最后,每个学生都能独立运用这些策略来理解文章的意思。

现有的互惠教学研究大多针对那些能够正确地朗读,但阅读理解能力低于平均水平的学生。研究表明,使用这种方法训练一段时间后,处于班级最低水平的学生在阅读理解测试中达到了中等或中等偏上水平。有研究总结出互惠教学的三条指导原则:(1)逐渐转变,从教师控制到学生承担责任的转变应逐步进行;(2)教学要与学生能力匹配,任务的难度与学生的职责应该与各学生的能力相匹配;(3)评估学生的思维,教师应该仔细观察每个学生的"学习",从而了解学生如何思维及他们需要何种教学指导。

教学之窗

互惠教学的实例

在互惠教学开始不久,教师引导小组中一名学生对段落的中心思想进行提问。所学课文内容是:"这只雌蜘蛛的配偶比她小多了,身体是暗棕色的,大部分时间它就坐在蜘蛛网的一边。"

小林:(没有问题)

教师:这个段落讲了什么?

小林:雌蜘蛛的配偶。他在……

教师:很好,继续说。

小林:雌蜘蛛的配偶比较小,他在……我该怎么说呢?

教师:别急,慢慢说。你对雌蜘蛛的配偶和它做了什么有些疑问。

小林:它们大部分时间坐在那里做什么?

教师:问题应该这样来提:雌蜘蛛的配偶大部分时间在做什么?现在,你再来复述一下这个问题。

小林:雌蜘蛛的配偶大部分时间在做什么?

随后学生逐渐开始承担教学的责任。下面这个例子就是12节课后,另一名学生小敏在课上的表现。课文内容:"另一种最古老的食盐生产方法是开采。早期的开采方式非常危险、困难,而现在有了专门的机器,开采工作变得更为容易和安全。"

小敏:用两个词语来形容早期的食盐开采。

小亮：危险和困难。

小敏：对了。这个段落是对过去的和现在的食盐开采进行了比较。

教师：好极了。

小敏：我有一个猜测。

教师：你说。

小敏：我想文章可能讲到了食盐是什么时候被发现的……嗯，还有它是由什么东西以及怎么做成的。

教师：好的。还有哪个同学愿意来做小老师吗？

教学反思

学完本章后，你可以思考如下知识点：

☞　比较维果茨基社会文化学派、米德实用主义学派和批判后现代学派；

☞　学习的社会文化观的共识；

☞　合作学习中的角色与方法；

☞　教学对话与认知师徒。

本章总结

■　社会情境下的学习活动

在心理学与教育学领域，关于社会文化研究主要存在三个分支：维果茨基社会文化学派、米德实用主义学派与批判的后现代学派。关于学习，大多数社会文化研究存在这样的共识：人的成才过程，其途径是积极参与认识众多社会文化制品和习俗；学习是在学习社群中，随时间而变化的参与活动，以及通过参与活动而展现的发展轨迹。其中的影响因素包括教师行为，教学材料、活动的选择与运用，学习与教学发生的社会场景，等等。

■　社会文化多样性下的学习活动

生态系统理论包含着五层面，即微观系统、中间系统、外部系统、宏观系统、时间系统；每一个层面都影响着个体发展，每一层面内部的变化或矛盾都会波及到其他各个层面。文化是指某个个体社会或在某个社会的亚群体中的特征，包括价值、信仰、对可能接受和不可接受行为的观点，以及观点群体都认为是"正确的"等其他社会概念。有家庭或归属的群体，都必须遵守一定的群体文化的规则。

■　促进社会互动的教学方法

在教学过程中，某些活动可以放在小组中进行，以激发大多数学生的学习兴趣。合作学习是把学生分成一个个小组,但它还涉及如何互动这一问题。合作学习有三种方式:拼图式教学重视小组内部的相互依赖;相互提问是指学生两人或三人一组相互提问教师讲授的内容或自学的内容;脚本化合作是一种成对学习的方法。相对于促进学生之间互动的教学方法,促进师生互动的教学方法则更多涉及教师的作用,尤其是在与学生进行沟通,提供教学指导,给予教学反馈等方面;对此,本章主要介绍了教学对话和认知师徒这两种方法。

重要概念

制品　习俗　生态系统理论　合作学习　教学对话　认知师徒

参考文献

1. 陈琦、刘儒德主编:《教育心理学》,高等教育出版社 2005 年版。
2. 叶浩生:《试析西方心理学的文化转向》,《心理学报》2001 年第 3 期。
3. [美]阿妮塔·伍德沃克著,陈红兵、张春莉译:《教育心理学》,江苏教育出版社 2005 年版。
4. [美]戴尔. H. 申克著,韦小满等译:《学习理论:教育的视角》,江苏教育出版社 2009 年版。
5. [美]罗伯特·斯莱文著,姚梅林等译:《教育心理学理论与实践》,人民邮电出版社 2004 年版。
6. [苏联]维果茨基著,龚浩然等译:《维果茨基儿童心理与教育论著选》,杭州大学出版社 1999 年版。
7. Brown, J. S., Collins, A., & Duguid, P. (1989). Situated cognition and the culture of learning. *Educational researcher*, 18(1), 32 – 42.
8. Cobb, P. (1994). Where is the mind? Constructivist and sociocultural perspectives on mathematical development. *Educational researcher*, 23(7), 13 – 20.
9. Packer, M. J., & Goicoechea, J. (2000). Sociocultural and constructivist theories of learning: Ontology, not just epistemology. *Educational psychologist*, 35(4), 227 – 241.
10. Shotter, J. (1997). The social construction of our inner selves. *Journal of constructivist psychology*, 10(1), 7 – 24.
11. Smith . N . (2001) *Currents systems in psychology*, Wardsworth Publication.

扫一扫二维码获取同步
练习题及参考答案①

---

① 注:本章无对应考研真题。

第十一章

复杂认知：问题解决与专长

引 言

　　如今学生接收的信息越来越多，需要合理地吸收各类知识；进一步，还要学会将这些信息（或知识）运用于具体的问题解决；为了更好地学习和解决问题，还要学会有效地运用各种学习策略、监控自己的学习过程，以及将习得的知识或能力迁移至不同的情境，等等。因此，教师除了要了解学习过程中涉及的感知、注意和记忆等活动的认知特征，还要了解一些复杂认知过程的心理规律，如问题解决、认知策略和迁移等主题。

　　学完本章后，你应该能够：

☞　知道问题解决的基本特征；

☞　理解问题解决研究的两个主要取向；

☞　描述解决复杂问题的步骤，并解释问题表征的作用；

☞　阐述专家解决问题的优势表现及其实质；

☞　阐述培养有效问题解决者的一些方法。

视频

复杂认知：问题解决与专长

教学设疑

　　王老师在教授七年级的《一元一次方程》时，发现学生在解题时，都不同程度地遇到了困难。大部分学生在解应用题时依然使用小学算术方法进行解答，甚至一些简单的应用题学生都无法列出方程。通过分析发现，学生根据数量关系列代数式存在问题，找不出应用题中包含全部题意的等量关系。王老师找到教同年级的数学老师一起商量了些办法：（1）让学生养成认真读应用题的习惯（理解题意），克服畏难情绪。在关键词语、关键句子作上符号，找准已知量、未知量。（2）适当补充一些常见的列代数式的练习，让学生充分把握如利润与利润率、利息与利率、体积公式等基本的关系式。严格要求学生使用方程思想解应用题。（3）课堂练习跟随例题的类型，让学生能够使用列方程的方法，逐步掌握列方程解应用题。（4）培养学生根据结论找条件，如要求利润率就找售价、进价等，顺藤摸瓜。（5）让学生借助表格、线路图分析问题（数形结合的思想）。

　　如果你是王老师，请思考：

☞　上述这些方法，有什么心理学依据？

☞　帮助学生解决数学问题，关键之处在哪里？

☞　好生与差生解数学题的差异在哪里？原因又是什么？

☞　学生是否能从"题海"式学习中获取更多的知识并提高解题能力？为什么？

☞　不同类型的题目对学生的能力和知识有何要求？请分析原因。

第一节　问题解决

要解决一个复杂的问题，涉及多种基本的学习过程，如知觉、记忆、监控等。同时，问题解决也是评价学习质量的一种重要手段，尤其是在评价知识或技能的应用水平上。本节将介绍问题与问题解决的定义及类型，然后介绍问题解决的心理过程和策略。

一、问题及问题解决

学习要求　简述问题及问题解决的定义、类型及研究取向。

> **问题解决**
>
> 首次遇到且无现成可回忆的经验来解决的一种情境；在该情境中，需要借助算子，实现从初始状态到目标状态的顺利过渡。

■（一）定义

何谓问题？从信息加工的角度看，问题常指一种情境，通常拥有起始状态和目标状态。起始状态就是当前已知条件，而目标状态则是人们希望的或已规定好的、要达到的一种结果。

据此，问题解决就是要实现从起始状态到目标状态的顺利过渡。为实现这一目标，问题解决者通常会把目标状态分解成许多子目标，然后通过逐个实现这些子目标的方式最终达到目的。概括地说，问题解决具有如下三个基本特征：第一，目标指向性。也就是说，当人们考虑或者着手做某事的时候，他们的目的是什么？例如，解决一道复杂的算术题并得出最后的答案，这就是目的。第二，将总目标分解成许多子目标。人们不能一步到位地实现总目标，往往将它分解成许多子目标才可能实现总目标。例如，如果要全面地评价一个人，就不得不从性格、兴趣和情感等方面进行考виं。第三，算子的选择。问题解决者要实现从初始状态到目标状态的一步步过渡，必须选择算子，以便从一种状态顺利地过渡到另一种状态。在这里算子实质上也是一种方法，即问题解决者实现各种状态转换的方法。例如，如何评价一个人的性格、兴趣，其中就包含着许许多多的算子。

■（二）问题的分类

生活中的问题类型纷繁复杂，乔纳森（Jonassen，2000）归纳出了11种典型问题，如图11.1所示。

具体地，计算问题比较普遍，如解数学方程式。应用问题不同于简单的计算问题，会结合一定的现实情境；这可能增加了问题解决的难度，如"鸡兔

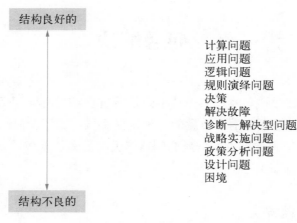

图 11.1 问题的种类

同笼"的问题。逻辑问题是对逻辑思维的测试,被用来评估心理敏感性和逻辑推理能力,如"传教士和食人族"问题。

规则演绎问题强调一个问题的求解会有多种方法,需采用最娴熟的方法来解决问题,如学生要回答某一问题,其答案可以来自网络搜索,也可来自图书馆查阅资料。决策问题在日常生活中很常见,对个人而言,小到决定今天吃什么,大到决定从事哪种职业。与此类似,解决故障类问题也出现在日常生活中,例如运行电脑程序的过程,可能会出现各种问题,此时工程师来进行故障排除。与解决故障类问题类似,诊断—解决型问题也需发现问题,但是这类问题相较解决故障有更多的解决方法。战略实施类问题更加强调问题的实时性和复杂性,需要问题解决者应用精巧且系统的策略来解决问题。政策分析类问题更多地出现在新闻、政治中,具有很强的专业性。设计类问题要求专业的问题解决者应用大量专业知识来设计问题,难度更大,例如高考出卷。困境类问题指解决社会或者道德两难问题,例如"电车问题"等。

以上 11 种问题,根据组织程度可以概括为结构良好问题和结构不良问题。该分类与"第九章 学习的建构主义"中斯皮罗对结构良好领域知识与结构不良领域知识的分类相一致。结构良好问题可以根据给定信息和目标,选择明确的解决方案来达到目的。学生在学科学习中遇到的大多数问题都是结构良好问题。例如,"搭乘飞机从上海去纽约,最省时的航线是哪一条?"其初始状态、目标状态和操作都是明确的;同样地,"已知长方形的长为 5 厘米,宽为 2 厘米,求该长方形的面积";其他诸如让学生进行加减乘除的运算,考试中的选择题和填空题等,也都是结构良好问题。

结构不良问题并不是指这个问题本身有什么错误或是不恰当,而是指它没有明确的结构或解决途径。例如,"解决手机续航能力差的问题",其初始状态不明确,要先检查手机续航能力差的原因是什么;"用 Photoshop 做绘制精致的浮雕",其目标状态不明确,什么样的浮雕可以用精致来形容;让学生归纳总结温室效应的原因和减缓温室效应的举措,并写出一篇论文,其初始状态、目标状态,甚至问题解决方案都不明确,是名副其实的结构不良问题。需要注意结构不良问题既可以是某一个方面具有结构不良的特征,如目标信息不明,也可以是在起始状态、目标状态和方法等方面都有结构不良的特征。例如,一个问题的答案是开放的,其解决思路也不会是唯一的，其所涉及的概念、规则和原理很有可能是不明确的。

■（三）问题解决的研究取向

在问题解决研究中，出现两种主要取向：一般加工和专家—新手对比。

一般加工取向下的问题解决研究，重点探讨问题解决的一般加工方式，主要探讨知识贫乏（knowledge-lean）领域的问题解决过程。在这类研究中，个体的问题解决能力通常只需要经历较短的学习或体验时间便可获得。这类研究集中关注人在自己尚缺乏专门知识和技能，而又要进行一些诸如问题解决这样的心智操作时，是如何使用某些一般的思维方式或决策来处理这类困境的。为了控制知识经验可能对揭示个体一般思维方式带来的消极影响，很多传统的心理学家倾向采用各种各样的人工问题（如河内塔问题、密码问题、残缺棋盘问题等）来推测被试对问题的理解模式。这些问题都有以下几个特点：一是新颖，相对于被试而言是首次遇到，以往经验的作用很小；二是规模小，解答时无需许多步骤，最多 20—30 步就能完成，而且往往步骤多的问题有诀窍；三是明确具体，问题各个成分确定无疑，不会给被试带来其他误解。

专家—新手研究范型
筛选出某一领域的专家与新手，提出一系列的任务，比较专家与新手是如何完成这些任务的。

专家—新手对比取向下的问题解决研究，倾向于揭示知识丰富（knowledge-rich）领域内专家与新手在解决问题时的认知差异。在专家—新手比较研究中，其过程分三步：选择专家和新手；给专家和新手呈现专门领域的一系列问题；比较专家和新手如何解决这些问题。在这一研究取向中，首要的问题是如何确定专家和新手。大多数该类研究使用客观指标：如使用测验分数、段位层级和指导者的主观判断或经验等作为标准来区分专家和新手。而在数据获取过程中，研究者一般要求被试采用主观报告法来报告问题解决过程中采用的方法。针对所获得的数据进行分析和整理，就可以推测专家的解题过程，探寻专家之所以成为专家的原因。

二、信息加工视角下的问题解决

学习要求　结合实例阐述解决问题的一般过程；

简述算法的特点；

简述启发式法的特点及不同方式。

■（一）问题解决的过程

问题解决涉及对问题的心理表征，这有关于问题空间或问题的心理模型。问题空间由一组符号结构（空间状态）和运算符集空间组成（Newell，1980；Newell & Simon，1972）。结构良好的问题的空间状态更容易被识

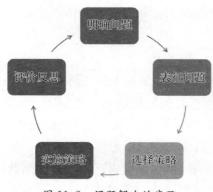

图 11.2　问题解决的步骤

别,结构不良的问题则相反。无论如何,代表构建问题的心理模型是关键的。问题解决需要一些操纵和测试心理问题的模型,以生成解决方案。问题解决者对问题空间采取行动,以产生并且检验假设和解决方案。因此,问题解决过程一般分为五步:明确问题、表征问题、选择策略、实施策略和评价反思,如图 11.2 所示。

明确问题就是理解当前存在的问题,它是问题解决的起点。例如,对问题进行定性,将问题归类等。这一步骤决定了随后整个问题解决的方向。具体看来,数学课堂中著名的"鸡兔同笼"问题对很多小学生来说都很困难,难点在于学生会迷失在问题描述中而无法明确具体的问题。如果能透过表象找准问题是解一元二次方程组,那么问题解决就会简单许多。因此,发现问题就成为解决问题的首要阶段。发现问题是很值得谈论和关注的一步,研究实验证明人们往往忽略第一步,用当下即刻想到的内容确定问题的性质。某个领域的专家往往会多用一些时间来思考问题的本质。

目前研究者已经确认了许多阻碍人们进行有效问题发现的因素:大多数人并没有养成积极主动寻找问题的习惯;问题解决者缺乏与问题相关的背景知识;急于找到问题解决方案,而不顾问题在哪;不愿进行发散思维,习惯于集中在问题的唯一解决方案,或听从教师的安排。

表征问题就是将问题的任务要求转换为内部的心理结构。一般认为,对问题的表征是否恰当,直接影响到问题解决的难易和速度。问题表征常以两种形式出现:一是简单地思考抽象意义上的问题,而不管字面的意义,称为内在表征。二是用某种切实可行的形式加以表示,如图画、示意图或者方程等,称为外在表征。常用的外部表征形式主要有以下几种:

问题表征
将问题的任务要求转换为内部的心理结构。

(1)将问题记录下来。个体最初构造的表征都是在头脑中的,如果将其写下来,可以减轻记忆负担。比如计算 87×146,如果完全在头脑中计算,将是一件相当困难的事情。

(2)绘制图表。在解决一些涉及数学及空间关系的问题时,绘制图表是一种有效的外部表征方式。例如,一个容器中有若干溶液,其中 90% 是酒精,10% 是水,溶液总量是 1 升。问需加多少水才能使酒精变成全部溶液的 80%,而水变成 20%? 如果问题解决者能正确绘出简明示意图,如图 11.3 所示,并

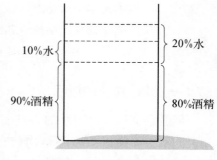

图 11.3　溶液问题表征

抓住加水前后的酒精量不变这一信息，就能列出正确的方程式。

（3）列出树状图。当要解决的问题相当复杂，每一步还需要同时考虑其他几步时，就要考虑用树状图来表征问题。它主要适用于问题的有关信息存在一定自然层次性的问题。例如律师处理家庭成员遗产纠纷时，经常将该家庭成员之间的关系用树状图进行表征，这样成员之间的关系就非常清楚，有利于正确解决这类问题。

（4）建立操作模型。当问题中所给定条件的变化决定问题的解决方案时，使用模型比较合适。研究中常用的野人和传教士过河问题就可以使用这一表征方式进行解决。如我们可以用 3 块橡皮代表 3 个传教士，3 个石块代表 3 个野人，然后操纵所建立的这一模型。这样问题解决起来就容易多了。

经过发现问题和表征后，接下来的一个重要环节就是选择恰当策略。对同一问题的解决有时会有许多策略，例如，一套西服价值 2500 元，现商店搞促销，商品一律打八五折。请问这套西服现价是多少？对这样的问题，学生通常使用某种算法或详细规定的一整套解决问题的步骤。可将该题算法概括如下：（1）打八五折就是降价 $15\%(1-0.85=0.15)$，将西服原价乘以 0.15 即为折扣（2500×0.15），从原价中减去折扣就是现价（$2500-2500\times0.15$）；（2）打八五折就是只用花原价的百分之八十五，也就是 2500×0.85。

选择恰当策略实际上是对问题的表征进行操纵，寻找出一条达到目标的线路的过程。对问题的表征不同，所选择的解决策略也不同。假如一个问题相对简单，在长时记忆中已经储存该类型问题的图式，那么经过模式再认，就可直接提取适当的解决方法，这样对问题空间的搜索时间就会大大缩短。但若问题比较复杂，解决方法不能直接提取或不为问题解决者所知，就要使用更为复杂的搜索策略。

在表征完问题和选择了方法之后，紧接着就是执行这一计划。个体成功应用某种策略在很大程度上取决于他对问题的表征形式和选择的策略类型。在这一环节上存在着很大的个体差异。有的学生可能应用策略相当熟练，可以迅速正确地解决问题。有经验的学生可以在应用中发现策略是否恰当并能作出迅速改变，以采用更合适的策略，表现出比较强的灵活性。而有的学生则可能首次使用该策略，由于粗心，容易出现一些错误。而且研究表明这样的人在遇到意外情况时往往不改变策略，仍然固执地使用不恰当的策略，导致问题解决失败。之所以出现这种差异，主要是由于有经验的人具有大量的程序性知识，这使他们将注意力更多地集中在问题界定而不是策略的选择上。相反，没有经验的人则只能使用一些陈述性知识进行有意识的系列加工，他们更急于寻找解决方案而不是分析问题，因此不愿改变不恰当的策略。

评价反思是问题解决的最后环节，也是学生常常感到困难和被忽视的一步。评价反思包括两层含义：一是对获得结果的整个思考过程进行检查，检验推理是否合理，答案是否正确。二是可以从该问题解决活动中得到一些值得以后借鉴的经验和教训。后者往往在实践中容易被师生忽视。进行评价反思的有效方法主要有：（1）找出该问题解决过程中的主要困难及关键，弄清楚自己是如何寻找思路的；（2）对解题方法重新评价，以找到更有效的方法；（3）思考该问题解决中有哪些技巧可能会在以后类似的场合中使用；（4）弄清楚该问题解决值得吸取的教训是什么；（5）概括出该类型问题的一般结构、特点及所用解题方法,而对于那些经过一番周折才解出或经别人指点后才完成的题目尤其要进行认真的反思。

■ (二)问题解决的策略

启发式法

指当问题比较模糊并且没有明显的算法,只能借助经验的一种解题方法。

在问题解决的一般过程中,探索可行的问题解决策略是一个重要的步骤。一般来讲,策略可分为:通用于各领域的解题策略和专用于某领域的解题策略。前一类策略在问题解决领域中称为一般的问题解决策略,之所以称为"一般",是因为它们适用于各类问题,大多是根据问题结构而提出的一般性的指导方法,是"弱方法";而后一类策略涉及特殊领域的知识,是"强方法"。在弱方法中,又有两种常用的程序——算法和启发式法。

所谓算法,是一种逐步达到目标的方法,它通常与特殊领域的知识相关联。在解决问题时,如果人们能够选择正确的算法并恰当地运用它,那么肯定可以得出正确的答案。例如在数学课中,只要人们算法得当,类似"$17×[43×(90+15/78)]-5/9×(12356/2)=?$"这么复杂的问题也可以得出正确的解答。但是,许多学生随意运用算法,他们通常试试这个、试试那个,即使碰巧得出了正确答案,他们也并不真正明白正确答案是怎么来的。而当某些问题显得比较模糊,并且没有明显的算法时,发展有效的启发式法是很重要的。在启发式法中,常用的有手段—目的分析法、后推法、爬山法、类比法和简化法等。

手段—目的分析法

首先明确问题解决中的各种困难与障碍所在,然后再设立各种子目标去克服这些困难与障碍。

手段—目的分析策略,是指找出问题空间中问题的初始状态和目标状态之间存在着的差距,确定缩小差距的子目标,通过实现一系列子目标,最终达到目标状态,使问题得到解决。其一般特征是把总目标分成子目标,运用算子进行匹配,消灭差别,最终达到总目标。也就是说,将目标分成许多子目标,将问题划分成许多子问题后,寻找解决每一个子问题的手段。运用手段—目的分析策略,首先得明确问题解决中的各种困难与障碍所在,然后再设立各种子目标去克服这些困难与障碍。例如派一组学生去完成某期板报的设计,参加学校的评比,那么你可以帮助他们分析阻碍完成这一任务的困难所在。那些可能的困难是:该采用哪些素材作为板报的内容,怎样设计才能使板报看起来美观大方,以及怎样在学生之间完成各自任务的分配等。明确这些困难之后,小组就可以制定一些恰当的子目标(去寻找哪些素材,怎样进行板报设计,哪些学生去完成哪些任务),然后考虑可行的解决办法。这样,要圆满解决板报设计问题,就变得相对容易多了。

后推法,通常事先对问题解决的目标进行界定,然后以此目标为起点逐步向后推,得出要达到该目标需要什么条件,最后把达到目标所需的条件与问题提供的已知条件进行对比。如果相吻合,则问题解决成功。如果不吻合,则要寻找在推理过程中出现了什么差错,或者是否推理的方向错了。逆向反推法与手段—目的分析法都要考虑目标,并且确定运用何种操作去达到目标。但是，手段—目的分析法要考虑目标状态与当前状态之间的差别，而反推法却不用考虑这一点。因此，手段—目的分析法在搜索问题空间时受到的约束较大。当问题空间中从初始状态可以引出许多途径而从目标状态返回到初始状态的途径相对较少时，用反推法相对容易些。但是，在实际应用中，可以结合使用顺向推理和逆向推理这两种方法，进行双向推理。一方面根据已知条件，联想有关的公式或定律，推出新的已知条件；另一方面，从未知量出发进行逆向推理，明确思维的方向。

爬山法，是一个形象的比喻，其基本思想是：先设立一个目标，然后向目标方向走到与起始点邻近的某一节点，逐步逼迫目标。这就像爬山一样，如果在山脚下，要想爬到山顶，就得一步一步地往上走，每走一步，就要估计一下是否离目标更近了，如果更近就继续下去，这样会离目标越来越近，最终使问题得以解决。例如，医生在给慢性病人用药时常常用这种方法来确定药的剂量。爬山法的最大的弱点就是只能保证爬到眼前山上的最高点，而不一定是真正的最高点，问题解决者常常会到达一个"小山丘"而不是真正的山顶。例如，医生给病人用的药达到一定剂量后，病人有好转，再超量就会引起调理反应，这时，医生往往会误以为这个剂量就是最佳剂量，然而事实上也许更高剂量才能使病人真正痊愈。因此，问题解决者在使用爬山法时，最好选择几个不同的起点一起来尝试，如果几个起点到达的都是同一个点，这一点才算是真正的目的地。

类比法，就是人们在问题解决过程中陷入困惑时，需将当前的问题和一些与之结构相似、内容不同的问题进行类比，或者在两者之间进行某种形式的比喻，揭示这两种问题的相通之处，这样做可能有助于得出问题的答案。例如，要制定学习计划，学生可以将学习计划的制定过程与班级计划的制定过程相类比。在制定计划的过程中必须注意什么？怎样能使计划既激发自我的学习动机又具有操作性？这种类比实质上给学生提供了一个可供模拟的类似问题解决的样例，它往往能够促进或诱发学生产生更好的问题解决方法。类比法是人们在解决不熟悉问题时的主要策略。例如声呐技术的发明就是类比的产物。当人们发明潜艇后，工程师们就思考如何让舰艇确定潜艇在海下的隐藏位置。通过分析，人们发现了其导航机制可以应用于这一问题，这样就导致了声呐技术的发明。尽管类比法被看作是一种重要的问题解决策略，但研究者发现人们似乎并不擅长使用策略，他们很容易受到问题表面相似程度的影响。

简化法，就是当人们试图解决一些复杂的问题时，往往会被问题的繁琐陈述及一些不十分明了的问题要求所迷惑，以至于弄不清问题中已知什么、需要求什么。这时候，如果人们学会运用简化法的话，可能会有助于他们提高问题解决的效率。简化法要求问题解决者着重关注问题中的重要信息而忽略其他一些次要信息，提取问题的主干成分之后再对重点信息进行分析，

> **类比法**
>
> 将当前的问题和一些与之结构相似、内容不同的问题进行类比，或者在两者之间进行某种形式的比喻，揭示这两种问题的相通之处。

最终实现问题解决的目的。当然,这种方法是有冒险性的。因为有些被认为不重要的信息可能是很重要的。例如美国国内革命战争爆发的原因,既有政治因素,也有经济因素和社会因素。如果人们仅仅把政治因素作为重点,而忽略了经济、社会因素的话,那对该问题的解决至少是不完全的。所以运用简化法时要小心谨慎。我们在享受简化法带来的便利时,也不要忘记其中可能存在的不足之处。

对学生而言,掌握以上方法,能帮助他们在面对实际问题时,有条理地选择策略来解决问题。除此之外,我们仍需要帮助老师选择恰当的方法来培养学生问题解决的能力。以数学课堂为例,第一,通过创设生动的情境,教师能更好地激发学生的问题意识。引人深思的问题大多来源于生活,例如,在解决重力问题时,以同时投掷不同质量的球,哪一个先落地作为引子更能激发学生的问题意识,从而更好的投入到问题解决中。第二,教师采用更加开放的问题模式,能扩展学生思考的空间。开放的问题模式包括一题多解,多题一解。一题多解的开放问题模式,能帮助学生在面临某一特定问题时,同时激活一系列的问题解决方法库;多题一解的开放问题模式,能帮助学生鉴别针对某一类问题的特定解决方法,从而熟练掌握这种方法。鉴于开放的问题模式更能引导学生提升问题解决的能力。

三、人工智能中的问题解决

学习要求 简述人工智能进行问题解决的一般步骤;
简述机器学习中进行深度学习问题解决的优势。

随着科技的进步,人类不单单依靠自身的聪明才智来解决问题,而且设计发明了许多新的工具来帮助我们解决问题。其中引人瞩目的技术创新和革新,就是人工智能。

■ (一) 运用人工智能来解决问题

人工智能于 20 世纪 60 年代提出,如通用型机器人,研究者期望它能够和人类一样对世界进行感知和交互,通过自我学习的方式对所有领域进行记忆、推理和解决问题。理论上,强人工智能需要具备以下能力:(1) 存在不确定因素时进行推理,使用策略,解决问题,制定决策的能力;(2) 知识表示的能力,包括常识性知识的表示能力;(3) 规划能力;(4) 学习能力;(5) 使用自然语言进行交流沟通的能力;(6) 将上述能力整合起来实现既定目标的能力。相比之下,弱人工智能指的是专注于且只能解决特定领域问题的人工智能,如 AlphaGo,它自身的数学模型只能解决围棋领域的问题;这也称专门领域人工智能或应用型人工智能。

相较于人类,人工智能在进行问题解决时最常采用的技术是搜索,其优势在于更快更高效。人类由于知识的缺乏而不能进行快速有效的搜索,从而影响问题解决的速度和效率。而人工智能基于各种不同的算法,能快速准确地找到相应的解题策略和办法。例如,当报告出现了一个新的事件"售后服务不是很好"时,人工智能算法就会搜索出之前报告过的三个可能原因：缺少交流技巧，缺少领域内相应的知识，缺少相应的行为。在这个例子中，算法会找到一个新的可能原因"售后服务不能及时地反馈"，从而帮助人们更快地完成任务。

■（二）问题解决的利器：深度学习

第六章从学习的复杂性角度介绍了深度学习。有别于此，本章介绍的深度学习是机器学习的一种；该学习通过研发一定算法，发现数据中的特定模式，并将此模式用于对某个特征或活动的识别、推理和预测，从而表现出像人一样的智能活动。与简单的机器学习相比，深度学习更依赖于数据中高层次化的模式，需建模更复杂的多层网络（如神经网络）。

相对于其他机器学习技术而言，深度学习有四大关键优势：首先，该学习从特征中检测复杂的相互作用。具体说来，深度学习能检测变量间的相互作用。相互作用是两个或多个变量不同水平组合在一起时产生的效果。例如，假设某种药物在年轻妇女中会有副作用，但是在老年妇女中则没有。即使用性别（男 vs. 女）和年龄（年轻 vs. 年迈）两变量不同水平的组合影响构建的预测模型效果，这要比单单使用性别影响构建的模型好。常规的预测建模方法可以度量这些影响，但这需要大量的手工假设检验。深度学习自动检测这些相互作用，不会依赖于分析师的专业知识或前期假设。其次，该学习从几乎没有处理的原始数据中学习低层次的特征。使用常规的预测分析方法，结果的好坏很大程度上取决于数据科学家使用特征工程准备数据的能力；这一个步骤依赖于大量的专业知识和技能。而且特征工程也很耗时。深度学习几乎不需要处理原始数据，并自动学习最有预测性的特征，同时，不需要对数据的正确分布做假设。再次，深度学习可以很好地处理数据科学家所说的高基数类特征。高基数类特征指，在使用某一特征来表示类别时，如果这个特征的可能值 H 很多（常用 0 到 n 的离散整数来表示），那么它就是高基数类别特征。这是一种具有非常多离散值的数据类型。这种类型问题包括语音识别、图像识别和推荐引擎，例如，某段语音可能对应大量候选词里的某一个，特定的图像对应大量图像的某一张，最佳推荐项可能是诸多候选项之一。最后，该学习可以处理未标记的数据。未标记的数据缺少与当前问题相关的明确定义。例如未标记的图像、视频、新闻报道、推文等。事实上，如今信息产生的大多数据都是未标记的。而深度学习的强大之处在于在这类数据中检测基本模式，归类相似条目或者识别异常值，从而处理未经标记的数据。综上，拥有这四个优势意味着深度学习可以更快速高效地得到结果；它能构建比使用其他方法更精确的模型；并且还能减少构建有用模型所需的时间。

如今，微软、谷歌开始使用深度学习来解决诸如语音识别、图像识别、三维物体识别和自然语言处理等领域的难题。一些行业领域也开始使用深度学习来解决实际问题。例如：支付系统提供商使用深度学习实时识别可疑交易；具有大型数据中心和计算机网络的机构使用深度学习从日志中挖掘信息检测威胁；汽车制造商和汽车运营商使用深度学习挖掘传感器数据预测部分车辆故障；具有大型复杂供应链的公司使用深度学习预测延迟和生产瓶颈；等等。

教学之窗

中小学校的人工智能课程建设

2019年5月25—26日,由中国人工智能学会(Chinese Association for Artificial Intelligence,简称CAAI)主办的2019年国际中小学人工智能教育论坛在南京成功举办。此次教育论坛的主要目标是讨论如何在中小学中建立系统的人工智能教学体系。围绕体系建设,大会提出了三个工作重点:"平台,智能和生态。"

首先,需要为高质量的中小学人工智能课程建立一个共享平台。教育部课程开发专家认为,人工智能教育需要教育教学管理和服务平台协同运作,汇总和挑选市面上已经出现的课程和资源,并且根据这些课程资源在中小学中的反馈,修订出适合在中小学中进行普及的人工智能的优质课程体系和教材,从而分享到共享平台中。值得注意的是,中小学人工智能课程的建设需要把握中小学学生的年龄特点,老师们通过有趣的、有启发性的方式鼓励学生接触人工智能的不同方面:机器人、模型与仿真、游戏与博弈、机器学习,以及让学生们了解到自己的身边就有人工智能工具,例如智能手机中语音交互的智能助手。而高深和复杂的人工智能知识本身的传授并不是中小学阶段的重点。

其次,"教育人工智能"是解决"人工智能教育"的最佳途径。"人工智能教育"是以人工智能为教育内容的教育教学工作;"教育人工智能"是提高人工智能教育的技术支撑和核心方法。从这个角度来看,第一步平台的建立和课程内容的选择只是一个开始。接下来,"人工智能教育"平台本身需要注入人工智能技术,逐步发展成为"教育人工智能平台"。注入人工智能技术包括两层含义,第一,需要培养一批从事"人工智能"教育的高水平、专业化教师队伍;第二,需要提供能够解决人工智能问题的专业技术和专业设备,例如,智能教室VR技术等。

最后,整个体系的建设需要形成一个由学生、教师、学校和社会组成的不同水平的四合一的人工智能教育生态系统。学生作为接受人工智能教育的主体,在进行课程设计的过程中需要考虑他们的接受能力;教师作为这一新型课程的传授者,自身需要有过硬的人工智能知识基础;学校需要在提供教授人工智能课程所需的设备技术的同时,及时反馈教授过程中存在的问题;并且,体系中前三项的良好运转需要社会提供专业的技术支持和设备支持,实现良性的联动一体化发展。

(资料来源:2019全球人工智能技术大会在江苏南京举办[EB/OL]. [2019 - 01 - 01]. http://kjsh. people. cn/n1/2019/0527/c404389 - 31105242. html)

第二节 专　长

个体在某一特定领域有高超的技能即为专长;该人是专家,被认为已经获得高水平的问题解决能力。相对地,新手则是指对问题解决有一些熟悉却通常较差地解决问题的个体(并不是完全没有问题解决的知识)。特殊领域的专家与新手在问题解决上有怎样的差异？其差异的实质是什么呢？如何尽快促进新手向专家角色的转变？

一、专家与新手的行为差异

■（一）在熟悉任务上的优势行为

学习要求　简述专家在面对熟悉任务时解决问题的行为特征。

1. 领域局限性

专长可以分为常规专长和适应性专长。前一类专长是在长时间训练后，所获得的快速而有效处理某类任务的能力，通常为程序性的，其迁移程度较差；而后一类专长是会随不同情境和个性发生变化的，能灵活而创新地解决领域任务的能力，具有较强的迁移性。但是，无论何种专长，都受到领域内任务特性的影响，与领域内活动或训练密切相关。

即使在同一领域，随着任务要求的不同，所形成的专长也不一样。例如，在数学领域有两种要求：一种是要学生不断解算术题，另一种是要学生通过算术运算来解决现实生活的问题，因而在这两种要求下所形成的解题技能是不一样的；同样，在弹琴活动中，正式教育（如家庭教师指导）强调节奏流畅、音调准确等，现场演练（如面对观众）则要注意不同观众的表情，因而两类活动"塑造"的弹琴技能也不一样。

2. 有意义模式

专家知识或技能的专门化，在国际象棋领域中非常突出，如国际象棋大师擅长回忆看过的一组棋子。这类知觉优势在其他领域也得到了显现，如在下围棋、阅读电路图表、阅读建筑蓝图、解释 X 光片时。觉察有意义模式的能力，所体现的不是一种普遍的非凡知觉能力，而是一种知识库组织。例如，一般程序员能回忆一些关键的编程语言字词，而专家程序员能再认和回忆一些熟悉的子程序。

进一步讲，在面临领域问题时，尽管每个人的认知容量都相同，但专家行为仍然高效，这主要可解释为：新手表现出大量有意识的搜索，限于他们对事物的认识是小单元的，表述不清的，字面或表面特性的，并与内含其中的抽象化原理关系不大；而专家表现出类似直觉的解题过程，以至其搜索过程大大减少，更能快速而有效地解决问题，可被认为来自其记忆系统中的组织化知识，来自其知识的方便提取，来自其能进行模式识别和有效推论。

3. 行为速度快

如在国际象棋领域，大师能下"快棋"或"盲棋"，在这类活动中，他们只有非常少的时间来考虑棋着。对这类存在于专门领域的快，至少可以从两方面来解释。对于简单任务，例如打字活动，专家达到的速度，与其练习时间长短有关，时间越长，技能就越趋于自动化，表现为手指移动速度快（存在更多的重叠动作），从而释放一些心智资源，用以处理其他需要意识控制的任务，如打一些出现频次少的虚构词；相反，新手只有少量的心智资源来关注这些虚构词。因此，专家之于新手的快，是他们腾出更多心智容量，以执行整个任务。

另一种解释,主要在于先前提到的有关于模式识别的观点,即专家通常无需进行大量搜索,就能直接提取某些方法。例如,国际象棋专家一旦觉察到棋盘上的模式,就能直接预测各种可能棋着。这也许是因为,通过大量的下棋活动,他们已经存储了一些条件—行动规则,在这些规则中,特定模式(条件)将激发某一固定系列的棋着。再如,出租车驾驶员在开向目的地时,立即意识到某条捷径,尽管在实验室研究中,他可能不会形成这一更短线路。

4. 非凡记忆力

专家的非凡记忆能力表现在两方面:一是对新近呈现的材料,专家的回忆能力似乎能超越短时记忆的限制,这并不是因为他们的短时记忆容量比其他人大,而是因为他们技能的许多成分已经自动化,从而能释放更多资源来进行更大容量的存储;二是专家积累了大量知识,能从长时记忆中根据任务要求随时提取所需信息,因而在长时记忆方面也有优势。例如,在国际象棋领域,大师能再认或立刻回忆起某次著名赛事中的棋局。当然,这种非凡记忆力仅限于专家经常记忆的材料,如果是面对不熟悉的材料,则记忆成绩与常人无异。

5. 问题表征深

在问题解决开始阶段,专家尝试"理解"该问题,而新手急于运用某些公式,试图一举成功。专家在以质的方式分析问题时,总会建立一个心理表征,据此推论出限制该问题情境的关系,同时,他们也会添加一些约束条件于该问题。例如,在数学领域,好学生在解决代数问题前,往往先建立一个心理模型,思考该问题的约束条件。附加一些约束条件于问题,这种质性分析方法的有效性,在不明朗问题中能得到最为明确的显现。而这类附加约束条件,能有效降低搜索空间,避免某些不必要的思维路径,排除一些可能无效的方法,从而作出更有效的决策行为。

对问题的不同表征导致不同的解题效果。在专家高度组织化的知识基础上,概念如要被运用,它一定是程序的、规则性的和条件性的。功能性知识与问题目标结构知识紧密联系。在回忆相关领域信息的特殊项目方面(如多选类型),专家与新手的能力相当,但知识丰富的人(专家)能更容易将这些信息项目按因果次序联系起来,形成诸如问题解决所需的目标(子目标)序列或层次等结构。

6. 自我监控力

专家比新手更能意识自己的解题进程,如是否出错,为何无法理解问题。例如,在物理学领域,专家经常核对自己的答案,同时在判断某一物理学问题的困难程度时,其精确性比新手更高,这也证实了专家的自我知识。在数学领域,专家在执行运算之前,时常会放弃某些解题尝试。在国际象棋领域,专家在正确再现棋谱之前,能比新棋手更准确地预测反复看该棋谱的次数;在学习活动中,专家要问更多问题,尤其在复杂学习内容上为甚,而新手探询的问题大都集中在较简单的材料上。

专家的监控技能,体现了在该领域中丰富的内隐性知识,促使他们熟练地调节自我问题解决活动,适时地核查已操作的步骤,监控自我解题步骤以及行为结果。这种自我意识也体现在专家在分配注意力和关注反馈信息方面。相比较新手在解题初期仅依靠表面特征,专家在解题方面所花的整体时间尽管较少,但在表征某些难题时,自我监控过程的运用将减缓专家的解题速度,使得理解问题的时间相对来说大大增加。

■（二）在陌生任务上的灵活行为

专家在专业领域的种种优势，归根结底是专门化知识的结果，而后者反过来促进他们各种能力的提高。但是，在面对随机、无意义模式或者结构不良问题时，专门化知识或技能不能发挥作用，专家是否会变成新手呢？对这一问题，研究者认为，专家的快速知觉能力或表征问题的能力，虽然不能得到体现，但他们会采用一般性问题解决策略。

在陌生领域，由于知识的匮乏，专家的模式和解决方案不能立即被启用。通常，这些问题被称为结构不良问题或者发现型问题。该类问题的特点是：（1）开放式问题限制了对变量的分析；（2）在问题表征或概念理解中需要设置一些参数；（3）采用类比方法；（4）从结构良好或熟悉领域的问题解决中，寻找所蕴含的强力原理，作为解决该问题的方法。所以，在新情境中，模式知觉中的子问题内容是问题解决的关键步骤，而问题解决者必须迅速建构一些表征或模型，用作问题解决的基础。

对于结构不良问题，专家可能像新手一样，采用一般性问题解决过程。例如，他们将结构不良问题分解成一组子问题，但比新手更为熟练；他们为开放式限制变量设置一些参数，通过运用可证实的问题表征，从而导致问题的成功解决；当问题不能直接产生解决方法时，专家求助类比方法，搜寻匹配物或不匹配物；他们也试图运用已经掌握的其他问题模型，来解决这一新情境中的问题，或可能采用特例或简单化问题，来解决这一新问题。

所运用的一般性启发式，虽然并不能替代领域知识，但可用来提取领域知识。在某种程度上，问题解决者通过运用一般性启发式，可以将结构不良问题引向熟悉领域，而在后一领域，现有的知识能够起作用。专家运用一般性启发式，其目的不是"去情境化"，而是将之与现有知识联系，并提供可能的解决方案。正因为如此，在思维技能或推理中抽象地运用一般启发式，其效果常常不尽如人意。如要合理运用一般启发式，就应该与具体领域相结合。

将当前不熟悉问题与已往熟悉问题进行联系、比较，这就是一种类比方法，但这种类比方法并非常常有效，其运用必须符合某个恰当的时机。有研究者曾探讨了专家和新手运用类比法的差异。例如，在某些家庭作业中，学生可能发现练习题似乎与某个样例类似，然后，他们考虑是否参照这一样例来解决问题。通过言语记录分析，研究发现，在完成问题的基本目标方面，有效学习者较少运用类比式问题解决，但偶尔也会在完成自我反思类任务过程中，运用这一方法，如在检查解题步骤或冥思苦想时。而效率低的学习者在一般性问题中常运用类比方法，但反而使得他们较少觉察自己在当前领域知识中的"贫乏"，也就导致学生重"解题技巧"，而忽略"基础知识"的积累。

二、专家与新手差异的实质

学习要求　举例说明知识结构在问题解决中的作用；

　　　　　　举例说明技能的自动化过程；

　　　　　　举例说明不同领域的策略特点。

■（一）陈述性知识：知识结构

在陈述性知识方面，专家具有与该领域特征相适应的知识结构。有研究者在物理学领域的专家—新手比较研究中发现：新手是按照问题图形的相似性进行分类的，而专家则根据问题涉及的基本原理来分类(Chi et al，1981)。例如，对于"斜面"这一术语，新手（刚读完大学物理学一年级课程的学生）和专家（已取得博士学位的专家）具有不同的记忆结构：新手记忆结构中的结点要么是描述性的，如"静止摩擦系数"、"夹角"等，要么是跟具体对象有关的，如与木块有关的"质量"、"高度"等，虽然有结点涉及"能量守恒"这一高级原理，但仅从属于某些表面性结点，如图 11.4 所示；而在专家的记忆结构中，其结点大多涉及一些基本物理原理，如"能量守恒"、"牛顿定律"等，且这些结点不从属于其他表面性结点，如图 11.5 所示。

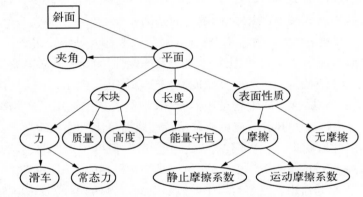

图 11.4　新手关于"斜面"的记忆结构

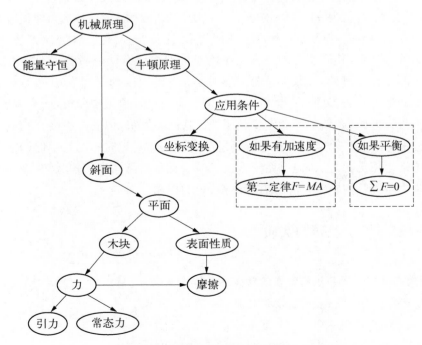

图 11.5　专家关于"斜面"的记忆结构

而其他领域的专长研究，也揭示出专家的知识结构及其特征。例如，在棋牌类活动中，如国际象棋、围棋、五子棋、桥牌等，专家丰富的知识中蕴含大量知觉模式；而在一些记忆类活动中，如对建筑蓝图、文本段落、电路图、计算机程序代码和篮球事件等内容的记忆，专家的知识具有等级性结构，且在该结构中还存在某些特殊的组织原则。

■（二）程序性知识：特殊领域的基本技能

在特殊领域的基本技能方面，专家更趋于自动化。安德森（J. R. Anderson）曾以自己对几何学专长发展的研究阐明了这一观点。通过采用出声思维的技术，他记录了学生在学习两条证明三角形全等的定理（边—边—边定理和边—角—边定理）初期和后期的不同原始言语报告，如图 11.6、图 11.7 所示。通过比较发现，第二则原始记录比第一则原始记录更短，这表明学生使用原理的速度明显加快，而进一步分析则得出：学生在学习早期还需有意识地思考该定理，要对原理中每一个成分分别加以确认，一步一步地使用所学原理；而在学习后期则无须对原理作言语复述，不再需要在工作记忆中回忆起原理的陈述性表征，原理似乎只需一步就能与当前问题对上号。可见，经过相应练习，学生已将原理的陈述性表征转变为体现产生式规则的程序性知识（图 11.8）。

已知：∠1 和∠2 是直角，$JS=KS$

求证：$\triangle RSJ \cong \triangle RSK$

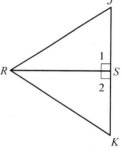

图 11.6

"假定我使用边—角—边定理（长停顿），对，RK 和 RJ 好像是（长停顿）缺的（长停顿），缺少一条边。我再想想，边—角—边定理在这里是不是用得上（长停顿）。让我看看这条定理是怎么说的，'两条边及它们的夹角'。我必须有两条边，JS 和 KS 是其中一条边，然后我再求助于 $RS=RS$，这样就可以用上边—角—边定理了（长停顿）。不过这里的∠1 和∠2 都是直角，该是什么意思（长停顿）？等等，我再想想，它们能不能派上用场（长停顿）。JS 和 KS 相等（长停顿），∠1 和∠2 都是直角，这里好像有问题（长停顿）。好了，原来的定理是怎么说的？再检查一下：'如果一个三角形的两条边与另一个三角形的对应边相等'。对，我已经找到了两条边和它们的夹角了，夹角就是∠1 和∠2。我想（长停顿）它们都是直角，这意思是说，它们应该是互等的，我的第一条边是 JS 对 KS，另一条边就 RS 对 RS，这样就有两条边了。对，我想这里可以用上边—角—边定理。"

图 11.6 原始记录在学习边—边—边定理和边—角—边定理后，第一次几何证明问题

已知：∠1＝∠2

$AB=DC$

$BK=KC$

求证：$\triangle ABK \cong \triangle DCK$

"我一下子就能猜到，这里的条件支持 $\triangle ABK$ 全等于 $\triangle DCK$，因为这里只有边—角—边这条定理可以用。"

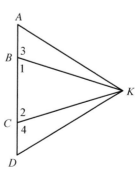

图 11.7

图 11.7 在学习边—边—边定理和边—角—边定理后,学生遇到的第六个几何证明问题及其原始记录

> 如果　目的是求证三角形 1 与三角形 2 全等
> 　　　且三角形 1 的两边一夹角同三角形 2 的两边一夹角似乎相等
> 那么　制定的子目标是证明对应边与对应角相等
> 　　　且启用边—角—边定理来证明三角形 1 与三角形 2 全等

图 11.8　经过相应练习后,学生解题的原始记录和在头脑中形成的产生式

与前述研究类似,有研究者在研究运动力学领域的问题解决专长时也发现,被试最初要把有关速度(v)、时间(t)与加速度(a)的公式写下来(如 $v = at$),以便提醒自己找到题中的相应变量;经过一定的练习后,被试会根据问题中的常量直接写出($v = 2 * 10 = 20$),也就是说,这一公式已直接体现在解决问题的行为之中,无须再作逐字逐句的回忆。

■（三）程序性知识：特殊领域的策略

在特殊领域的策略方面,专家具有自己领域的特殊解题策略。有研究者曾对相对新手与相对专家在解决物理学问题上作了比较。该研究发现,相对新手的解题决策典型地属于逆推法,如解决一斜面类问题,如图 11.9 所示,新手直接从所要求的未知量 v 入手,先找到一个含有并可求 v 的公式,但使用该公式求 v,必须先求出 a,于是再找到一个含有 a 的方程,依次类推,新手在找到足以求出问题解的一系列方程前,须连续地后退,如表 11.1 所示。而相对专家虽然使用了与新手相似的方程,但使用的顺序完全相反,他们从可以直接算出的重力开始,然后直接计算有待求出的速度,如表 11.2 所示。

问题：一木块沿一斜面下滑,斜面长度为 L,斜面与水平面的夹角为 θ,摩擦系数为 μ,求木块抵达斜面底部时的速度。

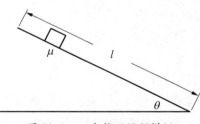

图 11.9　一个物理问题样例

表 11.1　新手解决物理题的典型思路

为求预期的末速度 v,需找到一含有速度的原理,如
$v = v_0 + at$
但这里的 a 和 t 均属未知,似不能用上,再使用
$v^2 - v_0^2 = 2al$
在这一方程中 $v_0 = 0$, l 亦可知,但仍须求出 a,因此再试用
$F = ma$
在这一方程中,m 为可知,仅 F 为未知,因此可用
$F = \Sigma fs$
在现在的情况下意味着
$F = F_g^n - f$

这里的 F_g^n 及 f 可根据下列方程算出

$F_g^n = mg\sin\theta$

$f = \mu N$

$N = mg\cos\theta$

经代入上式，求速度的正确表达式为

$v = 2(g\sin\theta - \mu g\cos\theta)l$

表11.2　专家解决物理题的典型思路

木块的运动可用受到的重力来说明

$F_g^n = mg\sin\theta$

此力为沿木块向下的力，而摩擦力则为

$f = \mu mg\cos\theta$

此力为沿木块向上的力，因此木块的加速度与这些力的合力有关，即

$F = ma$ 或 $mg\sin\theta - \mu mg\cos\theta = ma$

知道了加速度 a 后，便可根据以下这些关系求出木块的末速度 v

$L = 1/2at^2$ 及 $v = at$

需注意的是，专家所采取的特殊策略是依据各领域特点而发生变化的。例如，在计算机编程领域，有研究者发现，无论是新手还是专家，都以自上而下的方式来编制程序，即总是从某一问题的提出深入到所涉及的子问题，然后再从子问题中分解出需进一步解决的若干子问题（Anderson，1984）。也就是说，在编程领域的新手向专家转变的过程中，这种逆推的思路不会发生改变。但是，有研究者却在编程领域发现了另外一种策略差异，即：专家解决问题常采用广度优先策略，而新手则采用深度优先策略。尽管在物理学、计算机编程或是其他领域，各领域专家采取的特殊策略也各不相同，但有一点共同之处，即专家常常采用与该领域最相适宜的策略。

三、学科专长的培养

学习要求　结合实例来简述形成有组织知识结构的具体步骤；

结合实例来简述促进技能自动化的方法；

结合实例来阐述培养策略性学习者的方法。

如何将学生培养成有效的问题解决者？从专长的角度，培养有效的问题解决者，就是使学生从不会解题到会解题。从前述内容已知，专家与新手在问题解决差异上的根源在于他们的知识结构、自动化技能和学习策略，知道这一点，有助于我们从问题解决能力的实质的角度来培养学生，有针对性地进行训练，以提高学生的问题解决能力。

■（一）形成有组织的知识结构

第一，要丰富学生的观念性知识，这是因为这类知识可以影响问题解决者对问题的表

征以及搜索解决方案的过程。但相对于某一层次的学生而言，他们应该掌握该学科哪些具体的观念性知识呢？教师可以以有关部门制定的文件（如课程标准）为参照，对有关章节的基本概念、基本事实进行归纳整理。例如，在历史学科中可以归纳出一些重要的年代、事件以及举措；在数学学科中，可以归纳出一些基本概念、定理和公理。如有可能，可将这些基本概念与基本事实以网络的形式串联起来，必要时还可配以图片说明。需特别指出的是，概念的阐述一定要清晰明了。许多实验表明，新手问题表征的肤浅和出错根源在于他们对概念缺乏真正的了解。有经验的教师在传授知识时，总是对该章（节）的基本知识点及基本事实性知识了如指掌，而且会花费相当多的时间来澄清概念。教师还会要求学生自己着手整理有关的观念性知识，以加强他们对这些知识的理解。

第二，可以采用一些学习方法。例如，运用"出声思维法"来帮助学生理解问题。当问题比较抽象时，让学生报告出正在思考的东西，或将问题以自己所理解的方式叙述出来。这一过程有助于学生理解问题。再如，教师可以向学生示范如何解决那些含有无关信息的问题，这能让学生认识到关注相关信息的必要性和有效性。另外，教师还可以让小组学生一起从事问题解决，而学生可以从小组的其他成员那里了解一些有关问题解决的事宜，这种小组合作可以使问题解决变得更加有趣，有利于激发学生的动机。

■（二）促使技能达到自动化水平

学生要想快捷地解答学科问题，就必须对一些基本技能的操作得心应手，这样才可能腾出更多的精力去解答更难的问题。对于解答一道应用题而言，简单的加减乘除运算就属于基本技能的范畴。对于写作一篇优秀文章而言，能写出正确的、无语法错误的句子是基本技能。在某一特定的时刻，人们的精力是有限的，他们很难同时去做几件比较生疏而又困难的工作。有研究表明，初学阅读者往往把时间和精力花费在字词的编码及其意义的提取上，因此他们对段落大意或整篇文章的理解感到很吃力，严重时还会导致错误的理解。从这一点来说，教师不可忽视本专业内的一些基本技能的训练。

在具体加强学生基本技能训练方面，教师可从两方面着手：一方面，确定哪些技能是解决该领域的一般问题所必须掌握的基本技能。这可通过查看课程标准以及与专家教师进行访谈而得知。另一方面，促进这些基本技能的自动化，可以按如下步骤展开：首先，将较复杂的技能分解成许多子技能或前提技能，并分别掌握它们。其次，促进各子技能或前提技能之间的组合。在这一过程中，练习和反馈是两个非常重要的因素。最后，多次综合训练，使其达到自动化水平。

■（三）教授学生运用策略

一般来说，课堂教学目标不仅要求学生获得知识和形成技能，还要求教师能教会学生如何运用一些学习策略。而在学习过程中，学生也必须学会对自己的学习内容和过程进行管理。学习策略，不仅包括影响知识和技能的已有观念、情绪和行为，还涉及对知识的重新组织。在课堂教学中，教师教授学生一些学习策略，目标是为了使学生成为策略性学习者，也就是培养愿学、想学、知道如何学的学生。

在具体学科中,要培养学生灵活运用不同策略的能力,通常的做法是:对该领域中经常碰到的情况及一些常用的问题解决策略进行归纳总结,找出不同策略所各自适应的一般性情境。这样,当碰到类似问题时,学生就可做到心中有数了。

当然,学生有时难以对这些情境与策略进行有效的分析与匹配,或者说,他们对有关策略的总结不能做到面面俱到。这时,运用元认知法能有效地提高学生灵活运用不同策略的能力。元认知法要求学生对实际生活中所碰到的各种问题不断进行总结,并探讨可行的解决办法。学生可以自己提出问题,然后思索,寻求问题解决的方法,并以日记或笔记的形式记录下来。学生还可以通过观摩其他有经验教师的授课,结合自己对问题的思考,形成对某些问题解决的独特看法。在这种元认知中,由于学生要对自己和他人运用不同策略解决不同问题的成败经验进行反省总结,因而可以有效地提高学生的问题解决能力。

教学反思

学完本章后,你可以思考如下知识点:

☞ 问题解决的过程;

☞ 问题表征的方法;

☞ 问题解决的方法;

☞ 专家的优势表现;

☞ 专家之所以专的原因。

本章总结

■ 问题解决

问题通常拥有起始状态和目标状态,而问题解决就是要实现从初始状态到目标状态的顺利过渡。问题解决有一般加工取向和专家—新手对比取向。问题解决的一般过程是:明确问题、定义和表征问题、探索可行的策略、按照策略行事、复查和评价活动效果等。而问题解决的一般方法,有两种常用的程序——算法和启发式法。当前,研究者开始使用人工智能来解决一些问题,这对教育研究和实践影响巨大。

■ 专长

专家是已经获得高水平的问题解决能力的个体,专家具有各种优势,如能知觉较大的有意义模式,拥有高超的记忆,能更深层地表征问题,以质的方式分析问题,有自我监控技能等。这些差异是由于专家具有与相应领域特征相适应的知识结构;在特殊领域的基本技能方面,专家更趋于自动化;专家具有自己领域的特殊解题策略。培养有效的问题解决者,可以从形成有组织知识结构,促使技能达到自动化水平,教授学生运用策略这三方面着手进行。

重要概念

问题解决　专家—新手研究范型　问题表征　启发式法　手段—目的分析法　类比法

参考文献

1. 陈琦、刘儒德主编：《教育心理学》，高等教育出版社 2005 年版。

2. 胡谊著：《专长心理学》，华东师范大学出版社 2006 年版。

3. 吴庆麟等编著：《认知教学心理学》，上海科学技术出版社 2000 年版。

4. 张大均主编：《教育心理学》，人民教育出版社 2005 年版。

5. ［美］阿妮塔·伍德沃克著，陈红兵、张春莉译：《教育心理学》，江苏教育出版社 2005 年版。

6. ［美］戴尔·H·申克著，韦小满等译：《学习理论：教育的视角》，江苏教育出版社 2009 年版。

7. ［英］S. I. 罗伯逊著，张奇等译：《问题解决心理学》，中国轻工业出版社 2004 年版。

8. Anderson, L. W. (1995). *International encyclopedia of teaching and teacher education*. Elsevier Science Inc., 660 White Plains Road, Tarrytown, NY 10591 - 5153.

9. Anderson, J. R. (1982). Acquisition of cognitive skill. *Psychological review*，89(4)，369 - 406.

10. Anderson, J. R. (2005). *Cognitive psychology and its implications*. London：Macmillan Publishers Limited.

11. Chi, M. T., Feltovich, P. J., & Glaser, R. (1981). Categorization and representation of physics problems by experts and novices. *Cognitive science*，5(2)，121 - 152.

12. Chi, M. T., Glaser, R., & Farr, M. J. (1988). *The nature of expertise*. National centre for research in vocational education.

13. Gick，M. L.，& Holyoak，K. J. (1980). Analogical problem solving. *Cognitive psychology*，12(3)，306 - 355.

14. Joyce, B., Weil, M., & Calhoun, E. (2015). Models of teaching. Boston：Pearson.

15. Jonassen, D. H. (2011). *Learning to solve problems: A handbook for designing problem-solving learning environments*. London；New York：Routledge.

16. Larkin, J. H., McDermott, J., Simon, D. P., & Simon, H. A. (1980). Models of competence in solving physics problems. *Cognitive science*，4(4)，317 - 345.

17. Newell，A.，& Simon, H. A. (1972). *Human problem solving* (Vol. 104，No. 9). Englewood Cliffs，NJ：Prentice-hall.

扫一扫二维码获取心
理学、教育学考研同
步真题及参考答案

扫一扫二维码获取同
步练习题及参考答案

第十二章

复杂认知：学习策略与迁移

引　言

在学习过程中，学生需要采用不同的策略和方法解决面临的各种问题。在这个过程中，学习成绩好的学生采用的学习策略是否比学习成绩差的学生采用的学习策略更胜一筹？学校是否可以专门开设课程教授学生解题策略？为什么有些学生无法做到"举一反三"？有的学生却运用自如？这些问题都是学习策略和迁移探讨的内容。

学完本章后，你应该能够：

☞　明确学习策略的含义；

☞　运用策略于学习或教学；

☞　阐述迁移的分类理论；

☞　说明三类知识的迁移机制；

☞　采用教学方式，促进学生的正迁移。

教学设疑

郝老师是小学低年级数学教师，在教一位数与两位数的乘法时，他发现小刚总是不能理解。开始郝老师认为是小刚没有记住乘法口诀，但对小刚进行乘法口诀强化训练后，这一问题依然存在，即"会背不会用"。并且，小刚在多位数加法上也存在困难。与小刚有相似问题的学生小军，则表现在不能熟练应用乘法规则：只会做某类题目，一遇到现实问题或者题目稍稍改变就又不会做了……相反，另一部分学生如小红，能熟练地背诵和应用乘法口诀，解决多位数加法问题。

如果你是郝老师，请思考：

☞　是什么原因导致小刚学习困难？

☞　如何帮助小刚和小军克服学习困难？

☞　如何教授解题规则？

☞　如何促进学生将习得的解题规则运用于新的问题情境？

视频

复杂认知：学习策略与迁移

第一节　学习策略

现今,信息的蓬勃发展使得知识容量不断扩充,帮助学生"学会学习"愈发重要。罗杰斯指出"真正的教师应该走在学生的前面,作为教师更重要的是教会学生如何学习"。而"学会学习"意味着学生必须掌握学习策略,并且知道在何时何地采用这些学习策略。

一、学习策略概述

学习要求　阐述学习策略的分类;

阐述有效使用策略者的三项主要特征。

■（一）学习策略的概念与分类

学习策略指学习者为了提高学习的效果和效率,有目的、有意识地制定有关学习过程的复杂的方案。学习策略包括认知策略、元认知策略、资源管理策略。

认知策略是指有效的信息加工方法和技术,第八章介绍的促进认知编码的方法,即组织化策略、精致化策略和活动化策略。除此之外,还有很多认知策略。例如,(1)教师在教授学生相似概念时,通常着重介绍知识点的区别和联系,从而帮助学生理清思路,熟记知识点。(2)外语学习过程中,教师充分调动眼(看词形)、耳(听发音)、口(念发音)、手(写单词)能帮助学生准确高效地掌握单词。(3)根据不同的知识类型,采取不同的复习方法。对陈述性知识的复习采用以背诵理解为主的方法,对程序性知识的复习采用以做题应用为主的方法。

元认知策略就是对自己的认知过程进行计划、监控和调整的方法和技术;这与第八章介绍的元认知类似。计划策略是预先安排各种活动,选择策略并预计其有效性。例如,学生在阅读一本书之前,会想是该略读还是精读,一天读完还是两天读完,等等。监控策略是在认知活动过程中,根据目标评价活动质量,给出反馈。例如,学生在阅读过程中,会不断做笔记,记录自己的思考活动。调整策略是指在发现问题后,采取相应的补救措施。例如,学生在遇到不明白之处时,有时会去找类似书籍,或者上网搜索相关资料。有效地安排和调节学习过程。具体说来:(1)计划策略是根据认知活动的特定目标,在一项活动之前计划各种活动,预计结果,选择策略,想出解决问题的方法并预计其有效性。(2)监控策略是在认知活动进行的实际过程中,根据认知目标及时评价、反馈认知活动的结果与不足,正确估计自己达到认知目标的程度、水平，并且根据有效性标准评价各种认知行动、策略的效果。（3）调节策略是根据对认知活动结果的检查发现问题，之后采取相应的补救措施，根据对认知策略的效果的检查，及时修正、调整认知策略。

资源管理策略是辅助学生管理可用环境和资源的方法和技术，这包括学习时间管理、学习环境的管理、学习努力管理、利用其他人支持管理。学习时间管理涉及统筹安排学习时间，如包括制定年度计划、月计划和周计划；对于每一个学习者来说都有其注意力集中水平最高的时间段，在此期间完成最难的学习任务是一种受推崇的方法。学习环境的管理是营造适合自己的学习环境，对大多数学习者来说，安静的学习环境更能集中注意力解决问题，同时确定处于一个不被打扰的学习空间也很重要。当然，在此过程中，学习努力管理和寻求他人支持管理也是重要的资源管理策略。该类策略有助于学生适应环境并调节环境以适应自己的需要，对学生的动机具有重要的积极作用。这类策略在后面的第十八章"课堂管理"中还会提到。

■（二）有效使用策略的学生

在课堂中，某些学生总是更善于运用策略，因而能有效解决问题。而将学生培养成这种有效使用策略者，无疑是学校教育及大多数教师的愿望。研究发现，同低水平的阅读者相比，高水平的阅读者具有相关领域丰富的背景知识，拥有更多的策略且能自然而然地使用这些策略，能将策略与任务相匹配并能始终评价策略的效用。一般来说，有效使用策略者具有如下三方面的特征：广阔的背景知识，大量的认知策略以及高度发展的元认知能力。

> **有效使用策略者**
> 具有广阔背景知识，大量认知策略及高度发展元认知能力的策略使用者。

要使用认知策略，知识背景相当重要。没有丰富的知识背景作为基石，使用认知策略将会变得相当困难。研究发现，在接受教学过程中，学生在没有知识背景的情况下，只能利用认知策略"预测简单知识、总结细节以及阐述词组的普遍意义"。研究还发现，那些能够利用深度加工策略来概括问题、形成表征以及运用类比推理的学生，都具有广泛的背景知识。将认知策略运用于不同课程，同样需要学生具有足够的背景知识用来激活这些知识的教学支架。

有效使用策略者具有大量可选用的认知策略。例如，他们会做笔记、浏览、使用提纲、利用黑体字和斜体字等，他们能够利用启发式法，如利用手段—目的分析法将问题分解为多个有意义的子成分。研究者认为，不具备大量的认知策略，学习者便缺乏将策略与不同情境及目标匹配的前提。而这种策略与情境及目标的有效匹配，则涉及下面的元认知能力。

有效使用策略者拥有条件性知识，即知道何时、何处运用何种策略的知识。例如，如果目标是获得某一段落大意，有效阅读者首先会略读文本，然后寻找主题句并搜索主要观点，他们将策略（略读）与目标（获得文本大意）匹配起来；如果目标是获得对文本的深度理解，有效阅读者便会选择不同的策略，比如总结、做笔记或自我提问,他们认识到随着目标和条件的改变,自己要相应地改变所使用的策略。

二、促进理解材料的学习策略

学习要求　运用多种学习策略于自己的学习与教学实践中。

■ (一) 基本学习技能

基本学习技能简单常用,比如画线和做笔记。画线是一种常用的策略,用以决定哪些是重要内容,以及这些内容需要被画线以作特别强调。使用画线策略的最大困难在于,决定哪些内容是重要的。有时,学生为避免做这样的决定,会随意画下一整段文本,但这样做毫无意义。还有些学生会关注段落的第一句、黑体字及斜体字部分,或者那些看起来令人感兴趣的部分,但这样做通常也会忽略文本中的重要观点。

与画线策略一样,确定哪些内容较重要对有效做笔记同样重要。但现实中,有些学生只是尽可能多地记下教师呈现的信息,而未对这些信息进行分析,并决定应当专门记录哪些内容。研究证实,有效做笔记能够促进课堂学习,并且这种技能本身可以传授和训练。在课堂中,为帮助学生发展这种技能,教师可以给学生提供一个框架(如矩阵或图),让学生填入相应信息,或者将确定重要内容的加工过程形成模式,直接教授给学生。图 12.1

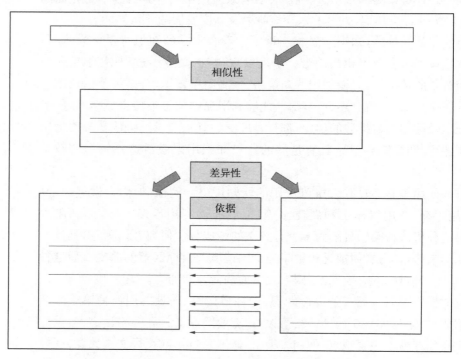

图 12.1　指导学生做笔记的框架图

是一指导学生做笔记的框架图，适用于学习两种不同观念、概念、实验、理论等。

根据学习材料所涉及的知识类型的不同，学生可以采用不同的基本学习技能：对于陈述性学习材料，主要有集中注意力、构建图式、观念精致等；对于程序性学习材料，主要有模式学习、自我教学、练习等。而每一种学习技能都有其适用的场合。表 12.1 列出了各种针对不同性质材料的基本学习技能。

表 12.1　依据材料性质所采用的基本学习技能

	技　能　样　例	运　用　的　情　境
学习陈述性信息	1. 集中注意力 　● 列文本大纲 　● 搜索主题句或标题 2. 建构图式 　● 文本图式 　● 理论图式 　● 建构信息网络和概念地图 3. 观念精致 　● 可视化	阅读较困难的材料 阅读结构不良的文本 理解和记住具体的观念
学习程序性信息	1. 模式学习 　● 假设 　● 确定行动的原因 2. 自我教学 　● 将自己的行为同专家比较 3. 练习 　● 部分练习 　● 整体练习	学习概念的特征 将程序与情境匹配 修正及改进技能 保持并改进技能

■（二）理解监控的策略

理解监控是一循环检测过程，以确保能理解正在阅读的材料，它是一种高级的学习策略，要求个体具有高度发展的元认知能力。有研究证实，低成就者和一些缺乏自我监控的个体很少进行自我检测，且常常在他们尚不理解问题的时候采取行动。下面将讨论两种重要的理解监控策略——总结和自我提问。

总结是指对口头或书面信息的中心思想作简明扼要的阐述。它是一项非常有效的理解监控策略，但学会它必须经过专门的训练且耗费大量时间。有研究证实，初中高年级以上的学生经过训练后，逐渐变得善于总结。在训练学生总结时，教师要同学生一起分析文本并帮助他们：（1）确定并剔除不重要的信息；（2）概述内容并提炼主题句。尽管这类训练要耗费大量时间，但结果表明确实可以促进学生理解文本。

自我提问是另一种自我监控的方式。如在阅读中，学生有规律地停顿下来，询问自己一些有关阅读材料的问题。精致性提问是一种比较有效的自我提问方式，它是一种获得推论、明确关系、引用样例或确定所学材料隐意的加工过程。下面便是一些有效精致性提问的例子："这一观点的其他例子还有哪些？"、"这一主题同前一节的主题有何相似与不同?"、"当前材料是什么主题的一部分?"通过精致性自我提问,新信息能和长时记忆中已有信息建立联系,从而促进理解与学习。

教学之窗

课堂中教授总结策略

为帮助学生成为有效使用策略者,有些研究者明确倡导利用模仿以及出声思维来教授策略。在学生最初进行练习时,教师提供教学支架,随着学生能力的提高,教师应逐步减少对学生的帮助。下面是运用该方法的一个教学实例。

郝老师是一位中学地理教师。在一堂课开始时,他说:"今天我们将学习高纬度地区、中纬度地区、低纬度地区的气候这一章。在上课之前,我们先讨论一下如何才能记住并理解所读的材料。"……"要成为阅读高手,有一种做法就是总结信息,就是将我们所学的材料作简短的陈述,这是一种非常有用的技能。首先,这种方法可以使我们很容易地记住所学信息,其次,可以使我们将某一气候带与其他气候带进行比较。当然,我们也可以在学习其他主题的时候运用这种技能,比如文化、经济等,甚至也可以运用到其他课程当中,比如学习生物课中不同的物种等。"……"现在,阅读本课材料,看看你能否发现是什么造成了低纬度地区的气候。"

在学生阅读材料几分钟后,郝老师说:"我在读这篇材料的时候,一直问自己这样一个问题:'是什么造成了低纬度地区的气候?'开始,我认为低纬度气候是炎热潮湿的,但后来我看到有些低纬度地区却是炎热干燥的,看起来低纬度地区有两种气候:干燥的和潮湿的。接近赤道的地方,是潮湿热带气候——整年炎热潮湿;离赤道远些的地方是干燥热带气候,夏季潮湿冬季干燥,在干燥热带气候中,高气压带导致沙漠的产生,如撒哈拉沙漠。"……"现在,来试试用我刚才的方法阅读中纬度地区的气候这一部分,看看你能否像我刚才那样做一些总结。"

所有学生开始阅读,当学生读完之后,郝老师说:"好,现在我找一些同学说出他的总结,哦,王蕾同学,你来回答。"……王蕾同学给出了她的总结,郝老师和其他同学对王蕾的总结进行评价并添加了一些信息。然后,学生继续以这种方式阅读高纬度地区气候这一部分。

在该教学案例中,郝老师展现出有效策略教学的四个特点:(1)他明确地教授了技能,解释了该技能如何操作及为何重要;(2)他明确了技能发挥作用的领域,比如强调不光在地理学科,在其他学科也同样适用,这种做法提高了学生对该技能的元认知意识;(3)示范了技能操作步骤;(4)让学生练习技能,并给予适时的反馈。

应当注意,郝老师不仅强调了总结策略,也提到了自我提问策略。他说:"我在读这篇材料的时候,一直问自己是什么造成了低纬度地区的气候?"因此,不同策略的讲授往往结合在一起,这样能使策略教学更为有效。

三、促进认知加工的思维技能

学习要求　区别思维技能与学习技能；
　　　　　　　阐述在一般课程情境中训练思维技能的方法。

除了可以对学习材料采用一些学习策略外，学生还可以对自己的思维过程或认知加工活动加以调节与控制，这就是思维技能。思维技能一般被认为与问题解决有关，而依据安德森的知识分类系统，思维技能可被认为是一般领域的认知策略（弱方法）。尽管思维技能与学习技能有相似之处，但二者在应用范围上存在差异：学习技能应用于从教师呈现的材料或书面材料中进行学习，而思维技能的应用更宽泛，它们被用来进行一般意义上的信息加工。例如，在阅读某份杂志时，你为了读懂文章意义，可能会提出一些问题并做总结，这便是学习技能；而当你超越文本，尝试去探讨作者的观点是否合理时，你便用到了思维技能。

> **思维技能**
> 有效收集、解释及评价信息的能力。

思维技能研究领域一直存在这样的争论：是应当在一般课程教学情境中进行思维技能训练，还是应当设置专门的课程来进行？近几十年来，研究者开发出了许多思维训练程序，试图在传统课程情境之外教授思维技能的不同方面，但这些训练程序的效果并不明显，所训练的思维技能也很难迁移到一般课程领域中。

20 世纪 80 年代开始，研究者逐渐将思维技能的教学置于一定课程情境当中，在日常课程中进行思维训练，而不再专门设置思维训练课程，这种做法延续至今。当前在结合课程情境训练思维技能的方法，通常围绕以下四项内容进行，如图 12.2 所示。

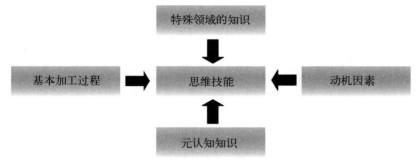

图 12.2　思维技能训练的四项内容

在上述思想内容中，基本加工过程是思维技能的基础成分。尽管存在个体差异，但大多数思维能力较强的人具有共同的基本加工过程，如表 12.2 所示。

表 12.2　思维中的基本加工过程

加　工　过　程	子　过　程
观察	回忆和再认
发现模式及概括	比较及对比,归类,确定相关及无关信息
基于模式形成结论	推论,解释,假设,应用
基于观察评价结论	检查一致性,确定存在的偏见、迂腐的观念等,确定未陈述的信息,识别过于概括化或欠概括化的现象,依据事实证实结论

这些过程可被视为建设思维这座"大厦"的"砖头",之所以关注这些加工过程和子过程,目的在于将复杂的思维现象分解为可教、可学的细小部分。对于思维技能教学的研究,支持训练基本加工过程这一观念,因此在学校一般课程中训练思维技能,教师应当以一种更深入、更有意义的方式促进学生基本加工过程的发展。

特殊领域的知识对于教授思维技能非常重要。个体思维的时候,必定"思维"着某样事情或事物,特殊领域的知识正是个体运用思维技能的那个领域的"内容",也可以这样说,特殊领域的知识是思维技能的内容。"特殊领域知识的重要性毋庸置疑,为了在某一领域有效思维,个体必须知道有关这一领域的一些知识,一般来讲,知道得越多越好。"

在思维技能的范畴内,元认知意味着学习者明了何时使用不同的基本加工过程,知道这些加工过程如何同特殊领域的知识联系起来,以及它们为何被运用。例如,高效的思维者不仅能够在信息的基础上发现模式并形成结论,而且也能深刻地意识到他们正在做什么。对课堂教学中出现的思维过程进行探讨,是发展学生元认知知识的有效途径。有研究者认为,直接对元认知技能进行探讨,不仅有利于阅读理解也有利于数学问题的解决。

研究者正逐渐认识到动机在思维中起重要作用。动机决定了学生在学习过程中的态度,而态度是思维的一个重要成分,决定着何时及如何运用思维策略。例如,在做决定时选择证据的倾向,尊重与自己不同的观念,好奇心,探究心理,以及三思而后行的心态,都对思维技能的运用产生影响。与认知领域的知识和技能不同,态度与动机不能被直接"传授",但可以通过观察和模仿来习得。在课堂教学中,教师应当注意培养学生正确的学习态度,以提高其思维水平。

教学之窗

课堂中教授思维技能

☞　合理安排教学活动以促进思维

　　✓　在生物课上,让学生列出他们实地考察时所看到的每一项事物,然后全班学生一起对这些事物进行归类并命名。

　✓　将所教单元的知识内容用图表来表示，让学生首先自学这些图表，而后做笔记，接着在比较的基础上进行推论，最后教师总结并分析学生的结论。

☞　利用提问促进思维

　✓　在语文课上，帮助学生分析文学作品时，可以询问学生："为什么你这样说?"、"文章中哪些内容支持了你的说法?"等问题。

第二节　迁移理论

学习是一个连续的过程，新概念的学习总是建立在原有概念学习的基础之上，新问题的解决总是受到先前问题解决的影响，新策略的获得总是原有策略应用于新情境的结果。因此新学习总是受先前学习的影响，这就是本节将要介绍的迁移。

一、迁移的概述

学习要求　结合自己的学习实践列举三项迁移现象；
列举迁移的不同类型并举实例说明。

■（一）迁移的定义

迁移是"先前学习对后续学习的影响，或先前的问题解决对后续问题解决的影响"，但这一定义并不能概括所有的迁移现象，这是因为后续学习对先前学习也可能产生影响。因此，有研究者将迁移定义为"在一种情境中获得的技能、知识或形成的态度，对另一种情境中技能、知识获得或态度形成的影响"。这一概念将后学对先学的影响也包含入迁移之中，但仍不够完整，因为运用所学知识、技能去解决问题同样是一种迁移。所以，从迁移发生的种种情况出发，可以将迁移简单定义为：一种学习对另一种学习的影响。这一定义似乎较少引起争议。迁移现象纷繁复杂，依据不同的标准可以对迁移进行不同分类，这体现了研究者对迁移现象的理解深度和研究视角的不同。随着研究不断深入，必然会出现一些新的迁移分类观点。

> **迁移**
> 指一种学习对另一种学习的影响。

■（二）迁移的分类

依据迁移发生的方向，可以将迁移分为顺向迁移和逆向迁移。前者指先前学习对后续学习的影响，后者指后续学习对先前学习的影响。当学生面临一个新的问题情境，能利用原先所学的知识和技能来解决问题时，这种迁移是顺向迁移，如数学课上学习乘法口诀有助于学习多位数乘法，会打乒乓球的学生在学习网球时会借鉴打乒乓球的技巧。反之，如果原有的知识技能不够稳固或存在缺陷，不足以解决问题，学生通过对原有知识进行改组或修正，从而解决了问题，并巩固、加强了原有知识，这种迁移便是逆向迁移。

依据迁移的效果，可以将迁移分为正迁移和负迁移。正迁移是一种学习对另一种学习产生积极影响，如导致良好的心理准备状态，所需时间或练习次数减少，能更有效地解决问题，等等。例如，解决数学学科中某一难题，能使学生对学习后续问题充满信心。负迁移是一种学习对另一种学习产生消极影响，如导致消极的心理状态，学习效率或准确性不高，所需时间或练习次数增加，不能有效解决问题，等等。例如，体育课上对某动作要领始终不能掌握，会使学生不愿再参加类似的体育活动。

依据迁移发生的领域，可以将迁移分为认知领域的迁移、运动技能领域的迁移和情感态度领域的迁移。例如，学习一种外语有助于学习同一语系的另一种外语，学习有效的阅读策略有助于理解和记忆文章的内容，等等，这些属于认知领域的迁移；学习骑自行车有助于学习驾驶助动车，学习舞蹈有助于学习花样滑冰则属于运动技能的迁移；在画画时养成爱整洁的习惯，有助于在完成其他作业时形成爱整洁的习惯，对某学科任课教师的积极情感会促进对该学科的积极态度，这些属于情感态度的迁移。

依据迁移发生的水平，可以将迁移分为横向迁移和纵向迁移。前者指知识或技能在相同水平上的迁移，如学习三角形面积公式后，运用该公式来计算某给定三角形的面积；后者指低水平技能向高水平技能的迁移，如运用三角形面积公式来推导梯形的面积公式。与此类似，也有人提出近迁移和远迁移的划分，前者指已习得的知识或技能运用于与原学习情境相似的情境，后者指已习得的知识或技能运用于新的不相似的情境。

依据迁移的内容，可以将迁移分为知识的迁移和问题解决的迁移。前者指先前学习（任务 A）对新学习（任务 B）的影响，例如学过一位数加法的儿童与未学过的相比，在学习两位数加法上所花的时间要少；问题解决的迁移是指先前的解题经验（问题 A）对解决新问题（问题 B）的影响，即问题解决者利用先前解决某问题的经验来解决一个不同类型的问题，例如会解两步应用题的学生在解三步应用题时，成绩优于没有经过先前训练的学生。

依据迁移发生的自动化程度，可以将迁移分为低路迁移（low-road transfer）和高路迁移（high-road transfer）。低路迁移是指反复练习的技能在几乎不需要意识的参与之下便能自然而然地迁移。例如，反复练习修理各种设备可以使技能自动地迁移到其他设备的修理工作中。高路迁移是有意识地将在某一情境下习得的抽象知识运用于不同的情境之中。如将人体解剖学的知识运用于即将学习的人体素描课程中，这需要个体主动搜索人体肌肉的特点、骨骼的构成等知识。

对迁移进行分类，深化了人们对迁移的认识。但需要指出，迁移分类理论只是迁移研究的组成部分之一，仅仅描述了迁移现象的外在形式，刻画了迁移现象的存在，并未涉及对迁移的内在效果（即哪些内容迁移到新的学习情境中）、获得迁移的途径（即迁移是通过有意义学习还是通过机械训练获得的）、迁移发生的领域（即迁移仅仅发生在特殊范围还是可以跨越不同的任务和学习领域）等问题的探讨。事实上，上述问题在迁移研究中一直具有重要意义，成为迁移理论争论的焦点。而学习认知理论中对知识的分类观点，以及研究人类胜任力的专长研究，将为我们进一步探讨迁移的内在机制和规律提供理论基础。

二、早期的迁移理论

学习要求　比较早期的迁移理论。

迁移要求学习者在一个新的背景环境中应用之前学习的知识，那么学习者是如何将所学知识应用推广到所处的新环境的呢？针对迁移是如何发生和发展的，心理学家提出了以下几种理论框架进行解释：

■（一）形式训练说

心理官能只有通过训练才能得以发展，而迁移是通过某种科目或题材对组成心理的各种官能进行训练，即迁移是心理官能得到训练而发展的结果。具体看来，形式训练说认为人类大脑的不同区域代表了不同的官能。而人的心智是由不同的官能共同构成的，不同的官能活动相互配合就构成各种各样的心理活动。形式训练说的主张者将对官能的训练类比成对肌肉的训练，也就是说通过力量训练能够增加肌肉，通过对各种官能的训练可以提升迁移的能力。根据这种理论，在学校教育中，迁移的发生重点依赖于对官能的训练，训练官能比传递知识更加重要。在形式训练说主张者看来，知识只是用来训练官能的。

但在 20 世纪初以后，出现了很多心理学实验驳斥了形式训练说。例如，记忆实验发现，记忆的提升是基于记忆方法的改善而并不基于记忆能力的改善。之后桑代克通过实验发现，训练的结果可以迁移到类似的学习活动中，不相似的学习活动之间却无迁移现象。其中的一个实验，他们首先训练大学生对平行四边形的面积进行估计，然后对他们进行两种测验。结果表明，被试对矩形面积的判断成绩提高了，但对三角形、圆形和不规则图形的判断成绩并没有提高。据此，桑代克认为，学习中训练某一官能未必能使它的所有方面都得到改善。因此，形式训练说的假设缺乏足够的实验依据和现实依据，其对迁移的解释是从唯心主义的观点出发的。基于此，桑代克提出了相同要素说。

■（二）相同要素说

学习迁移就是相同联结的转移。两种学习情境的相同或相似之处越多，诸如学习材料性质、学习目的、学习方法、学习过程、学习态度、一般原则或原理等越是相同或相似，则前一种学习越能对后一种学习发生迁移作用。例如，在活动 12345 和活动 45678 之间，因为两种活动有共同的成分 4 和 5，所以这两种活动之间才会有迁移。当两种学习情境含有共同因素，不管学习者是否觉察到这种因素的共同性，总有迁移现象发生。例如，由于骑自行车与骑摩托车在协调和操作方式上有相同因素，所以迁移就容易发生。后来，桑代克等人还通过对知觉、注意、记忆和运动动作等方面所进行的一系列的迁移实验发现，经过训练的某一官能并不能自动地迁移到其他方面，再次证实了只有当两种情境中有相同要素时才能产生迁移。相同要素也即相同的刺激（S）与反应（R）的联结，刺激相似而且反应也相似时，两情境的迁移才能发生，相同联结越多，迁移越大。

■（三）经验概括说

美国心理学家贾德认为在先期学习 A 中获得的东西，之所以能迁移到后期学习 B 中，是因为在学习 A 时获得了一般原理，这种原理可以部分或全部运用于 A、B 之中。"水下打靶"实验是这个理论的经典实验。被试被分成两组，要求他们用标枪投中水下的靶子。实验前，对一组学生讲授了光学折射原理，另一组不讲授，仅从尝试中获得经验。在开始投掷练习时，靶子被置于水下 1.2 英寸处。结果，讲授过和未讲授过折射原理的学生的成绩相同。这是由于在开始测验中，所有学生都必须学会运用标枪，理论的说明不能代替练习。当把水下 1.2 英寸处的靶子移到水下 4 英寸时，两组的差异就明显地表现出来。未讲授过折射原理一组的学生不能运用水下 1.2 英寸的投掷经验以改进靶子位于水下 4 英寸处的投掷练习，错误持续发生。而讲授过折射原理的学生，则能迅速适应水下 4 英寸的学习情境，学得快，投得准。对此，贾德是这样解释的：理论能把有关的全部经验，包括水外的、深水的和浅水的经验，组成整个思想体系，学生在理论知识的背景下，理解了实际情况以后，就能利用概括了的经验，去迅速地解决需要按实际情况作分析和调整的新问题。贾德以实验研究了原则和概括性的迁移后认为：两个学习活动之间存在的共同成分，只是产生迁移的必要前提，而产生迁移的关键是学习者在两种活动中概括出它们之间的共同原理，即在于主体所获得经验的泛化。因此贾德的学习迁移理论又称概括化理论。

■（四）关系转换说

格式塔心理学家认为，人所迁移的是顿悟——两个情境突然被联系起来的意识。对情境中的一切关系的顿悟是迁移的实质。其中，苛勒用"小鸡啄米实验"证明了这个理论。他让小鸡在深、浅不同的两种灰色的纸下面寻找食物。通过条件反射学习，小鸡学会了只有从深灰色纸下才能获得食物奖赏；然后，变换实验情境，保留原来的深灰色纸，用黑色纸取代浅灰色纸。如果小鸡仍然到深灰色纸下面寻找食物，那就证明迁移是由于相同要素的作用；如果小鸡是到两张纸中颜色更深的那张（即黑色纸）下面寻找食物，那就证明迁移是对关系作出的反应。实验表明：小鸡对新刺激（黑色纸）的反应为 70%，对原来的阳性刺激（深灰色纸）的反应是 30%；这一结果证明情景中的关系对迁移起了作用，迁移的产生基于两个条件：一是两种学习之间存在一定的关系；二是学习者对这一关系的理解和顿悟。其中后者比前者重要。习得的经验能否迁移，并不取决于是否存在某些共同的要素，也不取决于对原理孤立的掌握，而是取决于个体能否理解各个要素之间形成的整体关系,能否理解原理与实际事物之间的关系,即对情境中一切关系的理解和顿悟是获得一般迁移的最根本要素。越能发现事物的关系,越能加以概括推广,迁移就越容易发生。

三、知识视角下的迁移理论

学习要求　说明知识在迁移中的重要性;

简述三类知识的迁移并举实例说明。

探讨迁移的内在机制,就要了解何种成分迁移到了新的学习情境,换句话说,必须分析个体在先前学习中获得了何种能力,才对另一学习产生影响。例如,在学习加法中获得了何种能力,才有助于学习乘法;在解两步应用题时获得哪些能力,才会促进三步应用题的解决。因此,对迁移成分的探讨,将有助于了解迁移的内在机制。

随着认知心理学的兴起,专长研究者逐渐意识到,人类胜任力不仅是获得大量知识和以模式为本的提取机制的结果,而且是领域知识与一般能力交互作用的结果。在他们看来,在某一学习中获得的能力可以迁移到另一学习,是由于知识使然。同时,随着对知识本质的认识逐步深化,研究者逐渐揭示出不同类型知识的迁移具有不同的内在机制与规律。

迁移研究的这一趋势,成功融合了早期迁移研究的成果,并成为当今迁移理论研究的主旋律。而在学校教育中,尽管迁移也发生在态度、情感等领域,但主要涉及认知领域,即集中在陈述性知识的迁移、自动化基本技能的迁移以及认知策略的迁移三方面,而促进这三方面知识的迁移也正是当前学校教育的重要目标。

可以将迁移分为如表 12.3 所列出的九种类型。

表 12.3　不同类型知识的迁移

后一学习　　　前一学习		陈述性知识	程序性知识	
			自动化基本技能	认知策略
陈述性知识		例：近代历史知识的学习,对古代历史知识学习的影响	例：英文打字技能的熟练,影响对五笔输入法规则的学习	例：学会总结文章段落大意,对理解学科内原理或观点的影响
程序性知识	自动化基本技能	例：语法知识的学习,对语言表达能力的影响	例：学会仰泳对学习蝶泳的影响	例：学会制定计划,将有助于修理电视机
	认知策略	例：理解乒乓球大小对球速的影响,将有助于决定采用何种发球方法	例：开车技能的自动化,有助于预测各种驾驶情景	例：编写程序的方法（如流程图）,将有助于安排学习活动

可以看出,不同类型的知识之间存在各种形式的相互作用,即不同的迁移现象。下面仅就陈述性知识之间的迁移、自动化基本技能之间的迁移、认知策略的迁移（主要包括对

自动化基本技能和陈述性知识的迁移），详述它们的特点与规律。

■ （一）陈述性知识之间的迁移

陈述性知识之间的迁移，可以用认知结构迁移理论来解释，它主要依据奥苏伯尔的有意义言语学习理论。认知结构是学生头脑中的知识结构，是学生头脑中全部观念的内容和组织。认知结构变量（也称认知结构特征）是当学生学习新知识时，其原有认知结构中有关的观念在内容和组织方面的特征，主要包括可利用性、可辨别性和稳固性，而原有认知结构可通过这三个变量或特征来影响新知识的学习。

可利用性涉及原有知识的实质性内容，是指面对新任务时，学习者原有认知结构中是否具有用来同化新知识的适当观念。奥苏伯尔认为，新知识与同化它的旧知识之间有不同的关系，即上位关系（如水果与香蕉）、下位关系（如三角形与平面图形）和并列结合关系（如汽车与桌子）。一般而言，原有知识的概括水平越高、包容范围越广，就越可被利用来同化新知识，即有助于迁移。

可辨别性涉及原有知识的组织，是指面对新任务时，学习者能否清晰地分辨新旧知识间的异同。如果原有知识是按一定层级结构严密组织起来的，那么学习者在遇到新知识时，不仅能迅速找到同化点，而且容易分辨新旧知识间的异同，从而能更好地掌握并长久保持新知识；如果原有知识没有按一定结构来排列，则新知识很难在原有认知结构中找到同化点，因而学习者很难习得新知识。

稳固性涉及对原有知识的掌握程度，是指在面对新任务时，用来同化新知识的原有知识是否已被牢固掌握。原有认知结构越牢固，越有助于促进新的学习；若原有知识本身没有被牢固掌握，则不但不会促进迁移，反而会起到干扰作用。

■ （二）自动化基本技能之间的迁移

自动化基本技能之间的迁移，可以用产生式迁移理论来解释，它是安德森思维适应性控制理论（adaptive control of thought theory，简称 ACT）的发展。自动化基本技能是程序性知识的一种，它以产生式为表征形式。前后两项自动化基本技能学习间发生迁移的原因，在于这两项技能的产生式系统存在重叠。前后学习的两项技能的产生式重叠越多，迁移越容易发生，迁移的量也越大。

研究者曾研究使用三种不同文本编辑程序的技能之间的迁移现象。这三种程序在操作上不尽相同（计算机程序本身设计不同），但使用者在操作时却要遵循相同的目标结构，如图 12.3 所示。他们给予被试的任务为编辑一部手稿，手稿上有标记，注释着如何修改（所有被试都是有经验的秘书，他们对编辑标记非常熟悉并且打字速度也相当快）。依据上述的目标结构，编辑手稿的步骤应当为：查看手稿找出哪些地方需要修改，然后执行编辑。执行编辑过程又具体包括在电脑文件中找到修改点，然后依据要求输入相应的文字。

因为使用三种编辑程序的目标结构是一样的，研究者预期学会使用某种编辑程序将会对学习使用另外一种编辑程序产生稳固的正迁移，也就是说，他们预期那些学习过文本编辑程序 A 的被试在学习程序 B 时比那些没有学习过程序 A 的被试快。为检验他们的

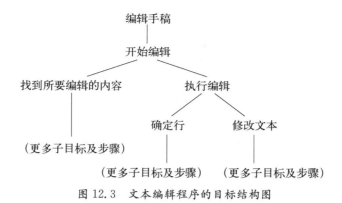

图 12.3　文本编辑程序的目标结构图

假设,研究者让一些被试连续六天学习程序 A;让另一些被试前四天学习程序 B,后两天开始学习程序 A;其他的被试在学习程序 A 之前连续四天练习输入做过标记的手稿。因为练习输入作标记的手稿并不体现目标结构,这部分被试在学习程序 A 时会比那些学过程序 B 的被试困难。

　　由于被试都是有经验的秘书,其击键准确率较高,故击键次数的增加预示着被试犯错越多,不得不重新输入某些内容,故可以用击键次数来反映被试对文本编辑程序的掌握程度,即击键次数越少,说明编辑程序的错误少,先前学习对当前学习的迁移效果较好。实验结果如图 12.4 所示。

　　在图 12.4 中,曲线 a 显示前四天仅练习文本输入对第五、六天学习文本编辑程序 A 所发生迁移的程度,曲线 b 显示前四天学习文本编辑程序 B 对第五、六天学习程序 A 所发生迁移的程度,曲线 c 为学

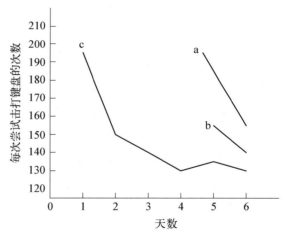

图 12.4　不同练习内容的迁移效果图

习程序 A 的练习曲线。从图 12.4 中可以看到,学习程序 B 然后学习 A 所发生的迁移量显然要比仅练习文本输入再学习程序 A 所发生的迁移量大。研究者认为,造成这种现象的原因是两种技能的相似性——即使用文本编辑程序 A 和程序 B 具有许多共同的产生式(目标结构一致),而输入文本的技能与使用程序 A 没有共同的产生式。这一实验结果有力地证明了自动化基本技能之间的迁移有赖于共同的产生式。

　　以产生式迁移理论解释自动化基本技能间的迁移,实际是桑代克相同元素说的现代翻版,但两者具有显著差异。在桑代克的时代,关于迁移的心理学研究仅限于动物学习和人类联想学习,对人类的高级认知技能缺乏正确的认识和有效的研究手段,因此错误地用外部刺激和反应来表征人的技能,不能反映人类技能学习和迁移的本质。认知心理学用产生式和产生式系统来表征人的技能,更准确地抓住了技能迁移的心理实质,其主要观点也得到了大量实验研究的证实。

■（三）认知策略的迁移

认知策略是一类程序性知识，在其产生式表征中，其条件中包含多种可变的情境，要求人们依据不同的条件，对采取何种基本技能作出相应的决策。是什么因素决定个体能够调节和控制自己的认知策略，将其运用于不同的问题领域呢？有研究者认为，影响认知策略的迁移的因素主要有五种：自我评价、元认知知识、归因、控制感及领域知识。

第一，对策略的自我评价将影响认知策略的迁移。有研究者曾向两组学生教授有效复述策略，然后训练其中一组学生进行自我检测以判断自己是否已准备好接受复述测验，另一组学生不接受该训练。他们发现，前者即使在一年以后也会将所学的复述策略运用于新的记忆问题中，而后者却做不到。还有研究者证实，在策略训练中，使受训者学习评价策略的有效性，确实促进了策略的迁移。他们认为，这种处置将帮助受训者在相当长的一段时期内，提取一些有关策略有效性的信息并将其运用于类似的问题情境中。因此，对某一策略有效性进行自我评价，有助于该策略的迁移。

第二，元认知知识将影响策略的迁移。通常，在训练学生使用某种策略时，教师会先教学生第一步如何做、第二步如何做，学生按部就班，之后教师给予反馈。从策略的产生式表征形式来讲，这种教学模式似乎仅关注产生式的"行动"部分，而忽略了"条件"部分。而个体不能迁移某种策略的重要原因之一，恰恰在于他们不知道何时使用该策略。除了没有教授学生何时使用策略之外，许多策略训练模式较少告知学生，策略发挥作用的原因是什么，有效使用该策略应注意哪些事项。有研究者将这种有关策略的细节信息称为"特殊策略性知识"。这种知识在促进策略迁移上显示出了重要的影响。

第三，不同归因方式将影响策略的迁移。有研究发现，在迁移情境中，当遇到一些没有现成解决方案的新任务时，假如学生认为成功的原因是运气，他们就不可能花费时间对新任务进行思考，比如分析新任务和其他任务相同或差异之处，搜索解决这一任务的策略等；但如果学生认为成功是通过个人努力和恰当使用策略达成的，他们就可能持续尝试不同的策略，以观其效。因此，坚信努力导致成功的学生，更可能将策略迁移至新的问题情境。

第四，对任务的控制感将影响策略的迁移。例如，面对同一项新任务时，有的学生对自己缺乏相关知识感到不安，从而影响了在该任务上的表现；而有的学生集中注意力来分析如何完成，意识到可以用原有类似的知识来解决该任务。这种排除干扰观念，并采取积极心理行动的能力为行为控制。具有高行为控制能力的学生，在完成学习任务时更具策略性，更容易获得成功。

第五，领域内的知识也是影响策略发生迁移的重要因素之一，这是因为许多策略在执行时需要陈述性知识的参与。如在阅读理解中，激活已有的与当前阅读材料有关的知识，可以使学生形成精致化的记忆结构，以理解正被阅读的新信息，从而促进当前的学习。再如，一些技校学生在修理简单电器时会采用"分半"策略（即将电路分为两半，并用设备检测哪段有问题），但不能将该策略迁移到复杂电器，这是因为对复杂电器，他们不知道"分半"点在哪里，对复杂电器的电路缺乏功能性理解。因此，缺乏一些必备的陈述性知识，直接限制了个体在该领域是否能采用有效策略。

四、为促进正迁移而教学

学习要求 结合自己的教学实践谈谈如何促进学生的正迁移。

在大多数情况下，正迁移的发生有一定困难。有研究表明，人们解决他们日常生活中的数学问题，并不总是运用在学校里学习的数学程序。造成这种现象的原因主要在于，学习是在特定情境中发生的，而获得对某一问题的解答，并不对任何问题都适用。知识是作为解决某一具体问题的工具而被学习的，当遇到那些表面看来不同的问题时，通常的做法是在典型情境中运用特定知识来解题，因而可能意识不到问题所涉及的知识其实是相同的。

教师应如何促进学生在不同情境中运用所学呢？通过前述对迁移内在心理机制的探讨，我们可以从陈述性知识、自动化基本技能和认知策略这三个角度来提出相应的教学举措。

■ （一）促进陈述性知识之间的迁移

促进陈述性知识迁移的实质就是塑造学生良好的认知结构。教师可以设计先行组织者，改进学生的认知结构。根据新旧知识的不同关系，设计不同的组织者：如认知结构中缺乏可用来同化新知识的适当上位观念时，可设计一个解释性组织者，充当新知识的同化点；如对新旧知识分辨不清，或对原有知识掌握得不够巩固时，可设计一个比较性组织者，清晰地指出新旧知识的异同，巩固原有知识。

在课程设计上，改革教材内容，改进教材呈现方式。任一学科的知识都会在头脑中形成一个有层次的结构，最具包容性的观念处于这个层级结构的顶点，其下面是包容范围较小的越来越分化的命题、概念和原理。所以教材中应有概括性、包容性和解释性较高的基本概念和原理，对它们的领会有助于学生掌握具体的知识。而领会基本的原理和观念，是通向技能迁移的"大道"。与此类似，根据人们认识新事物的自然规律及认知结构的组织特点，教材的呈现在纵向上应遵循由整体到细节、由一般到具体不断分化的原则，横向上则应遵循融会贯通的原则，加强概念、原理及章节间的联系。

■ （二）促进自动化基本技能之间的迁移

自动化基本技能迁移的产生式理论，在实际教学中的含义十分明显。例如，既然两项任务所共有的产生式的数量决定迁移水平，那么在选编教材时，应遵循循序渐进的原则，将所要训练的自动化基本技能分解为若干单元，让前后两个单元有适当重叠，使先前学习成为后续学习的准备。在教学方法上，应重视自动化基本技能的子技能或前提技能的训练，以便随后与所要学习的目标技能相整合。此外，为了便于迁移，必须对先前学习的基本技能进行充分练习，因为许多基本技能只有经过充分练习，才会达到自动化而无需意识的监控，这样才可能有力地促进新任务的学习。

■ （三）促进认知策略的迁移

第一，在教授认知策略之后，教师应给予学生在实践中练习该策略的机会，可设计不同的问题情境，鼓励学生运用所学策略解决新问题，同时要求学生对策略使用的成败进行自我评价，以充分认识该认知策略在解决某类问题上的有效性。教师应培养学生这种反思的习惯。

第二，教师要正确教授认知策略，并加以示范，不仅使学生正确掌握该认知策略的操作步骤，更要使学生掌握该策略的使用条件。教师可以设计大量不同问题情境的练习，使学生体会策略使用的条件与时机，也可引导学生对策略使用的条件和时机进行总结，形成书面报告，并让学生讨论他们的结论。

第三，教师要培养学生正确的归因倾向，注重学生的点滴进步，善用表扬，肯定学生为学习付出的努力，使学生意识到获得成功是自身努力的结果，从而克服侥幸或碰运气的心理。

第四，教师应当改善学生的学习习惯，培养学生排除干扰观念的能力；要注重陈述性知识的教学以及自动化基本技能的训练，因为它们是认知策略所要利用的材料和操作的对象；教师还应当善于总结，使学生获得有关问题的图式性知识以及相关问题解决的经验，从而促进认知策略的迁移。

第五，教师要注重提高学生的元认知能力。元认知能力虽然发展缓慢，但并不完全是自然成熟的结果。研究者在实验中运用矫正性反馈训练法，向学生传授元认知策略，以便提高阅读理解水平。结果发现，学生不仅对阅读理解问题的回答正确率明显提高，而且还把这种技能迁移到了其他常规的课堂学习中。该研究表明，个人的经验和清晰的教学对元认知能力的发展起着重要作用。教师在实际教学中有意识地向学生传授一些元认知策略，将有助于学生学会如何学习，从而促进知识的迁移。

教学之窗

与家长配合促进学生积极的迁移

☞ 告知家长学生要学习的课程，要求他们配合学校教学
   - ✓ 在开始每一单元或某一重要主题之前，给家长写一封信，告诉家长本单元或主题的主要目标、一些主要的安排以及学生可能遇到的问题。
   - ✓ 就如何将孩子的兴趣与当前单元或主题联系起来，让家长提出建议。
   - ✓ 邀请家长到学校一起参加某些活动，让学生将已学会的技能传授给他们的家长。

☞ 告知家长一些激励孩子练习、扩展及运用学校所学内容的做法
   - ✓ 为了练习写作技能，可以让家长鼓励孩子给爷爷奶奶或其他亲戚写一封信。
   - ✓ 鼓励家长使孩子参与到家庭事务中来，比如计算电费、水费等。
   - ✓ 可以让孩子和爷爷奶奶一起编写家庭回忆录，将历史课与写作课结合起来。

☞ 将校内学习与校外生活联系起来

　　✓ 让家长示范如何将学校学习的技能运用于自己的工作或娱乐活动中。

　　✓ 邀请家长到课堂中，要求他们示范如何在工作中运用阅读、写作及其他技能。

☞ 要求家长充当学习伙伴

　　✓ 让家长提醒孩子在做家庭作业时该运用哪种学习技能或方法。

　　✓ 让家长和孩子一起练习某一技能。

教学反思

学完本章后，你可以思考如下知识点：

☞ 学习策略的类型；

☞ 有效策略使用者的含义；

☞ 迁移的含义与分类；

☞ 早期的迁移理论；

☞ 不同类型知识之间的迁移。

本章总结

■ 学习策略

　　学习策略指学习者为了提高学习的效果和效率，有目的的、有意识地制定有关学习过程的复杂的方案。学习策略包括认知策略、元认知策略、资源管理策略。有效使用策略者具有三种特征：广阔的背景知识、大量的认知策略以及高度发展的元认知能力。教师要采取各种手段帮助学生成为有效使用策略者。促进对学习材料的理解，一般称为学习策略，主要涉及基本学习技能和理解监控的策略。而促进认知加工的策略称为思维技能。

■ 迁移理论

　　迁移指一种学习对另一种学习的影响。依据不同的标准可以对迁移进行不同的分类，这些分类没有好坏优劣之分，早期的迁移理论有形式训练说、相同要素说、经验概括说、关系转换说。学校教育中的迁移主要发生在认知领域，涉及陈述性知识之间的迁移、自动化基本技能之间的迁移以及认知策略的迁移，这三类迁移的机制及其影响因素各不相同，教师应当依据这些影响因素主动探索促进学生积极迁移的教学方式。

重要概念

　　学习策略　　有效使用策略者　　思维技能　　迁移

参考文献

1. 冯忠良等著：《教育心理学》，人民教育出版社 2010 年版。

2. 邵瑞珍主编：《教育心理学》（修订本），上海教育出版社 1997 年版。

3. 吴庆麟著：《教育心理学》，人民教育出版社 1999 年版。

4. Belenky, D. M., & Nokes-Malach, T. J. (2012). Motivation and transfer: The role of mastery-approach goals in preparation for future learning. *Journal of the Learning Sciences*, 21, 399-432.

5. Borich, G. D. (2019). *Educational Psychology A Contemporary Approach*.

6. Chi, M. T., Glaser, R., & Farr, M. J. (2014). *The nature of expertise*. Psychology Press. Chi, M. T. H., & Van Lehn, K. A. (2012). Seeing deep structure from the interactions of surface features. *Educational Psychologist*, 47,177-188.

7. Day, S. B., & Goldstone, R. L. (2011). Analogical transfer from a simulated physical system. *Journal of Experimental Psychology: Learning, Memory, and Cognition*, 37(3), 551-567.

8. Day, S. B., & Goldstone, R. L. (2012). The import of knowledge export: Connecting findings and theories of transfer of learning. *Educational Psychologist*, 47(3), 153-176.

9. Derry, S. J. (1988). Putting learning strategies to work. *Educational Leadership*, 46(4), 4-10.

10. Engle, R. A., Lam, D. P., Meyer, X. S., & Nix, S. E. (2012). How does expansive framing promote transfer? Several proposed explanations and a research agenda for investigating them. *Educational Psychologist*, 47(3), 215-231.

11. Gagne, E. D., Yekovich, C. W., & Yekovich, F. R. (1993). The cognitive psychology of school learning (2nd. Edition). New York: Harper Collins.

12. Lobato, J. (2012). The actor-oriented transfer perspective and its contributions to educational research and practice. *Educational Psychologist*, 47, 232-247.

13. Perkins, D. N., & Salomon, G. (2012). Knowledge to go: A motivational and dispositional view of transfer. *Educational Psychologist*, 47(3), 248-258.

14. Richland, L. E., Stigler, J. W., & Holyoak, K. J. (2012). Teaching the conceptual structure of mathematics. *Educational Psychologist*, 47(3), 189-203.

15. Schwartz, D. L., Chase, C. C., & Bransford, J. D. (2012). Resisting overzealous transfer: Coordinating previously successful routines with needs for new learning. *Educational Psychologist*, 47(3), 204-214.

16. Singley, M. K., & Anderson, J. R. (1989). *The transfer of cognitive skill* (No. 9). Boston: Harvard University Press.

扫一扫二维码获取心
理学、教育学考研同
步真题及参考答案

扫一扫二维码获取同
步练习题及参考答案

第十三章

复杂情感：品德心理

引　言

　　学生品德的培养是全面教育的重要组成部分,也是学校教育的一项重要的社会职能。品德的发展与态度形成密切相关;"情感、态度、价值观的培养"也被列为课程最重要、最核心的目标之一。本节将要探讨的正是情感领域的学习以及学生情感、态度、价值观的培养问题。我国教育学将情感领域的学习称为品德学习。

　　学完本章后,你应该能够:

☞　解释品德和态度的含义和二者的区别联系;

☞　运用道德发展的相关理论解释儿童的行为;

☞　阐述态度形成改变的条件;

☞　举例说明如何培养学生良好的品德;

☞　解释价值观形成的心理过程。

教学设疑

　　殷老师的班上有一位学生——小明,他是一个问题学生:他会趁同学不在的时候,随便拿同学的东西;如果被老师或同学发现,他通常不能承认自己的错误,有时反而变本加厉,继续错误的行为;甚至会模仿社会青年向低年级的学生收"保护费"。最近,殷老师发现小光与小明走得比较近;小光可是一个好学生,成绩一向挺好。为了避免小光也出现问题,殷老师找了小光谈话。

　　假如你是殷老师,请思考:

☞　小明问题行为的原因是什么?

☞　如何纠正小明的问题行为?

☞　如何看待好学生与差学生成为好朋友?

☞　如何与小光谈话?谈什么呢?

☞　如何引导班级里的其他同学与小明、小光交往?

视频

复杂情感:品德心理

第一节 品德与道德

品德由个人的道德行为来显示,但偶尔或一时的道德行为并不能说明一个人已经具备了某种品德。只有当个体具有某种稳定的道德观念,并在它的支配下一贯地表现出某些道德行为时,我们才能说他具有某一品德。

一、品德与道德的含义

■（一）品德及其心理结构

> **品德**
> 社会道德在个人身上的反映,是个人依据一定的社会道德行为规范行动时表现出来的较为稳定的特征或倾向。

学习要求 阐述品德的含义及其心理结构。

品德是指个体在遵循一定的社会道德规范行动时所表现出来的稳定的心理特征。品德是社会道德在个人身上的反映,是个人在依据一定的社会道德行为规范行动时表现出来的较为稳定的特征或倾向。比如,勤奋学习、助人为乐、文明礼貌、遵纪守法等都是我们要求青少年学生具备的品德。

品德并不是先天生就的,而是在一定的社会与教育环境中习得的,经历着一个外在准则规范不断内化和内在观念外显的复杂过程,而这一过程正是个体性格形成的社会定向过程,也是教育心理学所要研究的品德的形成与改变的心理过程。研究表明,品德的心理结构主要包括道德认知、道德情感、道德意志和道德行为四个既有区别又相互联系的成分。

道德认知是指对道德行为准则及其执行意义的认识,即我们在面对道德问题时能够自觉地意识到是非对错。例如,中学生在坐公交车时意识到给孕妇让座是符合道德规范的,相反,坐在公交车专属座位上是违背道德的行为,这就属于道德认知。

道德情感是人的道德需要是否得到满足而引起的一种内在体验,这种内心体验不仅来自于自身行为和经历,还可以受到他人的感染。道德情感是一种动力和催化剂。只要行为和事件符合我们的认识或我们所维护的道德观念,就会促使人们产生积极的情绪体验,否则就会产生消极的情绪体验。如我们观看世界女排锦标赛时,当中国女排通过艰苦的比赛获得冠军,登上领奖台时,我们会和女排姑娘一起激动得热泪盈眶。当我们观看短道速滑比赛,看到某国运动员频频犯规来扰乱他国运动员比赛秩序时,也会同被干扰的运动员一起感到不满、气愤。

道德意志指在行为过程中,克服障碍以实现一定的道德目的活动,它是道德认识的能动作用，通常表现为一个人的信心、决心和恒心。例如，某一学生认识到在自习课找别的同学聊天是不对的，也向老师承认了错误，可是一到了自习时间，他就管不住自己，总想找别的同学聊聊天，说说话。那么这个学生缺少的就是道德意志，学生家长和班主任应该协同工作，加强对他道德意志的训练，增强他的决心和恒心，就一定能够改掉坏习惯，建立良好的学习习惯。

道德行为是个体在一定的道德认识指引和道德情感激励下所表现出来的对他人或社会具有道德意义的行为。道德行为是衡量品德的重要标志。例如，给孕妇让座是讲道德的行为，看到孕妇站着心里觉得过意不去，自己一直坐着内心感到内疚，以上描述有关道德认识和道德情感，站起来让孕妇坐下，这个行为就是最终道德行为的实施。

品德的四种心理成分相互联系、相互影响、相互促进又相互制约，组成个体品德的有机统一整体。其中，道德认知理性的发展可以增强道德判断，确定道德行为的方向与准则；道德情感的培养，可以增加道德行为的动力，且有利于道德行为的保持。道德行为是道德形成的终末环节，任何一种品德都要转换为相应的道德行为才能被确认。只有这些心理成分的特性都得到发展时，品德才能更好地形成起来。

■（二）品德与态度的关系

学习要求 阐述态度的概念及其构成；
　　　　　　理解个体价值内化的过程。

> **态度**
> 习得的、影响个人对特定对象做出行为选择的有组织的内部状态或反应倾向性。

品德与态度密切相关。态度是习得的、影响个人对特定对象做出行为选择的有组织的内部状态或反应倾向性。心理学的研究认为，态度由情感、行为和认知三种成分构成。

情感成分，是指个体对于态度对象的情感取向，也即态度对象是否满足人的情感需要而引起的个体的内心体验。具体表现为人对态度对象的喜爱或憎恶、热情或冷漠。它是伴随着态度的认知成分而产生的情感体验，是态度的核心成分。

行为成分，是指个体对态度对象可能产生某种行为反应的倾向或行为的趋势。它构成态度的准备状态，表现为接近或回避、赞成或反对。

认知成分，是指个体对态度对象的认识和评价。它是态度得以形成的基础，往往通过赞成或反对的方式表现出来。对于同一对象，不同个体态度中的认知成分是不同的。有些态度基于正确的信息和信念，而有些态度却可能基于错误的信息和信念。

从共同点来说，态度和品德都是一种习得的影响个人行为选择的内部状态或倾向,如某人具有尊敬老人的品德,也意指该学生在遇到老人时将做出何种行为选择的内部状态或倾向。同时,态度和品德都是由认知、情感和行为等三个方面因素构成的。但是,态度和品德这两个概念也有区别。

两者所涉及的范围不同。态度所涉及的范围大,包括对集体、对他人的态度,对劳动、对学习的态度,对物品的态度,以及对本人的态度等等。这些态度有的涉及社会道德规范,有的不涉及道德规范,而只有涉及道德规范的那部分稳定的态度才能被称为品德。例如,作业马虎、字迹潦草、粗心大意的学生学习态度不认真,但不能说他的品德不良。

两者的价值(或行为规范)的内化程度不同。态度可以从轻微持有和不稳定,到受到高度评价且稳定之间发生多种程度的变化,分别是接受、反应、评价、组织和个性化。具体如表 13.1 所示。

表 13.1　价值内化各级水平的含义及举例

级　别	含　义	举　例
接受	感知到外界刺激,包括意识到某一事物的存在,并愿意接受	观察到某人在公共汽车上给老人让位子
反应	主动注意或参与某一活动	自己也做出某些帮助他人的行为
评价	将特殊的对象、现象或行为与一定的价值标准相联系	认可"在公共汽车上给老、弱、病、残等人让位"是助人为乐的行为
组织	将许多不同的价值标准组合在一起,建立内在一致的价值体系	意识到助人为乐行为不仅可以与人方便,而且也能提高自身素养
个性化	长期控制自己的行为以致发展了性格化"生活方式"的价值体系	自觉做出某些助人为乐的行为

上述价值内化的各级水平也就是态度变化的水平。但是,只有价值内化达到高级水平的态度,也就是价值标准经过组织且成为个人性格一部分的稳定态度才能被称为品德。由此可见,年幼儿童的许多行为表现,如讲假话或经常损坏别人的物品等,可以视为态度的表现,但由于其价值标准没有内化或完全缺乏价值标准,不能视为品德的表现。

二、道德发展理论

> **学习要求**　阐述皮亚杰道德发展阶段理论;
> 　　　　　　　阐述柯尔伯格道德发展阶段理论。

■（一）皮亚杰的道德发展阶段论

皮亚杰提出了儿童道德认知发展的四阶段,分别是:自我中心阶段(2—5 岁),儿童的道德认识是单向、不可逆的,开始能够接受外界的准则;权威阶段(6—8 岁),常以表面的、实际的结果来判断行为的好坏,并且绝对地尊敬和顺从外在权威;可逆阶段(8—10 岁),

儿童开始以动机作为道德判断的依据，已经不把准则看成是不可改变的，而把它看作是同伴间共同约定的；公正阶段(11—12岁)，儿童开始形成可逆的道德认识。以上四个阶段，前两个阶段属于他律道德，即儿童对道德行为的判断主要依据他人设定的外在标准；后两个阶段属于自律道德，即儿童的判断主要依据自己认可的内在标准。这也正是皮亚杰道德发展阶段的核心，即儿童的道德发展是一个由他律到自律的转化过程。

上述理论来自于皮亚杰的"对偶故事"研究。例如：故事A中妈妈不在家，一个小孩为了帮助妈妈做事，不小心打碎了一盘玻璃杯。故事B中妈妈不在家，另一个孩子想偷吃柜子上的糖果，结果打碎了一只玻璃杯。被试看这两个故事后需要回答两个问题：(1)两个故事中的小孩是否感到同样的内疚？(2)哪一个小孩更坏，为什么？皮亚杰认为，被试如果认为A更不好，是处在他律道德阶段，即依据他人来要求自己，且以表面结果判断好坏，因为A所带来的结果是打碎了一盘玻璃杯，数量很多，所以A的错误大。被试如果认为B更不好，则处在自律道德阶段，此时他们对规则并不是绝对的服从，而是认为规则应该是自愿接受的，不是强制的，是一种契约性的。并且这个时候儿童的思维已到达具有可逆性的具体运算，也就是其思维能够从起点看到终点，再从终点看回起点，因此他们会从结果看向起点的动机，所以他们认为B更不好，因为他的动机不好。

■（二）柯尔伯格的道德发展阶段论

柯尔伯格继承并发展了皮亚杰的道德认知发展理论，他也采用故事来探究道德认知发展阶段。例如，在"海因兹偷药"的故事中，海因兹的妻子病危，而他却无钱支付高额的药费。在药商既不肯降价，又不答应延期付款的情况下，他为救妻子的性命，破门而入偷了药。柯尔伯格向被试提出问题：海因兹应不应该这么做，为什么？基于被试给出的答案及其理由，柯尔伯格提出，道德发展可以分为三个水平，分别是前习俗水平、习俗水平和后习俗水平。这里的"习俗"与第十章所说的"习俗"含义不一样，是指社会普遍的道德意识和社会规则，也即社会大众的普遍认识。

前习俗水平大约出现在学前幼儿园及小学中低年级阶段。其特征是儿童针对文化规则及善恶、对错的标准而反应，但尚未形成自己的看法，通常是依其行为的具体快乐结果或承认与社会规范的约束来决定道德行为。该水平可以分为两个阶段：服从与惩罚的道德定向阶段和相对功利的道德定向阶段。在前一阶段，儿童为了避免惩罚而服从权威；这里的权威主要来自于成人，是对成人或准则的服从，但是缺乏是非善恶的观念。这个阶段为"避害"。例如，儿童认为海因兹不应该偷药的原因是，偷了药就会被抓住，要被惩罚。在后一阶段，儿童的道德价值主要看是否能满足自己的要求、自己的利益，认为符合自己需求的行为就是正确的，否则就是错误的。这是"趋利"。例如，儿童认为海因兹应该偷药的理由，对海因兹来说，是他的需求得到满足（妻子活着）。

习俗水平大约出现在小学中年级以上，一直到青年、成年。处于这个水平的人能从社会的角度出发，着眼于社会的希望和要求，能够从社会成员的角度（而非自己）去思考道德问题。这包括两个阶段：好孩子的道德定向阶段和维护权威或秩序的道德定向阶段。在前一阶段，儿童接受社会成员认为的好孩子的标准，以及对好孩子的期望和要求；好的道德是需要符合大众的意见的,是能够获得大家的赞赏的。例如,儿童认为海因兹应该偷药的理由是,符合了社会上对"好丈夫"的期望和要求,认为海因兹不应该偷药的理由是,没有符合社会对"好公民"的期望和要求。在后一阶段,儿童所认为的社会权威,是社会规范,社会制度的权威,以及要遵从社会中的公共秩序,尊重法律的权威。儿童是以法制的观念判断是非、知法守法,只要违反了法律,就不是好的道德行为,所以重在法律。例如,儿童认为海因兹不应该偷药的理由是,海因兹触犯了法律,要受到惩罚。

后习俗水平又可称为自律水平,是指个体思想行为发展到超越现实道德规范的约束,已达到完全自律的境界;个体认识到法律的人为性,考虑的是更高一层的人类正义和个人尊严。这分为两个阶段:社会契约的道德定向阶段和普遍原则的道德定向阶段。在前一阶段,个体认为法律是有人为性和灵活性的,是可以由大家商定的,可以改变的。既然能够商定,所以就是契约。例如,儿童认为海因兹应该偷药的理由是,法律是可以改变的,要考虑具体的情况,特殊的情况特殊考虑。在后一阶段,个体对价值的判断有独立的价值标准,思想超越了现实的道德规范,认为生命是大于一切的。例如,儿童认为海因兹应该偷药的理由是,生命是无价的,一定要保住妻子的生命。个体至少要到青年期人格成熟之后才有可能达到这个境界。事实上,道德自律是理想的境界,即使到了成年,仍然只有极少数人能够达到这一水平。

教学之窗

柯尔伯格的道德理论在学校中的应用

1. 进行平等、公正的道德教育

柯尔伯格的道理理论体现的是一种公正、民主的原则。这一原则与强加于儿童的那种来自外部的规则相反,公正是社会关系中固有的关系。在进行道德教育和思想政治教育活动时,应该体现出一种民主化的教育氛围,教育者与教育对象之间、教育对象相互之间都应该互相尊重彼此,而非一味地采用灌输式道德教育模式。

2. 遵循学生的道德发展规律

柯尔伯格提出的"三水平六阶段"的道德发展阶段论,反映了个体道德认知由低级向高级阶段发展的一般趋势。根据柯尔伯格的道德发展阶段论,每一阶段的发展特点都各具特点,在进行道德教育的实践活动中,应该遵循学生的道德发展规律,按照每一个发展阶段的特点进行道德教育,不能盲目地进行。

3. 尊重学生的主体性地位

在传统的道德教育活动中,多采用的是传统的灌输法,而柯尔伯格十分强调教师与学生之间平等的关系,因此德育活动更应该尊重学生的主体地位,注重学生的自我教育、自我管理。发挥学生的自主性、主动性,激发学生的内在需求,主动地进行自我教育与自我管理。

4. 挖掘隐形的道德教育资源

柯尔伯格在其理论研究和道德教育活动中,十分重视隐性课程。提出了运用隐形课程和学校的道德气氛进行道德教育的思想。完整的道德教育课程,应该是显性课程与隐性课程的结合。在现今的教育新环境中,任何一门自然学科中都充满了道德教育、人文熏陶的素材,在实践教育过程中,应该充分地进行发掘和提炼,起到润物细无声的作用。

（资料来源：左蓉：《柯尔伯格的道德认知发展理论及其对学校道德教育的启示》,《理论观察》2010 年第 3 期。）

第二节　品德学习

品德的学习有别于一般知识、技能和策略的学习,它是以情感为核心,整合了认知、情感和行为的学习。因此,该类学习的过程与条件比知识、技能和策略的学习过程与条件更为复杂。由于品德与态度所涉及的是同质的主题,所以在下面的讨论中对两者不作严格的区分。

一、品德发展中的态度转变

学习要求　阐述班杜拉的亲历学习；
　　　　　　阐述态度变化经历的三个阶段；
　　　　　　阐述影响态度形成与改变的各种心理条件。

■（一）观察学习与亲历学习

在第七章,我们提到了班杜拉的观察学习。观察学习是儿童学习的主要形式,从动作的模仿到语言的掌握,从态度、品德的学习到人格的形成,都可以通过观察学习加以完成,儿童的大部分道德行为都是通过观察学习获得和改变的。

除了这种观察学习,班杜拉还认识到亲历学习的作用。亲历学习是个体通过自己的行为反应结果而获得的学习。与行为主义不同的是,社会认知理论强调个体因素在亲历学习中的作用,认为行为结果对行为的塑造是一个自动作用的过程。行为结果之所以能够引起学习,取决于个体对行为结果功能价值的认识。

行为结果对行为者具有信息价值,个体从反应结果中得出关于结果与反应之间关系的认识,由这一认识所指导的反应及其结果又有选择地加强或否定着这一认识,从而不断地改善和提高个体的态度与行为。所以,亲历学习也是一个信息加工过程。不过,这时的观察对象从外部示范者转变为自己的

> **亲历学习**
> 个体通过自己的行为反应结果而获得的学习。

行为及其结果,而且习得的往往是有关行为的抽象规则,而不是具体的反应方式。反应结果对行为者也具有动机价值。个体在行动之前,往往会预期行为的未来结果,这种预期通过符号形成于个体当前的认知表象中,就有可能转化为当前行为的动机。所以在亲历学习中,行为结果主要是作为居先的而不是后继的决定因素而发挥作用的。

总之,班杜拉的社会认知理论将由结果引起的试误学习和由示范作用引起的观察学习有机地统一在一起,较好地说明了态度的形成过程。

■ (二) 态度改变的心理过程

态度转变一般涉及三个阶段:顺从、认同和内化。

顺从是指个人为逃避谴责、期望奖励,而表面接受他人的观点,虽然外显行为与他人一致,但其情感及认知均不一致,可以说是"口服心不服"。如有些学生对老师表现得唯唯诺诺。在这种情况下,个人的态度受外部奖赏与惩罚的影响,因为顺从可以获得奖励,不顺从就要受到惩罚。这时的态度改变是由外在压力造成的,如果外在情境发生变化,态度也会随之变化,个体的行为具有盲目性、被动性和不稳定性。因此,顺从阶段是态度内化的低层次水平,是态度建立的开端环节。

认同是指个体在思想、情感和态度上认为他人的意见是正确的而主动接受他人的影响来改变态度,在认知、情感与行为上与他人保持一致。认同实质上是对榜样的模仿,其出发点是试图与榜样一致。认同的愿望越强烈,对榜样的模仿就越主动,在困难面前就越能表现出坚强的意志和毅力。认同不受外在压力的影响,而是主动接受他人或集体的影响,其行为具有一定的自觉主动性和稳定性,因此,它比顺从的内化程度深入一层。

内化是指个体将自己认同的意见或观点融入自己的认知框架,形成内在的价值体系与态度体系。由于内化过程中解决了各种价值的矛盾和冲突,当个人按自己内化了的价值行动时,就会感到愉快和满意;而当出现了与自己的价值标准相反的行动时,就会感到内疚和不愉快。这时,新的态度成了自己个性的一部分,稳定的态度便形成了。

■ (三) 影响态度学习的心理条件

通过不同心理学家的研究,影响态度学习的因素有认知因素和非认知因素。

费斯廷格认为,态度的认知因素可以分成若干个基本元素,它们之间有的是协调的,有的则可能是不协调的。例如,关于数学学科,"我学习数学的潜力很大"与"我的数学成绩总是名列前茅"是协调的,但"我学习数学的潜力很大"与"我的数学成绩连续几次不及格"则是不协调的。当个体发现自己所持有的两个或两个以上认知元素不协调时,就会出现认知失调,内心会有不愉快或紧张的感受。

一般来讲,认知失调主要来源于四种情况:第一,个体观念上的逻辑不一致,如学生一方面认为写作文很重要,但另一方面认为写作太难以至于无法掌握。第二,个体行为与社会风气不一致,如周围的人由于势利而升迁,而自己却由于不会攀附权贵以至平庸。第三,个人一贯行为与特殊行为的不一致,如一向待人和气的学生偶然对人发脾气。第四,新出现的事物与个人已有经验不一致,如看不惯现在流行歌曲及各类明星。

在认知失调的情况下，个体总是力求通过改变自己的观点或行为，以达到新的认知协调。因此，认知失调便成为态度改变的先决条件，但它并不一定导致态度发生改变。而教师可以抓住时机，采取有效措施促使态度转变：第一，设法改变其中的一个认知元素，使它与其他元素协调一致；第二，设法增加新的认知元素，以加强认知系统的协调；第三，强调某一认知因素的重要性，或者减弱不协调认知元素的重要性。

海德则认为，认知者对某一对象的态度取决于第三者的态度。他用 P 代表认知主体，O 代表第三者，X 代表态度对象，＋表示肯定的态度，－表示否定的态度。这样，P、O、X 之间便形成了相互关联的八种模式，如图 13.1 所示。

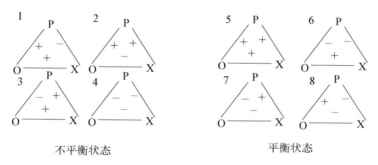

图 13.1　认知不平衡与平衡的八种状态

个体一旦在认知上有了不平衡，就会从心理上产生紧张和忧虑，从而促使个体按照"费力最小原则"将其认知结构向着平衡与和谐的方向转变。学生的态度便伴随着这种认知不平衡的改变而改变。费斯廷格强调的是个体内部各认知元素间的失调，海德强调的是个体对人际关系平衡与否的认知。

态度学习还受智力和受教育水平等非认知因素的影响，智力水平与品德的关系较为复杂。有研究者对有过犯罪记录的青少年进行智商测量，结果发现他们的智商分布与随机抽样的儿童的智商分布相似。另有研究表明，考试作弊与智商水平呈负相关，即智商水平越高，考试欺骗行为越少。其原因可能在于，智商低且成绩不良的学生，由于失败的经验导致他们企图通过欺骗来提高自己的成绩。但聪明与道德并不是一回事，当测验涉及非知识性问题时，智商与欺骗行为的上述关系便会消失或下降。聪明用得不当，只能使欺骗行为更狡诈。

青少年的道德认识和道德判断，不仅与智商有关，而且随着年级的提高，受教育水平的提高而进步。有研究表明，低年级学生或文化水平不高的成人，常常因道德观念水平低，为细小的事而感情冲动，产生不道德观念，甚至可能发生不道德行为。

教学之窗

调节教育活动中的认知失调

在费斯廷格看来，认知失调是指由于做了一项与态度不一致的行为而引发的不舒服的体验,在一般情况下,人们的态度与行为是一致的,如学生对喜欢的老师所教的科目就会更感兴趣,更不喜欢上不喜欢的代课老师所教的科目。但有时候态度与行为也会出现不一致,如尽管你很不喜欢某一个夸夸其谈的同学,但因为怕他报复,你恭维他。当态度与行为产生不一致时,常常会引起个体的心理紧张。为了减少认知失调对学生学习造成的影响,我们采用这样三种方法:

1. 改变认知

如果认知和行为相互矛盾,教师可以引导学生改变学生的认知。例如小明因为读英语有口音而不喜欢学习英语,但是因为英语在考试中所占的分数比重太高,他不得不学习英语,因此他体验到了很强的认知失调。鉴于此,他的英语老师通过鼓励他大声朗读,并且在班集体中多次鼓励表扬他积极发言。最终小明通过转变对英语学习的态度而转变了他的认知失调。

2. 改变认知的相对重要性

因为一致和不一致的认知必须根据其重要性来加权,因此可以通过改变认知的重要性来减少失调。例如,小方不喜欢他的数学老师,因此他认为如果他在数学课上好好学习,就会产生认知失调。所以小方经常在数学课上调皮捣蛋。但是小方清楚地知道数学课的重要性,鉴于此,他的班主任提出让他看到数学课程的重要性,而将个人对教师的喜好放到次要位置,从而调节认知失调,专注于数学科目的学习。

3. 改变行为

认知失调也可通过改变行为来减少,但一般情况下,行为比态度更难改变。因此,在教学过程中,教师应从改变学生的认知入手,或者增加新的认知,来调节学生的认知失调。

(资料来源:牧之编著:《每天学点心理学大全集》,立信会计出版社 2011 年版。)

二、品德的培养

学习要求　举例说明态度与品德培养的方法;
　　　　　　分析如何正确使用奖励和惩罚。

■ (一)说服

在教育过程中,教师经常通过言语说服的方法来改变学生的态度。在对学生进行说服时,教师往往向学生提供对其原有态度的支持性和非支持性的论据,使学生获得与教师要求的态度有关的事实和信息,以改变他们原有的态度或形成新的态度。

根据不同情况,教师可以提供单面或双面证据。霍夫兰德等人的研究发现,只提供单方面的证据对受教育程度较低的人以及原来持赞同态度的人更为有效,而提供正反两个方面的证据,对受教育程度较高的人以及原来持反对态度的人更为有效。因此,在态度教学中,对于低年级学生,教师说服时应主要提供正面证据;而说服高年级的学生,则可以考虑提供正反两方面的证据。此外,如果教师提出自己的观点后,学生未产生相反观点,这时，教师只提出正面观点和材料有助于学生形成肯定态度。对于学生本来就反对的观点，教师则应提供正反两个方面的证据，这会使学生感到教师是公正的，从而容易改变态度。最后，提供怎样的论据，还取决于说服的任务。如果说服任务是解决当务之急的问题，只提供正面证据比较有效；如果说服的任务是培养学生长期稳定的态度，提出正反两方面的观点和材料比较有利。

教师要结合以理服人与以情动人。社会心理学的研究表明，说服内容的情感因素对态度的改变容易见效，但其影响不能保持长久，说服内容的理智因素对态度的改变容易产生长期的效果。而说服的情感因素与理智因素对态度改变的影响则要受到学生成熟度的制约。如教师若期望低年级的学生改变态度，富于情感色彩和引人入胜的说法内容较容易起效。而期望高年级学生改变态度，充分说理、逻辑性强的说服内容有更大的影响力。在具体说服时，教师还要注意学生的成熟水平。对于一般学生，说服开始时，加强情感渲染可以引起学生的兴趣，然后再用充分的材料进行说理论证，会产生长期的说服效果。

教师可以逐步提高要求。说服者态度与个体原有态度之间的差异是影响态度改变的一个重要因素。研究表明，中等差异引起的态度变化最大，随着差异度的增大，当超过中等差异之后，态度改变越来越困难，因之也会减少。在教学过程中，为了有效的改变学生的态度，教师必须先了解其原有的态度，估计与说服者态度之间的距离。若两者过于悬殊，就要将态度改变的总目标分解为不同层次的子目标，先向学生提出要求较低的目标，达到此目标后再提出更高的一些目标，使说服者与被说服者的态度差距不断缩小，从而促进学生态度的改变。

■（二）榜样

榜样在诱发和传统行为中的威力，无论在实验室研究还是现场研究中都得到了证实，而且班杜拉的社会学习理论也尤其强调榜样的作用，他认为对榜样的观察模仿是一种重要的学习形式。因此，在对学生进行态度与品德的培养时，要注意为学生树立良好的榜样。

教师要遵循模仿行为的发展规律。为青少年学生提供榜样时，应按他们的模仿行为发展的规律来进行。儿童和青少年模仿行为发展的趋势是：由近及远，由小到大，由无意识的模仿到有意识的模仿，由游戏性的模仿到生活实践及学习知识技能、思想品德的模仿，由外部特征的模仿到内部特质的模仿。针对不同年龄学生的模仿特点，应采用不同的榜样教育策略。

教师要恰当地运用好榜样呈现的不同方式。真实榜样在观察者面前作真实的行为操作，容易引起并保持观察者的注意，可以突出关键部分重复示范，效果较好。但对真实榜样行为的操作，要确有把握地做好预测和准备，否则会使观察学习的效果降低。在大多数场合，一般都用各种传播媒介来进行榜样教育，由于传播媒介对榜样的形象和内容作了精细的编撰，突出了要求模仿的行为部分，因而这种现代化榜样教育手段应广泛采用。逐渐呈示榜样行为，也应该是一种可以采用的有效手段。通过逐渐呈示要求达到的成熟行为水平，或是逐步呈示榜样行为的各个组成部分，都有助于观察者去掌握较为复杂的行为动作。一般而言，多种示范方式的结合是较有效的。

教师要以身作则。教师作为学生的榜样，也应注意其示范作用，必须言行一致才能取得良好的教育效果，而且身教重于言传。心理学的研究表明，具有热情的态度和有教养的言语举止这两种品质的榜样，对任何观察者都普遍具有很大的吸引力。

■（三）角色扮演

角色扮演是个体处于一定的地位并产生与此地位相适应的行为模式的过程。据沙夫特等人的研究，角色扮演法是让一部分学生当演员，另一部分学生当观众。演员和观众都处于一种真实的情境中，形成解决问题的愿望和对参与的理解，产生移情、同情、愤怒以及爱慕等情感，再在此基础上进行分析、讨论。这样，演员与观众都形成了一定的看法和态度。由于角色扮演设置了一个与现实生活类似的学习情境，可以使学生学到真实、典型的态度和情感。同时，角色扮演的群体情境能使个体融入群体意识中，也有助于形成新的态度和情感。在态度教学中，让学生尝试扮演不同的角色，也会产生神奇的效果。例如，一位对英语不感兴趣、学习英语消极被动的学生，一旦扮演外语课代表的角色，很快就会产生与外语课代表身份相符的行为模式，外语学习就会显得格外认真和努力，甚至外语学习成绩也会显著进步。

角色扮演能否成功，有两方面的因素在起作用。从角色扮演者的角度来说，应该对自己在情境中所处的地位具有准确的认知与理解，要恰如其分地把握所扮演角色的内心状态和外观动作，同时还要有贴切地运用角色扮演的技巧。从教师指导学生角色扮演的过程来说，应该进行一系列的教育程序，如分析角色的内容，选择角色扮演者，布置场景和情节，明确观察者的观察人物，直到扮演，组织讨论和评价，分享经验和进行概括等，这样才能取得角色扮演的真正效果。

■（四）利用群体规定

研究表明，经团体成员共同讨论决定的规则、协定，对其成员有一定的约束力，使成员承担执行的责任。一旦某成员出现越轨或违反约定的行为，则会受到其他成员的有形或无形的压力，迫使其改变态度。所以教师要学会通过利用团体讨论后做出集体约定的方法，来改变学生的态度。具体操作程序如下：（1）清晰而客观地介绍问题的性质；（2）唤起集体对问题的意识，使他们明白只有改变态度才能更令人满意；（3）清楚而客观地说明要形成的新态度；（4）应对集体讨论改变态度的具体方法；（5）使全体学生一致同意把计划付诸实施，每位学生都承担执行计划的任务；（6）学生在执行的过程中改变态度；（7）引导大家对改变的态度进行评价，使态度进一步概括化和稳定化。如果态度改变未获成功，则应鼓励学生从第四阶段开始，重新制定方法，直至态度改变。

■（五）奖励与惩罚

奖励与惩罚作为外部的调控手段，不仅影响着认知、技能或策略的学习，而且对个体的态度与品德的形成也起到一定的作用。当学生缺乏遵照社会道德规范行为的目的自觉性时，教师通过物质的或精神的外在手段来促进他们形成良好的道德品质，这些外在的手段就等于外部奖励，也就是强化。如果学生在遵照社会道德规范行动后体验到满足感，从而进一步激励自己继续发生道德行为，则属于内部奖励。外部奖励和内部奖励都能满足学生的某些需要，提高道德行为出现的概率。

给予奖励时，首先要选择、确定可以得到奖励的道德行为，比如助人为乐、拾金不昧等具体的行为，而不是一般的概括性行为。其次，应选择、给予恰当的奖励物。同一种奖励物，其效用可能因人而异，应考虑个体的实际情况，选择最有效的奖励物。再次，在教师期望的良好行为出现后，要立即给予奖励，不要耽搁太长的时间。最后，随着学生年龄的增长，应强调内部奖励，让学生亲身体验做出道德行为后的愉快感、欣慰感，以此转化为产生道德行为的持久的内部动力。

虽然对惩罚的教育效果有不同看法，但从抑制不良行为的角度来看，惩罚还是有必要的，也有助于良好态度与品德的形成。当不良行为出现时，可以采取两种惩罚方式：一是给予某种厌恶刺激，如批评、处分、舆论谴责等；二是取消个体喜爱的刺激或剥夺某种特权等，如不许参加某种娱乐性活动。应严格避免体罚或变相体罚，否则将损害学生的自尊，或导致更严重的不良行为，如攻击性行为。惩罚不是最终目的，给予惩罚时，教师应让学生认识到惩罚与错误的行为的关系，使学生能从心理上接受，同时还要给学生指明改正的方向和提供正确的、可替代性的行为。

教学之窗

班主任在班级中的德育实例

作为一位班主任，培养孩子养成良好的品德行为习惯，让学生在成长的道路上学会做人、学会学习是非常重要的。学生良好的思想行为不是一朝一夕形成的，而是通过每一件事、每一项活动、每一节课，长期熏陶才能形成。班主任是一个教学班的组织者和领导者，他们的工作影响着每一个学生的健康成长。作为班主任，更应该对学生的成长负责。如何培养学生的良好行为习惯呢？叶圣陶先生曾说："习惯是从实践中培养出来的，知道一点做一点，知道几点做几点。积累起来，各方面都养成习惯，而且都是好习惯，就差不多了。"

俗话说"言教不如身教"。教师的一言一行都会对学生产生潜移默化的影响，因此教师身体力行是最有效的教育手段。老师在要求学生养成好习惯的同时，自己得首先做出榜样，做到身体力行。李老师是彩虹小学三年级一班的班主任，他对学生的德育教育就是采用"以身作则"的方法，当他看到地上的纸屑会主动弯腰拾起；骑车、走路时自觉遵守交通规则；碰到同学，主动叫："某某同学你好"；在办公室，当学生把作业本送来，他总热情地对学生说："谢谢！"；课堂上，当学生帮他擦干净讲台和黑板时，他会当着全班学生的面，说声"谢谢大家"；课堂提问时，学生回答完问题，他总不忘说："请坐下。"孩子们喜欢模仿老师的一言一行，李老师经常挂在嘴边的"谢谢"、"再见"、"你好"等礼貌用语，学生自然都看在眼里，印在心里。身教重于言教,李老师美的语言、美的行为蕴含着一种无穷的教育力量。教师率先垂范,就能达到"其身正,不令而行"的效果。

第三节 价值观的培养

在我国教育领域,除了智育、美育、体育、劳动技术教育,所有的教育内容都被归结为德育,价值观教育理所当然地也融入了德育。从心理学角度来看,价值观教育和道德品质教育的外延和内涵是不一样的,价值观教育的内容比德育或道德品质教育的内容要宽泛得多,不能简单地用德育来代替价值观的教育。

一、价值观概述

学习要求 了解什么是价值观;
阐述影响价值观形成的内外部因素。

(一) 价值观的含义

> **价值观**
>
> 人们以自身的需要为尺度对事物重要性的认识的观念系统。

价值观历来是哲学、经济学、伦理学、教育学等许多学科共同关注的话题,心理学对人的价值观进行科学研究最早可追溯到 20 世纪 30 年代阿尔波特等人的研究,阿尔波特和阜农按德国心理学家斯普兰格的六种生活方式类型,制定了一份"价值观研究量表",用以测查六种类型人的最高价值和基本兴趣。到了 20 世纪 60 年代,美国心理学家马斯洛提出了动机的需要层次理论,并从需要的角度对人的价值观进行了研究,他认为需要的层次越高,其社会价值越大,自我实现作为最高层次的需要,是个人价值的最充分发挥。20 世纪 70 年代,美国心理学家罗卡奇的开创性工作将价值观的研究推向了新的发展阶段。罗卡奇认为,价值观是一种比较持久的信念,这种信念涉及一个人的具体的行为方式和目标状态,具有动机功能,不仅是评价性的,还是规范性的和禁止性的,是行动和态度的指导,是个人的也是社会的现象。把价值观理解为一种持久的信念,比把它理解为一种兴趣或需要更为合适。因为兴趣或需要只是一种价值取向,它们在行为决策中并不起重要作用,而一个人的信念在行为决策中却起着十分重要的作用,当人们判断某一社会规范时,常常会按其是否符合自己的信念加以接受或不予理睬。

综合上述分析,价值观是人们以自身的需要为尺度对事物重要性的认识的观念系统。通俗地说,就是人们关于什么事物最重要、最有意义、最有价值的看法。价值观作为一种观念系统，对人的思想和行为具有导向或调节作用，使之指向一定的目标或带有一定的倾向性。从心理学的角度看，价值观既是个体本质的、较为稳定的态度体系，又是个体个性倾向性的重要组成部分。

■ （二）影响价值观的外部条件

首先，家庭环境是儿童首先接触到的"社会"，对儿童早期价值观的萌芽和雏形具有决定作用。家庭的社会地位、家庭的生活方式、父母的教育观点和方法以及儿童在家庭中的地位，直接影响着儿童价值观的早期内容和初步性质。在家庭中，父母一方面要为家庭提供财政来源和维持家庭的结构和感情联系，同时，他们还有意无意地传授各种文化教养和灌输各种生活态度，他们直接影响儿女的道德观、集体观、荣辱观、幸福观，等等。

其次，学校环境是儿童离开家庭，迈入社会的第一步。学校一方面为儿童提供了专门的教育条件，另一方面为儿童提供了同龄人集体，这两方面对儿童价值观的形成都是很重要的。儿童在学校不仅学到了各种知识技能，而且通过集体生活和教育，学到了各种观念和态度，这些观念和态度会成为日后他的价值观的重要组成部分。此外，在学校里，儿童从家庭中习得的某些不正确的态度和观念也会得到纠正。

再次，社会环境是一个人独立地走向社会、踏入生活所必然要面临的主要的生活环境。正是在社会环境的影响下，个体的价值观才开始成熟和稳定起来。当一个人独立地走入社会生活时，原先形成的价值观念要经受一次大的"洗礼"和"提炼"，他要根据现实和社会的要求，综合各方面的条件，摒弃一些不符合社会要求的价值观点，同时保留和重新形成一些价值观念。每个人都是按自己在社会上所处的地位、按社会对自己提出的特殊要求形成自己的价值观的。此外，个人独特的一些社会关系，如朋友关系、同伴关系，也会影响他的价值观的形成。

最后，艺术作品、人物传记、理论书籍、电影、电视、报纸杂志等大众传播媒介对人的价值观的形成和发展也有重要作用。艺术作品对人的价值观的影响，主要不是通过逻辑的和理性的方法，而是以感情的形式发生作用的，它常常比一些抽象的理论和说教更有说服力，能够从感情上打动人，使他们去做什么或不去做什么，教给人一定的价值观。理论书籍则通过以理服人的方法对人的价值观产生影响。人在阅读这些书籍时，往往会把其中的观点、看法和自己实际的生活感受和体验加以对比，从而决定取舍。但是当一个人的生活阅历不深时，他常常会盲目地接受书上的价值观点，依书上的观点来行动。

■ （三）影响价值观的内部条件

影响价值观形成的内部条件，是指价值观的形成所依赖的个体心理发展的水平和程度。从心理发展的角度看，个人价值观的形成必须具备两方面的心理条件：思维能力的高度发展和自我意识的高度分化。

第一，价值观是个人依据自身和社会的需要对外部事物的价值属性形成的深刻的认识、评价和态度，要形成价值观，先要对外界多种事物和事物的多种属性有一个全面、深刻而完整的认识，对多种多样的价值物和价值属性有一个全面的了解和把握。而要对外界事物形成全面、深刻的认识，就必须借助于高度发展了的思维能力，尤其是抽象思维能力和辩证思维能力。只有当一个人的思维能力发展到能概括社会生活意义和精神生活意义的水平时，有可能形成自己的价值观。

第二，价值观是以主体的需要为依据的，所以其形成与人对自身认识的产生和发展也是分不开的，依赖于自我意识的高度分化与成熟。只有当一个人对自身需要、对自己的能力和个性特点，对自己的生活方式和社会地位有了明确的认识和了解的时候，只有当一个人能够进行自我观察、自我分析并以此对自己提出明确的要求时，他才能依据自身的特点和各方面的条件，主动地形成和塑造自己的价值观。

由于价值观的形成对思维发展能力和自我意识水平的高度要求，小学生阶段还没有形成价值观，在初中阶段价值观也还不稳定，直到高中阶段以后，价值观才初步形成和趋于稳定。

二、价值观的形成与发展

学习要求　了解价值观形成的三阶段七步骤；

在教学中灵活运用价值辨析的具体策略。

■ （一）价值观的形成过程

价值观的形成经历以下三个阶段七个步骤：

第一个阶段是选择，即必须对该价值观有一定的了解，此时，个体需要经过对它的审慎考虑，这种选择有三步：不自由选择：如果环境迫使个体采取某种特定的观念，后者就不能成为我们的价值观念；从可选择的范围内进行选择，如果没有其他可选择的余地，我们不得不采取某一观念，那么它也无价值可言；对每一种选择途径的后果加以充分考虑之后进行选择：只要当我们对抉择的各种后果加以审慎地思考之后，才能说个体有了一个真正的价值观念。

第二个阶段是赞赏，真正赋予某一社会规范以价值；此时，个体就会有一种满足感。这有两步：喜欢这一选择并感到满足，即真正赋予对象以价值，会对它有一种满足感；愿意公开承认这一选择，即对这一选择感到自豪，会乐意让别人知道我们是这样考虑的。

第三个阶段是行动，具有了某种真正的价值观念，此时，个体在行动上愿意受它的指导，并作为一种生活方式去反复实践。这又有两步：按这一选择行事，愿意在行动上受其指导；作为一种生活方式加以重复，行动是有规律的、统一的，与价值观总是一致的。

价值观获得以后，又会受到经验、平衡化、道德结构发展水平等因素的影响而发生变化。当个体的几种价值观念相互一致时，个体就遵循其行动，当它们不一致时，个体就又要通过上述途径增加新观念或改变现有价值观念的价值高低来减少或消除失调。当几种价值观念协调后就可以共同支配个体的道德行为，也才会协力应对以后不断出现的新观念。这样，个体就逐渐形成了一个统一的价值体系。

在个体发展过程中，价值观并不是立即形成的、固定不变的。当个体形成了一定水平的自我意识，与他人交往的时候，就会逐渐形成一整套具有普遍性的、有组织的观念系统，形成对自己在大自然中的位置的看法，形成对人与人之间关系的看法，以及在处理人与人、人与环境关系时对值得做或不值得做的看法；以后，随着个体认知水平、交往环境、自我需要的不断发展，这种看法也会随之而发生变化。

■（二）价值观辨析

价值观对人的行为起着重大的影响作用，青少年学生的许多问题行为大多起因于自身不正确的价值观念导向，或因价值观念模糊混乱所造成。教师有必要引导学生认识和辨析自己所具有的价值观念，促进统一价值观的形成。这便是心理学家所提倡的价值辨析。价值辨析的目的，是帮助学生利用理性思维和情绪体验来检查自己的行为模式，以及辨析和实现他们的价值观念；在这一活动中，鼓励学生辨认自己的价值观念，以及这些价值观念与其他价值观念的关系，揭示并解决自己的价值冲突，将自己的价值观念与别人交流，以及根据自己的价值选择来行事。研究者在对青少年进行价值辨析的过程中，发展出了许多操作性较强的策略，如辨析反应、价值单和讨论策略。

价值观辨析
教师引导学生认识和辨析自己所具有的价值观念，促进学生统一价值观的形成。

辨析反应是最灵活的价值辨析策略，它是教师针对学生所说的话或所做的事儿作出的反应，旨在鼓励学生进行特别的思考。教师可以在与学生的非正式对话或者课堂讨论中作出口头上的辨析反应，也可以在学生的作业上写书面的评语进行辨析反应。比如，一名学生说他将来打算做一名老师，如果教师的回答是"不错，老师是一个很好的职业"，或者"希望你能梦想成真"等等，这样的反应是无法满足价值辨析的目的的，但如果教师的反应是"你有没有考虑过其他可供替代的选择呢"，这样的反应则可能促进价值辨析目标的实现，因为它可以引发学生对将来职业选择的进一步思考。研究者提出了许多富于成效的辨析反应的标准，其中主要包括以下几点：辨析反应避免道德说教、批评以及向学生灌输价值观；使学生有责任检查自己的行为和思想，并独立思考和解决他们的真正需要；不试图以其无关紧要的评论去做重大的事情，它的作用是激发学生思考他们的言行，其目的在于创造出一种氛围；辨析反应并不适用于访谈意图，它的目的不在于获得资料，而是帮助学生在需要时辨析自己的思想和生活；通常不会出现扩大了的讨论，它的目的是使学生进行思考，不必试图向成人证明自己的思想是合理的，而且独自思考的效果通常最为理想，辨析反应通常是针对个人进行的，当然也可以面向全班同学就受到普遍关注的问题作辨析反应，但即使如此，个体最终也必须独立进行思考。

价值单是一种着眼于团体讨论的价值辨析方法。最简单的价值单包括提出一系列问题，引发人思考问题，印在一张纸上并发给学生。这一发人深思的陈述的目的，在于提出教师认为或许与学生有着价值意义的问题。这些问题旨在促使每个学生带着这一问题从头至尾经历价值辨析的过程。评价是一个个人问题，每个学生都应亲自完成价值单，并将答案写在纸上。稍后，学生之间或师生之间可以就上述答案进行交流,或者可以将答案当作大规模讨论或小组讨论的基础。而"维持学习"既涉及身体活动,又涉及心理活动;前者包括努力、坚持性、对行为的控制等,后者包括计划、组织、监控、决策、问题解决以及对进步的评估等。

价值单能与具体的学科相结合,既能导入学科内容的教学单元,也能作为这种教学单元的结尾。许多教师把价值单当作每个单元的最后作业发给学生,目的在于帮助学生将知识提升到所关注的价值上。可以在以学科内容为主的课中间插入价值单,它们只能作为令人感兴趣的插曲用于教学单元,或者成为学科内容自身不可或缺的部分。比如,在有关重量和尺度的数学单元中,利用关于欺诈性包装的价值单。在这种情况下,教师并不用富于激情的开场白提出价值单,而是写下寥寥数语,说明这种欺诈行径的确存在。接着,通过价值单提出一些问题,这些问题旨在调查学生对这种包装的思考,并使学生计算样本盒子及罐头的重量和大小,同时查找可称为欺骗性包装的例子,如表 13.2 所示。

表 13.2　价值单提问举例

价值单　　友谊
(1) 友谊对你来说意味着什么?
(2) 如果你有许多朋友,是你选择他们还是他们碰巧成为了你的朋友?
(3) 你在什么方面表现出友谊?
(4) 你认为发展和维持友谊有多重要?
(5) 如果你打算改变你的作风,请说出你会作出怎样的改变。假如你并不打算改变的话,请写上"无变化"。

在讨论策略中,主要有四步:第一步,选择主题,即根据学生困惑的问题、年龄特征等,设计富有价值意义的主题,如友谊、金钱、规则、家庭、兄弟姐妹、家庭杂务、爱情、工作、职业、闲暇或政治,等等。第二步,深思熟虑。让学生在开始讨论之前进行仔细地思考,可以要求全体学生安静地思考问题一两分钟,也可以要求学生在思考他们对问题的最初反应时记笔记,总之要给学生留有思考的余地。第三步,有组织交流,有时,全体学生不拘一格地进行讨论,可能会让一部分健谈者控制讨论的话语权,因此要以某种结构进行讨论,最常见的是把学生分为两人一组、三人一组或四人一组。人数超过四人或五人的小组会使较为羞怯的学生不参与讨论。第四步,帮助学生获取知识,即要求学生独立思考自己能从这一经历中学到什么,然后要求自告奋勇的学生以小组的形式或与全班同学一道相互交流其学到的部分知识,或要求学生把他们所学到的知识记录在笔记本上。

上述价值辨析的方法,目的都是让学生在各种活动中暴露其价值观念,然而,不论采用什么策略,必须经过前面所说的三个部分七个步骤。整个过程构成一个"赋值过程",个体只有从头至尾地完成这一过程,才能说他真正具有了某一个价值观念。价值辨析的方法基本上是诱导性的,从特定的团体经验逐渐转移到有关自我认知和自我知觉的一般观念。其中教师的作用是帮助学生来知觉他们的观点。教师也可以有自己的观点,但只是作为一个范例,而不是正确的答案。因此,教师在教学过程中要考虑以下三点:第一,教师要诱发学生的态度和价值陈述;第二,教师无判断地和无批评地接受学生的思想、情感、信念和观念;第三,教师需向学生提出问题以帮助他们思考自己的价值观念。

教学之窗

圆桌时间(circle time)

圆桌时间是一种近年来在欧美日益流行的价值观教育方法,其主要目的是促进学生自信、自知、自尊等人格品质的形成和发展。圆桌时间在促进学生适应性与幸福感的增长、社会责任感增强以及对组织和团体的归属感方面,在发展学生信任、移情、合作、关怀、尊重等行为方面都十分有益。

圆桌时间的具体操作程序是:包括教师在内的每一个人都围坐在一张圆桌周围,大家都从一个平等的位置来分享思想和感情。有一个清晰的任务,这样的讨论将更加有效,任务既可以是班级内发生的事情,也可以是外界发生的事情,既可由教师组织也可由学生来组织。对讨论形式的要求:要尽量按顺序发言,在听他人讲话时要抱着尊重的态度和浓厚的兴趣,不要随意打断别人的谈话,不要对圆桌内成员的谈话做出消极的评价和解释,要避免种族主义和性别歧视。参加者还可以邀请家长和其他的成年人加入。圆桌小组通常由10名儿童组成,当然也可以鼓励结伴讨论。圆桌时间的内容并不局限于单纯的语言交流,也可以灵活地加入游戏、故事、音乐等丰富多彩的内容。

教学反思

学完本章后,请思考如下知识点:

☞ 品德和态度的含义;

☞ 皮亚杰和柯尔伯格各自的道德发展阶段理论;

☞ 品德学习的过程与影响因素;

☞ 价值观形成的心理过程;

☞ 价值观教育及价值辨析法。

本章总结

■ 品德与道德

品德是社会道德在个人身上的反映,是个人依据一定的社会道德行为规范行动时表现出来的较为稳定的特征或倾向。态度则是习得的、影响个人对特定对象做出行为选择的有组织的内部状态或反应倾向性。品德与态度具有联系,也有区别。皮亚杰认为,儿童道德认知的发展要经过自我中心阶段、权威阶段、可逆阶段和公正阶段等四个阶段。柯尔伯格在皮亚杰理论的基础上提出了儿童道德发展的三水平(前习俗、习俗和习后俗)六阶段理论。

■ 品德学习

品德学习与态度密不可分。态度形成过程主要通过观察学习与亲历学习两种途径得以实现。态度改变主要经历依从、认同和内化三个阶段。影响态度形成与改变的内部条件主要有认知失调、态度定势和道德认识的发展；影响态度形成与改变的外部因素则主要是所传递信息的可信度、榜样人物的选择、强化与惩罚。教师可以通过说服、榜样、角色扮演、利用群体规定、奖励与惩罚等方法，来培养学生良好的态度与品德。

■ 价值观的培养

价值观是人们以自身的需要为尺度对事物重要性的认识的观念系统。通俗地说，就是人们关于认为什么事物最重要、最有意义、最有价值的看法。影响价值观形成的外部条件主要有家庭环境、学校环境、社会环境和大众媒体，其内部调节则是思维能力的高度发展和自我意识的高度分化。价值观的形成要经历一个从选择到赞赏再到行动的过程，对学生进行价值观教育的方法主要是价值辨析法，其具体策略包括辨析反应、价值单、讨论策略等。

重要概念

品德　态度　亲历学习　价值观　价值观辨析

参考文献

1. 陈琦、刘儒德主编：《教育心理学》，高等教育出版社 2005 年版。
2. 李伯黍、岑国桢主编：《道德发展与德育模式》，华东师范大学出版社 1999 年版。
3. 李伯黍、燕国材主编：《教育心理学》，华东师范大学出版社 2001 年版。
4. 刘永芳：《价值观形成与发展的条件、过程、规律初探》，《山东师范大学学报（人文社会科学版）》1998 年第 1 期。
5. 孟宪承编：《教育概论》，福建教育出版社 2006 年版。
6. 彭小虎、王国峰、朱丹主编：《儿童发展与教育心理学》，华东师范大学出版社 2014 年版。
7. 皮连生主编：《学与教的心理学》，华东师范大学出版社 1997 年版。
8. 辛志勇、金盛华：《西方学校价值观教育方法的发展及其启示》，《比较教育研究》2002 年第 4 期。
9. 张大钧主编：《教育心理学》，人民教育出版社 2005 年版。
10. ［美］路易斯.拉思斯（Louis E. Raths）著，谭松贤译：《价值与教学》，浙江教育出版社 2003 年版。

扫一扫二维码获取心
理学、教育学考研同
步真题及参考答案

扫一扫二维码获取同
步练习题及参考答案

第十四章

复杂情感：动机心理

引　言

何为动机？动机会对学习产生怎样的影响？教师又该如何有效地激发与保持学生的动机？学生的学习是否有成效不仅取决于他们的技能（skill），而且取决于他们的意愿（will）。"技能"是关于"学生能不能学"、"会不会学"等一类的问题，主要涉及我们在前面章节所讲到的学生的知识、能力与策略等方面的内容；而"意愿"强调的是学生的"愿不愿学"，以及"是否坚持学"等一类的问题，主要涉及学生的态度和动机；后者，就是本章要介绍的。

学完本章后，你应该能够：

☞　阐述动机与学习的关系；

☞　比较不同心理学视角下动机的出发点和观点；

☞　分析不同因素对动机的影响作用；

☞　运用一些促进自我能力认识的策略来激发学生动机；

☞　运用一些促进参与的策略来激发学生的内部动机和外部动机。

视频

复杂情感：动机心理

教学设疑

林老师发现考试成绩会对班级同学的学习动力产生不同程度的影响：小金数学成绩一向很好，但是最近两次测验成绩不是很理想，以至于他对学好数学丧失了信心，自己说再多鼓励的话，也无济于事；小海和小姜在测验中表现欠佳，林老师同样对他们说："我知道你们已经尽力了"，这句话只对小海有积极的作用，对小姜却没有作用；与此类似，当自己在课堂中使用"做得好"、"太好了"等语句来表扬学生时，该方法在有些课上奏效，在另一些课上却无效；林老师为了激发学生之间的竞争意识，每次测验之后都会公布分数或名次，这对原本成绩一直不好的学生，如小海却产生了消极作用；等等。

如果你是林老师，请思考：

☞　如何激发小金学习数学的动机？

☞　对小海和小姜实施同样的安慰，为什么会产生不同的效果？

☞　经常表扬的做法有何局限性？有效表扬应当怎样进行？

☞　影响小海的原因是什么？应如何报告小海的学业成绩，并怎样解释？

第一节　学习动机概述

动机

引起与维持个体活动,并使该活动指向某一目标的内部动力或过程。

动机(motivation)一词来源于拉丁文"movere",意思是移动或影响行为,在日常用语上具有力、能、力量等含义。当代动机心理学家通过对不同动机含义的梳理,给出了一个比较通用的有关动机的科学定义:动机是引起与维持个体活动,并使该活动指向某一目标的内部动力或过程。

一、学习动机

> **学习要求**　简述产生学习动机的各种因素;
>
> 　　　　　　分析学习动机与学习的关系。

学习动机

是激发个体进行学习活动,维持已引起的学习活动,并使学习行为朝向一定目标的一种内在过程或内部心理状态。

■（一）学习动机的含义

学习动机是激发个体学习,维持学习,并使学习朝向一定目标的内在过程或心理状态。当个体在生理上或心理上有了某种需要时,身心失去平衡,而呈现紧张状态,于是个体会朝目标努力,直到目标达成,身心回归平衡。由于动机是行为背后的动因,具有一定的隐蔽性,并不能直接观察到其存在,所以只能通过个体的行为表现推测其动机强度的大小。比如,在课堂上,我们无法直接观察学生的动机,但可以通过学生的行为表现,如他的努力程度、在学习上的坚持性等来推测其动机的强度。

学习动机定义中的"朝向一定目标",是指由动机引起的行为活动是有方向的,目标是个体行为的方向盘,能对行为的方向加以调节和引导。动机的性质不同,行为的目标也会有所差异,例如,学生在学习动机的支配下,会去图书馆看书;在娱乐动机的支配下,可能会看电视或打游戏。而"维持学习"既涉及身体活动,又涉及心理活动;前者包括努力、坚持性、对行为的控制等,后者包括计划、组织、监控、决策、问题解决以及对进步的评估等。

■（二）学习动机的内驱力

学习内驱力包括认知的内驱力、自我提高的内驱力和附属的内驱力。认知内驱力是一种要求了解和理解的需要,要求掌握知识的需要,以及系统地阐述问题并解决问题的需要。这种内驱力多半是从好奇的倾向开始的。例如,学生在物理课上学会了重力的概念,但是并不能完全理解;为什么质量不同的物体却可以同时落地,因此,需要和学习小组的同学进行一场实验,来进一步学习这个概念。

自我提高的内驱力是个体对因自己的胜任能力或工作能力而赢得相应地位的需要。这种内驱力把成就看作赢得地位与自尊心的根源。例如,学生认为考出优异的成绩才能为以后成功的事业打下基础,因此,对成功事业的渴望促使小方认真学习每门课程。对学生来说,成就动机这个自我提高的内驱力,既可促使把自己的行为指向当时学业上可能达到的造诣,又可促使学生在这一成就的基础上,把自己的行为指向今后在学术和职业方面的目标。

附属的内驱力指的是一个人为了赢得成人(如家长、教师等)的赞许或认可而表现出来的把工作做好的一种需要。这是因为学生与成人在感情上具有依附性,成人是学生所追随和效仿的人物;学生从成人那儿博得的赞许或认可(如被视为可爱的、聪明的、有发展前途的人),进而获得一种地位,会有意识地使自己的行为符合长者的标准和期望,借以获得并保持长者的赞许,这种赞许往往使一个人的派生地位更确定、更巩固。

对不同学生来说,认知内驱力、自我提高的内驱力与附属的内驱力这三个组成部分的比重不同。即使对同一个体而言,随着环境变化和自身发展,各个部分所占的比重也会发生变化。对一群学生来讲,三者的比例变化因年龄、性别、社会地位、种族起源以及人格结构等因素的不同而有差异。这些因素就是课堂教学要考虑的一个重要内容。

■（三）学习动机的外在诱因

学习诱因是能满足个体需要的目的物或刺激物。这可以是简单的物体,如食物、水等,也可以是复杂的事物,如名誉、地位等。诱因按其性质可分为两类：个体因趋向或取得它而得到满足时,这种诱因(如取得好成绩之后的金钱奖励)称为正诱因;个体因逃离或躲避它而得到满足时,这种诱因(如考试差强人意之后的厉声训斥)称为负诱因。

二、学习动机的分类及其作用

学习要求 简述学习动机的不同类别;
掌握学习动机的作用。

■（一）学习动机的分类

根据作用时间,学习动机可以分为直接的近景性动机和间接的远景性动机。直接的近景性动机是指由活动的直接结果所引起的动机;例如,学习是为了应付老师的测验或为了博得老师的好评等。这种动机比较具体,效果明显,但不稳定,易随环境的变化而变化。间接的远景性动机是指由于了解了某一活动的社会意义、活动结果的社会价值而引起的动机,例如,努力学习的动力来自于为社会做贡献,同时也可实现自己的目标理想。这一动机是将个人成长和社会发展结合起来,具有较强的稳定性,能在相当长的时间内起作用。

根据作用大小,学习动机可以分为主导性的学习动机和辅助性的学习动机。人的动机虽多种多样,但在一定的时期内或某个特定的活动上总是有一种或一些动机处于支配地位,发挥着主导作用,这就是主导性动机,该动机对人的活动起着主要作用,制约着活动驱力的大小、久暂以及活动的方向。与此同时,其他动机则处于从属地位,只起辅助作用,称为辅助动机。例如某个学生的学习动机来自于实现自身理想(主导),同时也会从师长的表扬中获得鼓励(辅助),从而更努力地学习。

根据作用强弱,学习动机分为普通型学习动机和偏重型学习动机。前者是指对所有学习活动都有赋予相同的学习兴趣,不但对所有知识性的学科都认真学习,而且对技能型学科甚至课外活动也从不怠慢;后者是指只对某种或者某几种学科有学习动机,对其他学科则不予注意。例如,某个同学只对英语和数学课有浓厚的学习兴趣和动机,但是对其他学科并不感兴趣。在行动上表现为将大部分的学习时间都投入到学习数学和英语中,只留一点时间来学习其他课程。

根据作用诱因,学习动机可以分为内部动机和外部动机。内部动机是指诱因来自于学习者本身的内在因素,即学生对活动本身发生兴趣而产生的动机,活动本身就能使其得到满足。如学生从生活经验中知道木头和纸片可以浮在水面上,而小石子和钉子等会沉在水底,而轮船质量大却可以浮在水面上,这些疑问推动学生想去了解物体沉浮的奥秘。与此相反,外部动机是指诱因来自于学习者外部的某种因素,即在学习活动以外的、由外部的诱因而激发出来的动机,如学习是为了得到教师的表扬、父母的嘉奖,或者是为避免因学习失败而受到惩罚,等等。

> **内部动机**
>
> 指诱因来自于学习者本身的内在因素,即学生对活动本身发生兴趣而产生的动机。

> **外部动机**
>
> 指诱因来自于学习者外部的某种因素,即在学习活动以外的、由外部的诱因而激发出来的动机。

■ (二)对学习的作用

学习动机影响学习效果。研究表明,学习动机与学习成绩之间有正相关。与后进生相比,优等生的学习动机通常比较高,在学习上会付出更多的努力并取得较高的成就。显然,动机是影响学业成就高低的因素中不容忽视的一个变量。事实上,动机并不能直接对学生的学业成就产生影响,而是通过对学生学习行为的调节发生作用。这主要体现在三个方面:

首先,动机对学习行为有启动作用,影响到学生对学习活动的投入水平。动机较强的学生会付出更多的努力,从行为上来看,他们上课认真听讲,记笔记,勇于发言,积极与同学进行讨论,在学习上愿意花更多的时间;从认知上来看,动机较强的学生对学习材料能进行深入的思考,运用各种认知和自我调节策略进行学习,力求获得对材料的理解。相反,动机较弱的学生则不愿意付出更多的努力,不管是行为上还是认知上,都不会投入太多的精力。

其次,动机对学习行为有维持作用,会影响到学生在学习上的坚持性。动机较强的学生在学习上具有很高的坚持性,通常能持之以恒,即使在面对困难与挫折时,也仍然能够不折不挠,坚持完成任务;动机较弱的学生则往往三天打鱼两天晒网,遇到困难便容易放弃。

最后,动机对学习过程起监控作用,影响到学生对学习任务与活动的选择。如学习目标的改变、学习兴趣的转移、外界要求的变化、诱因价值的变化等,都会影响已出现的学习行为,影响学生学习的专注程度,影响其注意分配,影响其付出努力的程度等。如果学生具有正确的、水平适合的学习动机,那么,由之引起的学习行为的各个环节就会受到它有意或无意的调节和监控,排除来自内外因素的干扰,朝着既定的学习目标做出不懈的努力,直到目标的实现。

动机通过对以上学习行为的调节,影响到学习的过程与学习的质量,并对最终的学习成就产生作用。当然,学生最终的成就除了受动机的控制与调节外,还受其他一些因素的影响,如学生的基础知识、智力水平、学习策略以及身体状况等,这便是造成众研究中有关动机对学习的作用的观点不一致的一个重要原因。

学习动机与学习之间是一种交互作用的关系。通常,人们只注意动机对于学习的促进作用,而忽视了动机与学习之间的辩证关系。这就是说,动机以增强行为的方式促进学习,而所学到的知识反过来可以增强学习的动机。因此,教师一方面要努力地激发学生的动机,以促进他们的有效学习;另一方面则可以通过富有成效的教育教学促使学生有效地获取知识,以增强学生进一步学习的动机。

教学之窗

提升学习动机的方法

让学生对学习内容有控制感

教师给学生更多的自主选择。例如,在小组讨论中设置不同的问题,允许每一个小组选择他们想要解决的问题。这样可以促使他们获得对任务的控制感,同时增强责任感。

积极的竞争

教师可以在教学过程中鼓励学生形成积极的竞争,例如,在班会中组织学生进行各类知识竞赛,从而能让学生充分展示他们在不同领域的特长。

合理表扬和奖励学生

每个人都希望能获得奖励,给学生提供机会。在表扬和奖励的过程中要考虑到学生的人格以及学生的需求;尤其是在班会或者公众场合表扬学生,能促使学生产生更强的动机。

鼓励自我反思

帮助学生对自我有一个清晰的认识,发现自己的长处和缺点。学生在老师的引导下进行自我反思,这样会使他们对自己的目标有清晰的认识。

给予反馈

在学习中受挫的学生在情绪上会感受到挫败并且会对自己感到失望,此时教师帮助学生发现他们错在哪里,以及他们如何在下次任务中得以提升。

增加课程设计的趣味性

有趣的课程设计并非是指让所有的家庭作业或者课程变成游戏，而是指教师精心设计课程，使课程的整体设计符合学生的最近发展区，同时兼顾趣味性。

帮助学生找到他们的内在动机

学生们需要认清自己的需求，从而产生内在学习动机。因此，教师帮助学生找到自己认真学习的内在动机，这是作为教师最成功的一步。

三、早期的动机理论

学习要求 简述从行为主义、人本主义、认知、社会文化等视角如何解释动机。

■（一）行为主义的视角

行为主义心理学的强化概念不仅可以解释操作学习的发生，而且可以解释动机的引起。有些行为主义心理学家甚至认为，无需将动机同学习区分开来。他们认为，引起动机同习得行为并无二致，都可用强化来解释。在他们看来，无需谈论诸如内驱力、需要、目的、愿望、知觉之类的纯属主观猜测的术语，只要根据可观察到的反应和强化刺激来解释行为或行为倾向即可。

人为什么具有某种行为倾向呢？按行为主义心理学的观点，这完全取决于先前这种行为和刺激因强化而建立的牢固联系。因此，操作条件作用的基本原理可以很好地解释动机的产生。由于强化对引起和改变一个人的行为起着十分重要的作用，行为主义心理学家对选择适当的强化程序表作了大量的研究。本书第六章已经详细阐述了连续强化和间隔强化这两类强化程序。研究表明，使用连续强化，行为或行为倾向建立快，但消退也快；使用定比和定间隔强化，行为或行为倾向建立慢，但消退也慢；而使用不定比和不定间隔强化，行为或行为倾向建立较慢，消退也很慢。

■（二）人本主义的视角

人本主义心理学家提出，应从整体角度来观察个体，包括身体的、智力的、情感的和处于互动人际关系中的人，以及这些因素如何交互影响个体的学习与动机。人本主义理论着重关注个体对内在需要的知觉及自我实现的驱力。

前已述及，需要是产生动机的重要因素，在人本主义学派中，美国心理学家马斯洛曾提出需要层次理论。

从人本主义的动机观出发，教师在课堂教学中应该意识到，在某种程度上，学生缺乏动机是因为一些低级需要未得到充分满足，而这些因素可能会成为学习和自我实现的主要障碍。教师还应重视人的内在价值和内在潜能，认识到人具有发挥自己潜能的高级需要，从而激发学生

图 14.1 马斯洛

的高级动机。

（三）认知的视角

德国心理学家勒温（K. Lewin，1890—1947）重视心理需要，反对行为主义心理学家所强调的生理内驱力。他认为，当人的目的与环境之间出现某种不平衡或"紧张"时，便会引起各种心理需要。这种心理需要的状态会使人做出某种行动以恢复平衡或降低紧张感。

图 14.2　勒温

勒温把自己对行为的解释概括为一个公式：B=f(P, E)，B 指个体的行为，f 指函数，P 表示人，E 表示环境。勒温的这一公式被称为预期—价值理论。按照这一理论，人的行为取决于他在某一特定情景中预期将会发生什么，以及他对将要发生事件的结果的价值或重要性的认识。

认知理论有助于理解以下问题：为什么人往往在没有经历过的事情上容易受大脑的蒙骗？为什么人们对意料之外的事情感到奇怪？为什么学生会问一些偶发的、与课文无关的事情？为什么人们在理解、掌握事物之前会持之以恒地保持一些行为？为什么人们希望别人对自己的表现做出反馈，即使反馈是否定的？以上问题都与理解"这个世界是如何运转的？"这一问题有紧密关系，即人们有理解这些问题的认知需要和动机，从而促使了相关行为的发生。

（四）社会文化的视角

从某种意义上讲，人类活动的目的是维持其在群体中的身份及人际关系，而学习是通过观察和学习特定文化群体中更有能力的人进行的，涉及对群体实践的参与。身份是动机的社会文化观点的核心概念，如学生把自己看成班干部、好学生、差学生等。个体具备何种身份，是由其在群体活动中的参与程度决定的。例如，在课堂中有些学生由于只能回答少量问题或简单问题，而被视为成绩较差的学生；另一些学生由于可以回答大量问题或复杂问题，而被视为成绩好的学生。

动机来自身份，而身份来自参与，从这一角度来引发学习动机，其目的就在于促使学生认同自己是某一班级或群体中的成员；而教师的作用就在于创设各种类型的群体活动，以确保所有学生参与其中。例如，有研究者设计了以某一学科内容为研究项目的学习共同体；还有研究者设计了一种基于计算机系统的学习共同体。无论是哪种形式的群体活动，都应该鼓励所有学生围绕问题来进行合作，促使他们在这种群体中形成积极的学习身份，并对学习产生责任感。

第二节　动机理论：期望的视角

当代许多动机理论关注个体对任务及自己所持的信念，这些信念与"我是否有能力完成这一任务"直接相关。当个体在对这一问题作出肯定回答之后,他们会更好地完成任务,并选择更具挑战性的任务。

一、自我效能

自我效能理论是班杜拉所提出的有关动机的社会认知模型。所谓自我效能,是指个体对自己是否能够成功地进行某一行为的主观判断,它是个体的能力自信心在活动中的具体体现。自我效能与自信有关,但二者并不相同。自信指个人对自己所做之事具有信心,是个体处理一般事务时的一种积极态度。自我效能则是指根据自己的以往经验,对某一特殊工作或事务,经过多次成败历练后,确认自己具有处理该工作的效能;自我效能是个体对特定情境所要求行为所表现出的自信感,常常与具体的任务联系在一起。比如,学生可能在解决数学问题上具有高的自我效能感,而在写作文方面持较低的自我效能感。

自我效能有四个来源:成功经验、唤醒状态、替代性经验和社会性劝说。如图 14.3 所示。成功经验是直接经验——效能感信息的最有力资源。成功会提高效能感,失败则会降低效能感。唤醒状态可能是生理的,也可能是情绪的;其对自我效能的影响,取决于对唤醒的解释。例如,面对任务产生紧张,这如果被解释为焦虑,则可降低效能感,如果被解释为兴奋,则可提高效能感。替代性经验指的是作为榜样的其他人成功完成的行为。榜样被认同程度越高,其对自我效能感的影响就越大。当榜样做得好时,自我效能就高;当榜样做得不好,效能期待就降低。社会性劝说可以是"鼓舞人心的激励性言辞",也可以是对特定行为表现的反馈。鼓励性言辞能够推动学生付出努力、尝试新的策略或竭尽全力去取得成功。社会性劝说也能够帮助学生抵抗突如其来的挫折,这些挫折往往会令人产生自我怀疑,并且挫伤毅力。社会性劝说是否有效,取决于劝说者的可靠性、学生对其信任程度,以及他/她的专业水平。

自我效能理论关注对成功的预期,这涉及两种预期信念:结果预期与效能预期。结果预期是指个体估计某一行为将导致某种特定结果;效能预期指个体可以相信自己能成

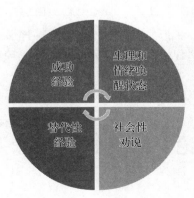

图 14.3 自我效能的四个来源

功地履行某个行为以产生某种结果。结果预期和效能预期是不同的：个体可以相信某一特定行为必将产生某种结果，但是如果对成功地完成活动的行为能力持怀疑态度，这将影响行为的实施，最终影响行为的结果。

与低自我效能感的学习者相比，高自我效能感的学习者在任务定向、努力、意志力、信念、策略运用和成绩表现上，具有显著的不同，如表 14.1 所示。

表 14.1　不同自我效能学习者的学习特征

	高自我效能的学习者	**低自我效能的学习者**
任务定向	接受挑战性的任务	避免挑战性的任务
努力	面对挑战性的任务付出更大的努力	面对挑战性的任务付出的努力较少
意志力	不达目的不罢休	常常半途而废
信念	相信自己会取得成功；没有达到目标时能控制自己的焦虑和紧张；相信自己能控制环境	总是考虑自己缺乏能力；不能实现目标时紧张、焦虑；认为自己对环境无能为力
策略运用	放弃无效的策略采用深层策略	坚持使用无效的策略
成绩	与同样能力的低自我效能者相比，成绩更好	与同样能力的高自我效能者相比要差

从上表可以看出，首先，自我效能感首先会影响到行为投入。具有高自我效能感的学习者会直面挑战性学习任务，付出努力更多，倾向于坚持不懈；低自我效能的学习者往往把困难看作不可克服，轻言放弃。具有高自我效能感的学习者也会进行一些积极的、适应性的求助行为；低自我效能的学习者为了避免暴露自己的低能力，往往不愿意向他人求助。其次，自我效能感影响情感投入。高自我效能感的学习者从事任务时冷静、沉着，更多地关注学习问题；而低自我效能的学习者会感到紧张不安，更多地关注到自己的情绪反应。最后，自我效能感会影响到认知投入。高自我效能感的学习者积极采用深层加工策略（如精致策略、组织策略等），用元认知策略对自己活动进行计划、调节与监控；而低自我效能感的学习者则采用无效策略，如死记硬背。通过这些机制，自我效能感最终影响了学生学习成绩的高低。

教学之窗

提高自我效能感的方法

鉴于自我效能感是动机引发的重要因素，因此课堂环境应当促进学生获得高水平的自我效能。可以通过多种方式来鼓励学生达到更高的自我效能水平，如：

☞　帮助学生认识到能力是可以获得和提高的。实现这一点，应保证学生是在力求获得可实现的改进目标，同时，在学生获取这些目标时给他们提供必要的帮助。

☞　减少社会对比和学业竞争，相反，应强调自我比较。例如，让学习者描绘自己的进步或使用文档评价这一方法来展示改进。

☞　让学习者相信自己的努力会获得成功。给学生传授一些能提高他们成绩的
　　认知和元认知策略。

☞　针对学生的进步提供经常性反馈。

☞　提供的教材和体验具有中等挑战程度但又处于学习者的受教育水平
　　之内。

☞　如果学生没有信心，便要强调小步的改进。从学习者能够成功的任务开始，
　　然后逐渐增加任务的难度。

☞　教师要在学什么以及如何学等方面给学生一些选择，以促进个人对自己学
　　习的控制感。

二、内隐能力观

学习要求　简述内隐能力观的内容；
　　　　　　描述不同能力观的学生的行为差异和原因。

> **能力观**
> 包括能力的实体观和
> 能力的增长观。

　　学生的能力观是随经验而逐渐发展而来的，这是对其自身能力和智力所持有的一种无意识的信念。存在两种截然不同的能力观：实体观和增长观。前者认为能力是一种固定的、与生俱来的特质，个人是无法控制的，而且能力作为一种一般的特质，会影响到个体各个领域的学习和成绩；后者则认为，能力由不断增长的知识和技能所构成，个体可以通过努力来改变自身的能力，能力与特殊的任务有关，个体某一领域的能力不一定与另一领域的能力相关。

　　能力观对学生的学习行为、学习动机有着重要的作用，进而对学习成绩产生影响。学生的能力观不同，他们在学习中的行为表现也会有很大的差异。具体表现在如下四个方面：

　　能力观学习成败的归因模式。具有能力实体观的学生容易将成功归于外部的、不可控制的原因，比如幸运或教师；同时，将失败归于内部的不可控制的因素，比如能力的缺乏。具有能力增长观的学生容易将成功归于内部的、可控制的因素，比如策略的运用和努力等；在失败时，一般不会把失败归结为自己的低能力，会认为是由很多原因造成，而且这些原因是可以改变的。

　　能力观学业情境下任务的选择。具有能力实体观的学生在学业情境中不愿接受挑战性的任务，一般会选择那些没有失败危险的、不会体现他们能力不足的任务，或者是那些非常困难的任务，因为那样就是失败了也不会归因于自己的低能力。具有能力增长观的学生，一般会选择中等难度的任务，因为从这种任务中可能会学到更多的东西。

　　能力观具体学习情境中的目标设置。持有能力实体观的学生一般会设立成绩目标，即学生以获得好成绩、博得他人对自己能力的肯定为学习的目标。这类目标致使学生回避困难和挑战，以免因失败而毁坏自身的形象。持有能力增长观的学生一般会设立学习目标，即以掌握学习的内容和增长自身能力为目标。同时，学生敢于寻求挑战，不怕失败。

　　能力观对努力的看法。持有能力实体观、对自身能力缺乏自信的学生，在遇到困难时，宁愿选择主动逃避也不愿付出自己的努力。这是因为他们认为，能力是与生俱来的东西，自己即使付出努力，也不会增长自身的能力，而且在某些情境下，付出努力却得不到成功，反而是能力低下的一种标志。这样的学生在学习时一般不愿意付出过多的努力。相反，持有能力增长观的学生则认为，通过努力可以提高自己的能力；因此，在遇到困难时他们会变得更加努力。

　　随着年龄的增长，学生的能力观会发生变化，例如，积极的能力观可能会随年龄增长而逐渐下降。研究发现，幼儿园和小学低年级的学生一般都对自己的能力持有积极的信念，在学习上具有很强的能力感和自信心。学生进入小学高年级以后，这种积极的信念观开始下降，到初中阶段时，积极的能力观继续下降，进入高中以后，达到最低点，进入大学之后，开始回升。

三、归因理论

学习要求　简述归因理论的内容。

　　归因是个体对自己的成功或失败作出的因果解释。最早提出归因理论的是美国心理学家海德（F. Heider）。他认为，人们具有理解世界和控制环境两种需要，满足这两种需要的手段是了解人们行为的原因，并由此预测人们如何行为。后来，研究者对归因理论进行发展，提出控制点的概念，并依据控制点把个体分为内控型与外控型。韦纳（Weiner）在此基础上，对归因理论进行系统的梳理，提出可以从四方面来对行为结果进行归因，即：能力，努力，难度，运气。如果对这四种原因进行分析，可以根据三个特征或原因维度来对其加以理解：第一，原因是内部的还是外部的；第二，原因是稳定的还是不稳定的；第三，原因是可控的还是不可控的。例如，能力是一种稳定的、内在的、不可控的因素，努力是内在的、不稳定的可控因素，任务难度是一种外部的、稳定的、不可控的因素，运气则是外部的、不稳定及不可控制的因素。

　　采用上述三个维度，可以对学习成败进行归因，如表 14.2 所示。

归因
个体对自己的成功或失败作出的因果解释。

表 14.2　学生归因的归因维度

归　因	例　　子	控制点	稳定性	可控性
运气	成功：我很走运 失败：我运气不佳	外部的	不稳定的	不可控的
任务难度	成功：问题很简单 失败：问题太难	外部的	稳定的	不可控的
能力	成功：我很聪明 失败：我太笨	内部的	稳定的	不可控的
努力	成功：我下功夫了 失败：我不够努力	内部的	不稳定的	可控的

　　归因的每一维度对学生的学习都有不同的影响,会影响到学生的情感、认知和行为,具体表现如下:

　　内在或外在归因,可以影响到学生对学业成败的情感反应。如果学生将成功归为内部因素,他们会感到自豪和满意;如果将成功归因于他人或外部力量,则感到的是感激。如果将失败归因于内部因素,会感到自责、内疚和羞愧;如果归因于外部因素,则感到生气或愤怒。

　　稳定性与不稳定性维度,会关系到学生对将来的成败的期望观。学生将成败归因于稳定因素时,对未来结果的期待,会与当前结果一致,即成功者预期以后成功,失败者看到的是以后的失败。但如果归因为不稳定的因素,则对以后的成败预期影响较小。

　　可控与不可控维度,会影响个体对自己能否控制已发生或未发生的事情的判断,进而能影响到学生的努力状况。比如,如果将失败归因于努力这一可控的因素,则在以后有可能更加努力,遇到困难也能坚持;但若将失败归因于缺少能力这种不可控的因素,他们则很容易就放弃,因为即使努力了也无法取得成果。

　　研究表明,当学生把失败归因于内在的、稳定的、不可控制的因素时,会产生一种非适应性的行为即习得性无助。所谓习得性无助,是指个体将失败归因于不可控因素,认为自己在任务面前无能为力。习得性无助的学生因不断地遭受失败的打击,深信个人再怎么努力对事情的后果都毫无帮助;因此,通常不愿付出努力,而且对任何事情都表现得非常冷漠、消极。许多研究都发现,习得性无助行为不仅会对学生的成就产生消极的影响,也会使学生产生消极的自我概念,认为自己是一无是处的人。

教学之窗

三种积极的归因模式

　　引导学生对学习上的成败进行努力归因。例如,当学生考了一个高分时,应使学生觉得这是自己努力的结果;而当学生的考试成绩不理想时,应当使学生认识到这是自己努力不够所导致的。引导学生进行努力归因的目的在于,使学生认识到自己的努力程度是影响学业表现的重要因素，而不是其他诸如运气、能力等方面的原因。这有助于增强学生对学习的控制感，而且可以避免由能力归因带来的沾沾自喜或悲观失望。

引导学生进行可控归因而不是不可控的归因。当学生成功时，引导他们告诉自己这是因为"我很努力"、"我准备得充分"，而不是"我很聪明"、"我运气好"等；当学生失败时，则归因于"努力不够"、"方法不当"，而不是"我不够聪明"等。应该注意的是，当学生失败时，引导可控归因的意义尤为重要。如果学生觉得自己失败的原因是某些自己不能控制的因素，就会感到悲观，不愿再付出努力，而这对于激发与维持学习动机非常的不利。

引导学生对失败和成功进行分化的归因。成功时引导学生进行内在的、稳定的归因，如"我基础好"、"能力强"等；而失败时则引导学生进行外部的、可变的归因，如"题目太难"、"发挥失常"等。这样的好处是，成功时让学生肯定自己，增强对未来学习的信心；失败时则可以维护自尊，不丧失对未来的希望而积极努力，以避免习得性无助的形成。

第三节　动机理论：价值的视角

尽管与期待相关的动机理论，对学生在学业任务上的行为提供了强有力的解释，但这些理论并没有考虑这样一个问题即："我为什么要完成这一任务？"即使个体确信自己有从事某任务的能力，但如果没有充足的理由，照样不会付出努力来从事该任务。

一、自我决定

学习要求　阐述自我决定理论的内容；
　　　　　　　举例说明如何激发学生的内部动机；
　　　　　　　描述外部动机的四种调节形式。

自我决定理论是由美国心理学家德西（Deci）和赖恩（Ryan）等人所提出的一种内部动机理论，该理论强调自主或自我决定在动机调节过程中的作用，认为人的自我决定能力在于能够灵活地控制自己和环境之间的相互作用。

他们认为，人类有三种基本的心理需要：胜任力的需要，自主的需要和归属的需要。三种需要相互联系、相互作用，其满足才促使个体获得自我调节和内部动机。在本章第一节，我们介绍了内部动机和外部动机。内在动机是人类固有的一种追求新奇和挑战，发展和锻炼自身能力，勇于探索和学习的先天倾向。它是高度自主的，代表了自我决定的原型。当个体具有内部动机时，会感觉到自己的行为是完全自主的，由自己的意志所决定的，同时，如果行为是自我决定的，则会产生内部动机。如果个体不能经历

自我决定,其内部动机就会受到伤害。(自我调节在本章第四节中会详细介绍)

与内部动机相比,外部动机也具有非常重要的作用。外在动机指人们不是出于对活动本身的兴趣,而是为了某些外部的原因如逃避内疚、获得赞赏等去从事一项活动的倾向。自我决定理论根据行为的自我调节程度,提出了四种外部动机,这些外部动机在相对控制与相对的自我决定连续体上,依次排列,具体如表14.3所示。

表14.3　外部动机的四种调节形式

调　节　类　型	例　　　子	自主性程度
外部调节:行为由外部的刺激(如奖赏、压力)来进行的调节	本不想学习,但为了外部的奖赏和避免惩罚而学习	非常低
内投调节:由内部刺激或压力(如内疚、自尊)的威胁而对行为产生的调节	学习是因为感到自己应该学习,如果不学习自己会感到内疚或对不起父母	比较低
认同调节:当个体意识到重要性或有价值时采取某一行为时而产生的调节	考试前认真复习,是为考一个好的成绩,或考上大学	比较高
整合调节:将认同的价值观和规则整合到个体一贯的自我图式之中	学习是兴趣也是自我实现的过程,获得自我满足	非常高

研究表明,动机的自主性程度与许多积极的学习与行为结果相关。外部调节较高的学生,具有低的学业胜任力感和自我价值感,他们在学习上遇到挫折时,更多地运用防御性的应对方式。内投调节与许多消极的情感相联系,比如羞愧、高水平的焦虑、对失败的担忧等,但同时与学生所报告的努力程度呈正相关。认同调节的学生接受了学校活动的价值,具有高水平的胜任力感和应对策略,以及低水平的焦虑。总之,学生动机的自主性程度越高,其内部动机、学习的质量以及心理健康的水平也越高,而且越容易取得较高的学业成就。

二、成就目标

学习要求　阐述成就目标理论的内容;
　　　　　　分析不同目标定向对学习的影响。

成就目标

学生在成就情境中所要努力获得的具体目标。这主要有两类:掌握目标和表现目标。两类目标又可以进一步区分趋近和逃避。

该理论关注的是学习者从事学习活动时的理由,即学习者为什么要从事某项学习活动,该理论不仅要探讨学生个人的目标及其对认知、情感和学习行为的影响作用,而且关注课堂情境因素在塑造学生个人目标中所起的作用。

成就目标是学生在成就情境中所要努力获得的具体目标。这主要有两类目标：掌握目标和表现目标。前者以学习、掌握为目的，关注的是对任务的掌握和理解以及能力的发展；后者以追求高成绩、证明自身能力为目的，关注与他人的比较以获得对自己能力的有利评价或避免不利评价。

进一步，表现目标扩展为表现趋近目标和表现逃避目标。前者关注的是表现得比他人更好或更聪明，指向于获得对能力的积极判断；后者则关注于不比别人更差或更蠢笨，指向于回避对能力的消极判断。与此类似，掌握目标也有趋近与逃避的划分。其中掌握—趋近目标与掌握目标定向在实质上是等同的，都是一种接近倾向，都指尽力获得任务的完成和能力的提高；掌握—回避目标指尽力避免完不成任务或尽力避免学习上的失败，目前有关该种成就目标的研究还相对较少。不同的目标定向对学习产生不同影响，如表14.4所示。

表14.4 不同目标定向对学习的影响

定义/结果	掌握目标	表现目标
目标的定义对成功的定义	提高、进步、掌握，创造性，创新，学习	成绩，不惜一切代价地取胜
重视的价值	努力，挑战性的任务	避免失败
努力的原因	活动内在的、个人的意义	显示自己的价值
评价标准	绝对标准，以个人进步为据	相对标准，与他人的社会比较
看待错误	富含信息，是学习的组成部分	说明缺乏能力和价值
归因模式	适应性；失败归因努力不足	非适应性；失败归因能力欠缺
情绪	对成功感到自豪和满意，因缺乏努力而感到羞愧，对学习有积极的态度，学习上是内部的兴趣	失败后产生消极的情绪
认知	运用深层加工策略和自我调节策略（计划、自我指导）	运用表层或机械的学习策略
行为	选择有挑战性的任务，更愿意冒险，对新任务持开放心态，更愿意寻求帮助	选择容易的任务，不愿意冒险和尝试新任务，不愿寻求帮助

教学之窗

TARGET 模式

成就目标理论认为，学生的个人目标定向是一种情境性较强的信念，容易受到课堂环境因素的影响。有研究者对影响学生目标定向的课堂特征进行了总结，并提出了著名的关于学生掌握目标定向培养的 TARGET 模式。

（1）任务（task）。教师对学习任务的设计和安排不仅影响着学生对知识、技能的掌握程度，而且影响着学生的学习兴趣和目标定向情况。新颖多样、具有适当挑战性的学习任务可以提高学生的学习兴趣,满足学生的胜任感和个人控制感,引导掌握目标定向。

(2) 权威(autonomy)。如果教师在课堂学习活动中给予学生较多的自主选择和主动参与机会,让学生有机会控制自己学习的进度及决定所要学习的内容,会使学生产生自我决定感和责任感,提高学习的内在动机并倾向于采取掌握目标定向。

(3) 表彰(recognition)。表扬与奖励会对学生的动机产生重要的影响。以学生个人的努力、进步为基础,而不是根据相对的标准对学生进行表彰和奖励,让所有学生都有获得奖励的机会,这样有助于形成学生的掌握目标定向。

(4) 分组(grouping)。已有研究表明,竞争的情境容易引起个体对能力差异的关注,导致表现目标。在合作学习的情况下,社会比较和成绩评价是基于整个小组的表现,这有利于促使学生将注意力放在对任务的掌握上。

(5) 评价(evaluating)。公开的评价活动会使社会比较信息变得比较明显,容易导致学生的表现目标。提倡采取个体化评价标准,根据学生个人的努力和进步来评价其表现。

(6) 时间(time)。指工作负荷、教学进度、完成学习活动和作业的时间限制的适当性。教师在确定教学进度和作业量时,应当考虑学生在学习能力、接受新知识的速度和有效的课外学习时间等方面的差异,采取不同的任务和时间要求,甚至允许学生自己制定完成学习任务的时间进度表。

总之,教师可以通过调节上述六种教学活动来创造一个强调学生能力发展和个人提高的课堂目标结构,使学生养成积极的掌握目标定向。

三、任务价值

学习要求　阐述预期价值理论的内容。

美国学者艾克斯(Eccles)等人提出了现代的预期价值理论。该理论认为学业行为的两个最重要的预测值是期待与任务价值,期待是指学生对成功的未来期望的真实信念,价值指的则是学生从事某一活动的理由;其中,主要有 4 种任务价值成分:获得价值,内在价值,效用价值和代价。

获得价值指完成某一任务对个人的重要意义。个体的目标可能会对个体的行为产生引导,而获得价值更多地与投入水平相联系,某一任务越是重要越容易付出更多的努力。从自我图式与同一性理论的角度来看,获得价值还与完成某一任务能在多大程度上证实或否定个体自我图式中的某些重要方面相联系。比如,如果一个学生认为自己有音乐方面的天赋,那么音乐活动对他来讲是很重要的,因为通过这些活动可以证实自己的音乐才能。如果任务越能体现个体的一般价值,则该任务越具有获得价值。

内在价值或兴趣价值指个体在参与任务过程中所经历的乐趣或者对某一任务内容的主观兴趣。这一概念类似于兴趣研究领域中所指的个人兴趣。通常,个体对某一任务的内部兴趣越高,则越容易投入其中,而且在遇到困难时也会有更多的坚持性。有关研究表明,学生个人兴趣的水平与他们在学习上的投入水平、认知策略的运用以及最终的学习成就之间存在正相关。

效用价值即完成某任务能帮助个体达到一个短期或长期目标的价值。比如,某一学生可能对学英语本身并不感兴趣,但为了以后能进外企工作,他还是在英语学习上花费了大量的心思,因为英语课对该学生具有很高的效用价值。在具体任务水平上,学生也对不同的作业或学习活动赋予不同的效用价值,并决定在此任务上的认知投入程度。比如,在数学期末考试中,有些同学可能认为最后几道难题有助于得高分,而前面的填空、选择则不那么重要,因此把很多时间用在解最后的难题上。

代价是个体所知觉到的投入某一任务的消极方面,其中包括参与某一任务所需努力的多少以及预期的情绪状态。影响到学生对某项活动的代价的知觉,有三个因素:对所需努力的认识;损失了另一有价值的选择;失败的代价。

第四节 动机理论:整合的视角

在前面两节中,研究者只是从单一的视角(预期或价值)来解释学生的成就行为。如今,研究者们越来越采用整合的视角,试图回答"为了成功地完成这一任务,我该做些什么?"为此,关注动机如何转变为自我调节的行为、动机与认知以及动机与意志之间的相互作用。

一、动机与自我调节

学习要求　阐述自我调节理论的过程;
　　　　　　分析动机与自我调节之间的关系。

自我调节,即个体对自身学习过程的调节方式,这一直是研究者关注的话题,且形成了许多有关自我调节学习的理论或模型。与此概念有关的动机理论有两个:一个是本章第三节中的自我决定理论,该理论对外部动机的四种调节模式进行了详细的探讨;另一个是自我调节学习的社会认知模型,从个人、行为、环境交互作用的角度对动机做了解释。接下来,我们以金莫曼(Zimmerman)的模型为例,探讨动机与自我调节行为之间的关系。

金莫曼认为,具有自我调节能力的学生在学习活动以及目标追求中,具有元认知的、动机的、行为的主动性,能积极地运用各种策略。自我调节学习分为三个阶段,即计划、行为或意志控制、自我反思。每个阶段又包括若干个过程或成分,如下表 14.5 所示。

计划阶段主要涉及任务分析和自我动机信念。任务分析包含两个子过程:目标设置和策略计划;前者指确定具体的、预期性的学习结果,后者指为完成学习目标而选择合适

表 14.5 自我调节学习的阶段

1. 计　划	2. 行为或意志控制	3. 自我反思
任务分析	自我控制	自我判断
目标设置	自我指导	自我评价
策略计划	心理表现	归因分析
自我动机性信念	集中注意	自我反应
自我效能	任务策略	自我满意/情感
结果预期	自我观察	适应/防御性反应
内在兴趣或价值	自我记录	
目标定向	自我实验	

的学习策略。自我动机信念来源于对学习的信念,如关于自己有能力学习的自我效能感和个人对学习结果的预期等;该信念还来自于内在兴趣和目标定向。内在兴趣是指学生看重完成任务所需技能的价值;目标定向是指个体看重掌握知识技能本身的价值。

行为或意志控制阶段主要包含自我控制和自我观察。自我控制有助于学习者把精力集中在学习任务上;这又包括自我指导、使用心理表现、集中注意、运用任务策略等过程。自我观察是指对学习行为的某些具体方面、条件和进展的记录和跟踪。自我实验是指进行一些探索性工作,观察可能的结果。

自我反思阶段主要涉及自我判断和自我反应。自我判断又包含自我评价和归因分析。前者是指对学习结果是否与预期的目标一致,以及对学习结果的重要性的评判;后者是指对造成既定学习结果的原因进行分析,如较差的学习成绩是因为能力有限还是因为努力不够等等。自我反应有两种形式,一是自我满意,这是基于对自己学习结果的积极评价而作出的反应,对自我调节能力较强的学生而言,它比获得精神奖励更为重要;二是适应性或防御性反应,适应性反应是在学习失败后调整学习的形式以期在后继的学习中获得成功,防御性反应是为了避免进一步学习失败,而消极地应付后继的学习任务。

教学之窗

动机调节策略

学生不仅会对自己的认知过程进行调节,而且会采用各种策略对自己的动机过程进行调节和控制,研究发现学生主要采用以下几种动机调节策略:

(1) 自我奖惩,指对自己的行为给予自我奖赏或惩罚的做法。比如,学生晚上复习功课时,自己先规定每小时要复习的内容,完成任务后就休息一下,要是没完成任务的话,就取消自己周末出游的计划。

(2) 目标导向的自我言语,指个体试图获得与任务相关的目标,找一些坚持完成任务的理由。比如在学习上遇到困难时,告诫自己"一定要在考试中考个前三名,所以要坚持";"我真的想多学点东西"。

（3）兴趣提升，是个体增加任务或学习材料的有趣性的方法。如"把学习变成游戏"，"我会努力将材料与我懂的或感兴趣的东西相关"。

（4）环境建构，通过减少所遇到的注意力分散的可能性，来减少偏离学业任务的行为。如在安静的环境里看书，告诉旁边的同学安静一点或关掉收音机。

（5）求助行为，在学习上遇到困难时，向他人寻求学业帮助。如遇到自己解不出的数学题，请老师或同学讲解，提示解决问题的思路或关键所在。

二、动机与意志

学习要求 阐述意志理论的内容。

意志这一术语是指完成某项任务所需的愿望的强度以及努力追求的过程。许多动机研究者只探讨动机引发直接导致的结果，而忽略了意志过程。本质上，在人们的学习动力系统中，既有动机成分，又有意志成分。动机成分激励着人们去学习，意志成分控制着人们的学习行为，使学习者克服困难、坚持进行。

意志理论认为，学习动机是复杂的，需在不同水平上进行理解。在最为概括的水平上，可以把动机理解成人们内部存在的控制行为的心理力量；从更为具体的水平上理解，人们的自我调节学习动机取决于他们对任务的价值评估和对能否达到既定学习目标的预期。而这些过程都不同于意志控制过程。

动机过程在决策的形成和促进决策方面起中介作用，而意志过程则对决策的实施和维护起调节作用。例如，当学生感到自己的学习受到干扰或遇到困难时，会决定采用一些意志控制策略。尽管动机对自我调节学习具有更强的启动作用，意志控制对自我调节学习具有更强的维持功能。再强的学习动机也无法取代意志控制在自我调节学习过程中的作用。正是有了较强的意志控制能力，学生才能顽强地克服学习过程中的困难，排除外界干扰，实现自己的目标。

意志理论把意志控制分为两大类：内隐的自我控制和外显的自我控制。内隐的自我控制又包括认知控制、情绪控制、动机控制三种类型；外显的自我控制又分为任务情境控制和任务情境中的他人控制两类。

认知控制主要包含注意控制、编码控制和信息加工控制等。注意控制的目的是把与学习任务相关的信息从干扰信息中突显出来，把注意引向正确的方向。编码控制的目的是有选择地把与任务有关的信息进行初步加工。信息加工控制的目的在于使认知学习过程流畅地进行，不产生中断。在完成一项学习任务的过程中，那些能够流畅地对信息进行加工的个体，所用的信息加工时间最为合适，并且能够很快付诸行动。

> **意志**
> 指完成某项任务所需的愿望的强度以及努力追求的过程。

情绪控制的目的在于排除学习过程中消极情绪对学习的干扰。一般来说,对于学习过程中的紧张、焦虑等消极情绪体验,采用两种调控方式是比较有效的。一是自我提示言语,如"嗨,这道题比较容易"、"不用担心,先把它放在一边";二是采用转移法。如在备考时,由于担心考不好而感到焦虑,这时可以想一些有趣或令人放松的事来减轻焦虑情绪。

动机控制是指优先考虑自己既定的学习目标,排除其他竞争性动机的干扰。动机控制不同于动机激发。动机激发是指在从事某些学习任务之前创设、生产从事任务的意图,动机控制是在任务执行过程中维持既定的意图。学习者可以采用如下一些方法来控制自己的学习动机:结果预期法,亦即考虑成功地完成任务带来的积极结果,不能完成任务带来的消极后果。准确地进行归因分析,例如,"这次失败了,但是如果更努力一些,下一次会取得成功";自我指导法。如"已忘记了大部分内容,重新读一遍并做些笔记"。

外显的自我控制过程反映了对环境的策略性控制。与内隐的意志控制策略相比,外显的自我控制过程更容易观察和测评,它可以在学生的家庭和学校环境中自然地形成。个体可以通过安排环境中的相依关系来帮助自己完成困难的学习任务。例如,可以把复杂的长期学习任务分解成若干细小的任务目标来完成;同样,通过对困难的工作施加自我奖赏、对懒惰行为施加自我惩罚,也具有重要的作用;这些举措有助于学习者控制任务结果。

控制学习任务的情境在方式上有所区别。例如,学生可以要求教师从捣乱的学生旁边调开座位,使用计算器等工具来帮助自己提高学习效率。有时候,为了维护自己的学习意图和动机,学生可以把自己置身于学习努力的同伴周围,或要求自己的好朋友对自己提供学习支持等。这些控制可以通过同伴或教师的支持进而使自己增加学习投入,付出更多的学习努力,因此属于控制任务情境中的他人策略。环境控制的实质是控制自己的任务完成结果和改变任务完成的条件,使之更有利于任务的完成。

三、动机与认知

学习要求 阐述动机和认知之间的关系。

近年来,研究者对动机因素与认知因素之间如何相互影响越来越感兴趣。传统的学习认知加工模型是一种"冷认知"模型,只重视学生的知识结构、认知能力、认知策略等因素在概念转变中的作用,而忽视了动机与情境因素对概念发展的影响。实质上,学习活动受到多种因素的影响,其中包括:学生的起始特征,如先前的成就水平;学习情境中的社会性因素,如任务的社会性特征,教学过程中的师生互动;动机因素,如预期、价值、情感;认知因素如背景知识、学习策略、自我调节及元认知策略;等等。

研究发现动机因素会影响到认知活动,例如,掌握目标定向与深层认知加工过程和较成熟的认知策略运用相关;学生对成就所赋予的价值与他们对活动的选择相关,在自己感兴趣的活动中更容易发生深层认知加工;同样,具有高自我效能感的学生会运用更精致、更好的认知策略。每一种动机信念与价值都会受到课堂情境的影响。基于此,研究者提出,学习活动是一个由动机因素参与其中的"热认知"过程。

在教育心理学领域,有关动机与基本认知活动(如知识的激活、推理、思维)之间的相互作用关系,知之甚少。大多关于动机作用的研究,主要关注动机对后继认知的影响;很少有研究关注认知对动机的影响。例如,在动机与自我调节学习领域中,大多数研究都关注于各种动机信念如何促进或限制了自我调节学习,而很少研究各种自我调节策略如何影响到后继的动机。很明显,动机与认知之间是一种相互作用的循环关系。未来的一个研究领域,可以关注认知因素对动机因素的影响。

教学反思

学完本章后,请思考如下知识点:
☞ 动机与学习的关系;
☞ 不同自我效能的学习者的特点;
☞ 内隐能力观与归因理论;
☞ 自我决定理论、成就目标和任务价值;
☞ 动机中的自我调节和意志;
☞ 冷认知和热认知。

本章总结

■ 学习动机概述

学习动机是激发个体进行学习活动,维持已引起的学习活动,并使学习行为朝向一定目标的一种内在过程或内部心理状态。学习动机对学习行为有启动、监控的作用。早期学习动机的理论,主要以心理分析理论和行为主义为主导,人本主义心理学家提出了有关动机的需要理论,当代认知主义的动机理论强调个体主观认知与解释的作用,近年来,由于受到社会认知思想的影响,动机理论愈来愈重视社会文化环境因素的作用。

■ 动机理论：期望的视角

当代的许多理论关注个体对不同任务及自己的能力所持的信念,当面对挑战性的工作时,个体是否主动地全力以赴,取决于他对自己自我效能的评估。学生对其自身能力和智力所持有的一种无意识的信念,它常常以一种"隐喻"的形式对学生的学习行为和学习表现产生重要的影响。存在两种不同的能力观:即能力的实体观和能力的增长观。归因是个体对自己的成功或失败作出的因果解释。归因一旦形成,会影响到学生的认知、情感和行为。

■ 动机理论：价值的视角

与此同时,有一些动机理论关注个体投入活动的理由。自我决定理论强调自主或自我决定在动机调节过程中的作用,并根据行为的自我调节程度提出了四种不同的动机调节类型。成就目标理论不仅探讨学生个人的目标及其对认知、情感和学习行为的影响作用,而且关注课堂情境因素在塑造学生个人目标中所起的作用。任务价值影响学业行为,这主要有四种:获得价值,内在价值,效用价值和代价。

■ 动机理论:整合的视角

研究者们越来越关注从整合的视角来研究学生的动机问题,并对动机如何转变为自我调节的行为、动机与意志之间以及动机与认知的相互作用进行了大量的研究。自我调节学习分为计划阶段、行为或意志控制阶段和自我反思阶段,动机在其中起着重要作用。意志控制对自我调节学习具有更强的维持功能。最后,融合动机与认知的"热认知"研究是新近趋势。

重要概念

动机　学习动机　内部动机　外部动机　自我效能　能力观　归因　成就目标　意志

参考文献

1. 郭德俊主编:《动机心理学:理论与实践》,人民教育出版社 2005 年版。

2. 庞维国著:《自主学习:学与教的原理和策略》,华东师范大学出版社 2003 年版。

3. 王婷婷、沈烈敏、林文馨:《中小学生能力观的研究概述》,《上海教育科研》2004 年第 2 期。

4. [美] J. 布罗菲(Jere Brophy)著,陆怡如译:《激发学习动机》,华东师范大学出版社 2005 年版。

5. Alderman, M. K. (2013). *Motivation for achievement: Possibilities for teaching and learning.* Routledge.

6. Pintrich, P. R. (2000). The role of goal orientation in self-regulated learning. In *Handbook of self-regulation.* Academic Press. 451 - 502.

7. Schunk, D. H., Meece, J. R., & Pintrich, P. R. (2012). *Motivation in education: Theory, research, and applications.* Pearson Higher Ed.

8. Stipek, D. J. (2002). Motivation to learn: From theory to practice. Medical Physics, 28(7): 1537 - 1538.

9. Wigfield, A., Eccles, J. S., Fredricks, J. A., Simpkins, S., Roeser, R. W., & Schiefele, U. (2015). Development of achievement motivation and engagement. *Handbook of child psychology and developmental science*, 1 - 44.

扫一扫二维码获取心
理学、教育学考研同
步真题及参考答案

扫一扫二维码获取同
步练习题及参考答案

第十五章

复杂行为：知觉与动作

引 言

学校教育的一个目标，是培养身心健康的公民；其中"身"的教育，就涉及大量的肢体动作和运动技能的学习；值得注意，这类学习活动不仅仅是体育课教学，写字、做实验、团队协作等活动都涉及动作类学习。一般来讲，动作技能是通过身体或四肢的运动，达到一定的目标，比如，演奏乐器、踢足球、游泳。动作技能需要知觉的参与，如眼观六路、耳听八方。熟练动作通常代表高水平的运动或职业专长，比如姚明打篮球，或郎朗弹钢琴，就代表了这种熟练技能。

学完本章后，你应该能够：

- ☞ 阐述知觉技能研究所采用的几种任务；
- ☞ 理解知觉联合特征与单个特征的目标的区别及各种效应的解释；
- ☞ 理解知觉学习的规律及其训练方法；
- ☞ 阐述动作控制与学习的三种理论的主要观点；
- ☞ 阐述动作技能获得的三个阶段及其训练方法。

教学设疑

王老师是职业技术教育学院的教师，教授职教师资专业的"教育心理学"课程。职业技术教育非常重视训练学生的各种技能，因为学生今后面对的很多工作是需要动手操作的。但是，王老师发现，学生去职业学校见习时，有学校虽然建有实训场所，但学生的学习大多是从书本到书本，教师在黑板上演示和讲解各种知识，很少充分利用这些实训场所，学生动手操作很少。学生很困惑，究竟怎样的教学模式才是对技能训练有效的？

假如你是王老师，请思考：

- ☞ 课堂知识与动手能力的关系？
- ☞ 动手能力是如何获得的？
- ☞ 如何教授学生的动手能力？
- ☞ 在教学中，如何进行动手能力的训练？
- ☞ 实践训练中，教师讲解如何起作用？

视频

复杂行为：知觉与动作

第一节　知觉技能的学习

心理学对知觉的研究,偏重于探讨知觉作为一种认知过程的基本机理,从而帮助人们理解各种知觉的现象。而教育心理学侧重于探讨知觉作为人的一种技能是如何习得的,更重要的是,知觉技能往往与动作技能学习联系在一起,甚至是后者成功学习的基础。

一、知觉技能概述

学习要求　简述研究知觉技能采用的几种任务。

知觉技能

根据刺激可感知的特征对不同刺激加以辨别和分类的能力。

知觉技能是根据刺激可感知的特征对不同刺激加以辨别和分类的能力。例如,购买蔬菜瓜果要能识别出新鲜和不新鲜的差异。再如品酒,一个新手很难区别不同的葡萄酒口味,但经过很多次品尝之后,他就成了老手,甚至能指出不同地区或年份酒的细微差别。

对知觉技能研究,一般采用准确性或反应时作为因变量,研究知觉技能所采用的实验任务,可以根据所需要的判断类别加以分类,详见表 15.1。

表 15.1　研究知觉技能所采用的任务

任　务	判　断
检测	刺激是否出现
区分	异同,大于或小于
再认	新或旧
识别	用既定的反应确定刺激
视觉搜索	在呈现的项目中目标是否出现
记忆搜索	在记忆项目中目标是否出现

在上表中,检测任务一般在信号检测理论中会用到,这要求观察者判断某一刺激事件在特定时间或空间中是否出现,这种刺激一般是很难察觉的。实验者告诉观察者预期出现的刺激事件的类别,如果刺激出现,被试反应"是",反之反应"否"。实验者也可能安排刺激出现在某个时间或空间,观察者的任务是说出刺激出现在哪个时间或空间。

在区分任务中,实验者同时或相继呈现两个或更多刺激,观察者必须指出这些刺激是相同的还是不同的,或者比较这些刺激的某种特征孰多孰少。

在再认任务中，实验者也是给出一些刺激，观察者辨别某一项目先前是否呈现过。在识别任务中，实验者要求观察者在特定刺激出现时，给予特定的反应；通常，一个刺激联系一种反应，但也可能是两个或更多刺激用同样的反应；这种可称为信息简化任务，因为刺激的数量多于反应的数量。

搜索任务包括视觉搜索任务和记忆搜索任务。在前一任务中，一个或多个刺激被指定成目标刺激；然后，目标刺激可能出现也可能不出现在干扰刺激中（如图 15.1 所示，搜索红色"x"）。在后一任务中，一组或更多项目被称为记忆项目，都是第一次呈现过的，然后呈现单个项目，要求回答是哪一次呈现的。多数情况下，研究者采用混合搜索任务，记忆项目和呈现项目的数量都是变化的。搜索任务还有其他一些变化，如呈现的时间特征、任务中包含的项目数量、呈现的格式、目标出现的位置，等等。

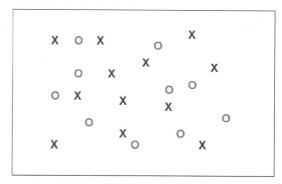

图 15.1 视觉搜索任务

教学之窗

电竞运动员的知觉搜索

2019 年 10 月 2 日，《英雄联盟》第 9 赛季（Season 9，简称 S9）全球总决赛在欧洲开赛，在小组赛揭幕战当天，来自英雄联盟职业联赛（League of Legends Pro League，简称"LPL"）中国大陆赛区的 IG 战队拿下胜利，在卫冕这款全球最火热之一的电竞游戏的年度最高级别赛事道路上迈出了第一步。而在一年前，IG 以 3∶0 击败欧洲豪门 FNC，为在这款游戏中征战 8 年的中国战队斩获第一个 S 赛总冠军。随着中国电竞队不断在国际大赛中斩获大奖，电竞运动逐渐走进大众视野。电竞运动不再被简单地定义为"打电脑游戏"，而是一个统筹考察人类知觉、注意力和体能综合能力的竞技项目。

专业的电竞运动员在知觉、注意力和体能上相较普通玩家都有显著的优势。尤其是知觉技能，专业电竞运动员通过训练能迅速在游戏场景中搜索和预测目标可能出现的位置，并根据这一卓越的知觉技能在比赛中争夺先机，取得比赛胜利。具体地，研究者在参与云南省英雄联盟高校联赛的大学生中，通过调查问卷的方式筛选出 18 名高水平英雄联盟游戏玩家，20 名中等水平游戏玩家和 17 名非游戏玩家。对各水平游戏玩家进行认知特征四个指标（反应时、知觉预测、知觉搜索和视觉短时记忆）的测试，结果发现，在知觉预测的指标上，高水平玩家的知觉预测能力显著高于另外两组，中等水平玩家的知觉预测能力显著高于低水平玩家。在视觉搜索方面，高水平游戏玩家也显著优于其他两组玩家，中等水平游戏玩家与非游戏玩家无差异。可见，电竞运动员的知觉搜索能力要高于普通玩家。

二、知觉学习

学习要求 阐述知觉学习的规律及其训练。

　　知觉学习是指通过经验或练习而获得从环境中抽取信息能力的过程。知觉技能的获得主要涉及对某一刺激区别于其他刺激的特征的学习。以下介绍一个知觉学习的研究实例。

　　在这个研究中,被试需要学会区分不同的气味;为了达到这个目的,研究者让被试学会给不同的刺激物命名(贴标签);这可以视作一种先前经验。在训练阶段,研究者让被试闻 32 种自然气味,如糖蜜、发霉的书或常春藤等,直到所有气味在两个连续的测试中全部被命名正确。训练后过了五天,研究者把每种气味随机呈现三次,让被试再来识别;被试刚开始错误很多,但慢慢地可以分辨这 32 种不同的气味。这一研究结果非常有趣,因为之前的研究认为,如果根据人们可以准确无误地确定的气味数量来估计嗅觉通道的容量,那么这种容量是较低的;但是,该研究表明,人们能够准确分辨的气味数量,可以随练习大幅度提高。

　　在上述实验中,确定气味的准确性(即贴标签)是随练习而提高的。但是,如果操作任务不是要求贴标签,训练是否有效就是个问题了。为了回答这个问题,研究者采用相对辨别任务,即比较两个刺激物是相同的还是不同的,而不是给单个刺激物贴标签。一般来说,相对判断比绝对判断更容易,但经验对相对判断的影响不会立刻显现,因为没有标签需要学习。不过,用视觉刺激物所做的研究发现,相对辨别的准确度的确会随练习或先前对刺激物的经验而提高,因此,研究者期待在气味任务上相对辨别的准确度,也会随着经验增加而提高。

　　于是,研究者在下一个实验中,考察了经验对相对辨别的影响;实验分如下四组:第一组接受先前经验训练,给目标刺激物贴标签;第二组的任务是对每种气味,用一组形容词的等级描述其特征;第三组任务是训练给 7 个气味贴标签;第四组是控制组,没有任何训练。研究者采用"相同—不同"任务对相对辨别能力进行测量;这就是说,让被试闻一个瓶子中的气味,然后闻第二个瓶子,要求被试对"二者是否相同"做出反应;这类似于信号检测论中的 d'(可辨别性)。实验结果表明,学习给 7 个测试刺激物贴标签的组,比描述刺激物特征的组,能更敏感地辨别刺激;两个训练组比两个控制组更敏感。

　　研究者解释道,贴标签和描述特征的区别在于:前者要求在刺激物之间作出判断,后者则不需要;贴标签迫使观察者注意刺激物那些独一无二的特征,提高了区分的准确性;所以,当随后的测试任务改为必须作出相对的区分时,贴标签组比描述特征组的成绩更好。

如果知觉学习就是发展识别独特特征的能力,那么强调这些特征的训练会比基于刺激物整体特性的训练更有效。例如,有研究者训练军校学生辨别各种飞机;在该实验中,研究者给军校学生看40架不同飞机的幻灯片,给他们的指导语是不同的:一是整体外形组,所给指导语强调的是飞机的整体外形;二是特征组,所给指导语强调的是呈现飞机的独特特征。经过30小时训练后,特征组在再认任务上表现更好;而且,研究者还注意到,与特征组相比,整体外形组的军校学生总是问"什么特征可以用来区分相似的飞机";这表明,搜索独特特征是一种很自然的学习方式。

对教独特特征更有力的证明,来自"小鸡性别"辨别的实验。养鸡的人在小鸡出生一天后就要识别是公鸡还是母鸡,但这时的公鸡和母鸡的性器官是差不多的,一般人很难辨别。研究者在专家的帮助下,确定了区分小鸡公母,其关键是一个"小肉粒":在这个区域,公鸡是凸起的,母鸡是凹陷的或平的。据此,研究者开发了一个教学材料,用图显示公鸡和母鸡的这个区域,二者的特征分别为"圆的,像球或西瓜"和"尖的,像自上而下的松树,或扁平的"。经过三到八周的训练后,被试对小鸡生殖器的辨别准确度迅速提高,一小时之内辨别1000只鸡的性别,准确率高达98%;这个研究表明,理解知觉技能的知识基础很有实用价值:利用人们确定和学习独特特征的自然学习方式,是一种十分高效的知觉技能训练方法。

教学之窗

神奇的知觉辨别能力

在江苏卫视的真人秀节目《最强大脑》中,观众目睹了惊人的一幕:有一位"鬼才"王昱珩,他能用肉眼在520杯同质同量同批次的清水中,经过无碰触地观察,指认出某位嘉宾任意选中的其中一杯水。令人称奇的是,这位鬼才用扫描仪般的眼睛迅速掠过一杯杯毫无差异的水,最快时秒扫4—5杯水。王昱珩由于他非凡的辨水能力被网友称为"水哥"。

那么,"水哥"是如何做到从520杯水中挑选出正确的那杯水呢?这首先依赖于"水哥"超凡的知觉辨别能力,他能迅速知觉每杯水的整体信息,包括水杯中的气泡、尘埃、残存的指纹(尽管轻微)等,这样他就形成了对每一杯水的总体的特定的知觉图像,比如一只鹦鹉或一张孩子的脸。这样他就等于拿着一张照片寻找人脸目标。在他的头脑中,两杯水之间的"长相"差距甚至比两张人脸的差异要大得多。因此,他能迅速地辨别出之前呈现的那杯水。

而这种知觉辨别能力已经被广泛应用在图像识别中,从识别图片中特定的物品到在诸多的照片中识别特定的面孔。不过,虽然基本的图像分类已经变得更加容易,但是当它涉及从抽象的场景中提取意义和信息时,该类技术还有待提升。

(资料来源:"微观辨水"或许是机器视觉未来为之奋斗的目标[EB/OL].[2019-01-01]. http://www.mv186.com/show-list-616.html.)

第二节　动作技能的理论

相对于知觉技能，研究者是如何定义动作技能的？如何对动作技能进行分类？以及研究者如何解释动作技能的学习？这些问题都将在这一节中得到回答。

一、动作技能的概述

> **学习要求**　简述动作技能的定义。

> **动作技能**
>
> 动作技能是可以观察到的、通过练习巩固下来的有肌肉运动参与的技能形式。

■ 动作技能的含义

动作技能是可以观察到的、通过练习巩固下来的有肌肉运动参与的技能形式。动作技能有自身的习得规律，个体间的差异主要受先天遗传影响。动作技能包括日常生活方面如写字、行走、骑自行车，体育运动方面如游泳、体操、打球，生产劳动方面如锯、刨、车等活动方式。

动作技能是后天习得的，其习得由规则所支配。简单的或不随意的肌肉反应，如人的眨眼反射或摇头动作不属于动作技能，只有那些后天习得的并能持久地保持下来的动作活动方式才属于动作技能。动作技能是以感知系统与运动系统间的密切协调为必要条件的动作活动方式，所以又被称为知觉运动技能。

动作技能是由若干动作按一定的顺序组织起来的动作体系。任何一种动作技能都具有时间上的先后动作顺序和一定的空间结构，其时间顺序性是不变的。例如，原地推铅球这一动作技能，从持球蹬腿、转体到最后出手用力的动作顺序是不变的，动作的空间结构也具有稳定性。当然，动作技能在基本样式的基础上，有多种变式。比如说，篮球的运球动作，其动作的幅度有大小变化，节奏也有快慢变化。

动作技能的运用由任务驱动。学习者对动作技能的运用是主动的，只有当任务需要时才表现出某种动作技能，例如，在网球的接发球环节中，采取何种动作接球，是依据对手来球的旋转、力量和速度决定的。

熟练程度越高，动作技能越自动化。动作技能的习得是一个通过练习从低层次的感知系统与运动系统的协调关系向高层次的协调关系发展的过程，最终达到高度自动化。熟练程度越高的动作技能，越能轻松敏捷地完成。例如，在篮球运动中的单手肩上投篮动作，随着熟练程度的提高，投篮的技能越完善,投篮的命中率越高,而且意识参与控制的程度越少。

动作技能的分类

从精确性这一维度,动作技能可以分为粗大动作技能和精细动作技能,粗大动作技能即大空间、大幅度进行的动作,包括抬头、翻身、坐起、平衡、爬行和行走。粗大动作发展来自于模仿。例如,刚出生的婴儿将要学习的动作是控制头部,之后是翻身、坐起和爬行,如图 15.2 所示。精细动作技能即在小空间、进行小幅度且协调精致的动作;例如,用拇指和食指捡起小物体,剪切、涂色、写字和串珠子,等等。

时　　间	内　　容
头 3 个月	练习抬头
3—4 个月	练习翻身
5—6 个月	练习坐一坐
7—8 个月	爬是很重要的动作发育
9—10 个月	练习扶着迈步
11—12 个月	练习独立站和扶着走

图 15.2　婴儿的动作发展

从连续性这一维度,动作技能可以分为连续性动作技能和非连续性动作技能。连续性动作技能的动作序列长,需要根据复杂外部刺激连续、不间断地调节矫正,动作间无明显起止点。例如开车这一动作技能,从起步到停车包括了一系列连续的动作操作。非连续性动作技能的动作序列短,一个刺激一个反应,动作间有明显起止点的动作技能。例如射箭这一动作技能,从瞄准到拉弓,再到放箭,几乎一气呵成;然后休息,继续下一射箭动作。

从稳定性这一维度,动作技能可以分为封闭性动作技能和开放性动作技能。封闭性动作技能指外部环境稳定、可预测的动作技能。例如短跑,外部环境几乎不变,个体只需专注自己,按计划完成既定动作,就基本可以达到目标;至于是否比别人更快或慢,则涉及社会比较,与技能关系不大。开放性动作技能指外部环境变化且不可预测的动作技能。例如打乒乓球,对手回球方式、球的落点、比分状况等,都影响自己的击球动作和策略。

教学之窗

儿童动作的发展规律

1. 从整体到局部

儿童最初的动作是全身性的、笼统的、弥漫性的;随着年龄的增长,儿童的动作会逐渐分化、局部化、准确化。例如,幼儿园小班的儿童画画(2—3 岁),不仅是手动,身体的动作、面部的动作也会参与进来。

2. 首尾规律

儿童动作的发展先从上部肢体动作开始,然后到下部肢体动作。正如人们常说的"三翻、六坐、九爬爬",即儿童先学会抬头,然后能在三个月左右俯撑翻身,六个月左右坐起来,到九个月左右开始协调上下肢爬行,最后学会站立和行走。

3. 远近规律

儿童动作的发展是先从头部和躯干的动作开始,然后发展双臂和腿部的动作,最后是手的精细动作。例如,婴儿早期看见物体时,先是移动肩肘,用整只手臂去接触物体,年龄稍大会用手腕和手指去接触并抓取物体。

4. 大小规律

儿童动作的发展开始于粗大动作,而后才学会进行精细的动作。例如,儿童早期抓握勺子吃饭,只能用满手抓握的姿势来抓握勺子,随着年龄的增长,之后才能精巧地使用食指和拇指抓握勺子。

(资料来源:杨宁:《儿童早期发展与教育中的动作和运动问题——四论进化、发展和儿童早期教育》,《学前教育研究》2011 年第 10 期.)

二、动作技能的学习理论

学习要求 简述闭环理论对动作学习的解释;
简述动作编程理论对动作控制与学习的解释;
简述动态动作学习理论对动作控制和学习的解释。

■ (一)闭环理论

闭环理论是一种由结果知识和反馈信息起作用的线性定位反应—运动的理论(Jack Adams,1971)。该理论认为,动作技能的学习基于两种记忆形态:知觉痕迹和记忆痕迹。知觉痕迹是指运动轨迹在中枢神经系统中留有的痕迹。例如,标枪运动员投掷时,其手臂、手腕和手指需要特定的姿势;练习的结果就是学会这些姿势,增加知觉痕迹。当投掷者用姿势和视觉反馈来指导自己的动作时,就是来发现其中的问题,纠正动作,形成正确的姿势。记忆痕迹是一系列动作在记忆中的存储,决定着从知觉痕迹中选择何种特定的行为。例如,篮球运动员在练习一段时间后,会在头脑中保存大量的动作痕迹,例如运球、过人、投篮、截球,等等。

知觉痕迹是对动作反应的暂时感知和短暂记忆,是在练习中获得的,是动作反应正确与否的一种即时的内部反馈系统,用来追踪和记录动作反应情况。该痕迹所反馈的信息非常精细,包括所能感受到的一切方面。例如,篮球运动员看到对方运球时的手腕、手肘和脚步，就知道是否"走步违规了"。在动作学习过程中，学习者每次作出反应，通过知觉来获悉有关信息，这时知觉痕迹就形成了；新的动作通过知觉，得到持续的反馈；正确的知觉不断被强化；有关反应结果的信息，又用来指导后来的动作。知觉痕迹的强度，关系到动作反应的准确性；痕迹越强，就越提高后来动作的准确性，直到反应达到高准确性。知觉痕迹是联系实际动作与以往的动作记忆痕迹的中介。

记忆痕迹是以往多次动作反应所积累的信息库，属于长时记忆。这种痕迹也是一种内部参照系统，起着选择和发动反应动作的作用。也就是说，记忆痕迹既用来作动作定向，也用以根据知觉反馈来的信息，来评判、调节和纠正正在进行的动作反应。在操作过程中，知觉反馈来的信息与记忆痕迹相比较，动作错误就被鉴别出来，并得到修正。一般来说，在获得某个动作的经验之后，动作一旦开始，知觉痕迹就开始控制动作学习了。动作技能就是在动作反应练习、知觉痕迹、记忆痕迹三种因素的共同作用下，得以不断提高的。

闭环理论认为，随着经验的增加，动作学习发生以下变化：（1）知觉痕迹获得的动作反应信息由模糊到清晰，由少到多，整体性、随意性和选择性不断增强；（2）知觉痕迹的信息与记忆痕迹的信息越来越一致，即动作错误越来越少，或者说正确的动作替代了错误的动作；（3）动作技能从言语—动作转变为纯动作，动作反应的控制从吃力到轻松，最后到近乎无意识的自动化，以至于不知悉动作结果，也无损于反应动作的质量。

在动作形成的高级阶段，知觉探测和纠正错误就不再需要思维或持续的反馈，而是依赖内在的勘误系统。例如，篮球运动员根据已有的动作经验，判断自己当前动作是否规范、是否合理，甚至在球出手的一瞬间，就能大致预期自己动作的结果，即球是否可以进。

随着操作水平的提高，动作、知觉、记忆三者的效率、稳定性、准确性、整体性都在不断提高，而它们之间的协调性也在不断增强。

教学之窗

篮球运动员的动作记忆痕迹

2019 年 6 月 14 日，2018—2019 赛季 NBA 总决赛勇士队迎战猛龙队，猛龙队以总比分 4 比 2 获得 NBA 总冠军。比赛中，球员们娴熟的扣篮、投篮不时引起观众的阵阵喝彩。那么篮球运动员，尤其是那些卓越的篮球运动员是如何从训练中获益，不断提升投篮技能的呢？

这里的关键因素就是记忆痕迹，那些卓越的篮球运动员，比如库里和詹姆斯，他们通过不断地练习投篮积累了丰富的投篮动作的信息库，信息库中存储了成功投篮需要调动哪些肌肉，身体是如何协调等信息。这个信息库存储在长时记忆中，作为内部参照系统，帮助篮球运动员动作定向，有助于运动员评判、调节和纠正正在进行的投篮动作。在练习投篮的过程中，运动员将知觉反馈中的信息与记忆痕迹相比较，错误动作就被鉴别出来，运动员就能根据投篮结果进行调整，为下一次的成功投篮做准备。

■ （二）动作编程理论

闭环理论强调反馈对动作控制和学习的重要性,但有些动作可以在没有感觉反馈的情况下被控制。许多快速的动作序列似乎太快,难以令一个动作的反馈为下一个动作服务。研究发现(Taub & Berman, 1968),把猴子的传导机能去掉,剥夺其视觉反馈的来源,猴子仍能执行许多动作。猴子反馈的感觉来源消失后,执行动作的能力依赖于中枢机能。所以,知觉和动作之间的联系不是不可或缺的,有时也可以跳过,如果不是知觉在指导动作,那是什么呢? 研究者认为是高水平的计划或动作编程在起作用,这就是动作编程理论所持的观点。

当运动控制的方式没有涉及动作执行中的感觉反馈,这被称为开放回路,如果动作计划中利用和整合了反馈,那么控制方式就是闭合回路。动作编程理论认为,动作执行方式可以是开放回路的,也可以是闭合回路的。感觉反馈的作用,一是在慢速动作执行时,二是在动作完成之后;在前一种情况下,如果动作偏离所要完成的动作,个体会及时觉察和纠正;在后一种情况下,个体评估动作结果,拿它与成功的动作做对比,获得反馈以修正下一个动作。

在动作编程理论中,图式理论比较有影响。该理论认为,动作技能的学习是一个渐进的过程,在一个给定的情境中行为的选择和执行依赖于许多因素。动作反应图式受初始任务条件、采取的行动和行动结果的影响。我们以体操运动员的平衡木动作为例,来阐述动作反应图式的运作过程。

第一,运动员先前的训练为其提供了各种可能的动作与动作结果关系的信息,这都存储在运动员的记忆之中。在初始条件(如场地、热身动作等)下,运动员激活头脑中的图式来安排和开始动作。由于经验不同,有些人就可以很快地完成,有些人就比较慢。

第二,运动员操作图式,开始做平衡木动作。在这个动作反应图式中存在一系列运动程序,后者受动作参数所控制,如肌肉组的选择、肌肉收缩的力量和持久性、身体各部分的空间位置,等等;这些运动参数在快速完成动作中起了很重要的作用。头脑中的运动程序,发出指令给肢体,做出平衡木动作;这个动作往往发生在一定的环境中,如体操馆、比赛场合等;动作结束之后,不论是运动员还是裁判,都会对这个动作给出评分,这就是测量结果。在上述动作执行过程中,会有大量的信息传入到动作反应图式;例如,运动员在做平衡木动作时的肢体信息和环境信息,会直接进入动作反应图式,影响下一步的动作执行。有时,这些信息需要经过加工;然后,比较自己行动的实际结果和预期结果,形成反馈,影响下一步的动作执行。例如,运动员会注意到动作幅度过大或过小,进而调整自己的动作。所以,图式理论认为,动作学习就是基于肌肉的运动规律、快速和慢速运动的感官经验以及对动作达到期望目标的程度的评价。

根据图式理论,当运动是参照动作编程来执行时,会不断地存储 4 类信息:环境条件、动作参数、正确结果和知觉结果。随着所存储的信息越来越多,动作图式得到不断地精练;也就是说,如果要学会某个动作图式,则需要存储大量的信息。例如,随着训练和比赛次数的增加,体操运动员存储了大量信息,形成丰富的动作图式,这有助于其应对各种突发情境。因此,图式理论认为,一个人操作某种运动的各个动作,比反复练习某个特定的动作,更能促进动作的学习。

教学之窗

乒乓球运动中的动作编程

根据动作编程理论,在乒乓球运动项目中,以发球为例,运动员在教练的指导下会形成发球动作的一般动作编程,包括有效调动手臂摆动幅度和步伐移动范围。具体地,当练习发球动作时,乒乓球运动员需要掌握手臂肌肉举起的高度、步伐移动的快慢等动作的参数值,进而进行编程,反复练习动作会使发球越发准确和刁钻。

以学习为例,该过程包含回忆和再认这两个图式。运动员首先运用回忆图式来开始发球动作。此时,运动员需要回忆发球动作包括的动作参数,如调用了大臂和小臂的哪些肌肉组、肌肉收缩的力量和持久性、腿部动作和手部动作的相互配合等。一旦建立起关于发球的运动程序,它就为运动员提供了感官输入,让运动员能尽量匹配完美的发球动作和实际的发球动作之间的距离;进而采用再认图式作为下一次发球练习的参照,得到可靠的反馈,通过反馈进一步学习发球这一动作。

■ （三）动态动作学习理论

闭环理论和图式理论都有一个重要假设:在中枢神经系统内有某种运动程序得到表征,进而可以控制人的运动。动态动作学习理论则不同,它假设人的运动是通过环境与人体之间的随时互动加以调控的,即便是那种看起来很简单的(如取一杯咖啡)运动都极其复杂。人体由很多部分构成,每个部分都包含骨骼、肌肉和关节。端起一杯咖啡要求人体各部分在意志控制和协调下完成多个动作,如伸手、触杯、感知杯形、用力、拿起,移动到嘴边,等等。

动态动作学习理论关注的是多组肌肉作为完整系统的一部分共同工作的方式。该理论假设人的动作受到如下分析水平的约束:（1）控制物体运动的物理定律也控制人体运动;（2）目标导向的运动意图要受到认知的约束;（3）肌肉的激活受中枢神经系统的制约;（4）运动方式受知觉因素的影响。

该理论提出"知觉—运动场域"这一概念,专指个体与环境之间的界面。该场域的"知觉"是指确定任务的特征,"运动"是指与任务相应的动作反应。在呈现新任务时,个体需要搜索知觉—运动场域,以便找到完成任务的最佳方法;这种搜索受从环境特征中提取的行为信息的指导和辅助。例如,驾驶员在准备开一辆新车时,就要认识启动、刹车、油门、前行、倒挡等部件,同时搜索头脑中已有的驾驶动作,安排接下来的驾驶行为。

接下来,个体操作动作;在动作进行中,以及在动作反应后,会出现一系列视觉和感觉反馈,后者会影响和改变知觉—运动场域。例如,驾驶员在驾驶新车时,会接受诸如后视镜的视野大小、座椅高低、油门急缓等信息，这些信息会影响驾驶员的驾驶感觉，以及接下来的动作调整，如头部前后、身体弯直、用力大小等。

当然，这时可提供指令性信息，以影响学习者有关如何操作任务的解决方法。例如，驾驶员可以看说明书，了解一些注意事项；或者，向有经验的驾驶员咨询，了解此类车驾驶的经验。当然，个体自身练习是最有效的方式，这有助于学习者理解任务的特征，并通过知觉—运动场域这个框架结构来理解任务。

从动态动作学习理论来看，技能学习就是问题解决的一种形式，学习者积极探索和改变知觉—运动场域，直到问题得以解决。与动作编程理论相比，该理论对中枢活动计划的强调要少一些，更多强调肌肉、关节和力量之间的合力。这些合力通常被称为协调结构，是一种功能性组织，可以临时把一组肌肉和关节灵活地集合起来，并把这些成分转化为在具体任务上连贯的、自如的动作操作。例如，驾驶技能就涉及一系列手、脚、头等部位的肌肉运动，这包括转动、用力，以及各部分动作之间的协调。通过这些协调结构，中枢神经系统的指令得以顺利进行。

教学之窗

游泳运动中动作的配合

在游泳过程中，个体协调包括上肢、脖颈和下肢的肌肉群，以完成游泳的动作。以蛙泳为例，游泳时需要协调上肢和下肢的动作，同时配合呼吸。具体地，蛙泳时手臂动作是外划—内划—前伸，外划时需要个体在夹腿蹬水动作结束后，双手处于前伸，手掌倾斜大约45度的状态。随后双手同时向外、后方划，继而屈臂向后、向下方划。之后，掌心由外转向内，具体为向内、向上、向前。手带动小臂加速内划，手由下向上并在胸前并拢（手高肘低、肘在肩下）。最后，掌心由开始的向外逐渐转向内，双掌合在一起向前伸出（肘关节伸直）。

蛙泳时腿部动作是收腿，即屈膝收腿，脚后跟向臀部靠拢，小腿躲在大腿后面，慢慢收腿；翻脚，两脚距离大于两膝距离，勾脚外翻，脚尖向外，脚掌朝天，小腿和脚内侧对准水；最后进行蹬夹水，实际上就是腿伸直的过程，由腰腹和大腿同时发力，小腿和脚内侧同时蹬夹水，整个蹬水路线就像画了一个圆圈。

可见，游泳的整个过程需要协调全身上下所有的肌肉和关节。

（资料来源：黄文伟，彭雄辉，翁松涛：《蛙泳教学方法新探讨》，《游泳》2005年第5期，第23—24页。）

第三节　动作技能的获得

从新手缓慢费力地操作到专家快速而准确的操作的转变经历了什么样的过程，一直是动作技能研究关注的焦点问题。技能学习过程分为三个阶段：认知阶段、联结形成阶段和自动化阶段。本节将介绍这三个阶段的内容。

一、认知阶段

> **学习要求**　理解动作技能获得的认知阶段的学习特点；
> 　　　　　　阐述言语指导和反馈的作用及其运用要求。

在认知阶段，学习者试图理解任务的要求、如何操作任务以及任务的目标。以学习骑自行车为例，初学者会从指导者那里获得如何骑车的最初指导，这包括上车、踩踏和骑行，以及需要注意的事项，如肩部、后背、大小腿、蹬力、握把手，等等；指导者会尽量用语言描述如何骑车；初学者会注意指导者的讲解并形成行动计划；然后，初学者坐在自行车的座位上，把手放到把手上，脚放在踏板上，开始试着骑行。有时，指导者会用身体或训练轮帮助初学者保持自行车的平衡。一旦初学者用脚踩踏板，就会意识到想象骑车和真正骑车之间的差异，先前计划的和真正发生的情况相差甚远。可以看出，这一阶段比较重要的训练方法是言语指导和反馈。

■ （一）言语指导

在学习新技能时，人们一般会对该技能如何操作有个总体想法。例如，初学者很可能会在头脑中想象自己骑新自行车的情景，但他可能对达到目标需要采取什么步骤并不清楚。学习一项动作技能的过程与问题解决的过程类似，学习者开启了一段从初始状态（即对如何完成一个任务的不完全知识）到目标状态（即对如何完成任务的完整知识）转化的路程。一个人要学习新技能，就要帮助他形成从初始状态到目标状态的一套"算子"，尽管，人们可以独自解决获得新技能的问题，但大多数新手会找一位知道如何完成任务的教师寻求指导和建议。

第一，教师所提供的言语指导及其呈现方式对个体快速有效地学习技能非常有帮助。这些信息是新手形成任务的心理模型的基础。心理模型是在组织和储存在记忆中的符号编码的基础上形成的。这些编码提供了环境刺激、需要采取的行动以及这些行动预期的结果之间的关系方面的信息。新手在练习中不断修改心理模型，以反应环境刺激和行动之间的关系，例如，任务的哪些方面对实现预期结果是重要的而哪些是无关的。比如，指导者教初学者要不停地踩脚踏板，这就是对学会骑自行车十分关键的任务成分。

第二，言语指导对初学者还有激励作用。刚开始学习新技能有时会引发焦虑，而言语指导所包含的预期行动结果的信息能提高学习者的自信心，使他们愿意继续练习。例如，初学者对摔倒没有心理准备就会很慌，如果明白从车上摔下来是学习过程的必要经历，就更能建设性地利用摔倒的信息，改进自己的骑行动作。

言语指导对学习过程也有可能是无效的，甚至有害的。当太多的指导信息同时呈现时,信息就会失去效果。这是因为,人的记忆系统和注意系统是受容量限制的,呈现给初学者一长串信息,会使其短时记忆的负荷过重。如果信息过于复杂,言语指导也会丧失作用。研究发现,一个有关完成动作的潜在原理的概念性信息,还不如简单的具体信息有用。言语指导的有效性也受学习者认知发展水平的限制;例如,同样的骑行信息,如"刹车",有的人可能更多用脚着地的方式,有的人可能用手握车把的方式;因此,呈现的信息和使用的语言应适宜学习者的智力发展水平。

■ 反馈

反馈分为外部反馈和内部反馈。前一反馈来源于环境,或者来源于先前反应结果;后一反馈来源于身体内部的感受器。在学习的初级阶段,骑自行车学习者所面临的路况不断发生变化,其身体感官中也产生了大量的信息。所以,是否成功地骑车,取决于其适应和最终控制反馈性的输入/输出系统的能力。骑车技能包含许多动作,这些动作发生得太快以至于人们不能有意识地加以控制。在运动过程中保持平衡和直线移动的能力取决于快速发生而无法意识到的刺激—反应单元的组织。学习过程很大程度上受内外部反馈的动态互动影响。

有一种外部反馈叫结果性知识。例如,指导者会根据初学者上一次骑车的表现提供反馈,这类信息可以让儿童知道练习中的错误,以及如何纠正错误以更好地骑车。结果性知识以多种方式呈现。定性的结果性知识表示学习者的动作是否正确,而定量的结果性知识则提供运动中错误的大小和方向这类信息。结果性知识的给予,会与动作表现联系;表现差时给予校正,表现好时给予支持。随着学习者越来越熟练,给予反馈的门槛可以改变。

从行为主义的角度看,反馈有联结功能,强化了显著的环境刺激和特定动作之间的联系。从认知心理学的角度看,反馈还有信息功能,例如,初学者不知道如何安排动作,反馈有助于准备动作计划。从人本主义看,反馈还有激励作用,能激励学习者,激发他们的兴趣和意愿,使他们更努力更密集地练习。反馈的作用取决于学习任务的类型、学习的阶段和练习过程中的心理加工。应当注意,确实存在操作过程中或之后立即给予外部反馈反而妨碍了学习的情况,似乎学习者投入行动时,外部的结果性知识会妨碍或干扰心理加工。

二、联结形成阶段

学习要求　简述练习程序在技能获得中的作用;
　　　　　　简述心理练习在技能获得中的作用。

在联结形成阶段,初学者学会动作编程,就是事先建构好指挥身体以特定方式移动的命令或指令组。例如,初学者每次用力踩脚踏板,都会稍微改变自行车的位置和前进方向。在练习过程中,初学者经常要通过调整车把手的位置,来控制车的左右摇晃,而且老是会失去控制和平衡而摔倒在地。这种经验使其意识到自己的能力还有欠缺,但即便刚开始不成功,身心俱疲,也还是会继续尝试。随着尝试次数的增加,初学者会考虑到一些从先前尝试中获得的信息或反馈,从而使感知到的信息与特定的反应模式相匹配,形成心理动作编码。

随着不断地重复练习,有效的动作得到保持而无效的动作则逐渐消退,新的反应模式随之出现。比如,自行车的初学者逐渐取消早期形成的无效动作模式,越来越少地依赖言语指导以及特定刺激和特定反应的联结,而是更多依赖程序化,即利用反馈来巩固刺激条件和动作模式之间的联系。学习者因此速度更快,错误更少,这正是熟练技能的关键特征。

练习对技能获得的重要性毋庸置疑。没有练习,动作技能就很难学会。尽管对操作一个给定任务,重复动作模式的重要性毋庸置疑,但对"如何练习才能使操作最优化"却是众说纷纭。下面将讨论练习程序和心理练习的作用。

■ 练习程序

练习程序一般是按花费在练习上的时间数量,以及练习的时间间隔来编排的。这可以分为两种：集中练习和分散联系。集中练习是指训练时间长而休息时间很短的练习;分散练习是指休息时间长于训练时间的练习;两种练习的训练时间从几分钟到几小时不等,所训练的可能都是一些小动作也可能是几百个小动作。

究竟是集中练习好,还是分散练习好,这可能取决于任务的连续性程度。集中练习适合连续的任务,分散练习适合不连续的任务。两种练习的效果也取决于评估是发生在练习过程中还是在一定时间间隔后,这是因为有些练习效应是短期的,有些练习效应是长期的。研究表明,如果任务复杂、对体力要求高,学习者动机水平又低,那么分散练习比集中练习更好。

与练习方式有关的是任务呈现方式。一种是整体任务练习方式,是每次训练都让学习者操作任务从开始到结束的所有成分。例如,指导者可能会要求自行车的初学者一次性完成骑车的整个任务。另一种是部分任务练习方式,是将任务分解成各个部分并分别传授。例如,学车者可能最先在固定好的自行车上练习踩脚踏板,然后练习移动车把手,学会掌控自行车的方向。一般来说,当任务包含连续动作时,整体任务训练方法比较有效;而在任务较复杂而且可以分解成合乎逻辑的子成分时,部分任务训练方法更有效。以学习跳舞为例,我们先逐个练习每个技术动作,从脚步动作,手部动作,头部动作,脸部表情等,到身体协调,一个动作接一个动作地练习,然后再一步一步地将所有动作结合起来,一气呵成。

以书法练习为例,我们有时一气呵成地把整个字写出,反复练习整个书写动作;一般而言,有书法基础或经验的人可以使用这个方法,提高对手部动作的控制,达到练习效果。而部分练习则是每次只练习某个笔画,等这个笔画变得熟练和标准后,再转入下一个笔画。初学者更多是使用这个方法,从而提高手眼协调性和对整个动作的控制,提高书法水平。

研究发现,有的练习程序虽然效率很低,练习过程中操作错误很多,但相比那些当时操作很好、错误相对较少的练习程序,学习效果反而更为持久。这被称为情境干扰效应。比如,棒球运动员练习击球时,一天练习快球、第二天练习曲线球、第三天练习变速球;与此相比,运动员可以随机地训练快球、曲线球和变速球;后一种训练方式比前一种方式的效果更好。与此类似,练习多项相关技能的人比给定时间内只练习很少技能的人,学得更多。

对这一效应的解释,一种观点认为:当训练要求是可预测时,心理压力会小;但在变化的练习程序中,心理要求是动态的和不可预测的,此时需要更多注意资源。人们不仅从成功中学习,也会从错误中学习。在要求适应变化环境的背景下,练习动作技能的人更能迁移其所学到新的情境中;而那些在静态练习环境中学习的初学者虽然在练习期间表现较好,但在新的情境下表现可能会不尽如人意。例如,在体育活动中,我们经常见在练习时成绩很好但比赛时却哑炮的运动员。此外,所营造的练习条件和比赛的情形越相似,动作技能从练习到测试的迁移就更加有效。

■ 心理练习

长期以来,人们一直关注心理练习是否可以促进技能的学习并帮助改善运动。心理练习是对动作任务的象征性预演。研究表明,利用心理演练技术完成实验任务通常比不用该技术的效果要好,尤其是在完成含有大量认知成分的任务时,心理演练的作用更大,如乐器演奏、花样滑冰等;对于这些效果产生的原因,人们迄今为止还没有找到一致的答案。

解释心理演练影响动作技能学习的理论,一般有两种取向:生理取向和认知取向。持前一取向的如心理神经肌肉理论,其核心假设是:技能学习涉及控制动作运动的神经通路;身体练习会引起与某个动作相应的神经通路的兴奋;心理表象也能产生这种兴奋。由表象引发的兴奋和身体训练一样,能以同样的方式强化神经通路。研究发现,滑雪运动员想象自己在做各种转弯和跳跃动作时,其肌肉活动也会发生变化;这些动作恰恰是滑雪跑道上经常要训练的。

持后一取向的如心理表象的认知理论,强调记忆、注意和策略在技能学习中的作用。心理演练涉及提取和处理储存在记忆中的信息。有些信息本身就会产生表象,可以帮助学习者在不同条件下反复分析任务。表象还给学习者提供一种获取和存储新信息的机制。表象可以使任务分解成各个要素,并从多个角度加以分析。所有这些心理表象都可以用在促进学习上,从而达到与身体训练相类似,甚至所不能达到的效果。

三、自动化阶段

> **学习要求**　理解动作技能获得的自动化阶段的特点。

在这一阶段动作协调顺利地操作;行为的许多要素最初需要有意识的努力注意,而现在无需努力和思考就能执行，这一转变就是自动化。例如，熟练的骑车者可以如曾经想象的那样骑车。他在街道和人行道上骑车既自信又控制自如，同时，还能自如地运用耳朵和眼睛来掌控环境，在遇到突发变化时能够处理，有时，能和朋友交谈，或是考虑事情而不必想着如何控制自行车。行为的许多基本单元的执行都以一种无意识的习惯化方式进行，习惯和无意识的过程有利于技能的完成，因为这可以使个体有更多的机会去计划和执行复杂的动作程序，目标导向的动作选择要求心理努力和思考。一个接受过大量训练和练习的男孩参加自行车比赛，要求运用策略和决策的过程，包括心理能力、注意和努力。

复杂的行为和技能通常是以一种通过练习和经验组织的习惯层级加以描述的（自动化），动作技能被认为是由负责监督低层级成分的高层级执行过程启动的。熟练动作来自一般动作程序成分的模式化和组织化。重复和练习形成了一组逐渐变长的子程序，并且其执行需要的控制越来越少（无意识行为）。例如，训练帮助钢琴演奏者组织手指运动的模式，一旦开始，就会一路下去直到完成，就像计算机程序的子程序。高层级的有意识加工引发低层级加工，这样只需要很少或不需要有意识注意就能快速自动化。

自动化程序有两种类型：天生的和后天习得的。人生来就会形成某些自动化，从而适应特定类型的刺激。比如，我们倾向于记住事物的位置，尽管我们并不是有意这么做的。我们中大多数人在完成填空测验时有自动记住位置的经历，也许我们并不能回忆起正确的答案信息，但是我们能记得在书中的哪一页可以找到答案。准备考试时我们并没有努力去记住学习材料在书上的位置，然而其位置的信息仍被储存到了记忆中。

习得的自动化加工来自练习，尤其是作为任务的组成部分的刺激和必须对此做出的反应之间存在固定关系时，自动化更容易产生。例如，用英文打字机打字，键盘上字母和被敲打的字母的位置是恒定不变的，就是说在刺激——反应之间的编码有紧密的对应关系，打字员因此形成了和特定线索相联系的固定动作。训练结果在刺激——反应联结和存储单元很快转换为长时记忆。一旦手指建立了动作联系，就不再需要更高水平层次的心理程序，打字员能快速而准确地进行誊写。

自动化习惯在自主发生时效率最高。事实上，在许多情况下，运动员如果对以前不假思索的习惯性行为考虑得太多，反而会使自己的表现变糟。有些高尔夫球高手报告，如果他们轻击球时思考太详细，反而会导致轻击球入洞的准确率下降。

自动化行为一旦形成，就不再需要占用操作者有限的注意资源。技能的基本常规一旦形成，操作者就更能关注高层次的目标导向的问题（需要努力和意识的行为）。此时，元认知过程开始对计划动作和解释运动的结果起决定性作用。

人们在事先计划行动上的努力和注意的多少，对于技能水平起显著作用，在第二阶段，我们提到心理演练，这就经常用来帮助操作者为执行习得的技能做好准备。许多具备高技能的人都认为心理演练对他们的最佳表现至关重要。例如，奥运冠军水平的跳高运动员，经常在等待跳高之前先在大脑中思考一遍该如何跳。很多年来教练和运动心理学家都强调了在开始身体动作以前进行心理思考的重要性。如篮球运动员被指导去想象对篮球的争夺并在投球前预见如何投进；高尔夫球手在试图击球之前想象球穿过绿草地落入洞中。

教学反思

学完本章后,请思考如下知识点:
☞ 知觉技能与知觉学习;
☞ 闭环理论、动作编程理论和动态学习理论;
☞ 动作技能获得的三阶段理论。

本章总结

■ 知觉技能的学习

知觉技能是根据刺激可感知的特征对不同刺激加以辨别和分类的能力。知觉技能研究一般采用准确性或反应时作为因变量,研究知觉技能所采用的任务根据所需要的判断类别可分为检测、区分、再认、识别、视觉搜索、记忆搜索等。知觉学习就是从环境中抽取信息的能力的提高,这是由于来自环境中刺激的经验和练习而获得的。

■ 动作技能的理论

闭环理论假设动作技能的学习是建立在两种记忆形态的基础之上的(知觉痕迹和记忆痕迹)。图式理论则认为是一般动作编程在控制行动,当练习动作时,操作者学会了动作的参数值以便编程,动作因而变得越来越快速准确,这一过程包含回忆和再认两个图式。动态动作学习理论是基于这样一个考虑,如果不是全部,那么也有很多熟练动作中的规则可以用身体机能的特点加以解释,该理论假设人的运动是通过环境力量与人体生理构造之间的随时互动加以调控的,它关注的是多组肌肉作为完整系统的一部分共同工作的方式。

■ 动作技能的获得

动作技能的学习过程分为三个阶段:认知阶段,联结形成阶段和自动化阶段。在认知阶段,学习者试图理解任务的要求、如何操作任务以及任务的目标。对这一阶段比较重要的训练方法包括言语指导和反馈。随着重复练习,有效的动作得到保持而无效的动作逐渐消退,新的反应模式随之出现。重复和练习是技能学习联结阶段的关键,练习程序的安排和任务呈现的方式都会对练习效果产生影响,心理演练在这个阶段也很重要。技能发展的最后阶段是动作协调顺利地操作,行为的许多要素最初需要有意识地努力注意,但到了这一阶段则无需努力和思考就能执行,这一转变就是自动化。

重要概念

知觉技能　知觉学习　动作技能

参考文献

1. 刘德恩等著：《职业教育心理学》，华东师范大学出版社 2001 年版。

2. 皮连生主编：《学与教的心理学》，华东师范大学出版社 1997 年版。

3. 吴庆麟著：《教育心理学》，人民教育出版社 1999 年版。

4. ［美］玛吉尔（Magill，R. A.）著，张忠秋译：《动作技能学习与控制（第七版）》，中国轻工业出版社 2006 年版。

5. Ericsson，K. A.，Hoffman，R. R.，Kozbelt，A.，& Williams，A. M.（Eds.）.（2006）. *The Cambridge handbook of expertise and expert performance*. Cambridge University Press.

6. Proctor，R. W.，& Dutta，A.（1995）. *Skill acquisition and human performance*. Sage Publications，Inc.

7. Starkes，J.，& Allard，F.（Eds.）.（1993）. *Cognitive issues in motor expertise*（Vol. 102）. Elsevier.

8. Tomporowski，P. D.（2003）. *The psychology of skill: A life-span approach*. Praeger Publishers.

扫一扫二维码获取同步
练习题及参考答案①

---

① 注：本章无对应考研真题。

第十六章

教学计划

引　言

在课堂教学准备中,教师首先需要决定教什么,然后是如何去教。最后是怎样知道达到了目标。也就是说,教师依据基本的教学目标,依据对学生学习能力、基础知识的了解,以及可以得到的教学材料,选择能使学生获益更多的教学内容,并设计出一份较好的教学计划。从师生关系的角度,教师主导教学计划的制定,学生属于被思考的学习主体。

学完本章后,你应该能够:

☞　按不同模式来制定教学计划;

☞　确定不同等级的教育目标;

☞　对教学目标与内容进行任务分析;

☞　制定各种内容的教学计划,分别涉及目标、任务、事件等;

☞　学会为促进迁移制定教学计划。

教学设疑

赵老师是小学二年级的语文教师,明天就要教授《小蝌蚪找妈妈》一文。这篇课文的教学目的是让学生了解小蝌蚪找妈妈的历程,学会课文中的生词,体会课文叙述的顺序性和趣味性。学生的基础知识状况是学生对有些字词还很陌生,对文章中有些句子的深层意义较难理解。教师已有一些教学材料或教具,如该课文的图片、一段录音文件和一盒幻灯片,等等。

如果你是赵老师,请思考:

☞　该如何利用现有的教学参考资料?

☞　如果你预测学生可能对某些问题回答错误,那么该如何计划?

☞　如何安排学生阅读课文?

☞　如何教授课文中的生字?

☞　如何通过讨论来纠正学生的一些错误观念?

☞　就课文中某些具有深层含义的字词或句子,如何来安排教学?

视频

教学计划

第一节 教学计划的过程

要成为有效的教学计划的制定者,教师要了解一些基本原则与一般方法,主要包括计划、实施与评估之间的关系,所依据的思想或观念,以及从哪些方面来着手;也就是下面将要介绍的计划的阶段、模式与影响因素三个主题。

一、制定教学计划的阶段

学习要求 简述有效教学计划的制定者的特点;
简述制定教学计划的三阶段。

> **教学计划**
> 教师为了达到一定的教学目标,而对教学的内容和方法所进行的规划。

计划是为了达到某个目的,提前对某些事件的发生方式做出的安排。而教学计划就是教师为了达到一定的教学目标,对教学内容和方法所进行的规划。计划对课堂教学至关重要,其制定过程并非一蹴而就。即使是有经验的教师,也不是随心所欲地进行教学的,也要对目标、内容及其组织方式做出细致的安排;这就是其能有效教学的原因之一。

从信息加工的角度,可以将制定计划的过程视为问题解决的过程,这主要涉及如下步骤:确定所要达到的目标状态(教学目标);了解问题的起始条件(教材内容、学生原有知识、课堂教学情境等);设计解题方案(安排教学活动、选择教学材料等);评估解题效果(预测学生可能结果,设计测验题等)。从这层意义上讲,判断教师是否为有效的教学计划的制定者,应依据他们能否形成一份可有效地促进学生学习的教学计划而定。

制定与实施课堂教学计划的完整过程,一般包括三个阶段:前动阶段(教学之前)、互动阶段(教学进行中)和后动阶段(教学之后)。也就是教学计划的起始阶段、实施阶段和重评阶段。

■（一）前动阶段

制定教学计划的过程,大多发生在前动阶段。在该阶段,教师首先选择学生必须达到的教学目标,然后根据自己的理解,选择一些有助于达到该学习目标的教学材料和教学活动。在前动阶段,教师在观念上逐渐了解学生,思考如何创设符合自己教与学观念的课堂气氛。

在这一阶段中,教师关于如何教和学生如何学的观念和想法,会影响其制定计划。从认知心理学的角度讲,个体在遇到复杂情境时,往往会形成一个有关于该情境的简单化模型,然后按照这个模型采取行动。而在制定教学计划时,教师也要形成一个简单模型,将不同来源的信息(如教学内容、学生的能力特征等),以及自己的信念和态度加以融合,形成一个合理的可用来指导课堂教学的方案。

■ (二)互动阶段

在互动阶段,课堂教学常在以下两种做法之间变化:一是要完成在前动阶段既定的教学计划,二是根据当时的教学情境和接受到的反馈对教学作必要的调整。这就是说,教师一方面要按照自己制定的教学计划来进行教学,另一方面要观察学生的反应,修订自己的教学计划,以适应不断出现的新事件和新想法。

具体来说,在一堂课的教学中,教师往往要作几十次决策,常常要思考和处理一些有关学生的问题,以及一些关于教学过程和学习目标的问题。有经验的教师在实施教学计划时,会不断调节自己的教学步骤,以保证课程的正常进度,如临时提出一些问题、讲故事、更改教学内容、调整教学次序等。

■ (三)后动阶段

在后动阶段,计划过程仍然继续。在这个阶段,教师需要反思计划的成功性,观察互动阶段的成果,并对下一阶段的教学做出决策。也就是说,在实施了课堂或单元教学计划后,教师反思上节课的教学,并对下节课的教学作出决策,或者思考上节课的计划实施结果对下一步计划的制定有何影响。

在本质上,教师的思维过程在后动阶段与前动阶段大致相同,从这个意义上讲,可以把"教学"定义为一系列活动环,这个环的后动阶段就成了下一个教学环的前动阶段。依照这一教学环,前一循环中的各个阶段与后一循环中的各个阶段构成一有序的连环,形成一系列教学计划序列。

应当强调,反思是进行有效教学计划的必然环节;而制定教学计划的过程也是教师不断进行教学反思的过程。虽然有些教学计划,如有关常规和班级组织的计划早在学年之初就已制定,但教师对计划的反思与调整一直在发生。这是因为,在制定计划的各个阶段,活动内容虽然经常变化,但都紧紧围绕着如何促进学生学习这一目的。这就要求教师要时常回顾与反思先前的教学活动,评估当前教学,预测将来可能发生的情形。

二、制定教学计划的模式

学习要求 简述三种教学计划模式的基本内容。

不同教师在制定教学计划时往往有各自的侧重点,或以目标为主,或以活动为主,或以内容为主。也就是说,大多数教师往往采用以下模式中的一种来制定教学计划:目的—手段计划模式(目标第一),整合性目的—手段计划模式(活动第一)和基于内容的计划模式(内容第一)。

■ (一)目的—手段计划模式

所谓目的—手段计划模式,就是首先形成目标(目的),然后选择合适的教学方法(手段)。按照这种模式来制定教学计划,教师一般按顺序组织教学任务,并通过可观察和可测量的行为来评价学生的表现。正是由于这种计划模式具有一定的合理性和科学性,以及对结果的测量也比较可靠,所以,一旦精确陈述了目标,就可用基于行为的测验来评价学习结果。

这种"目标第一"的计划模式,在教师培训类机构或师范类学院得到了普遍运用。例如,大多数实习教师的教学都涉及:(1)确定目标;(2)选择任务和程序;(3)激发并维持学生参与任务的兴趣;(4)详细确定学生的学习结果和评价程序。应当注意,目的—手段模式虽可用于教学计划的任何时间单元,如日、周、月乃至学年,但这种模式主要适用于日常课堂教学的设计。教师依据这个模式,确立每次课的主要目标,并将预期的学生行为和结果具体化。

■ (二)整合性目的—手段计划模式

所谓整合性目的—手段计划模式,就是先选择适合学生的行为,由此形成教学目标。在这种模式中,目的和手段是整合的,没有绝对的"目标第一"或者是"手段第一"。根据这种计划模式,教师应创设一种使学生投入到学习之中的环境,而非首先去辨别和确定教学目标。例如,对课堂中调控活动和其他事件进行计划,形成一些日常规范,可确保教师更关注教学本身,而不是分散注意力来监控学生行为,从而使教学活动更为灵活和高效。

整合性目的—手段计划模式与目的—手段计划模式的区别在于:前者将目标用作对教学(学习)进行计划的框架,例如,教师可利用各级教育行政部门规定的教育目标,来构建自己的教学活动,但这些目标在教师制定教学计划的过程中并未占据主要地位;而后者将目标作为所有计划活动的目的,贯穿于所有计划活动之中,例如,教师制定出各类可观察、可测量的教学目标,发挥它们在导学、导教、导测量等活动中的主导作用。

研究表明,大多数教师虽然受过目的—手段计划模式方面的训练,但在实际教学中仍较多关注与教学对应的各类学习活动,如言语表述、解题、与人交往等,从而置学习目标于次要地位。究其原因,可能是因为大多数教师还是关注教学本身,而没有充分考虑学生的兴趣、能力和学习需求等。

■ (三)基于内容的计划模式

实际上,有些教师在制定教学计划时,往往优先考虑教学材料和教学资源,而非考虑学生的学习兴趣。这是因为学科教育的目标往往不是教师所能决定的。研究发现,在制定教学计划时,只有约28%的教师首先考虑教学目标或教学活动的内容,而大多数教师一开始就考虑教学内容、材料和资源。另一些研究也发现,有些教师在制定教学计划时首先关注内容,然后是活动方式和策略,最后才关心目标。

与其他计划模式相比,基于内容的计划模式是一种较为实际的做法。这是因为在实际课堂教学中,对教师而言,在决定教学(或学习)活动及其要达到的目标时,学科领域内容是最重要的因素,教师对学科知识内容越是了解,越是能制定出有效的教学计划。

三、制定教学计划的影响因素

学习要求 阐述影响教学计划制定的几个因素,以及这些因素是如何影响该计划过程的。

■（一）教师

制定教学计划这一行为或多或少地反映了教师对学生学习、自己教学以及两者间关系的观念或想法。该行为本身又直接对学习结果产生作用。可见,教师的思维、行动和学生学习结果之间存在密切关系,具体如图 16.1 所示。

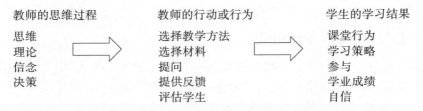

教师的思维过程	教师的行动或行为	学生的学习结果
思维	选择教学方法	课堂行为
理论	选择材料	学习策略
信念	提问	参与
决策	提供反馈	学业成绩
	评估学生	自信

图 16.1 教师思维、行动和学生学习结果的模型

可以看出,理解教师的计划过程与教师的思维过程,以及对它们之间联系的性质的认识,是改进教学的关键。值得注意,不同教师对学生、学科内容、自己的职业角色及责任等,均持有不同程度的“内隐”想法。影响教师决策行为的各种观念和想法,并非全部出于理性或完全正确,有时会充斥某些偏见、个人经验、不完整认识和经历等。例如,有些教师将教学失败要么归因于自我能力不足,要么常常怪咎于学生,或期望其他教育者来解决学生的这些问题;而有些教师会在自身内部寻找解决办法,反复思考如何来教授学业成绩较差的学生,甚至作出某些富有创造性又十分有效的决策。所以,从这个角度讲,教师应时常思考自己的教学与学生的学习,选择最合理的观点或想法,明确自我行为及其动机。

■（二）学生

对制定教学计划产生影响的另一类因素是学生,特别是学生之间的个体差异。教师往往考虑学生在背景知识、学习方式或学习需求等方面的差异,在此基础上精心设计各种形式的教学活动,例如是采用大组还是小组,是采用配对教学或个别化教学,等等。按需求的相似性或性格的互补性,教师将学生安排到不同小组,或者进行两人配对,这一策略被称为“有计划的异质性”策略。例如,在写作教学中,教师可以这样安排:将写作能力较好的甲学生与写作能力较差的乙学生进行配对,那么,甲学生可以从教师的“教”中获益,而乙学生则从甲学生的"教"中受益,这是因为,甲学生可用乙学生"熟悉的"言语,比教师更好地就写作主题、思路、方法等向其作详尽的解释。

■（三）学科

在制定教学计划时,教师还要考虑不同学科内容的特点,这主要包括两类:结构化的和非结构化的。结构化的学科内容可分解为有序的步骤,并按照从低到高的水平进行学习,如数学、书写、拼读和发音等能力,以及某些实践技能(运用电脑或词典、设计一项科学实验或准备一份社会研究报告等)。例如,数学课程中有许多系列化、逻辑化、依赖于以前课程的内容,该学科内容的突出特点就是,一旦领域的前提技能趋于常规化和自动化,学生就可获得更高级的概念或思维能力。从这个角度讲,在结构化的学科领域中制定计划时,如采用目的—手段模式,将有助于学生有效获得这些领域的能力。如果教师认为还应包括更长远的目标,如对数学概念的理解,那么在制定教学计划时可安排学生进行各种"活动中心"类实验,让他们自己去"发现"这些概念。

非结构化的学科内容较难分解成有序的步骤,但存在某些难为人理解或尚未揭示的结构或规律,如在文学、社会研究、社会学科等领域。教师在制定这些领域的计划时,除了要求学生掌握基本概念之外,还会要求学生进行一些高级思维活动,如希望学生思考一些问题:为什么这些事件会发生? 对我们的行为有什么影响? 如何影响我们对未来的决策? 等等。因此,在非结构化的学科领域中制定计划时,如果采用整合性目的—手段模式,就要求教师为学生提供不同的经验,如实验和手工活动,以加深学生对学科中概念的理解,进而促使学生对问题进行探索、反思并加以解决。

教学之窗

新教师如何成为有效教学计划的制定者

首先,新教师可向有经验的教师询问,了解他们如何解决一再出现的课堂问题,这些问题主要涉及学生对学习内容的理解和应用,以及一些管理问题等等。有课堂问题不一定是坏事,关键在于要对这些问题加以关注并采用适当方法。例如,交作业时的嘈杂声,可以通过建立课堂常规来避免。

其次,新教师要善于观察课堂,辨别出与计划相符或不符的一些教学事件,如原有计划不起作用,就要考虑是否存在能解决这个问题的其他行动计划。因此,在计划中,新教师要设想各种可能情境,尤其是学生对某个教学内容的各种反应,然后,设想应对学生这些反应的可能处理办法,进而使自己的计划"心中有数"。

最后,新教师要围绕适合学生水平的那些主题来组织教学,这就要求教师善于利用有关课程的指导资料,以辨别出具体教学内容和概念对某一年龄或年级水平的学生的适应程度。因此,新教师对同一个教学内容,可以准备多套教学方法,以教授不同类型的学生。

第二节　教学计划的内容

　　介绍了制定教学计划的一般过程后，本节将详述该过程涉及的主要内容，包括确定教学目标、分析教学内容、安排教学事件等。同时，本节也将介绍一些可用于计划的教育心理学原理，如教育目标分类学、任务分析理论以及对课堂教学事件的分类，等等。

一、确定教学目标

■（一）布卢姆的教育目标分类学

图 16.2　布卢姆

教学目标
也称为学习目标，陈述学生在行为和能力上表现出来的预期成绩或进步。

> **学习要求**　阐述教学目标的含义；
> 　　　　　　　阐述布卢姆教育目标分类学的思想。

　　教学目标通常也称为学习目标，它简短地陈述了学生在接受教学之后，应该在自己的行为和能力上表现出来的预期成绩或者进步。美国著名教育心理学家布卢姆（Benjamin Bloom，1913—1999）及其合作者提出教育目标分类学，将教育目标分为三个领域：认知、情感和心因动作。

　　认知领域的教育目标采用了"知识"和"认知过程"二维分类框架。知识是指学习时涉及的相关内容，包括了从具体到抽象四个类别：事实、概念、程序和元认知，其中，概念和程序的抽象程度有一定的交叉，即有的程序性知识比最抽象的概念性知识更具体。认知过程涉及学习时要掌握的学业行为表现（业绩），包括六个类别：记忆、理解、应用、分析、评价和创造，这是依据认知复杂程度由低到高来排列的，如表 16.1 所示（情感领域与心因动作领域的分类此处略去；相关知识可以参照"第十三章"和"第十四章"的内容）。

表 16.1　认知领域的教育目标分类及其举例

类目与 认知过程	替代名称	定　义　与　例　子
1. 记忆——从长时记忆系统中提取有关信息		
1.1 再认	识别	从长时记忆系统中找到与呈现材料一致的知识（如再认美国历史上重要事件的日期）
1.2 回忆	提取	从长时记忆系统中提取相关知识（如回忆美国历史上重大事件的日期）

续　表

类目与 认知过程	替代名称	定　义　与　例　子
2. 理解——从口头、书面和图画传播的教学信息中建构意义		
2.1 解释	澄清、释义 描述、转换	从一种呈现形式（如数字的）转换为另一种形式（如言语的）（例如解释重要演讲或文件的含义）
2.2 举例	例示、具体化	找出一个概念或一条原理的具体例子（例如给出各种美术绘画类型的例子）
2.3 分类	类目化、类属	确定某事物属于某一个类目（如概念或原理）（例如将考察到的或描述过的心理混乱的案例分类）
2.4 概要	抽象、概括	抽象出一般主题或要点（例如为录像磁带上描写的事件写一则简短的摘要）
2.5 推论	结论，外推、内推、预测	从提供的信息得出逻辑结论（例如在学习外语时，从例子中推论出语法原理）
2.6 比较	对照、匹配	确定两个观点、客体等之间的一致性（例如比较历史事件与当前的情形）
2.7 说明	建模、映射	建构一个系统的因果模型（例如解释法国 18 世纪重要事件的原因）
3. 运用——在给定的情境中执行或使用某程序		
3.1 执行	贯彻	把一程序运用于熟悉的任务（例如多位整数除以多位整数）
3.2 实施	使用	把一程序运用于不熟悉的任务（例如将牛顿第二定律运用于它适合的情境）
4. 分析——把材料分解为它的组成部分并确定部分之间如何相互联系以形成总体结构或达到目的		
4.1 区分	辨别、区别 集中、选择	从呈现材料的无关部分区分出有关部分或从不重要部分区分出重要部分（例如在数学文字题中区分有关与无关数量）
4.2 组织	发现、连贯 整合、列提纲、结构化	确定某些要素如何在某一结构中的适合性或功能（例如组织某一历史上描述的证据使之成为支持或反对某一特殊解释的证据）
4.3 归属	解构	确定潜在于呈现材料中的观点、偏好、假定或意图（如根据文章作者的政治观点确定他的观点）
5. 评价——依据标准做出判断		
5.1 核查	协调、查明，监测、检测	查明某过程或产品的不一致性或谬误；确定过程或产品是否有内在一致性； 查明某种程序在运行时的有效性（例如确定科学家的结论是否来自观察的数据）
5.2 评判	判断	查明产品和外部标准的不一致性，确定某产品是否具有外部一致性； 查明一个程序对一个问题的适当性（例如判断两种方法中哪一种对于解决某一问题是最适当的方法）

类目与认知过程	替代名称	定　义　与　例　子
6. 创造——将要素加以组合以形成一致的或功能性的整体，将要素重新组织成为新的模式或结构		
6.1 创新	假设	根据标准提出多种可供选择的假设（例如提出假设来说明观察到的现象）
6.1 计划	设计	设计完成某一任务的一套步骤（例如计划写一篇历史题目的论文）
6.2 建构	建构	发明一种产品（例如为某一特殊目的建筑住处）

　　根据上述教育目标分类，教师可以制定各种不同水平的教学目标。但是，应当注意，这些教育目标分类在对学习的理解上都强调以下三点：第一，学习导致的最终变化应该是能力或倾向的变化，而非仅仅是行为的变化。在认知领域，最终的目标是学生进行运用、分析、综合、评价等较高的认知能力。在情感领域中，行为上的相似仅是情感形成或变化的初级水平，而价值体系的形成则是其最终的要求。在心因动作领域，技能的适应，即技能运用中学生具有的灵活应变的认知能力，而非技能的简单形成是其最终目标。第二，学习是从行为到认知这一由外到内的过程。三个领域的目标分类都是按照由外在行为变化或认同到内在认知能力的获得来安排的。第三，学习有层次，三个领域的级别都是由低到高进行划分，这与学生能力的发展从形成简单技能到获得复杂问题解决能力相一致。

　　布卢姆教育目标分类的一般框架，与我国教育应促进学生全面发展"的习惯提法又是如何对应的呢？全面发展通常指"德、智、体、美、劳"。"德"指学生的道德品质，可以与情感领域相对应。"智"与认知领域吻合。"体"中有动作技能学习目标，但也包括锻炼身体、强壮体魄与保健方面的目标。"美"包括鉴别、欣赏、表达和创造美，与认知、情感和动作领域存在一定关联。"劳"包括劳动态度和劳动技能，也与认知、情感和动作领域存在一定关联。当然，上述对应也非绝对；教师应学习布卢姆教育目标分类的思想核心，即不同知识、不同过程、不同能力应有不同教学目标，并将之灵活运用在自己教学活动之中。

■（二）陈述教学目标的方法

学习要求　阐述陈述教学目标的不同方法。

　　从目标表述的角度讲，根据可观察或可测量与否，可把学习目标区分为两类：行为目标和认知目标。所谓行为目标，就是描述教师能够观察到的学生所做出的行为。例如，"给出有 20 个国家名称和大陆名称的列表，学生能区分出哪一个是国家的名称，哪一个是大陆的名称，并有 80％ 的正确性"，这就是一个行为目标。可以看出，行为目标由三个部分组成：（1）期望学生做什么（"学生会区分哪一个是国家，哪一个是大陆"）；（2）学生的行为发生在什么条件下（给出一张有 20 个国家和大陆名称的列表）；（3）可接受水平的行为表现是什么（"有 80％ 的正确性"）。行为目标采用动词来描述可观察行为，如"定义出"，"列表表示"，"加上"，"解释说明"，"表现出"，等等。

所谓认知目标,就是指教师虽然不能直接观察到学生是否理解内容,但是能够观察到预示是否理解的某种行为。例如,"学生能懂得国家和大陆之间的区别",就是一个认知目标。在认知目标中,常用诸如"理解"、"明白"、"解决"等动词来表明学生将要习得的能力。在此基础上,也可列出学生的一些具体行为样例,如比较两个观点或区分两个相对立的观点等。

教学之窗

如何选择教学目标

好的学习目标应该能区分什么是学生要学的内容,而在确定这些目标时,一般要求教师必须以可测量的方式明确学习内容。对于一些简单的、可以照本宣科的学习目标,如说出某个地区有几个省,或者解决一道小学数学问题,就很容易确定。但是,对于一些属于高级思维技能的学习目标,如创造某种具有独创性的事物,做出某种瞻望或决策,以及综合某些研究等,都不能够给出比较确切的界定。这类目标使教师发现,在鼓励学生要有创造性、独立性、发散性的思维时,以可观察和可测量的方式来陈述目标的做法值得商榷。例如,下面一系列有关于塑料泡沫盒回收的目标:

- ✓ 学生会区分各种回收的方法。
- ✓ 学生会解释为什么回收很重要。
- ✓ 学生会描述回收如何有利于社会。
- ✓ 学生会设想出能用于回收的新方法。
- ✓ 学生会制定出促使他人加入回收活动的计划。

可以看出,前三个目标较易评估,后两个目标较难评估。假如这些信息都是一门课程的一部分,那么对学习目标所涉及的有些问题,学生会提供标准的答案(如回收是重要的,因此我们不要浪费自然资源)。但是,后两个目标则要求学生有创造表现,对教师来说,如何评估学生提出的新回收方法或鼓励回收的新计划呢?如何评价这些观点的有用性、实用性和原创性呢?从这个角度,教师应根据对学生知识或能力的不同要求,来选择不同形式的教学目标。

二、分析教学内容

■（一）任务分析的理论

学习要求　简述任务分析的理论。

> **任务分析**
>
> 在教学活动之前,预先对教学目标中规定的、需要学生习得的能力或倾向的构成成分及其层次关系所进行的分析。

在第六章提到,加涅把学习分为言语信息、智慧技能、认知策略、动作技能和态度。不同类型学习之间相互影响,这为教学活动中分析学习内容关系提供了可能。因此,在确定教学目标之后,有必要对教学目标与内容进行任务分析。所谓任务分析,就是指在教学活动之前,预先对教学目标中规定的、需要学生习得的能力或倾向的构成成分及其层次关系所进行的分析,目的是为学习顺序的安排和教学条件的创设提供心理学依据。一般来讲,对教学内容进行任务分析主要涉及三个方面:确定学生的原有基础、分析使能目标和分析支持性条件。

1. 确定学生的原有基础

在进入新的学习单元或新的学习课题时,学生原有的学习习惯、学习方法、相关知识和技能对新知识的学习起着决定性作用。同时,由于学生某些习得的知识或技能有严格的先后层次关系,也即高一级知识或技能的学习常常以较低一级知识或技能的学习为基础,所以教师需要了解学生在学习新知识时的原有知识状况。教师可以运用作业、小测验或课堂提问并观察学生的反应等方法,来了解学生的原有基础。而一旦发现学生缺乏必要的原有知识或技能,就应及时进行补救性教学。

2. 分析使能目标

从原有知识基础到教学目标之间,学生还有许多知识或技能尚未掌握,而掌握这些知识、技能又是达到教学目标的前提条件。这些前提性知识或技能被称为子技能,以它们的掌握为目标的教学目标被称为使能目标。从起点到终点之间所需学习的知识、技能越多,则使能目标越多。分析使能目标的方法,可以采用递推法,即从终点目标(教学目标)出发,一步一步揭示其必要条件(即使能目标),如反复提出这样的问题:"学生要完成这一目标,他预先必须具备哪些能力?"一直追问到学生的起点状态,即原有知识基础为止。

3. 分析支持性条件

支持性条件与使能目标(必要条件)的区别在于:使能目标是构成高一级能力的组成部分,而支持性条件不是,但它有点像化学中的"催化剂",有助于加快或减缓新能力的出现。一般来讲,支持性条件分为两类:一是学生的注意或学习动机;二是学生的学习策略或方法。这两类条件都有助于加速新知识的获得或新能力的形成。

■ (二) 对教学内容的分析

学习要求 简述对教学内容进行分析所采用的方法或技术。

对教学内容进行分析,一般可以采用三种方法或技术:程序分析、能力成分分析和专家—新手解题分析。

1. 程序分析

程序分析也称为信息加工分析,它主要描述完成某一任务的具体步骤。程序分析的对象可以是外显动作,也可以是内隐智力活动。这类分析旨在揭示正确完成某一任务的行为阶段或内隐过程,进而确定哪一步骤是学生已经掌握的,哪一步骤是学生没有掌握的,哪一步骤是难点。程序分析的优点是能揭示学生解决某一问题时的外显或内部操作过程。图 16.3 就是一个采用程序分析来揭示学生解决两位数减法(如"45−38＝?")的分析实例。

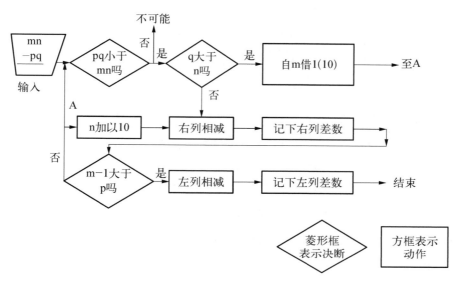

图 16.3　两位数减法的程序性分析

从图 16.3 可以看出,学生解决两位数减法的心理过程是：先判断减数与被减数的大小,如果减数大于被减数,则两数不能相减(这种情况发生在学生还未学过负数概念的前提下)。反之则进一步比较个位数上的大小,如果被减数的个位数 n 大于减数的个位数 q,则两数相减,否则,则需要从十位上借位,n 加上 10 再相减。个位数计算完之后再判断被减数的十位数 m(如借过位则是 m−1)与减数 p 的大小。最后,得出两数的差。可以看出,这类分析可较直观地反映了一个问题解决或任务完成的步骤。

程序分析揭示了两个主要信息：第一,它提供了对终点目标的清晰描述,包括程序中所涉及的步骤。例如,图 16.3 描述了减法的运算,揭示其按序排列的步骤。这样的描述较之"给予两个数,演示减法过程"这样的目标陈述来说,向我们传递了更多的信息。第二,程序分析可以揭示某些并不明显的具体步骤。这对于内在加工而非外显展示的决策步骤来说,尤为重要。例如,图 16.3 中菱形框所表示的决策意味着学习者必须能够区分数字的大小,这样才能执行减法任务。学生需要先获得这个技能才能完成两位数减法任务,它构成了两位数减法任务的终点目标之一。

2. 能力成分分析

能力成分分析技术是从能力构成的角度,揭示所完成任务的子能力及相关的能力或倾向。这种分析方法有助于教师明了所要教授的内容与其他知识、技能间的关系;同时,也使教师意识到要完成这一任务哪些能力是学生已经掌握的,哪些是学生要学习的。同样以两位数减法为例,通过能力构成成分分析,可以得出图 16.4。

从上图可知,要学会计算两位数减法,学生需要形成应对各种情形的计算能力。根据

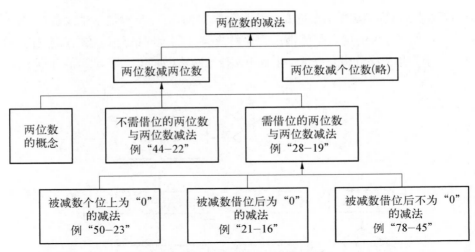

图 16.4　两位数减法的能力构成成分

该图,教师一方面可以推测学生可能在哪种情形下容易出错,如在"50—23"这一题上;另一方面可以采用有针对性的复习方式,如教师通过复习两位数减个位数的减法,来引入到两位数之间减法的运算等。

3. 专家—新手解题分析

在某种意义上说,教学就是要促进学生能成功解决某个问题,完成某个任务。为了做到这一点,教师可以对比专家与新手的解题过程,通过差异来找到教学着力点。具体来说,教师需明确专家的优势行为,对专家在某任务上的可能操作进行分析,从而确定教学的目标状态;另一方面,分析新手在该任务上可能出现的问题,以及相关的原因,从而确定教学的起始状态。据此,发现从起始状态到目标状态之间的差距,也就是自己教学所应着力之处。

这类分析的关键,在于教师根据专家—新手的现有知识,推测其对当前任务产生正确解答所依赖的各种系列加工或操作。对于简单任务,如心算乘法或逻辑性问题解决等,可以相对容易地明确各种导致正确答案的内在认知加工步骤。如表 16.2 所示。在较复杂的任务,如医学诊断或教学计划等,则需要提出一些假设性的认知加工系列。通过这类分析,可以事先形成一个有关于个体行为的心理模型,然后根据各类数据来验证、修改,甚至推翻这一模型。

表 16.2　心算"24×36"的五种可能方法

方法 A	方法 B
24	36
×36	×24
144	144
72	72
864	864

方法 C
$24×36=(30-6)×(30+6)=30^2-6^2=900-36=864$

续　表

方法 D

$$24 \times 36 = 2 \times 12 \times 3 \times 12 = 6 \times 12^2 = 6 \times 144 = 864$$

方法 E	
AB	24
$\times$CD	$\times$36
$100 \times A \times C$	600
$10 \times A \times D$	120
$10 \times C \times B$	120
$B \times D$	24
	864

［资料来源：Ericsson，K. A.，& Charness，N.（1994）. Expert performance：Its structure and acquisition. *American Psychologist*，49（8），725－747］

三、安排教学事件

学习要求　阐述加涅的九个教学事件。

加涅等人在信息加工理论的基础上，将教学分成九个顺序性的事件：引起注意，告知学生目标，激活相关的原有知识，呈现刺激材料，提供学习指导，引发学习行为，提供反馈，评估学习行为，促进记忆与迁移等。

■（一）引起注意

这是用以唤起和控制学生注意的活动。利用有意注意和无意注意的特点，教师可采用不同的方法，如在授课时提高或降低声音，板书的字体、颜色的变化，教材内容的新颖性与好奇感，学生对知识内容的间接兴趣等。引起注意的方式有四种：改变呈现的刺激，如教师突然提高音量等；引起学生的兴趣，如提出学生感兴趣的问题；用身体语言（手势、表情等）引起学生注意；运用指令性语言，如"请仔细听……"、"下面，我们介绍……"等。

■（二）告知学生目标

在课堂上，教师应让学生具体了解课堂的学习目标是什么，以及达到目标后，他们将学会做什么，从而使学生形成对学习的期望，控制自己的学习活动。目标的呈现应使用学生熟悉的语言，如"给定两个名词，（学生）能将这两个名词组成句子"的学习目标，教师可以明晰地告知学生："假设有两个词：'男孩'和'狗'，你们的任务就是造一个句子，并包含这两个词，如'一个小男孩在逗狗玩'"。此外，当一堂课的目标较多时，教师应使学生明了目标之间的关系。

■ （三）激活相关的原有知识

激活相关的原有知识是在学习新内容之前，指出学习新技能所需具备的先决技能，以刺激学生回忆已学过的有关知识与技能；同时，还应让学生看到自己已掌握的知识和技能与将要学习的目标的联系。这使学生有可能充分利用认知结构中已有的合适观念来同化新知识，有助于避免机械学习。如教授"平行四边形的面积 $S = ah$"这一教学内容，教师可先复习长方形的面积计算公式以及平行四边形的特点。

■ （四）呈现刺激材料

教师呈现的新材料应具有鲜明的特征，以促进学生进行有目的的意义加工。例如，学习概念时要使用各种各样的事例作为刺激材料；而要求学生形成解题能力时，就安排各种例题，让学生看到知识或原理的应用。呈现新材料涉及两个方面：一是新材料顺序的安排；二是教学过程中每次呈现知识内容的多少。呈现的材料应尽可能适合学生的特点，如年龄、知识准备、学习类型等。

■ （五）提供学习指导

这项活动旨在促进学生的理解和记忆，以及形成技能。教师为学生提供的学习指导可以是：（1）为知识提供一个有意义的组织结构；（2）通过一系列提示或问题，提供思路，启发问题的答案。应当注意，过多的指导会使理解快的学生厌烦，而过少的指导则又可能使领会慢的学生失去信心，所以，选择学习指导的方式或方法视学习目标、学生特点等因素而定。例如，概念的名称或定义，就可直接告知答案；而对于复杂知识的学习，可提供一系列指导，帮助学生发现答案从而获得智慧技能。

■ （六）引发学习行为

这是学生获得知识和形成技能的必经阶段，也是教师判断学生学习效果的有效途径。在课堂教学中，学生会对所呈现的信息以各种方式作出积极的反应。学生通过参与能更好地理解并保持所呈现的信息，而参与活动愈积极主动，学习效率愈高。例如，在呈现信息过程中插入问题，可提高学生的心理参与度，即使学生回答不出，也能激发他们思考。

■ （七）提供反馈

在学生作出反应、表现出一定的学习行为后，应及时让学生知道学习结果，这就是提供反馈的活动。反馈既可以是学生自我提供的，也可以由外部提供，如教师观察行为时的点头、微笑，以及在教材适当的地方出现答案等。反馈的作用在于，一方面帮助学生了解自己的理解与行为是否正确，以便及时改正；另一方面通过肯定或鼓励学生的学习，促进他们的学习积极性，并建立信心。

■（八）评估学习行为

该活动的目的是促进学生进一步回忆并巩固学习结果,也是教师了解教学效果的手段。测试是评估行为的主要方式,既检查学习结果,又能起强化作用。与评定行为有关的测试一般可分为三种:(1)在教学过程中插入类似练习的小测验,它能帮助教师了解学生当时的学习状况,也能提高学习积极性;(2)在教学过程中学生回答的各种问题或练习,这使学生通过自己的实践,得到教师或教材的反馈,了解自己知识的掌握情况;(3)完成一个单元的学习之后进行的单元测试,其形式与内容比较全面、系统,并在一定程度上要求学生表现出较多创造性,因而常常成为决定下一阶段学习的依据。

■（九）促进记忆与迁移

这些活动旨在使学生进一步牢固掌握所学的内容,形成运用所学知识与技能来解决新问题的能力。就知识而言,教师可提供有意义的组织结构,供学生回忆时使用;就技能而言,教师应安排各种练习机会,反复要求学生回忆并运用已学的技能,进行有间隔的系统复习。

值得注意,上述九个教学事件并非完全包括在一节课中,它们或多或少地存在于不同类型的课中,如新授课、练习课和复习课等。为了促进教学设计进程,也可进一步将加涅的九个教学事件组织成五个主要的成分:(1)教学导入活动,如吸引学习者的注意力,激发学习动机,描述具体目标,描述并促进对先决技能的回忆等;(2)呈现内容,如教学内容、实例等;(3)学习者参与,如练习、反馈等;(4)评估,如起点行为测验、前测、后测等;(5)跟踪活动,如提供辅助促进记忆保持、考虑迁移问题等。

教学之窗

运用加涅的课内活动事件来设计教学材料

如何应用加涅的观点呢？这里有一例子,是一节有关各大洲的名称和位置的地理课,按照加涅的模式,这节课的教学步骤如下:

☞ 引起注意。给学生提供最近发生在某一大洲的新闻事件,如战争、地震等,并问学生是否听说过。

☞ 告知学生目标。帮助学生理解这些事件发生在哪里,并通过了解不同大洲的地理位置,让学生理解这些大洲与自己所居住地方的关系。

☞ 激活相关的原有知识。让学生提取以前的知识,如提问学生谁知道非洲在哪里,在地球仪上非洲位于哪个地方？询问学生有关非洲的知识。

☞ 呈现刺激材料。向学生展示其中一些大洲的名称和地理位置,如南美洲和北美洲,并在地球仪上指出来。

☞ 提供学习指导。在教师给学生所举出的例子的基础上,要求他们对"大洲"下个定义,并向学生提问"大洲"与"国家"和"岛屿"有什么区别。

☞　引发学习行为。提问学生在地球上还有哪些大洲,为什么加拿大不是一个大洲?

☞　提供反馈。如果学生认为非洲和澳洲是大洲,教师就对他们的正确回答进行表扬;而如果学生认为大不列颠岛也是大洲,教师就要向他们解释为什么不是。

☞　评估学习行为。让学生运用知识,要求他们在世界地图上标注并记下七个大洲,并用自己的话对"大洲"进行界定。

☞　促进记忆与迁移。要求学生说出来自不同大洲的著名人物,或者提问他们"我们住在哪个洲?"、"爱迪生生活在哪个洲?",等等。教师也可以在下一次上课的时候(或其他时候)让学生回述一下"大洲"的概念,并说出不同大洲的名称。

第三节　教学计划的实例

在第八章,我们提到知识分为两大类:陈述性知识和程序性知识;后者按照意识—自动化这一维度,可分为可自动化的技能和受意识控制的策略。为了统一,我们把三类知识的名称确定为:陈述性知识、程序性知识(技能)和程序性知识(策略)(也称为策略性知识)。针对这三类知识,本节将呈现三个不同风格的教学计划案例。我们将详细解读这些案例的内容,如设计活动、提出问题、组织材料与为迁移而计划等,以及其中蕴含的心理学原理。

一、促进陈述性知识学习的教学计划

陈述性知识学习的关键在于理解,帮助学习理解的方法有很多,如语文学习中的教师导读、多媒体呈现等。下面这个案例,利用了新的教学软件来促进学生理解古诗。具体做法是:第一,借助 Zbrush 等绘画软件,让学生根据诗句所描绘的景象进行自由绘画,从而感悟《杜甫诗三首》中的意象美;第二,让学生通过小组合作,把 iMovie 等软件与诗歌朗诵、绘画、音乐等相结合,图文并茂,以此提升诵读力、审美情趣和文学感知能力。具体的教案内容如下:

教学计划实例一:杜甫诗三首

主题	iMovie 与诗歌朗诵——《杜甫诗三首》中的意象美	单元	人教版必修 3
背景分析	通过《iMovie 等软件的下载及使用说明》的学习,学生已经了解 iMovie 等一些软件的功能,并且能够进行一些简单的视频编辑和组合。在此基础上让学生通过小组合作,把 iMovie 等软件与诗歌朗诵、绘画、音乐等相结合,图文并茂,以此提升学生的诵读行为、审美情趣和文学感知能力。		

续　表

教学目标	1. 通过运用 Zbrush 等绘画软件来感悟《杜甫诗三首》中的意象美。 2. 通过小组合作,创作实践让学生真正体会图文结合的诗歌朗诵视频的制作流程。 3. 通过 iMovie 与学生朗诵、绘画艺术相结合,提高学生的诵读、文学感知和审美能力。	
评价设计	1. 小组自主合作探究,小组捆绑式评价。 2. 作品展示课评选出最佳合作小组及最佳作品。	
教学活动设计	一、学生准备阶段 　　1. 自学《杜甫诗三首》(《秋兴八首(其一)》《咏怀古迹》《登高》)(人教版)。 　　2. iPad 并下载 iMovie、Zbrush、Procreat、GarageBand 等软件。 二、本课节主要内容安排 　　1. 小组进行抽签,抽取自己所要朗诵的诗词。 　　2. 运用 Zbrush 或者 Procreat 等画图软件,对所抽取的杜甫诗进行绘画,每一句诗都要绘制一幅图画。 　　3. 把每句诗都翻译成英文,然后把中英文诗句嵌入图片。 　　4. 运用 GarageBand 软件进行配音,朗诵。 　　5. 运用 iMovie 软件进行最后的编辑整合。 三、师生交流讨论阶段 　　各小组学生预估自己在创作实践中可能遇到的技术困难或者其他障碍,然后通过本组,或者其他小组,甚至教师的帮助,进行整体的规划和构思。 四、师生取材、创作实践阶段 　　请各小组成员按照要求认真完成创作,在规定时间内上交作品。 五、各小组学生作品展示阶段 　　各小组的作品通过微信公众号平台、学校官网或者集体观看的方式进行展示,并以投票方式选出优秀合作小组和优秀作品,并给予一定的物质奖励。 　　评估: 　　1. 每幅图画绘画质量及与诗句一项的结合度; 　　2. 诗句英文翻译的质量; 　　3. 朗诵者的音质,情感; 　　4. 所配置的背景音乐; 　　5. 多媒体技术的运用。  图 1.1	在课下,授课教师对于每一小组的具体指导必不可少。

教学活动设计	**六、结论** 　　通过本节课,希望学生: 　　1. 能够读懂杜甫的诗,感悟杜甫诗中的意象之美; 　　2. 能够熟练运用 iMovie 等软件制作出精美视频,提高朗诵水平和自我审美能力; 　　3. 喜欢朗诵,把朗诵与绘画艺术、信息技术完美融合,创造出更多、更好的作品。 **七、学生评价** 　　真没想到绘画、古诗、信息技术、音乐再加上自己声情并茂的朗诵可以如此完美地融合。这样的一节实践课,让我真正爱上了古诗、爱上了朗诵、爱上了绘画、爱上了 iMovie。许多年之后,我们小组成员能够在聚首时,拿出高中时共同创作的作品,当年那些青春的创造将永远定格。 　　　　　　　　　　　　　　　　　　——创新班虞欣
备注	

（注：本教案节选自 王瑞：《未来课堂环境下的教学研究》,华东师范大学 2016 年博士学位论文.）

二、促进程序性知识(技能)学习的教学计划

　　程序性知识的学习,关键在于讲明白思维步骤或操作过程,并通过不断练习,将这些步骤或过程转化为学生的行动。下面这个案例是一堂高三数学课。在目标设计上,教学计划采用布卢姆教育目标分类学和加涅的学习结果分类思想;在教学过程设计和分析上,采用加涅的任务分析技术,分为程序分析和能力成分分析。具体教案内容如下：

教学计划实例二：三角比的应用问题
（第一课时　高三数学复习课）

一、教学目标设计
　　1. 知识目标：在学生掌握了三角比的有关知识和正、余弦定理的基础上,进一步研究三角比在实际中的应用问题。
　　2. 能力目标：引导学生运用所学知识解决生活中的实际问题,使学生学会从多个角度研究问题的思维方法,从而提高学生分析问题、解决问题的能力。
　　3. 情感目标：让学生体会到数学就在我们的身边,数学来源于生活、又应用于生活,培养学生学习数学的兴趣。同时,通过小组讨论、分组研究、全班交流等形式,培养学生相互协作的精神。
二、教学内容及重点、难点分析
　　教学重点：利用三角比的有关知识研究三角比在实际中的应用问题。
　　教学难点：采用头脑风暴法、思路提示法引导学生学会从多角度探求问题的方法。
三、教学媒体设计
　　1. 应用计算机技术,采用多媒体课件演示文稿进行演示。
　　2. 应用实物投影仪演示学生研究问题的方案以及演算过程。

续　表

四、教学过程设计与分析

教师活动	学生活动	设计目的
问题一： 在外滩对面的黄浦江边，有一座亚洲第一、世界第三的东方明珠广播电视塔，它仅次于加拿大多伦多市和俄罗斯莫斯科市的电视塔，它犹如一串从天而降的明珠，寓有"大珠小珠落玉盘"的意境。东方明珠位于南浦大桥与杨浦大桥之间，构成了"双龙戏珠"的美景，成为 90 年代标志性的建筑。请你设计一种方案，测量东方明珠的高度，并指出使用的工具。	采用头脑风暴法，发挥学生的想象力，创造力，让学生思考、讨论、小组交流。然后全班交流，请学生大胆地说出自己的方案或画在纸上采用实物投影仪进行演示。	演示问题一，体现行动在先。同时有目的的激发学生的情感，调动学生学习的兴趣。
	学生提出的方案可能有三类：一是直接查阅，比如上网、到图书馆、买门票看说明书等；二是利用数学知识进行测量，比如测量影子，用相似三角形知识计算、测量绳子的长度等；三是利用物理的有关知识测量，比如自由落体、气压计、温度计等。	
	由学生进行记录；然后由学生从多角度进行评价，教师小结。	
	分组情况： ① 文科学生主要研究方案一，完成后熟悉并研究方案二、三。 ② 生物、化学学生主要研究方案二，完成后熟悉并研究方案一、三。 ③ 物理学生主要研究方案三，完成后熟悉并研究方案一、二。 （由于篇幅，方案三的介绍略）	体现分层次进行教学，遵循以学生发展为本，因材施教的原则。
方案一：（从定点上研究）某人身高 $a = 1.7$ 米，为了在黄浦江边外滩测得对岸东方明珠的高度，他设计这样的方案：在黄浦江边外滩测得对岸东方明珠塔尖的仰角 $\alpha = 18.886°$，测得在黄浦江的倒影中塔尖的俯角 $\beta = 19.014°$，如图 1.2 所示，问是否能得出东方明珠的高 h。	交流方案一的研究成果，采用尽可能多的办法。主要有文科（11 名）学生提出，其他学生积极参与并改进；采用实物投影仪演示；交流。	引导学生学会从点的角度设计方案，利用三角比的有关知识，分析、解决方案。并配有东方明珠塔的图片，能引起学生的浓厚兴趣，激励学生的探求欲。
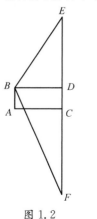 图 1.2	学生可能的方法： ① 见演示方案一的解答。 ② $ED = BD \times \tan 18.886°$ $DF = BD \times \tan 19.014°$，利用 $DF - DE = 3.4$ 可得。	采用实物投影仪演示、规范学生的书写步骤。

解：由题意可知，
设东方明珠的高度为 $CE = h$
$AB = DC = 1.7$ 米
$\angle EBD = 18.886°$
$\angle DBF = 19.014°$
$ED = h - 1.7$　$DF = h + 1.7$
在 Rt$\triangle EBD$ 和 Rt$\triangle FBD$ 中
$BD = (h - 1.7) \div \tan 18.886°$
$BD = (h + 1.7) \div \tan 19.014°$
$(h - 1.7) \div \tan 18.886° = (h + 1.7) \div \tan 19.014°$
$h \approx 467.5$（米）
$\therefore$ 东方明珠的高度为 467.5 米

方案二：（从平面上研究）某人身高 $a = 1.7$ 米，为了在黄浦江边外滩测得对岸东方明珠的高度，他设计这样的方案：如图，在 B 点测得东方明珠高度的仰角为 $10°$；对着东方明珠沿地面前进 1 362.5 米后到达 C 点，测得东方明珠高度的仰角为原来的 2 倍；问是否能得出东方明珠的高 h。（精确到 0.1 米）

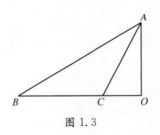

图 1.3

解：由题意可知，如图
设 $AO = h$　$\angle ABC = 10°$，$\angle ACO = 20°$　$BC = 1 362.5$ 米
在 $\triangle ABC$ 中：$\angle ABC = 10°$
$\angle ACB = 160°$　$\therefore \angle BAC = 10°$
$\therefore \triangle ABC$ 为等腰三角形 $AC = 1 362.5$ 米
在 Rt$\triangle ACO$ 中 $AO = 466$ 米
$h = 466.1 + 1.7 = 467.7$（米）
$\therefore$ 东方明珠的高度为 467.7 米

（以下略）

交流方案二的研究成果，采用尽可能多的办法。主要有化学、生物学生提出，其他学生积极参与并改进。采用实物投影仪演示交流。

学生可能的方法：
① 见演示方案二的解答。
② 利用在 $\triangle ABC$ 中，$\angle ABC = 10°$，$BC = 1 362.5$ 米；$\angle ACB = 160°$，由余弦定理可得 AB 长，在 $\triangle ABO$ 中，解决问题。
③ 利用在 $\triangle ABC$ 中，$\angle ABC = 10°$，$\angle ACO = 20°$ 可得 $\angle BAC = 10°$，采用正弦定理知 AB 长，在 $\triangle ABO$ 中，解决问题。
④ 利用在 $\triangle ABC$ 中，$\angle ABC = 10°$，$\angle ACO = 20°$ 可得 $\angle BAC = 10°$，采用正弦定理知 AC 长，在 $\triangle ABO$ 中，解决问题。

学生小结：谈谈收获。

多媒体演示方案二，引导学生学会从面的角度设计方案，利用三角比的有关知识，分析、解决方案二。并配有黄浦江边外滩的图片，引起学生的浓厚兴趣，激励学生的探求欲。采用多种方法解决问题，培养学生创造思维的能力。并引导学生改进方案。

采用实物投影仪演示、规范学生的书写步骤。

进一步用多媒体演示，拓宽学生的知识面，培养学生的思维能力。

续　表

五、课堂小结：请学生回忆整理,通过这节课的问题解决,有哪些收获?

六、版面设计：(略)

七、作业设计：

1. 课后请你设计多种方案测量宝山中学教学楼的高度。

2. 课后请你测量教室内自己的座位与黑板的有关数据,计算自己的座位是否为最佳位置。

3. 课后请你测量自己家里的电视机与沙发的有关数据,计算电视机摆放位置是否为最佳位置。

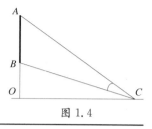

图 1.4

4. 一幅名画《最后的晚餐》平挂在墙上,画的高度 $AO = a$ 米,与人眼的水平视线的距离为 $OB = b$ 米,现人眼在点 C 处,问：当人朝墙走去时,到什么位置观察镜框的张角(即 $\angle ACB$) 为最大。

（注：本教案的提供者为上海市宝山中学贾兴文教师）

三、促进程序性知识(策略)学习的教学计划

策略性知识学习的关键,在于学会依据场景采用不同方法;其中,认识或观察问题的视角切换尤为重要。下面这个案例,则利用了教学软件来帮助学生掌握立体图形的三视图。教学的整体思路是,通过图片导入、"投影"动画、三视图图片、课程导图讲解知识点,展示讲解视频、基本立体图形的多方向观看、图片展示正确答案,教师利用展示屏对任务做简单解释。学生利用 sketcher3D 软件查看复杂几何体并利用平板电脑画出三视图,然后用网页打开测试掌握情况,再通过课程内容导图回顾知识点。具体的教案内容如下：

教学计划实例三：立体图形的三视图

（一）学情分析

立体图形的三视图这节课主要是让学生掌握从正面、左面、上面三个不同的方向观察一些简单的立体图形,以及由它们组合得到的平面图形,并能画出该图形。通过结合立体图形向平面图形的转化的学习来发展学生的空间观念,这是图形和几何学的核心目标之一,初步培养了学生的空间观念。授课对象是七年级阶段学生,他们学习热情高,学习习惯正在养成,好奇心强,求知欲高;但是空间想象能力还有待提高。本节课主要采用可视化空间呈现、创设直观的视觉刺激。利用任务驱动和小组合作调动学生主动参与的积极性,在未来课堂环境下,充分实现师生之间、生生之间的交互活动,让学生在自由交互、亲自动手操作中理解知识、掌握技能。

（二）教学目标

知识与技能目标

(1) 初步体会到立体图形与平面图形之间的关系,为以后几何问题的学习打下基础;

(2) 在立体图形与平面图形相互转换的过程中,初步建立空间观念,发展几何直觉。

过程与方法目标

经历从不同方向观察物体的活动过程,初步体会从不同方向观察同一物体,可能看到不同的结果,并能画出从不同方向看一些基本几何体及由它们简单组合得到的平面图形。

情感态度价值目标

经历从现实世界抽象出几何图形的过程,感受图形世界的丰富多彩,激发学生的学习兴趣,通过与其他同学交流活动,初步形成积极参与数学活动,主动与他人合作交流的意识。

（三）教学重难点

　　（1）重点：能辨认从不同方向观察到的多个物体组合的形状，体会到物体的相对位置关系；

　　（2）难点：从具体实物中抽象出几何图形，能画出从正面、左面、上面观察一些立体图形及其组合所得到的平面图形。

（四）教学方法

　　教法：任务驱动法、讲授法

　　学法：自主学习法、小组合作法

（五）教学准备

　　（1）教学资源：多媒体教学课件（PPT）、iMindMap 思维导图；

　　（2）媒体资源：课程导入图片、空间图形的三视图动画模型、空间物体的三维视频、各种用来观察的立体图形；

　　（3）相关教学软件：sketcher3D 软件、画板、Office 软件、问卷星。

（六）教学过程

　　整个教学过程主要分为五个环节，环节一：激情导入，先声夺人；环节二：趁热打铁，新知构建；环节三：体验感知；环节四：协作提高；环节五：课堂小结，升华主题。

　　1. 环节一：激情导入，先声夺人

　　在这个环节教师要做的是让学生能够初步体会这节课的主旨，引起学生对本节课学习的兴趣，让学生了解三视图的重要性。在整堂课之前教师会先给学生看导入图，让学生解答图中两个人物的关系，学生回答后再展示导入图，让学生能够通过这样前后的对比，体会看事物要从多个角度观察，从而引出这堂课的主题"从不同的角度观察事物"。

图 1.5　　　　　图 1.6

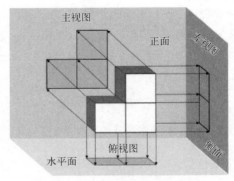

图 1.7　空间图形的三视图模型

　　2. 环节二：趁热打铁，新知构建

　　在这个环节教师利用学生浓厚的学习兴趣，趁热打铁，引入新知讲授。首先通过一个小动画简单地讲解投影的概念。接下来再利用空间二视图讲解二视图的基本概念。而在这个环节，学生要做的就是观看教师所提供的动画和图片，积极参与课堂，学习知识。

　　3. 环节三：体验感知

　　在这个环节中教师先通过链接播放两个视频，分别展示球体和正方体。在展示的过程中教师提问讲解球体和正方体这两个规则图形的三视图。让学生对上一环节所学的知识有一个简单的理解。

　　接下来布置一个任务，每个小组根据平板上的软件中相应的不同立体图形，由左向右表示第一小组到第四小组分别要观察的立体图形，小组成员观察后在画板上画出相应的三视图。完成后小组讨论并将最终结果展示在展示屏上。

　　教师分别对每一小组的结果作评价，并展示正确答案，做一定的讲解。学生通过自己的努力得到的结论和创造是教育内容的一部分，总结各个小组的完成结果后得出做三视图的三个规律。

续　表

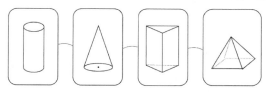

图 1.8　各小组观察的立体图形

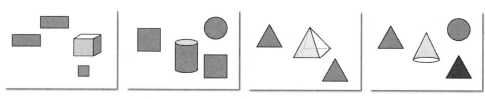

图 1.9　各小组观察的立体图形答案

4. 环节四：协作提高

这个环节主要是通过小组协作的方式，使学生更加深入地理解三视图，并能够联系实际来思考。让学生体会数学来源于现实，存在于现实，应用于现实，而且每个学生有各自不同的"数学现实"。教师先给学生布置任务，任务的内容是每个小组根据分配到的复杂的空间组合体，在软件上观察它的三视图后，在画板中画出，完成后投到展示屏上。教师在学生完成任务的过程中要时刻观察学生的进度，解答学生的问题，小组完成后讲解每个组合体的三视图，使学生对三视图有一个更深入的理解。

5. 环节五：课堂小结，升华主题

这是本堂课的最后一个环节，在这个环节中教师要做的是利用课堂电子问卷测试学生知识点的掌握情况，即时统计结果，结合知识点对本节课做一个简单的回顾，使课堂更加的完整。

（注：本教案节选自 叶新东：《未来课堂环境下的可视化教学研究》，华东师范大学 2014 年博士学位论文.）

教学反思

学完本章后，你可以思考以下知识点：

☞　制定教学计划的模式；

☞　布卢姆的教育目标分类学；

☞　教学目标的陈述与学习任务分析；

☞　加涅的教学事件模式。

本章总结

■ 教学计划的过程

制定与实施课堂教学计划的一个完整过程，主要包括三个阶段：前动阶段（教学开始之前）、互动阶段（教学进行之中）和后动阶段（教学发生之后）。这三个阶段形成了一个有序的连环。制定教学计划的模式一般有三种：目的—手段模式，整合性目的—手段模式和基于内容的模式。而影响这一过程的因素,主要涉及教师本人、所教学生和学科内容等。

教学计划的内容

对教学目标的计划,教师应考虑适应不同学生需求的目标等级,还要考虑目标陈述的方式是否简洁明了。对课堂教学事件的计划,教师应考虑教学语言、教学提问、教学活动等,以及各类影响因素,如教学常规、团体合作、学习兴趣和创造思维等;还应考虑如何为迁移而教学。

教学计划的案例

教师通过详细解读优秀教学案例的内容,如设计活动、提出问题、组织材料与为迁移而计划等,从而进一步完善自己的教学计划。同时,教师也可以体悟并学习其中蕴含的心理学原理,比如布卢姆的教育目标分类,加涅的任务分析理论,程序分析、能力成分分析,帮助自己在理论框架的支持下建立更为科学有效的教学计划,从而提高教学效果。

重要概念

教学计划　教学目标　任务分析

参考文献

1. 皮连生主编:《教学设计》,高等教育出版社 2000 年版。
2. 皮连生主编:《学与教的心理学》,华东师范大学出版社 1997 年版。
3. 吴庆麟、胡谊主编:《教育心理学——献给教师的书》,华东师范大学出版社 2003 年版。
4. 张祖忻等编著:《教学设计》,上海外语教育出版社 1992 年版。
5. 章伟民编著:《教学设计基础》,电子工业出版社 1998 年版。
6. Bloom, B. S., Engelhart, M. D., Furst, E. J., Hill, W. H., & Krathwohl, D. R. (1956). *Taxonomy of educational objetives: the classification of educational goals*:*handbook* Ⅰ:*cognitive domain* (No. 373. 19 C734t). New York:D. Mckay.
7. Eggen, P. D., & Kauchak, D. (1999). *Educational psychology* (Vol. 403). Prentice hall.
8. Mayer, R. E. (1987). *Educational psychology: A cognitive approach*. New York:HarperCollins.
9. Tennyson, R. D., Dijkstra, S., Schott, F., & Seel, N. M. (Eds.). (1997). *Instructional Design: International Perspectives. Theory*, *research*, *and models* (Vol. 1). Routledge.

扫一扫二维码获取心
理学、教育学考研同
步真题及参考答案

扫一扫二维码获取同
步练习题及参考答案

第十七章

有效教学

引　言

对于各种各样的学习的理论模型,教师应该依据什么标准进行选择? 教师该如何用这些理论来指导自己的教学? 对不同性质的知识,如何使用不同的教学模式? 在课堂教学的各个环节,又该怎样运用教学策略? 对不同知识背景的学生,教师应采用什么教学方法? ……上述这些问题都涉及如何进行有效的课堂教学。

学完本章后,你应该能够:

☞　陈述以教师为中心的教学的特征;

☞　列举各种以教师为中心的教学方法并简述其特征;

☞　陈述以学生为中心的教学的特征;

☞　列举各种以学生为中心的教学方法并简述其特征;

☞　了解各种运用科技的教学方法。

教学设疑

袁老师正准备教授"匀变速直线运动"这一新的知识单元。在这一单元中,涉及很多先前学习过的匀速直线运动的知识,如位移、速度及时间这三者之间的关系,也涉及一些新的概念,如加速度。在教学过程中,袁老师要激活学生已经具有的背景知识,如匀速运动的知识;然后要让学生了解什么是变速直线运动,什么是匀变速直线运动,匀变速运动的规律是什么等新知识;最后还要让学生运用知识,例如学会利用匀变速运动的公式来解决习题,能够解决现实生活中的匀变速运动(如汽车启动与刹车过程等)问题;等等。

如果你是袁老师,请思考:

☞　如何激活学生原有的一些背景知识?

☞　怎样帮助学生理解一些新的概念?

☞　如何让学生自己去探讨匀变速运动的变化规律?

☞　如何让学生观察作匀变速运动的物体的运动情况?

☞　如何让学生运用关于匀变速运动的定理,来解决书本或生活的问题?

视频

有效教学

第一节 以教师为中心的教学

在以教师为中心的教学中,教师是课堂的焦点,在整个教学过程中起主导作用,教师通常采用强制性的训导方法,伴以奖励和惩罚行为,协调与学生的互动关系,最终达到将知识与技能传授给学生的目的。相比之下,学生的地位比较被动,仅仅作为教师备课时的想象对象,以及上课时的教授对象;学生更多地采取顺应、被动等行为。

一、教学特征

学习要求 简述以教师为中心的教学的特征;
简述课堂教学中的不同互动的特点。

以教师为中心的教学具有如下一些特点:(1)制定教学计划时,教师确定特定的教学目标,并设计学习活动来帮助学生达到目标;(2)整个课程都须围绕这些目标;(3)教师的任务是让学生学会一些清楚而明确的知识;(4)在指导学生学习上,教师承担主要责任。

以教师为中心的教学,并不排斥课堂教学中的互动。课堂互动是指师生双方或学生之间在教学过程中相互交流思想和情感、传递信息并相互影响的过程。从互动主体来讲,课堂教学的互动可以分为师生互动和生生互动。在以教师为中心的教学互动中,教师具有控制权,可以决定讨论的主题,设置话语的转折点,并且直接影响学生反应的质量;教师对学生的要求,则是其言语和行为的参与。例如,教师提问,学生举手;教师点名或走到学生面前,学生回答;经过多次"提问—回答"互动活动后,教师完成既定的教学目标。在这一师生互动中,交谈意味着学有所成,沉默则被解释为知识欠缺。

教师在以教师为中心的教学活动中,也会关注课堂中的生生互动,例如,观察学生之间的言语、眼神以及动作交流。生生互动发生的时机,一般是在学生没被提问、不愿意回答问题,或者在进行小组活动时,等等。研究表明,教师如能理解学生的言语模式,将比不能理解的教师更能接受并利用学生的反应;也就是说,教师越理解学生的言语或行为模式,就越能帮助学生逐渐获得一种良性互动模式,以提高其学业成就。

当教师教授一些明确的知识,并且期望所有学生都能掌握这些知识时,以教师为中心的教学比较有效。这是因为在这一教学形式中,教师的要求比较明确,课程内容具有一定结构,学生能得到大量的练习与反馈。本节下面内容将详细介绍两种方法：直接教学与讲授法。

教学之窗

在课堂中运用教学互动

☞ 运用有效的师生互动模式

✓ 当学生回答问题较为犹豫时，教师可再给予几秒钟，如果此时其他学生抢着回答问题，教师要委婉地拒绝或劝阻。

✓ 当学生回答问题出现错误时，教师并不急于纠正错误答案，而是在学生已有回答的基础上提供一些线索或提示。

☞ 理解生生互动模式

✓ 定期召开学科竞赛，分小组来评估成绩，观察学生在小组中互相学习的状况。

✓ 形成各种兴趣小组，观察不同学生之间的互动方式及过程。

☞ 帮助学生建立各种有效的互动模式

✓ 在学习活动中，教师可正大光明地表扬认真倾听、依规发言的学生。

✓ 教师在新学年开学时立下规矩："别人说话认真倾听"，以提醒学生，在课堂中要守规。

二、直接教学

学习要求 阐述直接教学的含义与特征；
阐述直接教学的四个教学步骤。

直接教学是一种旨在帮助学生学习程序性技能的教学方法。依据第八章内容，我们已经知道，学生所学的"将分母不同的分数相加"、"断句"、"找出城市的经纬度"、"配平化学方程式"等问题都属于程序性技能。上述这些技能都有特定的解决步骤或程序，要通过大量练习来达到熟练运用的水平；教师可以通过标准化测验，来对技能水平进行测量与评估。一般来讲，直接教学分为四步骤，如图 17.1 所示。

第一步，直接教学从复习之前功课开始，先讨论学生的家庭作业，然后教师试图吸引学生的注意力，通过阐述学习目标并强调本课的重要性来激发学习动机。尽管这一步骤很重要，但多数教师很少注意应用这一步骤来引导学生。

直接教学

一种旨在帮助学生学习程序性技能的教学方法：分为四步：引入与复习、讲述、有指导地练习和独立练习。

步骤：

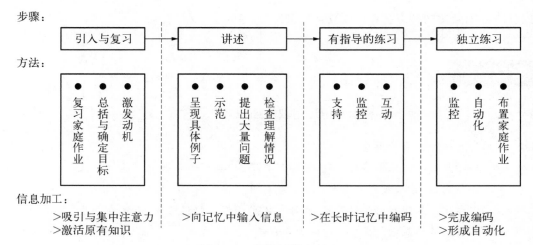

图 17.1　直接教学的步骤

第二步，直接教学是讲述知识，教师需要帮助学生用自己的工作记忆来处理这些信息，并且帮助学生将新信息与自己长时记忆中原有的信息联系起来。讲述主要有提供榜样和传授经验两种形式。提供榜样是为学生提供一系列可以模仿的动作，而传授经验则通过示例来提供知识。应当注意，一味地提供榜样或鼓励学生参与活动，并不能确保学生理解活动背后所蕴含的内在原理或规律，教师要适时进行讲解，点拨其中的关键概念与关系。

第三步，教师采用有指导的练习，所运用的理念就是"支架式教学"。在最初的讲述后，学生在教师的监视之下进行练习，同时教师提供足够的支架以确保学生练习成功。但也要注意，教师过多的帮助会增加学生的依赖感，降低学生在任务上的自信心和成就感。

第四步，学生开始独立练习，学生的技能一旦达到自动化水平，其工作记忆负担就会减轻，转而专注于运用技能。此时，教师的支持（支架）逐渐减少，责任会慢慢转移至学生身上。应当注意，技能在最初执行时也许比较缓慢，但会逐渐变得轻松而流畅。在这一阶段，教师的监控仍然十分重要。优秀教师往往会细心地观察学生，发现学生技能执行的错误并予以纠正；新教师可能只是检查一下学生是否在练习，而不顾他们技能执行的情况如何。

家庭作业是一种常见的独立练习，但要发挥其积极作用，应该与课堂作业相结合，与教师的批改、评估相结合。一般而言，真正能促进学习的有效家庭作业往往具有以下特征：（1）课堂常规的一部分；（2）课堂作业的扩充；（3）成功率较高，可激发学习动机；（4）通过教师的批改，一方面增强教师的责任感，另一方面为学生提供反馈。

总的来说，直接教学课堂具有以下特征：管理严，学生干扰课堂的不良行为较少；聚焦教学重难点，有效利用课堂时间来组织和开展相关教学活动；选择适当的任务，清楚展示主题信息和解决方案；不断诊断各个学生的学习进度和学习困难，通过辅导等手段来提供有效的帮助，确保尽可能多的学生跟上进度。值得注意，直接教学不适用于达成以下教学目标，比如创作一个作品，解决结构不良的复杂问题，提升情绪控制能力等。

教学之窗

运用直接教学法于课堂教学

☞ 用示范、疑问或问题来导入课程以提高学生的兴趣

✓ 教师走进教室,在黑板上写道:"最有可能在地球上幸存下来的动物是昆虫!"然后说:"今天在开始学习有关昆虫的知识之前,请大家把这句话记在脑子里。"

✓ 一位数学老师在开始教授百分数和小数时说,我国的国内生产总值平均每年增长 8%,她问道:"这意味着什么? 我们怎么把它算出来?"

☞ 在直接教学的讲述阶段要保持学生的高参与

✓ 一位地理教师挂出一张地图,并提出一些问题,来帮助学生找到一些城市、山川等地理位置的经度和纬度。

✓ 一位语文教师要教授"形容词"这一概念,他先给学生看一段文章,其中有几个斜体的形容词;然后,他向学生解释形容词的作用,并且提出一些问题,帮助学生们理解形容词是如何在句子中使用的。

☞ 尽量多提供有指导的练习,以确保学生将知识从教师讲述转迁到独立练习中

✓ 一位语文教师想要学生理解明喻和暗喻,她采用的教学方式是从教师的讲述过渡到有指导的练习:"好了,现在每个人都写一个句子,句子中至少有一个明喻或者暗喻。"然后在教室里走了一圈,检查学生的句子。接着让几名学生把自己的句子写在黑板上,全班一起讨论这是明喻还是暗喻,接着大家继续写、继续讨论,直到教师确定每个学生都能写出句子。

☞ 在学生独立练习时执行监控

✓ 一位数学教师布置了一些作业,是加法和减法的题目。在学生做题时,他在教室里来回走动,检查每一个学生的进度,偶尔停下来给学生一些建议。

三、讲授法

学习要求   简述讲授法的优缺点;
            讨论讲授法的适用范围。

> **讲授法**
> 是一种旨在帮助学生学习组织化的知识体系的教学方法。

    讲授法是一种旨在帮助学生学习组织化的知识体系的教学方法。组织化的知识体系是指一些事实、概念、规律、原则以及它们之间的关系。例如,

讲授"20世纪中国文学"一课,教学目标是要求学生掌握"组织化的知识体系",理解各种概念(如情节、情境和人物发展),以及这些概念如何在一部作品中得以体现,或者要求学生能够概括出"文章受作家个人经验的影响"等诸如此类的结论。这类课不适合用直接教学法,这是因为组织化的知识体系较难通过呈现例子这一方式来说明。所以,对教授陈述性知识为主的科目而言,最普遍的就是使用讲授法。

讲授法主要有以下三个阶段,如表17.1所示。

表17.1 讲授法的三阶段

开始:学习的准备	讲述:知识的呈现	结束:复习
陈述目标和基本原理 创设讲授新材料的情境 关注关键概念、概要或原则	从易至难排列教学内容 结合视觉信息来讲述用言语或非言语行为来吸引学生的注意力	整合新知识和原有知识、经验 过渡到下节课或下面活动

有效的讲授法能为学生节约很多学习时间;而其运用的关键在于确定清晰的教学目标,这种方法适用的场合是:(1)所学习的知识用其他方法不容易获得;(2)教师需将来源于各个方面的资源加以整合;(3)学生要理解不同的观点。因此,如要在短时间内将大量信息传递给大多数学生,讲授法是一种比较适合的教学方式。讲授法在导入新课题、给出背景知识,激励学生独自学习等方面比较有效。讲授法还可帮助学生学会正确、批判地听课,在学生有疑惑时,教师能够随机做出变化,以帮助学生理解。

讲授法虽被广泛运用,但它有个问题,即该方法将学生置于被动位置,这与强调学生主动学习的信息加工和建构思想并不吻合。学生建构知识并将信息加以编码,继而储存在长时记忆中,这些过程都需要学生的主动参与。再者,不同学生学习与理解的步调往往不一样,而讲授法却强调教师的统一步调。对年幼的学生,由于其注意力持续时间较短,词汇量有限,因而讲授法更不适合。具体到教学目标,如果要求学生能够解决问题,提出观点,写篇散文、诗歌或者小故事,绘画,或者评估作品等,就有必要对讲授法辅之以其他教学方法。

尽管讲授法长期以来受到诸多批评,但该方法仍是一种最普遍的教学方法,原因主要有三:讲授法对教师而言很有效率,备课时只要将内容加以组织即可;讲授法比较灵活,几乎适用于绝大多数的学科领域;讲授法非常简单,教师可腾出更多工作记忆来组织与呈现内容。很多时候,讲授法的功能之所以无法发挥,是因为被错误地或者无效地使用。

克服讲授法缺点的一个有效方法,就是使用讲授—讨论法,讲授—讨论法是将少量讲授与教师提问结合起来的教学方法。讲授—讨论法包括三个循环出现的基本要素:(1)呈现知识——开始教学时,教师提供给学生一些与主题相关的信息;(2)理解监控——在简短呈现之后,教师提出一系列问题,通过学生的回答,评估学生对这些知识的理解程度;(3)整合——教师提出附加问题,以帮助学生确定内容之间的联系。

与直接教学相类似,讲授—讨论法的效果可以在信息加工理论下来解释。例如,在用讲授—讨论法教学时,首先要吸引学生的注意力,提高对主题的兴趣;然后,呈现新材料,将新信息输入到学生的工作记忆中;在监控学生理解时,激发其积极主动性,帮助将信息编码进入长时记忆中;最后,巩固新知识内在联系及其与先前知识的联系,增加内容的意义。

值得注意的是,在讲授—讨论法中,提问有所必要,但问题应帮助教师评估学生的背景知识;鼓励学生积极地参加到课程中去;有助于知识的精致与有意义编码,促进知识的整合;使教师能够监控学习过程,从而相应地调节自己的教学。

教学之窗

运用讲授—讨论法于课堂教学

☞ 尽可能在课程中多运用一些例子,并且将这些例子与学生的经验联系起来

✓ 一位历史教师在比较 20 世纪初和 20 世纪末的中国留学生时,提示学生可以从不同时期留学生所处的政治体制、社会文化氛围、经济发展状况等,以及个人的目标、学习任务、困难等方面加以讨论。

☞ 讲述知识时尽量简短,常常复习,并且检查知识项目之间的联系

✓ 一位生物教师在讲述细胞内外液体传送的有关知识时,明确解释了一些关键概念,5 分钟之后,她停下来问:"设想有一个细胞处于低渗性溶液中,另外一个细胞处于高渗性溶液中,这两个细胞会有什么不同? 每个细胞会发生怎样的变化?"

第二节　以学生为中心的教学

"以学生为中心的教学"是当今教育的主要理念,这不仅来自建构主义理论(见第九章),也来自社会文化观(见第十章)和人本主义理论(见第八章)。以学生为中心,强调学生对知识的主动探索、主动发现和对所学知识意义的主动建构,同时注意文化环境等因素对学生发展的影响。教师的任务不仅仅是教学生学习知识,教学生如何学习,而且更要为学生提供各种学习的资源,营造促进学习的气氛,让学生自己决定如何学习。

> **以学生为中心的教学**
> 学生处在活动中心,以平等身份与教师互动的教学形式。

一、教学特征及使用误区

学习要求　阐述以学生为中心的教学的特征及误区。

随着行为主义影响式微,认知学习理论、建构主义和人本主义学习观的

影响逐渐扩大,学生在学习过程中的主体作用越来越受重视。从学习的认知观出发,以学生为中心的教学主要有两个特征:学生处于教学过程的中心和为学生理解而教学。

学生在以学生为中心的教学中,以平等的身份与教师互动。教师置学生于学习过程的中心,这引发了其自身角色的转换。教师不仅仅要呈现与解释知识,而且要引导学生建构自己的知识;教学过程主要依据学生身心发展的需要进行,强调学生主动学习。教师要扮演咨询者、辅导者和学习动机激发者的角色,采取民主参与的方式,在教学目标设计、教学组织、教学方法选择等环节上,寻求学生的反馈信息,并依此做出相应的调整。

从这一转变出发,研究者提出"为理解而教学"的口号。"理解"远非字面上那么简单,它寓意了很多需要运用"思想"的过程;例如,解释一个现象,寻找证据、验证假设,为自己的观点提供各种例子,归纳和概括不同的事物,将事物的部分与整体相联系,等等。促进学生理解并非一蹴而就;这是因为学生当前知识中往往存有"错误"或"误解",而真正理解一个概念,要较长一段时间才能达到,期间要经过很多的困惑与冲突。教师关注于学生的理解,这将有助于学生自己建构知识,承担学习责任;后者又进一步促使自我调控学习。

美国心理学协会(American Psychological Association,简称 APA)(1993)曾公布一些"以学生为中心教学的心理学原则",如表 17.2 所示。在这些教学原则下,教师围绕着目标和内容,需考虑学生的背景知识、认知与情感、发展特点及其所处的环境。

表 17.2　APA 以学生为中心教学的心理学原则

认知与元认知因素

原　则	描　述
1. 学习过程的本质	当学生有意识地从知识与经验中建构意义时,这对学习复杂学科最为有效。
2. 学习过程的目标	成功的学习者在一定的支持和教学指导下,经过一段时间后能够创造出有意义的、连贯的知识表征。
3. 知识的建构	成功的学习者能够以有意义的方式将新知识与已有知识进行联系。
4. 策略性思维	成功的学习者能够创造并使用一系列思维与推理策略来达到复杂的学习目标。
5. 对思维的思维	用于选择和监控心理操作的高级技能会促进创造性与批判性思维的产生。
6. 学习的情境	学习受环境因素影响,其中包括文化、技术和教学过程。

动机和情感因素

原　则	描　述
7. 动机与情感对学习的影响	学习的内容与程度会受到学习者动机的影响。学习的动机则会受到个体情绪状态、信念、兴趣、目标和思维习惯等的影响。
8. 学习的内在动机	创造性、高级思维和本能的好奇心都会影响动机。当学习者发现任务新颖、颇有难度,符合兴趣,力所能及,其内在动机就会被激发。
9. 动机对努力程度的影响	复杂知识和技能的获得,需要学习者付出更多努力,从事更多有指导的练习。在学习者没有动机时,不加管教而期望其好好学习,则是奢谈。

续　表

发展与社会因素

原　则	描　述
10. 发展对学习的影响	在不同发展阶段,学习的机会和限制各有不同。只有教师考虑了生理、智力、情感及社会领域等的不同发展水平时,学习才可能最有效。
11. 社会对学习的影响	学习会受到社会互动、人际关系以及与他人交流的影响。

个体差异

原　则	描　述
12. 学习中的个体差异	由于先前经验和遗传的原因,学习者在策略、方法和能力方面的差异各有不同。
13. 学习与差异	只有考虑了语言、文化和社会背景等方面的差异,学习才有可能有效。
14. 标准与评估	设定难度适中兼挑战性的任务标准,对学习者和学习过程进行评估(包括诊断和评估的过程及其结果),这些是整体学习过程的一部分。

　　教师运用以学生为中心的教学方法时有误用,例如:(1)与以教师为中心的教学方法相比,并不那么需要明确目标和认真备课;(2)只要学生参与讨论或其他形式的社会互动,学习就必然发生;(3)教师在以学生为中心的教学中所起的作用比较微弱。

　　第一种误用具有很大的误导性。事实上,明确的目标在以学生为中心的教学中更加重要,这是因为它使得教师在引导整个班级时有固定的关注点。虽然在学生建构理解时,教师可能会修改目标,但最初教师头脑中一定要有明确的目标,用以指导学生的不同理解。

　　至于第二种误用,教师应当对学生的讨论进行监控,而且如果学生"撞进了死胡同"或对主题产生了误解,教师必须进行干预并且重新指导讨论。教师希望学生能够自我调控,自己建构对材料的理解,但要注意这些理解必须是正确的。

　　在第三种误用中,在以学生为中心的教学过程中,教师的作用其实更加重要而且更加困难。教师自己理解并掌握知识是一回事,将这些知识进行解释并让学生掌握是另一回事。指导学生并使学生形成对某一主题的深入理解,需要更熟练的教学技巧,更需要教师的精心设计。

　　下节将详细介绍以学生为中心的两种教学方法:发现法和讨论法。

教学之窗

促进学生理解或改变观念的教学方法

☞ 鼓励学生明确自己的想法

　　✔　让学生做出可能与最初观念相冲突的预期。

　　✔　让学生用自己的语言表达。

　　✔　让学生用物理模型或者图表来解释观念。

☞ 帮助学生看到观念之间的差异
- ✓ 让学生互相总结或者解释对方的观念。
- ✓ 鼓励用提出或比较证据的方法来讨论观点。

☞ 鼓励元认知
- ✓ 在开始单元教学之前,先做一次测验,然后让学生讨论自己对这次测验的反应。将相似的反应归类在一起,继而让学生总结出这类反应中蕴含的一般原则。
- ✓ 在每堂课结束后,问问学生:"学到什么?"、"理解什么?"、"你的观念变了吗?"

☞ 了解学生对观念的理解程度
- ✓ 直接就某个观念的可理解性、可行性及成效进行提问。如:你知道这个观念的意思吗?赞同这个观念吗?你能使用这个观念获得一些有价值的结果吗?
- ✓ 设计一些可以支持或者质疑学生观念的活动与实验,例如,给学生看成功运用的例子,或者让其指出矛盾之处。

☞ 让学生证明自己的观点
- ✓ 教学生辩护自己的观念,使用诸如"逻辑的"、"相容的"、"不相容的"、"一致的"等术语。
- ✓ 让学生互相交流并分析他人的观念。

二、发现学习

发现学习

给学生提供一系列事例,让学生运用归纳推理的方式得到隐含于其中的原理。

学习要求　阐述发现学习的基本含义;
　　　　　　讨论发现法与其他教学方法的区别。

　　本书第九章提及布鲁纳的结构—发现理论,该理论认为,发现并不限于那种要求人类探究尚未知晓之事物的行为,还包括用自己的头脑亲自获得知识的一切形式。人是作为一个主体参与获得知识的全过程的,如在掌握概念、解决问题、发明科学理论的过程中,都是人主动地对进入感官的事物进行选择、转换、储存和应用的。如何去发现?布鲁纳认为,发现式的学习方法就是一种在教师的指导下,以培养创造性思维为目标,以学习学科基本结构为内容,以再发现为步骤的学习方法。其基本程序一般为:选定一个或几个问题→创设发现问题的情境→建立解决问题的假说→对假说进行验证→做出符合科学的结论→转化为能力。

　　发现学习是以学生为中心的一种教学方法,它是指为学生提供可使用的知识来建构理解的一种策略。在发现学习的模型中,教师首先提供一系列事例,然后让学生运用归纳推理的方式得到隐含于其中的原理。例如:教师可以向学生描述灯泡、照相机和唱片的发明过程,并将这些"发明"与"发现"(如发现电流、核裂变和万有引力)进行比较,这样,学生就会自己探讨下面问题的结论:"发明"的要素有哪些,它与"发现"有什么区别。在发现学习中,学生通过自己进行的活动,"发现"其中的基本概念和一般原理。布鲁纳认为,学生要是自己做出了"发现",那么他们就"拥有"了自己的知识,并且这样做能够让学生对自己的学习负责任,提高他们的学习动机。

学生做出发现的过程类似于问题解决的过程。在发现学习开始时,教师给学生呈现一个问题。学生在教师的指导下试着解决该问题。在这个过程中,学生提出疑问并形成假设。进而,学生对自己的假设进行检验,并从自己的试验中得出结论。可以看出,发现学习关注的是过程,而非结果。所以,在发现学习的模式下,教师的责任是激发学生的好奇心和探究精神,给学生提供许多事例,让学生进行检验,最后发现一般观念或原理。

发现学习有各种形式。像科学家那样完全根据自己所做的实验研究,对理论假设和实验证据进行检验和匹配,以发现新的事实,或者做出新的假设,是一种单纯的、独立的科学发现。而在学校学习的情形中,学生所进行的发现基本上都是有指导地发现,即在教师的指导下进行发现。在这种教学方法中,教师给学生一些指导,以帮助学生避免进入"死胡同",或是避免学生"钻牛角尖"。教师在指导学生发现一般原理或基本概念时,要向学生提出有启发性的问题,或设计一些需要解决的两难问题,并给学生提供适当且有趣的材料,鼓励学生形成并检验假设。值得注意的是,虽然学生是在教师的指导下,运用问题解决的一般方法进行发现学习,但是学生也难免会做出错误的发现,如答案不正确,证据与假设不匹配等。这些错误对发现学习常常是有利的,因为它能促进学生从错中学,帮助学生获得正确的发现结果。

要使发现学习能有效地进行,在教学过程中,教师还要注意使学生形成学习的动机。人类复杂的学习活动是不可能仅利用赏罚等外部动机来刺激、引诱儿童的。真正的学习应当是内在的,建立在儿童对学习材料的积极主动的兴趣上。为此,教师要使教学过程积极化,增加学习任务对学习者的兴趣,把教学看成是引导学生发明创造的行动,要努力把想要传授给学生的东西变成学生自己思维的对象。

与直接教学法和讲授法相比,有指导的发现学习更具迁移性,对科学概念和原理的长期保持更稳固。有研究发现,在有指导的发现教学中,教师讲述和解释的时间更少,而提问的时间更多。此外,在有指导的发现教学中,学生的参与程度更大,并有更多的机会来练习高级思维,而这两者都是以学生为中心的教学要素。

教学之窗

运用发现学习模式来教"平方根"的概念

教师开始上课时,给学生呈现平方根的例子:(1)49的平方根是7;(2)4的平方根是2;

（3）100 的平方根是 10；等等。上述是正例。教师也可以呈现一些反例，如 2 的平方根是 1,6 的平方根是 3,等等。

通过这些例子，大多数学生会形成什么是"平方根"的概念（即用归纳推理的方式）。教师要想检验学生对这个概念的理解程度，可以让他们自己陈述"平方根"是什么，或让他们自己举出"平方根"的例子（即用演绎推理的方式）。由于许多问题既要运用归纳推理，也要运用演绎推理，因此要使学生有机会来运用这两种类型的推理。

讨论法
是旨在激发思考、挑战态度与信念并发展人际交往技能的一类教学方法。

三、讨论法

学习要求　阐述讨论法的基本含义。

讨论法是旨在激发思考、挑战态度与信念并发展人际交往技能的一类教学方法。所形成的思维与人际交往技能包括：学会倾听他人，包容不同的意见，学习民主的过程，批判地看待自己和他人的理解、态度和价值观。与有指导地发现学习一样，讨论法也具有以学生为中心的教学的特征：学习者处于整个教学过程的中心，学习的目标是对主题的深层理解。讨论法符合学习的认知主义观，这是因为学习者在形成自己的理解时是积极主动的，而且也强调学习的社会方面。

教师要在课堂中进行有效讨论，首先，要提供一个关注点，这可以是一个疑问或者一个问题，例如清王朝为何会由强盛转为衰败等。学生在回答问题并陈述事实时，往往容易偏题，如不加以干涉，讨论往往会引到无关的问题上。因此，教师在学生开始提出无关论点时，要让学生重新关注所讨论的问题，并且使其意识到自己离题了。

其次，教师要利用学生的背景知识。如果学生的背景知识不够，讨论就会失去效果，焦点问题就演变成随机的猜想和空洞的观点。从某种程度上讲，讨论一个完全没有背景知识的问题，就像要求小学生讨论"能量守恒定律"，这种讨论完全是浪费时间。

再次，教师要注重学生的不同理解过程。有效的讨论要让学生明确观念之间的联系，并且建构对其而言有意义的理解。从理解角度讲，不确定性、推想以及正常的争执都是讨论过程中不可或缺的一部分。从这层意义来讲，讨论这种方法在学习初级概念时，效果可能会不明显，这是因为这些概念的理解，往往单一，或者是事先已经假定好的。

最后，教师要关注，引发和指导课堂讨论中的生生互动。这既有助于学生学习质疑别人的思维，又有助于他们解释并捍卫自己的推理，这两种活动都符合建构理解的思想。学生在获得知识的同时,还能学会各种讨论技巧,例如,尊重别人的观点和发言权,学会等待发言时机,对新的论点采取开放态度,等等。

研究表明,教师在从讲授者的角色过渡到促进者的角色时,其过程往往会遇到困难,一不留神又成为讨论的主导者。例如教师会支配整个讨论,使讨论变成小型讲座。教师要成为有效讨论的引导者,应该只在必要时加以干涉,同时还要提出问题来促进学生思考,鼓励他们与学习内容、其他同学和教师之间进行互动。

教学之窗

在化学课堂中如何运用讨论法教学

☞ 创设情境,引发思考

开始上课时,播放钠与水反应的视频,并提问:钠与水反应能到底吗?所有的化学反应都能到底吗?

☞ 探究材料,发现问题

假设在 1 升容器内,发生 $2SO_2 + O_2 \rightleftharpoons 2SO_3$。发现问题:$SO_2$ 和 O_2 同时剩余,SO_2,O_2 和 SO_3 同时存在于容器中,为什么?

☞ 结合提示,组织讨论

比较钠与水的反应和 SO_2 和 O_2 的反应,讨论可逆反应的特征。

提示:(1)反应是否都进行到底?

(2)分别包括几个反应?

(3)已知 NH_3 和 HCl 在常温下化合成 NH_4Cl,而 NH_4Cl 加热时又可分解为 NH_3 和 HCl,这两个反应是可逆反应吗?

☞ 归纳小结,得出结论

可逆反应的特征:(1)反应不能进行到底(反应物和生成物同时存在);

(2)包括两个化学反应;

(3)在相同条件下,同时进行。

第三节 运用科技的教学

科技不仅改变了生活,也改变了教学方式。电视、计算机、因特网、虚拟现实等的飞速发展,对促进教学效果拥有巨大的潜力。无论哪种形式的教学,都依赖于学习过程,大多数教学是建立在学与教的理论基础上的,尤其是

运用科技的教学

运用不同形式的科技手段,包括电视、计算机、因特网、虚拟现实等来促进学生学习的一类教学方法。这涉及多媒体教学、网络教学、智能化辅导系统、创设虚拟现实等方法。

建立在当代认知心理学和建构主义观的基础之上。

一、教学特征

学习要求　阐述运用科技教学的优点。

　　运用科技的教学是指教师采用现代科学技术手段,促进学生知识学习、激发学习兴趣和提高学习效果的一种教学方法。相比传统教学,运用科技的教学拥有一些优势。首先,当前社会越来越要求人们具有良好的科学素养,而在学校中学习有关科技的知识,能够为个体在科技社会中生存和发展做准备。其次,科技能激发学生的学习动机,使用计算机和其他形式的科技手段,能够使学生投入更多的时间到学习任务中。再次,让学生用科技手段来创造自己的成果(如使用多媒体来接受知识,用计算机作图等),可使学生觉得学习更有意义。最后,使用科技手段能够增加学生自己对学习的控制感,从而提高学习动机。

　　在运用科技的教学中,教师与学生各自有新的角色:教师被看作是学生学习时的帮助者与合作者,而不是传授知识的专家;学生在自己的学习过程中要担负起更多的责任,确定自己学习的步调、形式甚至内容。与传统教学相比,使用科技的教学对学生所做的课堂作业的要求也有所不同,更加强调问题解决技能与研究技能的使用;此时,教师要改变自己的评估方法,例如不仅要评估学生所学的知识内容,也要评估学生所获得的问题解决、思维与研究技能,甚至还有学生的动机。

　　应当注意,教师在运用科技进行教学时,要明了将达到的教学目标。有时,让学生进行“网上冲浪”或“接触计算机”等,由于教学的目的性不强,可能会产生负面作用。而如果教师使用科技仅仅为了赶潮流,要给别人造成良好的教学印象,那么使用科技进行教学的理由则比较牵强。此外,运用科技的教学需要付出更多时间和金钱,对教师的能力要求较高。综合上述原因,教师需在明确教学目标的前提下,对运用科技的教学进行详细计划和合理决策。

　　教师可以使用的科技手段有多种,如多媒体教学、网络教学、智能辅导系统、创设虚拟现实等。本节主要介绍后面三种新近发展的教学方法。

教学之窗

运用科技的教学实例一: 科技与教育

　　信息科技革命给世界带来了翻天覆地的变化,正驱动着一场新的教育变革。互联网、大数据、人工智能等新兴信息技术与教育教学的融合,正改变着传统教育教学观念、教学组织形态、教学方法手段等,教师要跟踪发展趋势,开展多样化的实践探索;同时要保持理性的态度,警惕陷入"纯技术化"的误区。

信息科技与教育的融合有助于促进教育公平。基于现代信息技术的教学模式可以突破地域限制，发挥优质教育资源的溢出效应，实现优质教育资源共享，促进教育起点公平；基于现代信息技术的智慧化教育，可以实现教育信息的精准推送，契合学习者的个性化特点和多样化需求，实现教育服务个性化，促进教育过程公平；基于现代信息技术的"慕课"、"微课程"等各种网络教学的兴起，使更多受教育者获得学习机会和学历认证机会，促进教育结果公平。

信息科技与教育的融合有助于提升教育质量。基于现代信息技术的教学和学习方式，有助于构建以学习者为中心的未来教育体系，建立以学习者学习结果为导向的教育质量评价系统；有助于教学过程的持续改进，实现学生的形成性评价，改善教学质量和学习效果。综合运用教、学、研、用、管等多视角的相关数据，提取对学生学习结果、学习行为和教师教学情况的反馈和建议，将为优化教学质量和人才培养策略做出合理决策。

二、网络教学

> **学习要求** 阐述网络教学的定义与特征；
> 阐述翻转课堂的定义与特征。

网络教学也称为线上教学，是运用因特网的搜索与传递功能，以及它所拥有的充足资源来促进学习的一种教学方法。与线下教学（如面对面课堂教学）相比，网络教学可以提供更多的学习资料（如通过博客、维基百科等），学生与教师能够获得以前很难得到的信息、材料、专长与经验等；学生通过这些来自不同地区乃至不同国家的资料，慢慢理解不同文化，学会尊重并学习他人的观点与立场，陈述或反思自己的观点与立场。

在网络教学中，教师常常提供一些现实的有意义问题，这些问题既可以由学生独立解决，也可以小组方式来解决，这改变了学生的学习观念，鼓励了合作式学习。学生能选择自己喜欢的信息形式（听觉的、视觉的、文本的或图表的）来学习，以加强对知识的记忆与理解，学会控制自己的学习过程，这有助于形成更多的创造性成果。因此，与传统的教学形式相比，网络教学更加以学生为中心，也更加以项目为导向，强调各自的思维、学习与研究技能。

基于上述优势，一种新兴的教学模式"翻转课堂"（flipped classroom）应运而生。在传统课堂中，老师白天在教室上课完成知识传授、学生晚上回家做作业完成知识内化，与此相比，在"翻转课堂"的模式下，知识传授通过信息技术的辅助在课前完成，知识内化则在课堂中教师与同学的帮助下而完成。翻转课堂有三个核心特征：（1）教师角色从知识的传授者变成了学习的促进者和指导者；（2）将原先课堂讲授的内容转移到课下，课堂时间得到重新分配，留给学生更多的学习活动时间；（3）学生成为课堂的主角，在技术支持下的协作学习环境中,根据学习内容反复地与同学、教师进行交互,以扩展和创造深度的知识。

教学之窗

运用科技的教学实例二:翻转课堂

为了帮助学习成绩较差的学生,某高级中学教师利用录屏软件将课堂中需要讲授的内容制作成视频,让学生在家观看视频,记笔记并记下遇到的问题。在课堂上,教师会重新讲授多数学生仍然存疑的概念,并用大部分时间辅导学生练习,反馈学生在作业中出现的有关信息。学校还为部分学生解决上网问题,将学校机房对学生开放的课余时间延长了一个小时,在特殊情况下,还允许学生使用智能手机观看教学视频。教师则采用个人访谈和个性化评估工具的方法对学生的学业效果进行评价,努力为他们创造个性化的学习环境。

研究表明,翻转课堂带来了许多积极的教育成果。例如,翻转课堂增强了学生的学习成就感和满意度。比传统教学更经济。但同时,应用翻转课堂的模式也遇到了挑战。例如,教师需要花费更多的时间将课程重新设计成翻转课堂的形式;如果学生的自学能力有限,他们可能无法有效地学习课外的教学内容。

三、智能辅导系统

学习要求　阐述智能辅导系统的含义及其特点。

智能辅导系统(intellectual tutoring system,简称ITS)是将某个教学环节交由计算机系统来完成的教学方式;其"智能"体现在可以依据不同学习活动,采用相应的教学方法。智能辅导系统的目的是在某一学科领域中为学生提供一个个别辅导者。该系统通常包括三个内容:一个专家型程序,能够解决所有呈现给学生的问题;一个诊断程序,追踪学生的行为并诊断学生的误解与错误;一个辅导程序,能为学生提供适当的反馈和指导。智能辅导系统会追踪学生的行为,在学生当前理解的基础上提出不同的问题和解释,在适当的时候进行干预与重新指导,并且给出即时的反馈。

智能辅导系统所包含的内容领域知识,远远超过了一些教师的全部知识和技能。当要确定学生某一领域的误解时,这就显得尤为重要了。这是因为,教师自己如果没有大量的知识,如要确定学生这些误解,则比较困难。不仅是学生的误解,教师自身也可能会有同样的误解,这样确定并改变学生的这些误解,就更加困难了。所以,智能辅导系统所拥有的大量知识,确保其在每一内容领域都是高水平的专家,这样就提高了其确定并纠正各类学习误解的可能性。

研究表明,智能辅导系统对于学习很多基本知识,以及如何处理问题,都是十分有效的;有时,可以节约大量的教学与学习时间。那么,使用这种科技的教学有什么缺点呢?这主要是存在费用与实用性这两大问题。智能辅导系统需要研发各类算法、算力和硬件,这自然需要巨大的费用。目前大部分的智能辅导系统是基于学习的认知理论建构的,更多地关注学生的认知学习,而忽略了情感方面的发展。在现实课堂学习中,存在大量的师生互动、生生互动;反观智能辅导系统,忽视了社会因素对学习的重要性,这可能会影响其效用。

教学之窗

运用科技的教学实例三:智能辅导系统

在低年级教学中,知识内容由教师进行整理并完整详细地表达出来,学生只要通过回顾、记忆、做题逐步理解这些内容。但由于"一言堂"的教学方式,教师不可能针对每个学生给以具体分析和讲解。恰好智能辅导系统采用的就是"一对一,面对面"的教学方式。如果采用模拟环境式辅导策略,利用多媒体技术,把声音、图像、动画、文字同教学内容一起用计算机表现出来,使知识表达多样化、形象化、直观化,那么学生能对知识内容发生兴趣,并对那些抽象程度较高的概念有感性认识,从而积极主动地理解消化知识。

在高年级教学中,学生有较强的自学能力。教师只把基本概念、难点、要点及研究方向指示出来,具体问题的解决则留给学生自己。已有研究开发出用于辅导计算机程序设计语言学习的智能辅导系统,在那些需要较多实践经验才能解决的问题上,有较好的辅导效果,这类知识只通过听课或自学是无法掌握的。下面详细介绍一个智能辅导系统,用于训练士兵维修飞机。在以往的传统教学中,士兵需要完成大量有关这些飞机的系统的(如电子的、机械的、燃料的)课堂作业(讲座与课堂练习);课堂教学之后是实习,学员们会在一位经验丰富的技师的指导下,诊断并修理飞机。为了提高训练效果,研究者开发了一个智能辅导系统。在该系统中,学员遇到各种问题,尤其是罕见、灾难性的问题;这样学员就可以学会辨别这些灾难的警报信号,增强自己的应对能力;该系统允许学生犯错,甚至是非常危险的错误,此时系统会给学生一个适当的反馈,以促进正确行为的形成。结果表明,学员只需四个月的智能系统辅导,其解决问题的能力就能与那些经过四年传统教学的人不相上下。

四、基于虚拟现实的教学

虚拟现实(virtual reality,简称 VR)技术也被称为"沉浸式多媒体"或"计算机模拟现实",被认为是 21 世纪重要的发展领域,是影响人们生活的重要技术之一。虚拟现实综合了计算机图形学、人机接口技术、传感器技术以及人工智能技术等多领域成果;通过虚拟现实,我们可以提高人机交互的功能,达到真实的视觉、触觉、听觉和嗅觉体验效果。虚拟现实和可视化技术是虚拟现实学习环境的核心技术。

在学校教育中，我们可以营造基于虚拟现实的学习环境。与传统教学环境相比，该环境具有沉浸感、交互性、想象性三大特征。

首先，虚拟现实学习环境能有效地激发学习动机，增强学习体验。研究表明，现有运用于语文、英语、物理、化学等学科领域的虚拟现实教学项目，极大地丰富了学习刺激环境；而通过呈现个性化特征、丰富多彩的媒体形式和刺激性的对话，身临其境，给学习者带来轻松、愉悦、感兴趣等积极情绪，极大地激发了学习者的学习动机。

其次，虚拟现实技术可创设逼真的场景，提供动态的高交互设置，比如虚拟仿真校园、模拟飞行空间、数字博物馆。在人—物交互环境中，学习者可以操作某些动作，如推、拿、托、放等，转换不同视角，实现与物品、环境之间的互动；已有研究在研发"人—人"交互情境，预期将来可用于师生之间的课堂互动。

最后，虚拟现实为学习者提供了进一步想象的空间，有助于实现情境学习，促进知识迁移。传统教学备受批判的主要原因，是其脱离具体真实的情境，导致学生知识迁移能力不足。虚拟现实技术能够提供丰富的感知线索以及多通道（如听觉、视觉、触觉等）的反馈，帮助学习者将在虚拟情境中的所学迁移到真实生活中，满足情境学习的需要。

教学之窗

运用科技的教学实例四：虚拟现实的教学

虚拟现实系统对学习来说，可以促进学生全身心地投入到这种将认知、情感与心理运动技能整合在一起的互动学习中去。例如，学生可能想象不到生活在火星上是什么样子，但是在一个模拟火星环境的虚拟现实系统中就能获得这种体验。再如，专攻生物学与医学的学生，可以通过为"虚拟"的病人做手术来学习不同的器官系统，以及不同治疗方式的效果。这些学习活动在现实中是不可能进行的。随着对虚拟现实的教学用途的研究不断发展，及其费用的不断降低，这一系统将会渐渐走进中小学课堂。

目前，虚拟现实技术教育应用的进展主要集中在以下四个方面。

首先，虚拟现实技术支持了学习环境的创设。一种是虚拟仿真环境设计，比如可以触碰按钮从而改变虚拟森林环境四季的变化；另一种是建构主义活动设计，比如学生利用工具按照自身经验和兴趣建构虚拟环境；还是一种是学习体验设计，是指用户借助虚拟现实技术进入虚拟学习环境中，对所学知识等产生相应的认识和感情。

其次，虚拟现实技术能支持技能培训。比如，飞行模拟器训练是虚拟现实技术在职业技能实训中的应用；学员在模拟舱内操作各种模拟仪器，经历各种飞行状况，尤其是突发事件，学会处理方法，提升相应的操作能力；在学校中，虚拟现实也可应用于体验并学习化学实验的操作，如试剂、试管等操作。

再次，虚拟现实技术能促进语言学习。有研究证明了虚拟现实环境提高了学生的英语口语表达能力，尤其是日常生活中容易害羞的学生。这可能是因为在虚拟环境中，个体更愿意表达自己,学会了在某个场景进行表达的技巧和方法,使自己的实践应用能力得到提高。

最后,虚拟现实技术能支持特殊儿童教育。比如研究者设计了一款沉浸式虚拟现实系统,该系统允许自闭症儿童在结构化社交场合进行社交练习,并通过计算机视觉系统自动确定孩子们的情绪状态;结果发现,利用虚拟现实系统进行学习,能显著提高自闭症儿童的情绪能力,促进社会交往。

教学反思

学完本章后,你可以思考以下知识点:

☞ 以教师为中心的教学法;
☞ 直接教学法和讲授法;
☞ 以学生为中心的教学;
☞ 发现学习和讨论法;
☞ 使用科技手段来教学。

本章总结

■ 以教师为中心的教学

在以教师为中心的教学中,教师是课堂的焦点,在整个教学过程中起主导作用,承担主要责任。以教师为中心的教学主要包括直接教学和讲授法。直接教学是一种旨在帮助学生学习程序性技能的教学方法。讲授法是一种旨在帮助学生学习组织化的知识体系的教学方法。讲授—讨论法是将短时的讲授与教师提问结合起来的教学方法。

■ 以学生为中心的教学

在以学生为中心的教学中,学生处在教学活动的中心,以平等的身份与教师互动。教学过程主要依据学生的身心发展需要进行,强调学生主动学习。教师扮演咨询者、辅导者和学习动机激发者的角色。本章介绍了发现学习和讨论法这两种方法。其中发现学习是给学生提供一系列事例,让学生运用归纳推理的方式得到隐含其中的原理的一种教学形式。讨论法是旨在激发思考、挑战态度与信念并发展人际交往技能的一类教学方法。

■ 运用科技的教学

运用科技的教学指运用不同形式的科技来促进学生学习的一类教学方法,其中包括网络教学、多媒体教学、智能辅导系统及虚拟现实等不同的形式。本章主要介绍了后三种运用科技的教学。无论是何种形式的教学,都离不开具体的学习和教学理论作为指导,都离不开特定领域的知识和技能。

重要概念

以教师为中心的教学　直接教学　讲授法　以学生为中心的教学　发现学习　讨论法　运用科技的教学

参考文献

1. 陈厚德编著：《有效教学》，教育科学出版社 2000 年版。

2. 郭德俊、雷雳编著：《教育心理学概论》，警官教育出版社 1998 年版。

3. 张爱卿著：《现代教育心理学》，安徽人民出版社 2001 年版。

4. Borich, G. D. , & Tombari, M. L. (1997). *Educational psychology: A contemporary approach*. New York：Harper Collins.

5. Fenstermacher, G. D. , Soltis, J. F. , & Sanger, M. N. (2015). *Approaches to teaching*. Teachers College Press.

6. Good，T. L. (1983). *Active Mathematics Teaching. Research on Teaching Monograph Series*. Longman, Inc. , 1560 Broadway, New York, NY 10036.

7. Henson，K. T. , & Eller, B. F. (2005). *Educational psychology for effective teaching*. Wadsworth Publishing Company.

8. Hunter, M. C. (1994). *Mastery teaching*. Thousand Oaks，CA：Corwin Press.

9. Leadbetter, J. (2013). *Applying Psychology in the classroom*. David Fulton Publishers.

10. Rosenshine, B. , & Stevens, R. (1986). Teaching functions. *Handbook of research on teaching*.

11. Wilen, W. , Ishler, M. , Hutchison, J. , & Kindsvatter, R. (1988). *Dynamics of effective teaching*. Addison Wesley Longman, Inc. , Allyn & Bacon, Order Processing Department, PO Box 10695，Des Moines，IA 10695.

扫一扫二维码获取心
理学、教育学考研同
步真题及参考答案

扫一扫二维码获取同
步练习题及参考答案

第十八章
课堂管理

引　言

　　有效的教学必须建立在良好的学习环境之上,如果教师大部分教学时间都花在课堂管理上,或者是学生问题行为多多,就无法实现有效的教学。优秀的教师不仅能有效设计和实施课程,有效使用学习诱因并适应学生的特征,还必须有效地设计和管理自己的课堂。课堂纪律是影响学生有效学习的重要的因素之一,也是有效教学的重要组成部分,更是新任教师最关心的话题之一。

　　学完本章后,你应该能够:

☞　陈述课堂活动特征;

☞　制定一份班集体的建设与管理计划;

☞　阐述物理环境及社会心理环境对课堂管理的影响;

☞　描述如何对学生常见的不良行为进行干预;

☞　举例说明如何使用行为矫正程序处理课堂中的冲突;

☞　描述自我管理模型,举例说明如何培养学生的责任感。

教学设疑

　　王老师任初一(3)班的班主任已经有半年了,他开始发现班里的一些"困难户":章华与其他同学关系不好,也不遵守纪律;如果学习任务重,就会感到沮丧,对自己生气;多次找他谈话,也于事无补。钱森虽然学习成绩优秀,但上课时喜欢睡觉,这种行为逐渐被其他学生模仿,严重影响课堂秩序。李花最近上课分心,有时会自己一个人傻笑,对教师的提问,常常不知所以;另外,在课堂上说悄悄话、吃东西、和老师唱反调的学生,也不在少数。

　　如果你是王老师,请思考:

☞　章华人际关系差和不守纪律的原因是什么?

☞　如何避免其他学生模仿钱森的行为?

☞　李花上课为什么会分心?

☞　面对课堂问题行为,该如何采用言语和非言语的方法来处理?

视频

课堂管理

第一节　课堂管理概述

在英语中,课堂与教室是同一个词,即"classroom",但在汉语,课堂与教室分指不同内容。教室是由桌椅、讲台、黑板和门窗等所组成的房间,其本质是教师和学生上课的场所,是构成课堂的情境因素之一;在教室中,教师和学生并非必需,当学生下课时,教室里可能空无一人。相比而言,课堂是指由教师、学生和情境三大因素所构成的进行教学活动的场所。

一、课堂管理的含义

学习要求　掌握课堂、教学班、课堂管理的定义;
　　　　　　掌握中小学课堂活动的特征。

> **课堂**
> 是指由教师、学生和情境三大因素所构成的进行教学活动的场所。

■ (一)课堂与课堂管理

在我国中小学,大多数情形下,教师是课堂教学活动的组织者,在教学过程中起主导作用;学生是学习的主体,课堂教学活动的各种条件和方案都是为学生而设计并预期对学生起作用的。教师和学生的活动在课堂情境里进行,离开了一定的课堂情境,教师和学生便无法相互影响、互动作用,也就难以取得理想的教学效果。课堂和班级(教学班)有别。教学班是学校里由一定人数的学生所组成的正式群体,其活动范围比课堂教学活动广泛得多。班级活动既包括课堂教学活动,也包括课外文娱、体育和科技兴趣小组等活动,甚至还包括各种社会公益活动等。中小学的课堂教学通常是以班级为单位;同一个教室可以是一个班级,也可以是几个班级在进行课堂教学。

教师在课堂里采取有效的措施,协调教学、学生、课堂情境三者间的关系,这种协调就是课堂管理。课堂管理的基本任务是保持秩序与和谐,而完成这项任务需要取得学生的合作。后者比有效地处理不良行为来得更为重要。课堂管理意味着要计划活动,准备好材料,对学生提出适当的行为和学习表现上的要求,发出清晰的指令,平稳地完成过渡,预见问题并在问题开始之前进行干预,选择活动并安排顺序,等等。

■ (二)课堂活动的特点

课堂是一种特殊的生态系统,在该系统中教师和学生不断发生相互作用。一般来讲,中小学课堂活动有如下六个方面的特征:

（1）多维性。一方面，课堂内有许多学生，有不同的目的、爱好和能力水平，这些学生共享着资源，完成着多种任务；另一方面，某一教学活动可能产生多种影响，例如，鼓励能力弱的学生参与教学活动，若经过等待仍然不能顺利应答，这可能会减缓教学进度，导致能力强的学生无事可做，从而引出管理问题。

（2）同时性。在课堂教学中，有许多事件会同时发生。例如，教师在讲解某个概念时，需注意观察学生是否理解，同时还要关注未听讲而在做其他小动作的学生。教师要决定，是立即阻止这些不良行为，还是忽视它们，继续上课。

（3）快节奏。例如，听到上课铃声，学生必须立即进教室坐好，做好听课或参与其他学习活动的准备；教师讲完某些内容后，立即布置作业，学生做练习；练习时教师观察学生掌握的情况，并即刻给个别学生或全班学生提供反馈。

（4）不可预测性。尽管教师预先有充分的准备，但教学中仍可能发生未能预测的事件。例如个别学生有意干扰课堂活动的进行，或教学设备发生故障不能正常使用等。与教师主导的课堂活动相比，在学生主导的课堂活动中不可预测性更大，如小组讨论无人发言，游离讨论目标，等等。

（5）公开性。教师在课堂教学中面对几十个学生，需公开处理课上发生的问题。几十双眼睛盯着教师的一言一行，凡事教师都要做出榜样。学生关心教师是否公正，是否偏袒某些学生。在公开批评学生时，教师要表现出仁慈和善意，不能有损学生的人格和尊严，对于年幼的儿童更应如此。

（6）历史性。教师应从历史的、长期的视角看待课堂中发生的各种行为，追溯问题发生的原因。例如，应该有区别地看待偶然迟到的学生与多次迟到的学生，并分析各自的原因。

教学之窗

优秀课堂管理者

美国教育心理学家康尼（Kounin，1970）出版了《纪律与教室内团体管理》一书，提出能够维持良好课堂教学的教师的特征：

（1）让学生知道老师能洞察一切。每个班里都有些好动和调皮的学生，他们有时会做出一些违反纪律的行为，以引起同伴的注意或以此试探教师的管理能力。如果教师能及时察觉、发现和处理好这些违纪事件，故意调皮的学生就不敢"轻举妄动"了。不够敏感的教师只顾自己讲课，全然不知学生在做小动作或存心搞乱。久而久之，教师将失去"威信"，甚至会被调皮的学生"欺侮"。

（2）能同时兼顾处理不同事件。课堂内有几十名学生，他们有不同的需要和不同的个性特征。教师在讲课时，有些学生可能有疑问，需要教师解答；另一些不想学习的学生可能会与旁边的同学窃窃私语，做与学习无关的事。此时需要教师有同时"兼顾"的能力，如他能一边授课，解答学生的疑问，一边不动声色地走近窃窃私语的学生并在无声中制止违纪行为。

（3）能使分段教学活动的运作顺利进行。中小学课堂教学一般不只是教师讲学生听，还会安排许多活动，如教师演示、学生表演、课堂讨论、学生做练习，及互相批改练习等，教师必须善于衔接活动间的转换而不致耽搁教学时间。尤其在体育课中，对教师的这种转换与组织能力要求更高。因为体育课中学生的活动空间扩大，在活动转换时更易出现纪律问题，甚至出现"放羊"现象。

（4）能始终维持全班学生参与学习活动。有的教师在上课时只照顾少数学生，对不听讲或不积极参与学习活动的学生不闻不问。长此以往，会导致某些学生跟不上班级进度，从而引发纪律问题。优秀的教学管理者在讲课时能照顾不同能力水平学生的需要，例如，在课堂提问时，能设计出不同难度的问题，指定不同水平的学生回答，使所有学生均能参与进来。

（5）能营造生动活泼多样化的教学。中小学生，尤其是低年级学生，兴趣易变，注意力不能持久保持。这就要求教师能设计多样的教学活动，引发学生的兴趣和吸引注意力。例如，记忆英语单词是一项枯燥的学习任务，若教师能设计一些记忆单词的有趣活动，如运用记忆术记单词，开展单词记忆比赛，引导学生对单词的词根、前缀和后缀进行分析等，可以调动学生的学习积极性，避免课堂纪律问题的产生。

（6）责罚学生避免涟漪效应。涟漪效应指教师责罚某一学生后对班级中其他学生所产生的负面影响。例如，教师在批评违纪学生时，情绪上愤怒，言辞上"伤人"，有损学生人格（如"你的脸皮比猪皮还厚"），这样做不仅无效，而且会引起其他学生对该生的同情。如果受批评的是小团体头目，这种批评引起的涟漪效应更甚。

二、课堂管理的要求

学习要求　阐述课堂管理的目的；
　　　　　　　阐述评价良好班集体的标准。

■ （一）课堂管理的目的

教师之所以要进行课堂管理，并不仅仅是让学生安静和易于管教。在有限的课堂时间内，教师要让学生学懂、学会和多学。高效的课堂管理者如同熟练的挤奶工，不慌不忙，游刃有余；课堂管理有三个目的：让学生有更多的学习时间，有更多的学习参与，学会自我管理。

一堂课的时间由教育行政部门规定，在课程表上显示，如 40 分钟；这被称为分配的时间；在课堂上，教师要完成常规管理任务（如记录考勤、处理课堂行为等），除去这些任务的耗时，剩下的基本用于教学，大约 35 分钟；这被称为教学时间；在教学过程中，学生可能遇到所学内容难或易、方法不当等问题，除去这些活动所耗费的时间，剩下的是专注学习的时间，大约 25 分钟；这被称为投入时间；在专注学习时，学生真正用于有意义的和适当的学习所花费的时间，大约 15 分钟左右，这被称为学业学习时间。图 18.1 显示了四种时间层次之间的关系。

从图 18.1 中可以发现：分配的时间＞教学时间＞投入时间＞学业学习时间。教学时间由教师决定，投入时间和学业学习时间由学生本人决定；因此，课堂时间的利用效率是由教师和学生共同决定的。研究表明，学生投入学习时间与其学习成绩呈正相关。

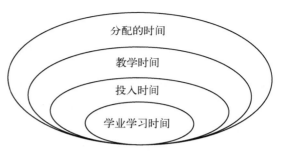

图 18.1　教学时间的层次

教师课堂上面对的是全班学生，而不是某个学生或某部分学生，所以应尽可能争取让更多学生参与到学习中；如果教师只将精力投放在某几个优秀生身上，或者一味针对某几个捣乱生，这种课堂管理是不成功的。教师要实现面面俱到的关注，在分配活动任务时充分考虑每个学生的水平和需求，调动每个学生的积极性。这也是课堂管理的目的之一。

有效的课堂管理可以帮助学生将注意力集中在学习任务上，减少精力分散，增加学习的投入时间。教师可以采用的策略有：（1）增加参与，增加学生的投入时间的最好途径就是教师提供有趣、有参与性、与学生的兴趣有关的课程，使学生愿意倾注注意力，渴望做事；（2）保持动量，动量指避免打断或放慢教学进程，也就是平时所说的紧凑，在一个保持良好动量的班级里，学生总是有事可做，并且一旦做起来就不会被打断；（3）保持教学的流畅性，流畅性指不断地注意教学意义的连续性，流畅的教学从一个活动转向另一活动时所花的时间极少，并且能给学生一个注意信号；（4）管理过渡，过渡是从一个活动向另一活动的变化，如从讲演到课堂自习，从一门课到另一门课，或从上课到休息，它是课堂管理的"缝隙"，这时课堂秩序最容易被打乱。

在课堂管理中，教师要扮演纪律维护者的角色，但这不可包办一切管理工作；教师要善于调动学生自觉参与管理并使其逐渐学会自我管理；这就是课堂管理的第三个目的。自我管理意味着学生要学会自我控制，包括设立目标和优先选择任务，管理时间，合作学习，调解冲突，保持安静，与教师和同学发展值得信赖的关系等。学生通过自我控制，显示出责任感，能在不干扰他人权利和需要的前提下，实现自己的需要（Glasser，1990）。教师可以让学生参与课堂规则的制定，促使其思考规则制定的原因以及不良行为出现的原因，以及如何计划、监视和调节自己的行为（Dembo，1994）。

依据上述三个目的，可以形成评价有效课堂管理的三个指标：一是量化指标——学生的"投入时间"，即参与课堂活动，跟随教师指导进行课堂学习的时间，这直接关系到学习效果；二是反应指标——学生的进步程度，学习兴趣和学习效率等方面的状况；三是行为指标——课堂纪律的改善，如学生问题行为种类减少、频率降低，自我监控能力、学习主动性以及课堂纪律意识提高，甚至形成一个互相监督的学生群体，彼此互相制约、互相鼓励。

（二）良好班集体的标准

班集体是一个大家学习的集体。其成员要一起学习各种知识、技能、行为、规范，一起进行社交活动,一起从事体育、娱乐活动;甚至还要相互管理。

教师在班集体中,要营造积极健康的舆论氛围。集体舆论是学生自发产生的对某人某事的意见。这些意见往往反映多数人的态度。班集体的舆论是推动集体健康成长的动力。例如,多数同学对违纪行为是非不分,甚至出现赞许、附和、叫好等现象,这显然会引发更多违纪行为;如果违纪行为受到多数同学的反对、嘲笑、鄙视,则违纪行为会逐渐消失。

教师更要促进群体规范的形成。群体规范是指约束群体成员的行为准则,确保成员之间思想、情感、态度和行为的一致性。群体没有规范,就会失去整体性;群体也就不复存在了。群体规范包括成文的正式规范和不成文的非正式规范;前者是群体成员有目的、有计划地进行制定的结果,后者是群体成员约定俗成的结果。

在建立群体规范之后,这种规范可以通过从众来影响学生的行为。例如,学生在社会群体的压力下,放弃自己的意见,转变原有的态度,采取与大多数人一致的行为,教师在利用从众效应时,一方面要考虑规范对群体成员的适应性,使规范与成员个人价值趋同;另一方面又要考虑群体规范与社会规范的一致性,使每个学生都能正确处理学校与社会的关系。

培育学生骨干。班集体建设初期,学生干部是由班主任指定的。随着时间的推移,群体中逐渐出现成绩优秀、模范守纪律、组织能力强的学生。这时,教师应有意识地安排其承担班级的领导和组织工作,当然,小干部需要经常轮换,让大家都有锻炼的机会。学生干部在成长中会出现一些波折,这要求教师细心指导,避免挫伤学生的积极性。

最后,教师在班集体中要发展和谐的人际关系,即师生关系和生生关系。师生平等,又是尊师爱生;生生友爱,又是公平竞争。由于个人习惯、性格、利益等不同,可能会出现种种矛盾。例如,师生关系紧张时,学生希望教师被调走;学生关系紧张时,一部分学生欺压另一部分学生。当出现这种不和谐时,教师应及时了解情况,分析原因,予以化解。

教学之窗

班集体建设的策略

1. 充分了解每一学生的过去和现在,教师可以通过平日观察、家访、与家长交流(如打电话、发电子邮件等)、与学生谈心沟通等方式了解学生的情况。在和学生沟通的过程中,教师应学会积极聆听。即除了耐心听学生诉说之外,还要采用一种关心与谅解的态度与口吻简要复述学生的话,用以表示完全了解学生所说的一切,并鼓励他们继续说下去。

2. 制定切实可行的班集体发展规划

班集体发展规划也可称为班级工作设计,目的在于解决班级发展上的问题。例如,有的班级上课纪律好,但学生不敢发言,气氛压抑。这种情况下,班主任应与学生讨论并与其他任课教师合作。再如,有的班级存在非正式的小团体,互不服气,导致活动难以开展。此时,教师应把解决这一问题列为班集体建设的主要任务。

3. 抓住一切有利时机,对学生进行教育

班集体的学习气氛、纪律、荣誉感、责任感等是通过各种班级活动在教学和社会实践中逐渐形成和巩固的。班主任教师作为班集体的领导者和管理者,应有计划地、主动地开展各种有益班级中小组、团、队活动。例如,新学期开始时,教师可以开展教师和学生互相认识、互相介绍的活动,也可以介绍学校历史发展、校风、校纪、荣誉等。

4. 开展健康有益的文体活动,增强集体的凝聚力

中小学生活泼好动,有些学生具有体育和文娱方面的才干,他们希望自己的才能可以在集体中表现。班主任组织全班学生开展诸如班级体育比赛、文娱节目演出等活动,学生在这些活动中相互了解,群策群力,可以增强集体的凝聚力。

第二节 课堂环境的管理

课堂教学活动所涉及的情境因素有很多,可将其归类为物理环境和社会心理环境。物理环境包括课桌排放、教学设备的陈列等;社会心理环境包括学生和教师之间形成的课堂氛围、课堂互动等。这些是课堂活动开展的必要条件,也是课堂管理的一部分内容。

一、课堂物理环境设置

学习要求 *了解课堂座位摆放的形式及其原则。*

课堂座位摆放是课堂物理环境的重要组成部分。合理地安排座位,利于每位学生从事有效的学习活动。座位摆放是一门艺术,通常要综合考虑课程需要、教室大小、学生人数等因素来进行。图 18.2 罗列了常见的四种课堂座位的摆放形式。

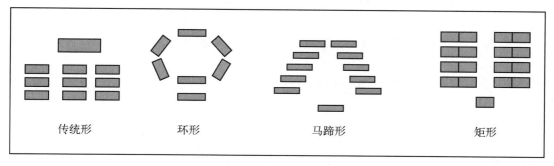

图 18.2 常见的四种课堂座位摆放形式

课堂座位摆放应保证空间安排与学习活动的一致性。理想的空间安排取决于教学模式类型和所期望的课堂活动形式。例如,传统的课堂座位模式适合以教师为中心的教学模式(如传统形),而会谈式座位摆放适合以学生为中心的教学模式(如环形)。课堂空间

安排影响教师向学生传播信息,也影响学生做出教师所期望的行为。例如,在会谈式座位摆放中,教师期望学生有更多的反应,希冀学生之间有更多的讨论、交流行为。

课堂座位摆放应注重师生的可视性。学生能方便地看到教师及看清所有学习材料和学习活动,教师也能看清所有学生。这就要考虑学生的身高问题,可将学生由高到低排列然后进行安排。但是有时候,教师还需考虑学生的特殊情况,比如学生的视力、避免不良学生坐在一起等。在使用多媒体进行教学时,还应考虑教室的光线问题,可以把课桌布局成半圆形,教师的板书或制作的展板要清晰地呈现,教师和学生之间要保持眼神的交流,等等。

课堂座位摆放要考虑师生的易接近性。学生和教师都能接近学习材料,师生之间能彼此接近,座位安排应让学生很容易地在课桌、学习材料、黑板之间来回走动,甚至进出教室。放置学习材料的地方应该宽敞,不要将教具放置在高拥挤区或者分散到整个教室中。

课堂座位摆放要实现课堂中的最小干扰。座位的安排应该避免干扰学生的注意力。例如,在教师中心式的课堂中,座位摆放应该整齐,学生面对教师;进行小组讨论时,应缩短组内成员的空间距离促进交流,增大组间的空间距离使视觉和听觉干扰最小。

课堂座位摆放还要维持课堂最大活动区。座位的安排应该使活动区域最大化,如各排间的距离、教室后的空区等。教师在授课过程中需要来回走动,学生在上课过程中也需走动参与活动。增大活动区的范围,可为教师教学和学生学习带来便利,避免因经常调动学生带来的困扰。

当然,各种座位摆放都有其优缺点。在图18.2中,传统形模式适用于课堂讲授,便于教师巡视、检查、提问和点名,有利于学生集中注意力;但其也有不足之处,即后排学生距离教师太远,受关注少,学习参与性可能差于前排学生。相比之下,环形、马蹄形、矩形的模式扩大了教师课堂活动的范围,适合小班教学,利于教师与学生、学生与学生的交流;但其亦有不足之处,即学生面对面坐着,容易引发一些与学习无关的行为,如使眼色、做鬼脸等。

二、课堂心理环境创设

学习要求　阐述课堂氛围的类型;
　　　　　　　了解教师期望和学生成绩的关系。

课堂氛围

课堂中各种心理气氛,如学习的参与度、积极性、紧张程度,教学的控制、激情,师生之间的互动情况,等等。

■ 课堂氛围

课堂氛围是指课堂中各种心理气氛,如学习的参与度、积极性、紧张程度,教学的控制、激情,师生之间的互动情况,等等。任何教学都处于一定的课堂氛围,后者直接影响教学效果和学习效果。根据师生在课堂上表现出来的注意状态、情感状态、意志状态、定势状态以及思维状态,可以将课堂氛围分为积极的、消极的、对抗的三种类型,如表 18.1 所示。

表 18.1 课堂氛围的类型

	积极的	消极的	对抗的
注意状态	全神贯注,乐此不疲	呆若木鸡,浑浑噩噩	三心二意,断断续续
情感状态	兴高采烈,情投意合	无精打采、无动于衷	有意捣乱,心烦意乱
意志状态	力比金坚,迎难而上	惴惴不安,进退两难	一意孤行,针锋相对
定势状态	亲密无间,志同道合	将信将疑,囫囵吞枣	各执一词,不可调和
思维状态	才思敏捷,循循善诱	笨头笨脑,不知所措	生搬硬套,无计可施

从上表可以看出,在积极的课堂氛围中,师生在教学过程注意稳定且集中,全神贯注甚至着迷;学生学习愉快,师生情感融洽;在遇到问题时,师生都能坚持,努力克服困难;学生相信并认可教师的授课内容,在课堂中思维活跃,开动脑筋,教材理解和解答问题迅速准确,而教师言语生动、活泼有趣、逻辑性强。

在消极的课堂氛围中,学生上课打瞌睡、分心,做小动作;学生的情绪是压抑的、不愉快的,对课堂提不起兴趣;学生害怕克服困难,对教师授课内容持怀疑态度,思维出现惰性,反应迟钝。上述反应都发生在教师课堂管理严厉或较差的情形下。

在对抗的课堂氛围中,学生注意指向与课堂内容无关的对象,且常常故意捣乱;教师为了维持纪律而被迫中断教学过程。学生敌视教师,讨厌上课;教师也不耐烦,常发脾气;学生在课堂中行为冲动,不信任教师,不爱动脑筋。

■ 师生互动

师生互动是指教师和学生在课堂教学情境中发生的具有促进或抑制效应的互相影响和作用。师生互动包括教师对学生的作用、学生对教师的反作用,以及师生的沟通。教师对学生的作用是指教师具有的各种特征对学生的影响,包括教师的年龄、社会地位、性别、个性等对学生的影响,以及教师的言行举止、对学生的期望、授课过程对学生的影响等。学生对教师的反作用是指学生的特征对教师的影响,如学生的学习成绩、学习态度、个性特点、课堂中的参与性等对教师的影响。显然,良好的师生互动对有效教学非常重要。

值得注意的是,师生友善沟通是师生间建立良好互动的前提条件。师生沟通是指教师和学生之间的交流。在沟通过程中,教师要掌握一定的沟通技巧。教师应记住:真诚是师生沟通的桥梁,积极倾听是师生沟通的有效方式,认可、赞美和赏识是师生沟通的瑰宝。教师和学生间的沟通是一种可逆的关系,如图 18.3 所示。

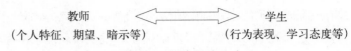

图 18.3　师生间的互动

在师生互动中，教师对学生的期望尤其重要。教师期望是指教师在了解学生现状的基础上，对学生未来行为或学业表现做出的预测。教师期望效应是教师的期望最终表现在学生行为上的现象。期望效应主要分成两种：一是众所周知的"罗森塔尔效应"，是指教师的美好期望可以促进学生的良好表现；二是"固定期望效应"，是指教师用既有的"眼神"看待学生，导致学生的表现原地踏步。研究发现，学生的个性特质、社会背景、测验分数、动作快慢、容貌、性别与过去的成绩，均会影响教师对一个学生的期望（Persell, 2000）。因此，教师应提醒自己较少受无关因素的干扰，对每位学生抱有恰当的积极的期望。

教学之窗

营造良好的课堂氛围：教师应有的转变

首先，建立良好的教师价值观。教师的价值观是指教师从教的动机及对教师这一职业的信念。教师的价值观无疑会潜移默化地影响其对待学生的态度。教师不仅应具有扎实的专业功底，还应自觉加强自身修养。教师应该明白，教育是一门科学，也是一门艺术；教育是架起国家通往未来的桥梁；学高为师、身正为范是自己的神圣使命和光荣。

其次，人性化教育目标的加强。传统的学校教育侧重于智育，强调传授知识，而学生就像一个接受知识的容器。目前的教育导向开始注重人性化，强调以学生为本，主要体现在：教师对学生期望的合理化、教师对学生需求的扩大化、尊重学生的隐私、增加对后进生的关注等方面。教师应接受人性化的教育目标，并将其体现在课堂氛围的营造中。

最后，重视隐性教育。隐性教育是指学生在物质的、文化的和社会关系结构的教育环境中，自觉或不自觉地受到影响，是一种非计划的学习活动，是学生在学校情境中无意识地获得的经验。教师应加强对学生的情感与态度教育，改善学校环境，减少认知课程的灌输，重视学生的人格塑造，以及注重动作技能的教育等。

第三节　课堂行为的管理

在典型的课堂中，80％的学生遵守纪律，15％的学生中规中矩，偶尔犯错,只有 5％的学生经常违规,为所欲为(Curwin & Mendler,1988)。既然课堂中出现问题行为几乎不可避免,那么,该怎样对这些问题行为进行处理或干预呢? 本节将介绍这些方面的内容。

一、学生日常行为的管理

学习要求 阐述学生日常行为管理的一些方法。

班集体建设和良好集体的形成,不是一蹴而就的,需要较长时间。教师应该做好班级的日常管理,促进和维持班集体的积极发展。例如,一个班级 40 至 50 名学生,每天难免会出现各种管理问题:学生无故旷课,忘带学习用具,未按时交作业,上课顶撞任课教师,等等。班主任教师对这些日常事件应该尽快处理,否则会对学生的学习或心理造成不良影响。

一是要避免学生只服从某个教师管的心理现象。例如,班主任教师在处理问题时,仅处理本人上课时发生的事件,而不理会其他老师在本班上课时发生的违纪现象。这会给学生造成这样一种错觉:只要不在班主任的课上调皮捣乱就可以了,在其他老师课上违反纪律不要紧;所以,班主任教师要尽量关注其他教师遇到的学生问题行为。

二是要避免学生通过隐蔽事件来侵害他人的心理现象。例如,上课说话很容易受到班主任的关注并加以解决。但有些事件具有隐蔽性,如某几位同学人际关系不好,甚至有校园欺凌;对这类事件,教师不易发现。如果这类事件长期得不到妥当处理,会造成严重后果。所以,教师要善于发现异常的行为事件。

三是要避免学生害怕教师而不敢主动说的心理现象。例如,教师过于威严,知情的学生由于害怕而不向教师反映情况;此时,教师要积极主动,一旦发现苗头,应私下找某些同学了解情况,解决问题。应当指出,教师要注意策略,尤其不要公开向自己提供信息的学生姓名,因为这会造成其他同学误解,伤及学生之间的感情。

针对学生日常行为,教师往往会制定一些管理规范。例如,我国台湾地区学者张春兴提出,可以在小学生中执行以下九条行为规范:对人要有礼貌,学会在适当的时机使用"请"、"谢谢"与"对不起"等词语;发言之前先举手,等老师同意后才开始发言;当别人正在讲话时不插嘴,且注意聆听;借了别人的东西,用毕后一定归还;爱护公共设施并尊重别人的财物;在上课时如有必要离座或外出,必先得到老师的许可;不侵犯别人或伤害别人;上课铃声停止之后,必须备妥书本文具安静地坐在自己的位置上准备上课;按时完成并交齐老师指定的作业。

以上九点对于小学一年级儿童来说,都是可以做得到的。但从目前的实际情况看,有些中学生甚至大学生也未必能完全做到。这些规范真是知易行难! 因此,教师应尽早使学生依据规范养成良好习惯,这可采用两条措施:其一,与全班学生逐条讨论规范,务必使所有学生彻底理解其意义,使规范获得大家的共识;其二,要求所有学生一体遵照,没有例外。

二、学生不良行为的处理

■（一）学生不良行为产生

学习要求 分析学生不良行为产生的原因。

所谓不良课堂行为指学生在课堂中表现出的干扰教师教学,影响其他同学学习,以及妨碍自己学习的各种行为。在课堂中,不良行为有动作方面的,如张望、摆玩、乱扔、打闹、吃食、敲桌、离座等;也有言语方面的,如插嘴、顶嘴、闲话、胆怯、秽言、沉默等;还有一些其他行为,如走神、睡觉、不做功课、不带学具、缺交作业或者迟交作业等。造成学生不良行为,有学生自身的因素,也有来自教师的原因。

1. 学生的因素

学生可能由于寻求他人注意、面临压力与挫折、心情不愉快、个体偏执、错误观念等原因而出现不良课堂行为。以下是学生出现严重不良课堂行为的发展过程:

首先是寻求注意。如果学生在课堂中无法得到教师或同伴的注意,就会怀疑自己的存在,于是转而以不良行为来获得别人的关注,企图通过得到别人注意来证明自己是重要的、被接纳的和受到认可的。

其次是寻求权利。学生的错误行为必然会引起教师的处罚。而如果教师处罚不当,就会引起学生的对抗,如争辩、反驳、说谎、发脾气和攻击等不良行为。如果学生在对抗中占优势便会加强学生对权利的确定,不良行为就得到了强化。

再次是寻求报复。如果前两种错误的行为目标都没能实现,学生就会转向新的错误目标——寻求报复,常常表现出凶恶、粗暴、残忍的伤人行为。这种情况下,教师的处罚只会强化学生的错误行为,激发他们的愤怒。学生企图用暴力行为来隐藏自己的脆弱并不断强化自己:"我就是这样,在学习上没有天分",进而表现出一种失能。

最后是公开展示。一旦学生形成"我是一个失败者,根本不适合学习,老师看不起我,同伴也瞧不起我,不用别人管我"这样的错误信念,就会意图通过公开展示的自卑情节,来获得教师的特殊对待,也就会表现出较多且严重的不良课堂行为,并不断地恶性循环。

2. 教师的原因

一是教师的行为。例如,教师与学生的沟通不畅,不尊重学生,不考虑学生的心理需求,这会导致教师和学生无法进一步交流,甚至产生矛盾。再如,教师对学生实行强制策略。如果教师使用权威手段来强行规定学生"应该怎么做"或者"不应该怎么做",没有从学生的实际需要出发,这也会造成学生出现不良行为。教师的言行应一致,言必行、行必果,对学生课堂问题行为一视同仁,对课堂规则起到示范、榜样的作用。

二是教师的认识。例如,教师对学生提出不合理的要求。要求过严,超出能力所及,学生忙于应付,稍不留意就违反规定,受到专断的惩罚。要求过松,只要不惹是生非,不冒犯教师,一概不管;这些或高或低的要求,都可能会引起学生的反感。教师有时也会被个别学生的问题行为所激怒,在"惩一儆百"之后,仍一如既往,放任自流,导致纪律涣散。

三是教师的能力。例如,教师言语表达不清晰、授课内容缺乏条理等,同样也会引发学生的不良课堂行为。教师如果在专业上停滞不前,在教学能力上无多大进步,就会被学生看不起。因此,教师应不断提高自己的教学素质,如讲课言语清晰,通俗易懂;板书、课程内容的安排遵循从简单到复杂的呈现顺序,逻辑严谨;如此,才能激发起学生的兴趣。

四是教师的态度。例如,教师缺乏自我批评的精神。当问题行为严重地干扰课堂教学时,教师常常产生激怒的情绪,严厉惩处学生,而很少引咎自责。由于教师缺乏寻找自己在教学和师生关系方面不足之处的主动性,更不在学生面前坦率地承认自己的疏忽,从而加剧了学生的不满情绪。教师的教育态度应该认真负责,并精心备课,热情授课,勤于反思自己的课堂。

■ (二)不良课堂行为的处理原则与方法

学习要求 阐述处理不良课堂行为的一般方法和特殊方法。

■ 不良行为的处理方法

教师应采用简单有效的干预策略去纠正不良课堂行为;这就是最小干预原理(Nelson,1999)。在不良行为出现苗头时,教师提供帮助,使学生适应当前的教学,能够专心学习,比如移走分心事物;在不良行为有所抬头时,教师采取温和的反应,通过非惩罚的措施,使学生回归到学习活动中,比如运用暗示、幽默。在不良行为有所蔓延时,教师采取中等反应,以减少违规行为,比如暂停活动。在不良行为不可遏制时,教师采取强烈的反应,加大剥夺奖励以减少违规行为,比如各种严厉的惩罚措施。

教师在处理学生的不良行为时,应根据行为的性质、学生的特点,选择恰当的方法。在本书第七章,我们从行为主义的角度,介绍了课堂管理中一些可用的方法。在本章,我们再次介绍此方面的内容,重点介绍教师给出的线索提示和所建立的奖惩机制。

教师的线索提示可以是言语的也可以是非言语的。教师通过直接的言语提示,告诉学生其行为破坏了课堂,影响了其他学生。例如,一个学生在课堂上讲笑话,这时教师可以说:"某某,你上课讲笑话影响到其他同学听课,同时也影响到老师讲课。"教师的非言语提示包括目光接触、手势、触摸等。非言语提示是在不中断上课的情况下对学生某些行为的制止。例如,教师发现一名同学在看小说,于是边讲课边走到该同学身边,把小说合上。在线索提示中,有时要告知学生行为代价。这就是要让学生知道,违反课堂规则的行为会立即受到惩罚。应注意,班级应有详细规定,以描述成员违反了某项规则将受到怎样的惩罚。

奖励机制是指教师针对学生的每一进步设定一项明确的奖励,其总和就构成一个奖励机制体系。教师一定要注意奖励的明确性和合理性;奖励的最终目的是激励学生学习,养成良好的行为习惯。教师也可借助目标激励和情感激励,来激发学生的动机,调动学生的积极性。目标激励指确定切实可行的目标,诱发学生的动机和行为,达到调动人的积极性的目的。而情感激励指教师以积极的情感为手段或中介,对学生实施教育激励,调节学生的意向与体验,激发学习动机,引起积极的情感体验,促进认知活动的优化,达到全面发展。

在奖励的同时,教师有时也会运用一些惩罚,主要有三种。其一,补偿,即赔偿,如果学生损坏了班级公物,可要求其赔偿;其二,恢复,即让学生调整自己的行为以符合课堂规则,例如,某学生上课时情绪波动和同学吵架,可以先让其离开教室,等情绪稳定后再来上课;其三,反思,即让学生对错误进行反思,写出书面计划使自己不再出现类似行为。

■ 行为矫正程序

研究者提出,可用行为矫正程序来纠正不良课堂行为(Alberto,1999)。所谓行为矫正,就是系统地应用先前刺激和后果来改变行为;该程序基于行为主义思想。行为矫正程序有七步,具体如下:

第一步,识别不良行为的原因。教师在处理学生的不良行为之前对学生行为的原因进行深入调查,给学生提供自我辩解的机会,避免做出错误偏激的处罚决定。有效的教师总是能耐心地倾听学生的解释,信任学生并给予他们改正错误的机会。

第二步,以家庭为基础的强化。把学生在学校的行为表现告知家长,寻求家长的帮助。学校和家庭共同为学生设计奖励方法,以激励学生完成家庭作业、完成学校的任务以及行为符合课堂规则等。当然,这一步需要取得家庭的信任,需要家长的配合。

第三步,建立个人每日报告卡。每日报告卡是一种要求父母参与并强化学生积极行为的管理系统。在每日报告卡上,教师均对学生的日常行为表现进行评级,要求学生把这张卡拿回家给父母看。如果学生达到教师和父母事先期望的要求,那么就可从父母处得到相应奖励。

第四步,和学生订立后效契约。后效契约是教师或家长和学生一起,对学生的某一行为改变所要达到的目标订立的书面合同,可用于单个学生,也可用于一组学生。制定契约要确定应当改变的行为,明确做什么、何时做、会得到什么结果;签订契约有时需要几个轮回。

第五步,确定与实施课堂规则。制定完备的课堂规则是课堂教学顺利开展的前提。一整套课堂规则包括很多方面,包括考勤、出入教室、上课的规矩、收发作业、值日生工作、礼貌、秩序、整洁,等等。一旦明确了课堂规则,教师和学生就要遵守,持续下去。

第六步,加强学生的出勤管理。保持出勤率,尤其对低年级学生尤为重要,因为他们尚缺乏判断能力,价值观还没有完全形成。教师对学生出勤率的检查有利于提升学生对学习的重视程度,让其体会到自己主要任务就是学习,避免其形成学习拖拉、松散的习惯。

第七步,请求家庭的积极参与。教师应请求家长参与对学生不良行为的管理,如代币制方法中某些物质奖励可由家长提供、定期召开家长会等。教师和家长间时常保持联系,这样才能动态地、全面地分析学生的成长过程,监控学生的行为改变。

值得注意,上述各个步骤,均需要独立而详细的实施方案;教师可以根据学生的具体情况,选择其中四个或更多的方案,来消除学生的不良行为;同时,教师并非一定要严格按照每个步骤逐一进行,有时可略过某个步骤,直接选择后面的步骤,实施有效的课堂管理。

教学之窗

人本主义的课堂管理技巧

(1)听我说。教师从"我"的角度出发提供信息,客观、真实、具体地描述违反常规的行为,该行为对教师的影响及教师自己内心的感受。语气上不带责备和批评。例如,三个学生在课堂上说小话,教师说:"如果别人也像你们这样说话,我会感到很不安和担心,因为今天的学习任务很困难。"

(2)转移焦点。如果"听我说"的技巧引起学生的攻击性反应,教师就应倾听和理解学生的观点和处境,并重新引导学生。例如,上面情景中教师表达了自己的不安,而学生却带有情绪地说:"现在这个课对我来说并不重要。"这时教师可以说:"听起来好像现在正在发生很多事情,我能帮助你什么吗?"

(3)积极倾听。教师应接纳学生的价值观,不要快速给出建议、解决方案或者批评、责备。例如:

学生说:这本书太无聊了,为什么还要读?

教师说:你很不安,觉得这是一本没有价值的书。

学生:是啊!我觉得它没有价值。实际上我不知道它是什么,我读不懂!

教师:它难懂,这使你很苦恼。

学生:能不能给予我一些提示,使我更容易理解一点?

教学反思

学完本章后,请思考如下问题:

☞ 课堂活动的特征;

☞ 班集体建设的目标；
☞ 课堂物理环境；
☞ 课堂氛围和师生互动；
☞ 不良课堂行为的原因；
☞ 处理学生的不良课堂行为。

本章总结

■ 课堂管理概述

教师要在课堂里采取有效的措施，协调教学、学生、课堂情境三者间的关系。中小学课堂活动具有多维性、同时性、快节奏、不可预测、公开性和历史性等特征，课堂管理的基本目的是赢得更多学习时间、让更多学生参与活动，以及培养学生的自我管理能力。在班集体建设中，形成积极学习气氛、健康舆论氛围、促进规范形成、培养学生骨干。

■ 课堂环境的管理

课堂教学活动所涉及到的情境因素很多也很复杂，可将其分成物理环境和社会心理环境。物理环境包括课桌摆放、教学设备的陈列等；社会心理环境包括学生和教师之间形成的课堂氛围和课堂互动等。这些都是课堂教学活动正常开展的必要条件，也是课堂管理的一部分。教师应当充分了解每个学生的过去和现在，制定切实可行的班集体发展规划，抓住一切有利时机进行正面教育，开展健康有益的文体活动以增强集体凝聚力。

■ 课堂行为的管理

学生需要良好的行为习惯。对不良课堂行为的处理应遵循"最小干预原理"，即在能发挥作用的干预策略中，采用最简单、副作用最小的一种策略。具体方法有：线索提示、建立奖励机制、告知行为代价、适当的惩罚以及行为矫正技术。此外，不良课堂行为的干预重在预防，应培养学生的自我管理能力。

重要概念

课堂　课堂氛围　教师期望效应

参考文献

1. 杜萍编著：《课堂管理的策略》，教育科学出版社 2005 年版。
2. 李耀新编著：《课堂教学的组织和管理》，暨南大学出版社 2005 年版。

3. 莫雷等编:《教育心理学》,教育科学出版社 2007 年版。

4. [美]阿妮塔·伍德沃克著,陈红兵、张春莉译:《教育心理学》,江苏教育出版社 2005 年版。

5. [新加坡]陈允成等著,何洁、徐琳、夏霖译:《教育心理学　实践者——研究者之路 a practitioner-researcher approach(亚洲版)》,上海人民出版社 2007 年版。

6. [美]加里·D·鲍里奇著,易东平译:《有效教学方法》,江苏教育出版社 2002 年版。

7. [美]罗伯特·莱斯文著,姚梅林等译:《教育心理学:理论与实践》,人民邮电出版社 2004 年版。

8. [美]Joyce McLeod、[美]Jan Fisher、[美]Ginny Hoover 著,赵丽译:《课堂管理要素》,中国轻工业出版社 2006 年版。

扫一扫二维码获取心
理学、教育学考研同
步真题及参考答案

扫一扫二维码获取同
步练习题及参考答案

第十九章

学习测评

引　言

学生经过一段时间的学习后,掌握知识的状况如何? 是否达到了教学目标所确定的知识要求? 是否愿意学习? 可采用何种测评方法了解其知识或技能状况? 有哪些手段可用来了解学生的情感状态? 如何解释学生的分数? 如何改进教师的教学? 等等。这些问题都涉及对学习结果的测评,以期帮助教师认识自己的教学成效。

学完本章后,你应该能够:

☞　理解测评理论中的基本概念;

☞　简述编制测验的基本原则与步骤;

☞　在教师自编测验中采用多种形式的测题;

☞　针对不同类型知识来设计测验;

☞　根据评价的结果改进教学。

教学设疑

快到期末考试了,孙老师要出一份试卷:这学期出难一点,还是容易一点? 出难了,大多数学生不及格,如果这样,别人会不会说自己教学水平不高? 怎么向学校、家长解释? 要么,出容易点,但是这样就一定"皆大欢喜"吗? 有些学生平时不好好学,如果也过了,是不是标准太低了? 另外,是不是要出一些开放式题目? 如果有学生经常考试失常,这种学生该怎么处理……

如果你是孙老师,请思考:

☞　试卷中难易题目的比例、题目形式等,该如何定?

☞　对试卷中的题目,学生未按教材内容来回答,如何处理?

☞　某学生不喜欢语文,但成绩还可以,如何来测评这种学习偏好?

☞　某学生期末考试得 59 分,怎样看待这个分数?

☞　大部分学生都不及格,如何解释这一情况?

视频

学习测评

第一节　测评理论概述

教师在教学过程的多数环节中,都会运用一些手段或方法,搜集学生学习和自身教学的资料,用以描述和分析学生的学习与行为状况;据此,对所教授课程、教学方法和培养方案等,做出判断、推理和决策。上述这些活动,被统称为教育测评(assessment)。

一、测评中的基本概念

学习要求　解释测量、测验和评价的基本含义。

完整的测评过程包括测量(measurement)和评价(evaluation)两方面。测量是指搜集资料的过程,评价是指对测验结果的解释。测量这一概念在教育情境中,常以测验(test)来代替。不同的是,后者主要在"名词"意义上使用,而前者主要在"动词"意义上使用,且涉及的意义范围更广。下面,我们简要介绍测量、测验和评价这三个概念。

测量就其广义来讲,是按照法则给事物指派数字。测量的这一含义包括三个要点:一是事物及其属性,这不仅包括可直接测量的事物及其属性(如长度),也包括一些可间接测量的心理现象(如智力);二是法则,即测量者对事物指派数字时所采用的依据;三是数字或符号,其所代表的含义直接标示所欲测量的内容,反映了被试的表现或者代表了"他(她)能做到多少"的解释。在教学领域,测量就其狭义来讲,是指考试和记分。

测验是运用一系列问题来鉴别能力、性格、学业成就等个体特质的工具。从心理测验学的角度看,测验实质上是"对行为样组的客观的标准化测量"。也就是说,测验只能选取一个具有代表性的行为样本,并据此来推断学生的整体行为;测验必须标准化;测验具有客观性;测验必须具有一定的信度和效度。因使用目的的不同,测验有多种形式,如性格测验、智力测验、学业成就测验、学习兴趣测验等。

评价是指系统地收集有关学生学习行为的资料,对之加以分析处理后,再根据预定教学目标给予价值判断的过程。在学校里,考试评价指将考试结果与预期的学生学习结果,或者是既定的教学目标进行比较,作出教学效果是否令人满意的价值判断。

与测量或测验相比,评价是一个包容更广、涵盖面更宽的术语。测量限于对学生的定量描述,即测量结果总是用数字来体现(如小明答对了 40 道数

测量
是按照法则给事物指派数字。

测验
是运用一系列问题来鉴别能力、性格、学业成就等个体特质的工具。

评价
指系统地收集有关学生学习行为的资料,对之加以分析处理之后,再根据预定教学目标给予价值判断的过程。

学题中的 35 道）。既不包括定性的描述（如小明的作业很整齐），也不含有对所得结果的价值判断。而评价则不同，可以包括对学生的定量描述（测量）和定性描述（非测量）两个方面。

评价总是包含对结果的价值判断。例如，教师要求学生默写某篇课文的十个生字，学生甲正确默写出十个，学生乙正确默写出六个，只看学生正确默写的生字数，是对学习结果的测量。如果以"全部正确默写出本课生字"为掌握的标准，则学生甲已经"完全掌握"了本课的生字，学生乙则"未完全掌握"。用测量的结果与掌握的标准进行比较，这是对学生学习结果的评价。

显然，测量与评价是两个密切联系的概念。一般说来，测量是评价的基础，评价要以测量结果为依据。虽然有时我们也可以不经测量而对事物作出评价，但是依据测量的评价，总要比没有测量的评价更为客观，更能避免偏见。

教学之窗

测量的基本含义

测量（measurement）是人类生产和生活中普遍存在的现象。农业生产要丈量土地面积，工业生产要测定产品的技术指标，地质勘探要测定海拔高度和地质指标，医疗工作要测定人体的生理指标，教育工作要测定学生的学业成绩。那么，究竟什么是测量呢？

斯蒂文斯（Stevens, 1946）提出了一个简洁的测量定义，认为测量是指"根据法则给客体或事件指派数字"。后来，有研究者（Lord & Novick, 1968; Torgerson, 1958）认为，测量的对象不是客体（如水果或空气）本身，而是客体的特定属性（如水果的重量或空气中氧气的含量）。因此，测量的定义被修改为"根据法则，给客体或事件的属性指派数字"，或通俗地说，测量是指依据一定的法则使用量尺对事物的属性进行定量描述的过程。

二、有效测评的必要条件

学习要求　阐述有效测评的四个概念，即效度、信度、难度和鉴别力。

效度
是指一个测验所测量的东西与该测验所要求测量东西的相符程度。

衡量某一测评方法是否有效，常用指标有以下四种：效度（validity），信度（reliability），难度（difficulty）和鉴别力（discrimination）。

测验的效度是指其是否真正地测量或评估了应该要测量或评估的东西，

即测量的准确性。以打靶为比喻,击中靶心就是高效度,偏离靶心就是低效度。如图 19.1 所示在教育情境中,测验的效度有多种类型,如内容效度、构想效度和实证效度。

　　所谓内容效度,就是指测试题目能否真正代表或推断测验编制者希望测量的目标或能力,如目标与测试内容一致性越高,则认为测试的内容效度越高。所谓构想效度,就是指一个测验对某种心理学理论所涉及的抽象概念或心理特质的测量程度,如气质测验对胆汁质类型的气质的反映程度。所谓实证效度,就是指一个测验对处于特定情境中的个体的行为进行预测时的有效性,如智力测验对学业成就的预测程度。

　　信度是指所测量属性或特征前后一致的程度,如图 19.1 所示。同样以打靶为比喻,多次打靶如果集中在一起,就是高信度、如果分散很开,就是低信度,如图 19.1 所示。在心理和教育测量中,常用的信度有重测信度、复本信度、分半信度、评分者信度等。所谓重测信度,是指使用同一测验在不同时间对同一组受测者施测两次,根据两次测验分数所计算的相关系数,如学期开始和结束时进行学习动机测验的结果几乎相同,则测验信度较高。所谓复本信度,是指使用两个等值但题目不同的测验来测量同一组受测人,然后计算出两次测验分数的相关系数,如期末考试的 A、B 卷所测分数基本稳定,则测验信度较高。所谓分半信度,是指将测验题目分成对等的两半,根据受测人在这两半测验上的分数所计算出的相关系数,如题目按奇偶分半后所测分数基本稳定,则测验信度高。可见,不同种类的信度通常是用相关系数来表示。

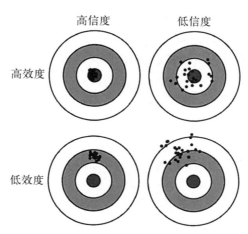

图 19.1　效度和信度

　　难度是指测验题目的难易程度,通常用受测者答对或通过每个试题的人数百分比(P 值)作为难度的指标。试题的难度水平多高才合适,这取决于测验目的、试题形式以及测验的性质。在学校教育中,如果测验目的是考查学生对某一知识或技能的掌握程度,则难度水平可以较低;如果测验用于对学生作区分,则可适当提高难度水平,如选用 1/2 中等程度(难度在 0.5—0.7 之间)的题目,1/4 难题,1/4 易题,这样对于好、中、差各类学生都具有较好的区分能力。

　　鉴别力是指测验题目对所测量属性或品质的区分程度或鉴别能力。一般以不同水平的被试通过每个试题的百分比之差来计算。如果一个试题的鉴别力高,那么水平高或能力强的被试得分就会高,水平低或能力弱的被试

信度
是指所测量属性或特征前后一致的程度。

难度
是指项目的难易程度。

鉴别力
是指测验项目对所测量属性或品质的区分程度或鉴别能力。

得分就会低,这样就能把不同水平的被试进行区分。而鉴别力低的试题,则意味着它不能对水平或能力有差异的被试作出很好的区分。鉴别力的指标常以对试题的反应与某种参照标准间的关系为基础。例如,学业成就测验可用年级或教师评定的等级作为标准,观察测验能否把不同年级或不同水平的学生区分开来。

第二节　学校教育中的测验

作为教学实践工作者,教师需要初步了解前面所介绍的测量领域中的基本概念和术语,但更为重要的是,如何将这些理论知识转化为具体的、可操作的方法与技术。下面我们将介绍一些常用于课堂教学的测量与评价方法。

一、教育测验的实施

学习要求　举实例说明实施测验的基本环节。

教育测验有四个基本环节,即设计测验、准备测验、实施测验和分析结果。

在设计测验时,第一项任务就是要确保测验与教学目标和课堂教学相一致。这一任务虽然在制定教学目标时就应该加以考虑,但由于测验常常在课堂教学结束后才开始准备,所以要做到目标、教学和测验这三者的一致,是一件比较困难的工作。教师在不经意之间,常有如下一些错误做法:重要的目标或内容只有较少测题与之对应,次要内容反而有多个与之相关的题目;一个内容可能在课堂上是讨论其应用,但在测验时却只在知识水平上;有些主题要求学生有可观察的行为表现,而评估方法却是主观陈述。

为此,在设计测验时,依据布卢姆教育目标分类学的思想(见第十六章),教师可以计划一些双向细目表,具体形式如表 19.1 所示。这个表的好处在于,教师可以依据各个教材内容的目标水平层次,设计相应数目的题目。题数越多,代表这个内容的某个目标越重要,题数越少,代表不重要。当然,重要不重要只是相对意义的。

表 19.1　心理学科测验的双向细目表

教学目标 教材内容	记　忆	理　解	运　用	分　析	评　价	创　造
概　述	3	5			3	2
生理基础	5	4		2	3	
记　忆	6	4	5	2	5	4
……						

（表中数字为题数）

　　在准备测验时,教师要做的一件事情,就是使学生有信心参加即将到来的测验。为使学生在进入测验情境时焦虑程度最低,教师可以讲清楚测验过程、测验模式与测验内容。例如,详细说明测验的目的、内容和形式,让学生在模拟测验的情境下练习一些题目;让学生对测验有积极的预期,鼓励他们将成功与努力联系起来,等等。教师也可以教会学生掌握一定的应试策略或技巧来提高学生的考试策略。例如,教师可以提醒学生注意:测验时要有效利用时间,并调整自己的速度;仔细阅读指导语;关注问题中的重要信息;理解不同测验模式的要求;弄清各题的计分方法,等等。

　　在实施测验时,教师要安排好适宜的测验环境,使教室远离干扰。教师要向学生清楚说明答题要求、交试卷的方式以及考试结束后的安排,以此来保证测验秩序。这也避免先完成测验者在交试卷的过程中,对正在进行测验的学生造成干扰。教师还要监控学生做试题的过程,这不仅保证教师能鼓励那些困难的、分心的学生,也能防止作弊现象。从这层意义上说,教师在监考时应尽量是支持者、帮助者的角色,而非仅仅是监督人员。

　　在分析结果时,教师基于学生的分数,要仔细思考结果含义及其可能原因,并及时为学生提供反馈。这个过程有助于学生准确、客观、完整地了解自己的测验分析。如果在反馈时对班级的成绩给予肯定评价,这对学生参加下一次测验将有积极影响。此外,教师对自己出的测题也应分析,作一份详细笔记,为下次测验提供必要信息,促进对将来教学与评估的计划。

教学之窗

降低考试焦虑

　　所谓考试焦虑,是指对考试情境的一种相对稳定的影响考试发挥的不适反应。对大多数学生而言,考试压力的不利影响是暂时而微弱的,但对一部分人(大约有10%)来说,考试焦虑是一个相当严重的问题。考试焦虑主要涉及两方面:情绪和认知。考试焦虑中的情绪成分是指生理特征的变化,如脉搏增快,口干和头疼,还伴有恐惧、无助及大脑空白的感受。考试焦虑中的认知成分包含了对失败的害怕,以及对低分的困窘等这类想法。

　　考试焦虑的原因主要有两方面:测验情境和学生本人。例如,事先没有通知的测验,有难度且时间不够的测验,含有不熟悉题目或测题模式的测验,都会导致学生考试焦虑,而一些自我预期较高或自我效能感不强的学生也容易考试焦虑。

　　降低考试焦虑的方法有很多,但大多针对焦虑中的认知成分。例如:

✓　用参考效标的测量方法,使测验的竞争性最小化。

✓　避免社会性比较,例如不要公开测验分数和名次。

✓　增加小测验与考试的频率。

✓　在考试前讨论测验的内容与程序。

✓　清楚地指导,确保学生理解考试。

✓　教学生考试技巧。

✓ 使用各种可靠的测评方法,了解学生的知识与技巧。

✓ 提供足够的考试时间。

二、对认知目标的测量

学习要求 简述学校教育测验编制的基本步骤;

阐述测量陈述性知识与程序性知识的异同;

简述不同的测题形式的优缺点。

■ 编制测验的基本步骤

对课堂教学中认知目标的测量,教师一般采用学业成就测验(achievement test),即自编测验(teacher-made test)来测量和评价学生的学习状况。教师自编测验的目的在于,检查学习结果是否达到预定教学目标。

一般来说,教师编制测验可遵循以下六个步骤:

(1)确立测验目的,即测量什么或测量对象是什么。教育测验的目的是测量学生的学业成就,而后者的高低与教学目标密切相关。因此,教师首先必须明确学生要掌握的知识内容和类型,根据教学目标来确定测验目标。

(2)选择测验材料。教师应注意所选材料的普遍性、目的性、代表性,既符合测验目的,能代表教材的全部内容,又不偏向某类学生。

(3)编制题目,即命题。在命题时,教师应注意测题的各种要求,如取样应具有代表性,难度要有一定分布;文字要浅显易懂,答案无争议;各试题彼此独立,避免测题内或之间存在暗示正确答案的线索,等等。根据测量目标,教师还应注意选取最合适的测题形式,而被选测题的数目最少应是所需数目的两倍,以便日后进行筛选。

(4)预试和测题分析。预试是指把初步选定的题目向一组学生实施的过程。在这一过程中,教师应注意:被试(学生)样组具备代表性;预试过程力求正规;学生有时间完成所有题目;随时记录学生的所有反应。测题分析过程包括两部分:一是在预试前,教师对测题内容、形式、取材的适合性,以及编制测题的技术等加以分析;二是在预试后,教师根据学生的反应,分析测题的难度和鉴别力。

(5)测题的选择、编排及标准化。在这一环节,教师应注意三点:题目的鉴别力、测验的难度和各类题目的比例。测题选好后,测题的编排方式一般是由易到难。而对测题进行标准化,就是规定测题的内容、实施、记分及分数的解释应符合什么要求等。

(6)鉴定测验的基本特征,即根据收集的资料,确定测验的信度、效度等。

依据上面的步骤,教师就可以对不同学科所学的知识内容,进行测验编制活动。通过本书前面的章节,我们知道,现代认知心理学将知识分为两类:即陈述性知识和程序性知识。与之对应,测量也为不同知识的教学目标而服务。

　　陈述性知识要求学生能用自己的话陈述信息，其主要特征是识记和理解。在这类知识的学习过程中，所输入的信息基本类似于测量时所输出的信息。如果要了解学生是否记住某些事实，题目所使用的材料可以是教材上的重要句子，意思相同而表述不同，例如填空、选择等题目；如果测量目的是了解学生对某一信息的理解，则适合采用较复杂的测题形式，所使用的材料应尽量避免与教材的原文雷同，如是非题、匹配题和论述题等。

　　程序性知识则要求学生能运用某些概念或者规则，来处理某个情境或解决某个问题。其主要特征涉及一类行为或操作步骤（过程），学生学习时的信息内容不同于测量情景中的内容。对程序性知识的测量虽然以某种外化行为或结果来实现，但更注重学生是否具备某种处理事物或解决问题的能力。与对陈述性知识的测量中强调学习结果相比，对程序性知识的测量注重学习过程。对这类知识可采用的题型是计算题、论述题，等等。

　　下面将介绍常见的两类测题：客观题和论述题。

1. 客观题

　　客观题包括选择题、是非题、匹配题和填空题等，其形式见表19.2。

表19.2　不同形式的客观题

题　型		举　例
选择题	单选题	中国封建社会中唐朝的第一个皇帝： a 李渊　　　b 李世民　　　c 李密　　　d 李治
	多选题	下列哪些概念是具体概念： a 口琴　　　b 毛笔　　　c 水果　　　d 香蕉
是非题	无需说明理由的是非题	暗适应是从暗处到亮处的视觉适应过程。（错误）
	需说明理由的是非题	流体智力是变化的智力。（错误，流体智力是一种以生理为基础的认知能力，如知觉、记忆、运算速度、推理能力等。）
匹配题		请将下列人物与各自朝代联系起来： 刘备　　　　　　　　　　　　汉 刘基　　　　　　　　　　　　唐 刘秀　　　　　　　　　　　　宋 刘禹锡　　　　　　　　　　　三国 　　　　　　　　　　　　　　明
填空题		在教育心理学中，学生按照教师所期望的方向来塑造自己的行为，这被称为＿＿＿＿＿＿＿效应。（皮格马利翁）

　　从上表可以看出，选择题包括题干和选项；学生需要选择其中一个或多个选项，以作为正确答案。是非题则要求学生对一个或多个命题给予是非判断。匹配题是选择题的扩大运用，要求学生从两组或多组选项中，寻求意义彼此配合；这三种题型简单、简洁，学生可以在短时间内完成大量的题目，但都有一个共同特点：学生可以凭猜测来答题。相比之下，填空题是省略一句话中的重要概念，要求学生填空；这就避免了猜测。

简言之,客观题的特点是:测题中所给出的问题较为明确,答案唯一,可客观评分;依据这一特点,不同评分者对同一份答题的评定结果大致相同。值得注意,这些题型并非只能简单地用来考查知识记忆,还可以用来测试知识运用。例如,学生考试的 z 分数等于 +1,等同于百分位数 84,这句命题成立的前提是什么?A. 分数范围是 0—100;B. 学生考试分数的标准差为 3.4;C. 学生考试分数是正态分布的(正确答案);D. 测验的信效度很高。

2. 论述题

论述题则是一些问句或陈述句,要求学生用自己的语言,写成篇幅较长的答案。论述题允许学生自由回答。论述题按题意的限制与否,可分为两类,即限制反应题和自由发挥题,具体形式见表 19.3。

表 19.3 不同形式的论述题

题　型	举　　　　例
限制反应题	请就生理方面新陈代谢的含义及其过程,作详细阐述或说明。
自由发挥题	请就中国在新冠病毒疫情影响下,与世界各国进行交往所面临的机遇和挑战,阐述自己的观点及相关理由。

从表 19.3 可以看出,限制反应题的题目中明确了所需考察的内容,用"列出"、"说明理由"等词指出了答案的特定形式。其优点是易编制,易记分;其缺点是学生很少有机会表达自我想法。该类题目比较适合对"理解、应用和分析"层次的学习结果的测量。对于"综合和评价"层次的学习结果的测量,自由发挥题更为合适。这一题型几乎不限制反应形式和范围;给学生以充分自由表达想法。这类题目问题是评分信度差。应当注意,论述题所反映的能力并非都是高级能力;同一类题目多次出现后,只是反映死记硬背的能力。

为了弥补论述题中评分主观的缺陷,教师可采用分点法的评分方式;这就是,教师事先列出该题的答案要点,并确定各要点所占的分点数;在阅卷时,按学生是否答对各题的要点给予分点数;然后,合计各题分点数,并以此作为学生的成绩。这种方法适合限制反应题。有时候,教师也采用综合评估法的评分方式;这就是,教师对学生的答案整体进行批阅和考虑后,才给予分数。例如,在评分之前,教师先设定几个等级(如优、甲、乙、丙、丁五级),并规定各等级分数的范围(如优等代表 90 分以上,甲等代表 80—90 分,乙等代表 70—79 分……),通过这种方式,教师可以在相互比较的情形下,给予学生较为客观的评定;再如,教师以分题阅卷代替整体阅卷的方式,即先批阅所有试卷的第一题,然后批阅所有试卷的第二题,以此类推,这可避免同一试卷中各题之间的影响。综合评估法适合自由发挥题。

论述题的评分还受到一些非答案性质的其他因素影响,如文字的工整及流畅,行文的条理和逻辑性,回答字数的多少,对好学生的晕轮效应,等等。在限制反应题的评分中,教师应尽量避免这些因素的干扰。而在自由发挥题的评分中,这些因素的影响必然存在,有些甚至左右教师的评分(如行文的条理性和逻辑性)。在这种情形下,为降低这些因素所造成的不利影响,教师可以考虑:问题回答是否切合学习内容,是否有自我独特的见解,等等。但是,反过来说,上述非答案性质的影响因素,有时真实地反映了学生的认真程度、良好的师生关系;这实际上也是学习的一部分内容;所以,评估结果反映这些内容,也不足为过。

教学之窗

选择题的命题误区

☞ 题干不明

例:我国最大的城市是:

a 上海　b 重庆　c 北京　d 天津

(这里"最大"的含义不明,是指工业、人口、面积,还是其他?)

☞ 各选项陈述中有共同词语

例:北京_____。

a 是中国首都　b 是中国最大城市　c 是中国历史最为悠久的城市　d 是中国最大的工业城市

(四个选项有重复词语"是中国")

☞ 单选题中选项的意义重复

例:三角形三个角之和(x):

a $90 < x < 180$　b $x = 180$　c $x < 360$　d $x > 90$

(b、c、d 都为合适选项)

☞ 滥用"上述答案都不对"选项

例:一圆的半径为1,圆面积是:

a 3.28　b 6.28　c 3　d 以上都不对

(学生可能由于运用错误的公式,如 $s = \pi r$,而非测题所要求的运算,如 $s = \pi r^2$,而选择 d 项)

☞ 题干提供正确答案线索

例:……the man is also an _____:

a artist　b captain　c barber　d manager

(如果这题是词汇题,题干中"an"提示选项单词必须以元音发音开头,学生则无须知道选项单词含义,也能正确回答)

☞ 正确选项有固定次序(如大部分为 b 或 c)

教学之窗

是非题的命题误区

☞ 题目陈述含糊

例:感觉是人对事物的感受所产生的心理活动。

(在心理学教科书中,感觉的精确定义是:"人脑对直接作用于感觉器官的客观事物的个别

属性的反映"。而该题使学生不明题目要求是精确含义,还是对这句话的日常理解)

☞ 题目照抄书本语句

例:心理学是研究人的心理活动及其发生、发展规律的科学。

(这是教科书上的一句话。作为是非题,它可能导致学生死记硬背教材内容,而不求甚解)

☞ 出现双重判断

例:上海是中国最大的工业城市和人口城市

(此题前半部分正确,而后半部分错误)

☞ 使用限定词

例:所有平行四边形的对角线相等。

(学生可能依据"所有"这一绝对限定词而判断这句话为错误,而题目要求是学生对平行四边形的定义有所掌握)

教学之窗

匹配题的命题误区

☞ 各组选项的项目不同类

(例如第一栏为人物,第二栏为朝代。如果一组选项不同类,则使得匹配关系较为混乱,答案标准不易制定)

☞ 各组选项数目相等

(各组选项相同可导致学生对不熟悉的内容进行猜忌)

☞ 试题过长出现在不同页面上

(不同页面的匹配选项导致学生匹配时间过长)

☞ 匹配联系太过牵强或含糊

(假设有一匹配题,联系为"人物所处年代",而选项中有"鲁迅",匹配项有"1930 年代"、"1920 年代"、"1910 年代",等等。这里人物与年代的关系就不明确)

教学之窗

填空题的命题误区

☞ 要求填空部分是该命题陈述中的次要部分

例:_____包括两个方面:个性和心理过程

(答案为"心理活动",但这并非这句话主要意义所在)

☞ 从课本或教材中抄录整个句子

例:A 型血气质类型的人_____,_____,_____,_____。

（该题内容并非主要教学内容。从教材中照抄句子,这使学生拘泥于教材的细枝末节）

☞ 题目要求填空的部分过多

例：学习是＿＿＿＿＿＿＿＿＿＿＿＿＿＿＿＿＿＿＿＿。

（填空题的预留内容太多,将不易使答案标准化。此题可设计为：

学习是学习者的<u>能力</u>或<u>倾向</u>这两方面变化的结果。）

☞ 可填写答案太多

例：心理学是一门＿＿＿＿＿＿学科。

（这题空白可以填写"自然科学与社会科学交叉的",也可以是"边缘",更可以是"不同于物理学的",等等。）

教学之窗

论述题的命题误区

☞ 限制反应题的题目陈述含糊

例：请比较一下心理学与物理学的异同。

（学生可以从学科性质或者研究对象等角度来回答,这一题没有给出学生应从何种角度回答问题的信息）

☞ 限制反应题的题目过小或过大

例：请比较一下陈述性知识与程序性知识的表征方式（过小）

请说出认知心理学对教学的贡献（过大）

（问题过小就变成要求死记硬背的简答题,问题过大则使得学生无从下手）

☞ 滥用自行选择论述题。

例：请从下面三道问题中选择两道回答。（具体题目略）

（在考查学生在某个学科中的基本素质或能力时,这种测题形式可测量学生的优势能力所在。但是,在考查学生是否掌握该学科的知识时,这种测题形式将使得学生都选择自己熟悉的题目回答,从而影响试题效度）

三、对情感目标的测量

学习要求　阐述情感教学测量的特点。

■ 情感教学评价的特点

运用各种情感教学评价方法来测量学生的学习态度。

课堂中教学目标除了包含知识和技能之外,态度、兴趣、习惯、品德、鉴赏力等一类情感教学也是不可缺少的成分,如缺少对这些内容的测量,就不能全面评价一个学生。与认知教学相比,情感教学的测量具有跨学科性和质性描述两个特点。

情感教学不专属于任何一个学科,其效果可能产生于任何一门学科的教学活动。例如,在文科类(语文、历史、地理、音乐、艺术等)教学活动中,情感教学内容中的习惯、态度、兴趣等内容多蕴含于此;即使是在理科类(数学、物理、化学、生物等)教学活动中,也同样可产生情感教学的效果,例如在数学教学活动中,数学理论的严密性可培养学生的科学态度,对数学作用的认识可培养学生的求知兴趣,等等。由此可见,情感教学的测量,不应视为仅仅是某一学科教学的责任,而是所有学科教学中都应承担的责任。

情感教学的测量形式,大多为质性描述所欲测量的情感内容,其结果有好坏之分。例如,对语文学科态度的评估,其结果是态度的正确与否。

在学校教学中,对情感学习进行测量的方法有很多,如观察法、情境法、问卷法和档案袋。本章提及的这些方法是以评估为目的的,而在第一章则更多被视作研究方法。下面将介绍这些测量方法。

1. 观察法

教师观察学生的行为表现,记录下来,之后加以评定。教师在观察之前,一般要先确定观察目的和观察范围,以获得合乎实际目的的材料。所有资料都是学生自然、真实的常态表现。正因为这一点,观察法可被用来客观、正确地评价学习态度。但是,观察得来的材料不易量化,且易受到教师主观因素的影响,这些都是在使用该方法时应予以注意的。

具体的观察法有行为记录法和评定量表法。所谓行为记录法,就是教师观察学生的日常行为表现,并随时做成记录。这些日常行为表现,反映出学生对学校学习、某一学科或某一内容的态度或兴趣等。教师将学生的这些行为随时记录下来,可采用横向评价的方法(比较同一组学生的学习态度异同),也可采用纵向评价的方法(过一段时间,再比较某一学生或某组学生在学习态度上是否发生改变)。表19.4例举了提问的学生行为反应记录表。

表 19.4　行为记录法中记录表举例(提问)

行为表现	姓名　李　明
一接触问题马上回答	
认真思考一段时间后回答	
低头不语,不想回答	
回答问题较偏	
回答问题有新意	

授课内容:　　　　　　　　　　时间:　　年　月　日

评定量表法来自语义分析法,是对各种行为的性质、特点,根据其程度,分别列出几个等级或阶段,用文字加以表述,从而形成评定量表。评定量表的设计要依据所评定的行为特质,明确评定分点说明语。教师在观察时,从这几项描述中,选择与被观察者行为表现相符的一项,标上记号,并据此分析学生的行为特质。表 19.5 例举了评定量表法中适用的表格。

表 19.5　评定量表法中表格举例(学生行为)

学生姓名:　　　　　　　　　　评定日期:

	5	4	3	2	1
看黑板时间					
记笔记时间					
回答问题					
……					

表格说明:5——长(好);4——较长(好);3——一般;2——较少(差);1——少。

2. 情境法

情境法就是教师给出一些反映情感教学目标的问题,要求学生解决这一问题,或者让学生设想自己为故事情境中的主人公,据此观察学生的言谈举止。该方法来自心理学中的投射测验。这种方法具体有造句测验、不完全故事、两难问题等。表 19.6 例举了情境法的测题。

表 19.6　情境法的测题举例

测题类型	举　　　　例
造句测验	当……时,我对教师的讲课非常感兴趣。 心理学的内容,我最喜欢看……部分。
不完全故事	记忆这一章的理论观点很多,你作为教师,如何吸引学生听课。
两难问题	父母亲反复强调外语学习的重要性,我知道这些。但我对数学感兴趣。现在外语老师也教得不好,整天要我们背单词,我都烦死了。我是继续学外语呢?还是学数学呢?

3. 问卷法

教师也可以通过设计符合情感教学目标的问卷,在实施问卷和收集数据之后,分析并评价学生对某一学科或学习内容的态度。在问卷法中,教师从对学生行为评定的归纳,或者归因判断中,获得有益的教学信息。表 19.7 例举了问卷法中使用的评定表。

表 19.7　问卷法的评定表举例

学科名称	
学生填答的问题	1. 我在本科目得到的成绩:优　甲　乙　丙　丁
	2. 我的成绩与我所希望的相比:较好　较低　一样
	3. 我从本科目中学到了:很多知识　一些知识　很少知识

续　表

学科名称	
学生填答 的问题	4. 我在学习时感觉到：非常快乐　无所谓　很不快乐
	5. 我感觉教师教课时：速度太快　适中　速度太慢
	6. 我希望教师给我的帮助是(说明)：＿＿＿＿＿＿＿＿＿ ＿＿＿＿＿＿＿＿＿＿＿＿＿＿＿＿＿＿＿

　　值得注意,在现实教学中,教师通常不对情感学习目标进行细致区别,大多数时候,只给出一个模糊的说法,如"学习态度端正"或"学习态度不积极"。态度评价仅仅做出这样的"概括",不能指出学生究竟对哪些教学因素具有积极的态度,更不能描述他们在学习活动中的实际感觉。因此,在开展情感学习评价时,应特别注意情感指向的全面性和清晰性,使评价结论有确切的含义。

教学之窗

对情感目标进行测量的注意点

☞　**行为记录法**

　　教师应设置行为记录的目的,既要事先设定所要观察学生行为的范围,也要随时记录下学生的不寻常行为,如打架等。

　　在记录方式上,教师不仅应清楚地描述学生的行为表现,更应当记录当时的情境。如果只记行为而不记情境,日后处理时就不易了解该行为的意义,从而导致行为评价的偏差。同时,教师每次所记可限于单一学生行为的单一记录,避免将数人或多事相混淆,而且经常重复的行为可简单记录。

　　为使记录客观,教师应在记录中同时记下学生行为好与坏的两方面,以免偏于重视学生违规行为而忽视了学生良好的行为表现,同时也避免教师忽略学生出现的违规问题行为。从累积的记录中分析判断学生的行为,以避免记录中的首因效应或近因效应,也即避免只凭一次观察记录,如最早印象或近来表现,就断定学生行为的好坏。观察到学生某项行为后,尽快做成记录,避免过多的事后记录,也避免事过境迁后对行为的重要细节产生遗忘。

☞　**评定量表法**

　　在使用评定量表法时,如果教师确定的行为特质过于抽象,会不好判断。因此,所选择的行为特质应考虑可观察的外显行为,避免一些抽象术语,如同情心、自卑感、愧疚感等。

　　设置评定分点,可能存有两个误区:一是对评定分点的文字说明过于含糊,使得评分不好操作。二是评定分点太多或过少,过多分点导致评定无从着手,太少分点使得行为特质的鉴别力太低。评定分点一般为3—7个分点,以5个分点为宜。

第三节　学校教育中的评价

　　教师通过各类测量方法，了解到学生的学习状况；接下来，涉及对这些测量结果的解释；由于这些解释大多是主观的，故存有或多或少的偏见；为了使教学解释与评价更符合客观实际，更有利于学生的学习，接下来我们将介绍有关教育评价的一些知识和方法。

一、教学评价的功用

学习要求　阐述教学评价结果的不同功用。

　　在教学过程中，教师通过不断的观察以及和学生的交流，及时地了解学生的有关情况并加以反馈、形成一个动态的"教学—评价循环体"。根据实施评价的正式程度，可以将教师对学生的评价分为正式评价与非正式评价。下面将分别介绍这两类评价的功用及其意义。

■ 正式评价

　　正式评价指教师通过相对规范的评价程序和测验工具（通常是纸笔测验），或通过一些正式举行的活动（例如知识竞赛、演讲比赛等），有针对性地了解学生情况的评价方式。

　　教师通过正式评价，可以检视自己的教学。教学评价结果可以为教师的教学提供反馈信息，对教学情况有一个总体的把握。一个可靠的教学评价结果，能了解其在多大程度上实现了教学目标，而且可以尝试为成绩不好给出解释。例如，是由于教学方法不合适、教师无能，还是由于学生的精神、动机不适当，或学习准备和才能的不足，等等。教师通过这些活动，可以调整控制今后的教与学，使得教学向理想的标准靠近，实现教学目标。

　　基于各类正式评价，教师也可以分析学生的学习。在经历了同样的课堂之后，所有学生不可能都达到同样的水平。班级中出现几个不达标的学生，这是难以避免的。教师要估计学习者的成绩和成就，评定个别学生的学习成败，及是否需要进一步学习。教师要坚持全面发展的教育理念，不能让一个学生落后；对这些未达标的学生要查找原因，及时进行补救教学。

　　对家长而言，教学评价结果反映了子女在学校期间的情况或表现。学生在校成绩优异，家长自然满意。如学生在校学习有问题，家长们有权利了解原因，并配合学校教学的要求，以尽督导子女的责任。在教学评价之后，学校也有义务与家长沟通并合作，反映学生情况，解决学生的学习问题。

■ 非正式评价

　　非正式评价是指教师在与学生的日常教学的接触、互动过程中，以观察（包括直接和间接的观察)和交流为主要方式,不断地了解学生,进而在有意或无意之间形成对学生的某种看法和判断的一种评价方式。通常教师在进行非正式评价时并没有预设的或明确的目的,采用的方法比较开放,没有固定的程序,评价的结论一般没有记录在案。与正式评价相比,非正式评价所提供的是关于学生全面的、活生生的信息,而不是死板静止的分数,这正是非正式评价的特色所在,是别的评价所难以替代的。

教学中的非正式评价是通过点滴的印象逐渐汇集形成的。教师在教学过程中,日积月累逐渐形成对学生较为稳定的认识,并以这种评价为依据确定自己对学生在学业成就、能力发展等方面的期望水平,而这种期望水平又反过来影响到教师与学生之间的互动。作为互动的另外一方,学生也会对教师的行为做出相应的反应,最终使自己沿着教师所期望的方向发展,而不论教师原有的期望是否合理。比如说教师一旦认为某同学不能胜任难度较大的学习(不管这种评价是否准确),就会在无意识中把这种评价反馈给学生,最终导致这名学生真的不能够胜任较难的学习,这就是前述的教师的期望效应(见第十八章)。

二、对测验结果的处理

学习要求　阐述处理认知教学评价的方式;

阐述处理情感教学评价的方式;

阐述教学评价结果的解释应注意之处。

■ 对认知结果的处理

在进行认知教学评价时,无论采用的是客观题或论述题,测量结果必须按照选定的评分标准予以处理。当然,在评分之后,教师也应知道如何来解释这些评价结果,即理解这些分数所蕴含的教学和学习含义。在课堂教学中,对学生认知学习成就的评分标准,不外乎两种制度:相对评分制(relative grading)和绝对评分制(absolute grading)。

相对评分制也就是平常所说的"等第制"。在理论上,相对评分制根据常模参照评价的原则。它是按照统计学上常态分布的原理,将学生分数的高低,按比例分配为不同的等级。例如,在五等级的评分制中,各等级所占的百分比可以是:优等占7%,甲等占24%,乙等占38%,丙等占24%,丁等占7%。这种做法称为常态分布。

常态分布有其自身的特点。它是对称的,其平均数、众数和中点是一致的,并都处在常态分布的正中间。从常态分布中间向两边移动,分数的频率呈下降趋势。许多人类特征(身高、体重、智力)都呈常态分布。正是有了常态分布,常模参照评价等级才易于运用。不考虑其具体分布如何,相对评价的关键因素是在人们之间进行比较,而不是参照某个标准。

但是,相对评分制仍有一些缺点,例如,班上学生的分数未必呈常态分布,而硬性规定学生只有7%的优等,且必须有7%的不及格,这对优秀班级和学习成绩较差的班级,显然都不合理;再如,因个人成就受等级名额的限制,学生难免会有过分竞争的压力。

绝对评分制也即平常所说的"百分制"。在理论上,绝对评分制是根据标准参照评价。在许多情况下,教学设计的主要目标是使尽可能多的学习者的成绩达到令人满意的水平。所以,应参照一个具体标准,而不是参照相对标准来衡量学习成绩。具体标准就是由教学目标具体规定的标准。标准参照测验包括对学习者达到教学目标的水平进行测量。对一个学生成绩的衡量与其他学生的成绩无关。

绝对评分制一般以 100 分为学习熟练程度的标准,这体现在学生在每份试卷上都有一个具体分数。在学校教育中,一般规定 60 分为及格,这表示成绩在 60 分以下的学生,未能达到教学目标所规定的最低成就的程度。在实际使用绝对评分制时,学生的成就可直接用分数表示,也可用等第来表示。例如:优等代表 90 分以上;甲等代表 80—89 分;乙等代表 70—79 分;丙等代表 60—69 分;丁等代表 60 分以下。百分制的优点在于简单易懂,能评估学生对学习内容的掌握程度。但这一评分制也有缺点,即试题过难或过易,都将影响学生的成就。例如,试题过难,使得多数学生得分过低(无人得优甲等),或试题过易,使得多数学生得分过高(都考到优甲等),这就导致试题难免缺乏鉴别力,失去评价的意义。

■ 对情感结果的处理

对情感教学或各学科教学的情感结果进行评价,可用来帮助教师了解学生在学习态度、品德、兴趣等方面进步的情况,也作为教师改进教学以及对学生实施心理辅导的参考。教师将每个学生的资料,按时间先后顺序汇集在一起,分析其整体反应,并加上平日的观察记录;在做出某种推断或判断之后,就可以做出相应的处理。

教师如发现有明显反常行为的学生,应立即给予辅导和协助,以免发生意外的后果;同时若发现学生在习惯、态度、适应等各方面表现不当或显示困难的情形,应采用随机教学的方式,或给予生活辅导,或实施学业辅导,以期达到认知和情感教学目标的统一。

教师可以综合认知和情感教学评价的结果。例如,在统计分析的基础上,可以将学生的学习结果归为四类:知识掌握程度较高且喜欢该学科,知识掌握程度较差且不喜欢该学科,知识掌握程度较高但不喜欢该学科,知识掌握程度较差但喜欢该学科。第一类情况表明教学是成功的,后三类情况表明教学是失败的,应当找出学生情感方面的原因,并实施补救教学。

■ 改进教学设计

从教学设计的角度来看,影响学生学习结果的因素有很多,如学习过程、教学活动、教学条件等。为了对这个教学设计做出正确客观的评价,需要明确这些来自不同方面的影响因素并加以控制,以便于对这个教学设计进行针对性的改进。

教师可以分析评价活动中的各类变量,如结果变量、过程变量、支持性变量、能力倾向变量和动机变量等,如图 19.2 所示。

下图右侧是结果变量,即各类评价结果。在理论上,教学的结果除了受课堂教学(下图中间的最下内容)本身影响外,还受教育情境中许多变量的影响。这些变量有四类(下图中间部分其他内容),即:能力倾向变量,通常是用智力测验或学习能力倾向测验来测

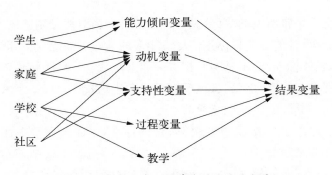

图 19.2　影响某一教学计划结果的变量

（资料来源：R. M. 加涅等著，王小明等译：《教学设计原理》，
华东师范大学出版社 2005 年版，第 322 页）

量的，并不因评价而改变；动机变量，体现为学习者是否愿学习，如兴趣（好奇心、厌倦）、驱力（成就需要、安全需要）、期望（自我效能、乐观与悲观）、奖赏（外部强化）与认知评价（对结果的内部满足），等等；支持性变量，一般出现在教学环境中，或者对学习过程具有支持作用的其他情境中，如学生的家庭与社区；过程变量，主要是指教学实施过程的影响；例如，在教学过程中，教师的提问以及对课程学习的安排等。

　　如果要评价所设计教学的有效性，也就是说，要确认结果变量是由教学所导致，而不是其他因素所导致，教师就必须对其他因素施加某种控制。所谓其他因素，就是上文提到的各类能力倾向变量、支持性变量、过程变量和动机变量。例如，一个班级试行新设计的英语作文教程，另一个班级沿用与之不同的原有教程；两班的教学目标大部分是相同的，并且结果的测量是基于这些共同的目标。结果发现，一个班级的成绩平均显著高于另一个班级。

　　如果要证明成绩好是来自新设计的教程，则要观察教育情境中的各种变量是否得到有效的控制。例如，两班学生在智力状况、思维特点、已有知识、学习风格等方面，具有同等或相当水平；大部分学生都是来自类似的家庭或者同一社区；两个班级是同一个教师施教的，投入程度相同；两个班级的学生努力程度相同；等等。

　　控制未知因素或变量对学习的影响，其最佳方法之一是确保其效应以随机的方式出现。当以完全随机的方式把学生分配到控制组和实验组，或者把整个班级或学校随机分成控制组和实验组时，就属于这种情况。随机化的作用，不仅在于能控制已识别出来但不能系统控制的具体变量，而且也能控制其他由于潜在影响尚不清楚，而在测量中没有区分出来的变量。

教学之窗

教学评价结果的解释

　　为了使评价起到加强学生学习动机，促进努力学习的积极作用，教师在向学生或家长解释与报告分数时要注意以下四方面：

第一,测验分数是对学生目前状况的测量,它受许多因素影响,如测验前的学习与经验、测验情境等,所以,教师在解释和报告之前,应全面了解学生的情况,不要单纯从分数上武断下结论。

第二,教师在报告学生的学习结果时,必须使学生和家长认识到分数或等级通常不具有绝对的价值,只代表一种相对的意义,任何一个测验都不是一把绝对无误的"尺",应该把测验所得分数看成一个范围而不是一个固定分数。因此,在报告学生某些学科的成绩时,最好指明参照组及其在组内所处的位置。有时可把几个分数(如平时成绩、期中和期末考试成绩)通过加权,评出一个总的等级,如果使用确切的分数,则必须说明这些分数并不是一个精确的指标,而是对某人真实成绩的最佳估计。

第三,鼓励学生本人积极参加对分数的解释,并用非测验因素如测验时的主观状态、平时的学习态度、学习环境、学习中的一些其他问题等加以补充说明,从而增进学生自我接受与自我了解的程度。

第四,教师应从关心、爱护学生的立场出发,解释和报告测验分数最好采用一对一的形式,尽量不要有他人在场,以使测验分数的解释与报告产生积极的效果。

教学反思

学完本章后,你可以思考如下知识点:

☞ 测验的基本理论;
☞ 测验的编制步骤;
☞ 认知结果和情感结果的测量;
☞ 正式评价与非正式评价;
☞ 相对评分与绝对评分。

本章总结

▇ 测评理论概述

从心理测验学的角度,测验实质上是"对行为样组的客观的标准化测量"。而测量就其广义来讲,是按照法则给事物指派数字。评价则是指系统地收集有关学生学习行为的资料,对之加以分析处理之后,再根据预定教学目标给予价值判断的过程。有效测评的必要条件在于四个方面:效度、信度、难度和鉴别力。

▇ 学校教育中的测验

无论何种形式的测验,都必须与教学目标相吻合。对认知目标的测量,教师一般采用自编测验来测量和评价学生的学习状况。其测题形式大致分为两类:客观题和论述题。

对认知目标的测量还应考虑不同知识特性，如陈述性知识和程序性知识。而对情感目标的测量，由于情感教学的范围较广，涉及态度、兴趣、习惯、品德、鉴赏力等，可主要采用观察法、情境法、问卷法等。

■ 学校教育中的评价

教学评价的结果，教师可将其作为检讨与改进教学的根据，学生可将其作为评定个别学生学习成败，及应否接受学习辅导的根据，家长可通过其了解子女在学校期间的情况。认知教学评价结果必须按照选定的评分标准予以处理。情感教学评价结果，帮助了解学生在学习态度、品德、兴趣等方面进步的情况，作为以后改进教学以及对学生实施心理辅导的参考。在全面分析影响学习结果的各个因素后，可以有针对性地找出问题所在，改进教学工作。

重要概念

测量　测验　评价　效度　信度　难度　鉴别力

参考文献

1. 陈琦、刘儒德主编：《当代教育心理学》，北京师范大学出版社 1997 年版。
2. 戴忠恒编著：《心理教育与测量》，华东师范大学出版社 1987 年版。
3. 金瑜主编：《心理测量》，华东师范大学出版社 2001 年版。
4. 皮连生主编：《教学设计——心理学的原理与技术》，高等教育出版社 2000 年版。
5. 邵瑞珍主编：《教育心理学》，上海教育出版社 1998 年版。
6. 张春兴著：《教育心理学——三化取向的理论与实践》，浙江教育出版社 1998 年版。
7. ［美］Morrison, G. R., ［美］Ross, S. M., ［美］Kemp, J. E. 著，严玉萍译：《设计有效教学》，中国轻工业出版社 2007 年版。
8. R. M. 加涅著，王小明等译：《教学设计原理》，华东师范大学出版社 2007 年版。
9. Eggen, P. D., & Kauchak, D. (1999). *Educational psychology* (Vol. 403). Prentice hall.

扫一扫二维码获取心
理学、教育学考研同
步真题及参考答案

扫一扫二维码获取同
步练习题及参考答案

第二十章
教师心理

引　言

大多数师范生和新教师都想知道"如何成为该领域的优秀者"。为了实现有效教学，教师应当考虑学生的心理特征、学习过程、学习规律、学习方法等因素。但在课堂活动中，教师往往会发现，自身所拥有的知识、教学态度、性格甚至于当时的情绪状态等都会影响教学。

因此，为了更有效地进行教学，教师还应当了解自己，如新教师和专家教师各有什么特征？为何专家教师的教学更为有效？教师专业发展的阶段及特点是什么？促进教师专业发展的策略与方法有哪些？等等。

学完本章后，你应该能够：

☞　阐述教师专业发展的阶段；

☞　陈述专家教师和新手教师间的差异；

☞　陈述专家教师的心理品质；

☞　了解影响教师成长的因素；

☞　如何塑造完整的教学人格。

教学设疑

明天，胡老师要第一次走上讲台，面对那些似曾相识却完全陌生的学生，开始人生"第一讲"。此时，胡老师内心忐忑不安：穿什么衣服呢，最好不要出洋相；教案还没写好，该如何准备？要准备多少内容呢？上课如果时间"太多"或"不够"怎么办？如何呈现教学内容，以便更好地被学生接受？学校领导会不会来听课？如果上课有学生故意捣乱怎么办？如果突然忘了要讲的内容怎么办？等等。

如果你是胡老师，请思考：

☞　怎样处理计划与实际的关系？

☞　怎样让学生遵守课堂的规定？

☞　在提问时，是否要考虑学生能回答这些问题？

☞　在布置家庭作业时，开场白是什么？

☞　除了语言，是否还有其他方式能与学生交流？

视频

教师心理

第一节 从新教师到专家教师

从懵懂无知的师范生,到初踏讲台的新教师,再到见多识广的专家教师,这一教师发展历程可能一帆风顺,也可能饱经风霜。既有为人师的喜悦,也有尽人事的苦闷。实践表明,要有五年的教学,才可能拥有专业的顶峰经验;十年磨一剑,才可能有一位专家教师的诞生!

一、新教师

学习要求 结合自己的经历,描述新教师的错误观念;
结合实例,描述新教师经历的心理困境。

任何领域的新手在开始领域活动时,都会对自己的领域产生一些错误观念。在教学领域,新教师也无法避免这一点。新教师对于教学往往存在三种错误观念:(1)教学是传递知识的过程;(2)主修某一学科就能提供教授这门学科所需的全部知识;(3)学会教学是经验的积累过程。这些观念交织于新教师复杂的知识网络中,而且一时难以纠正。

首先,在课堂教学实践中,新教师授课往往教到"口干舌燥,面红耳赤",仍收效甚微,其中的原因可能是教师认为只要把知识讲清楚就可以,而无需顾及教授对象——学生,更不用说学生的已有知识可能对教学产生影响。应当注意,在学习过程中,学生不是被动地接受或记录信息,需要进行积极加工才能理解信息的含义。例如,一辆汽车以50公里每小时的速度匀速行驶在高速公路上,大多数人都认为使车前进的动力要比阻力大;但事实上,动力和阻力是相等的。虽然学生在物理课上已经学过这一知识点,但有时仍会有这一错误观念。新教师在教学中如果不了解这一点,将无法有效地完成教学任务。

其次,有些新教师认为,学科知识就包括了教学所需的全部知识。要知道,有关如何呈现教学内容、了解学生特点等知识或技能,也是教师所必须具备的。有研究者曾对新教师有效说明并呈现数学概念作过调查研究,结果显示,在教学上,有数学专业背景的新教师与缺乏数学专业背景的新教师,两者并没有显著差异,这是因为他们都缺乏教学法—内容知识(pedagogical-content knowledge),即有效呈现教学内容的知识,涉及如何为不同年龄段的学生安排授课进度,如何为不同内容选择合适的教学方法等。值得注意的是,学科内容知识不会自动生成教学法—内容知识;获得这类知识需要相当长时间的教学经验积累。因此,学会教学除了掌握本学科内容知识外,还需要其他类型的知识,这在后面的内容中将会详细介绍。

最后,教学经验对新教师的成长固然重要,但仅有实践还远远不够。通过实践能积累经验,但这些经验本身可能存在两个问题:一方面,新教师观察到的教学或自己教学不一定都很成功,故而在一定程度上,这种经验并不能帮助自身教学能力的提高;另一方面,即使是同样优秀的两名教师,他们在教学方法上也可能存在很大差异;滥学各类成功经验,不根据自己的特点和所教学生的情况,也无法有效促进自我教学能力的提高。有研究发现,学校或各类教师培训机构必须为观察者(新教师或实习教师)提供特定指导,提醒应关注的行为,否则观察者可能无所适从,学到不恰当或无关的教学行为。

新教师刚走上新岗位,往往会体验到一些心理困境。有项调查研究发现,新教师认为课堂上要面临并处理的重要任务有:维持课堂纪律,激励学生,处理学生差异,评价学生的作业,联系学生家长等。在开始工作后,新教师每天要面对"艰难的课堂教学",都会有"现实残酷"、"工作太累"这类体验,从而影响其进入角色。针对新教师的这一困境,虽然各级教师教育的机构,如师范院校,都为他们进入这一行业提供知识、技能、情感等各方面的准备,但仍无法保证师范生一毕业就能成为一名合格的教师。

随着经验的积累,新教师还要解决一些更为复杂的问题,例如,需要投入大量时间来尝试新教学方法,使用新教材,考虑新班级的学生,等等。新教师的观念逐渐从"教材中心"转向"学生中心",开始关注学生的需求,如"我的学生爱学习吗","他们正在形成积极的学习态度吗","这是教后进生写论文的好方法吗",等等。可以看出,要胜任"教师"这一岗位,新教师在学校中习得的理论知识远远不够,还要掌握大量的实践性知识和技能。

教学之窗

新教师的苦恼

1. 备课:无从下手

对教材不熟悉,重点把握不准,目标确定有偏差;高估或低估了学生的水平和能力;不知道从哪里寻找教学资料,有时找到了教学资料,却不知如何取舍。

2. 上课:没有底气

快上课了,看到听课老师们陆续走进了教室,会有些紧张。热身环节用时较长。听不到下课铃声,D老师下意识地看时间,结果把时间看错,导致后面加快节奏,省略本该进行的操练环节……

3. 提问:陷入沉思

过难使学生丧失信心;过易不利于学生积极思考;提问的语言不准确、不清晰,冗长或模棱两可;把握时机不难,无法调动学生的积极性;对学生的回答,没有及时评价。

4. 班级管理:无所适从

付出了很多时间和精力,但还是效果不佳。小学生自我控制能力不强,注意力容易分散,兴趣也容易转移,有的学生感情用事,这更加大了小学新教师班级管理的难度。

二、教师专业发展阶段

学习要求　描述教师专业发展阶段。

图 20.1　伯林纳

教师的专业发展是教师不断接受新知识，获取新技能，培育新能力的过程。一般来讲，教师专业发展需经历五个阶段：新手水平、高级新手水平、胜任水平、熟练水平和专家水平（Dreyfus & Dreyfus，1986）。不同阶段教师具有不同的知识与能力特征，需要完成不同的任务目标和内容等。具体内容如下（D. C Berliner，1995）：

新手水平教师是师范生或刚进入教学领域的教师。在这个水平，教师的任务是学习一般的教学原理、教材内容知识和教学方法等，并熟悉课堂教学的步骤和各类教学情景，获得初步教学经验。此时，新教师的教学问题主要在于不能将学科内容知识与特定学生关联起来，其教学活动大多关注自己是不是完成了既定的教学目标，是不是达到既定的教学要求，而较少关注所教学生的学习结果及其接受过程。

高级新手水平教师是有两三年教龄的教师。在此阶段，理论知识与教学经验相融合，案例知识与教学事件相结合。开始意识到各种教学情境有其共性，也会运用一些教学策略来调节和控制自己的行为。此时，还不能有意识地控制自己的行为或课堂中的教学事件，还不能确定不同教学事件的重要性。这个水平的教师虽然获得了一些关于课堂教学事件的知识，但其课堂管理与教学活动并不是在意识水平下的行为，带有很大的偶然性和盲目性。

胜任水平教师是至少有四五年教龄的教师。并不是每个教师都能达到这一阶段。此时，教师的教学有两个特性：其一，明确自己的教学目标和内容；其二，确定课堂教学活动中各类事件的主次。此水平教师对完成教学目标有较强的自信心，但是其教学技能仍然达不到迅速、流畅与变通的水平。有一部分教师之所以不能达到胜任水平，主要原因在于仍然关注自己的教学活动，而不能真正从学生的角度来安排各类教学事件，促使学生获得知识和技能，发展自己的学习策略。

熟练水平教师是至少有五年以上教龄的教师。在此阶段，教师对课堂教学情境和学生的反应有敏锐的观察力。此时，教师由于具有较多成功的教学事件和教学案例，能从中总结出共性，形成有关于教学的模式识别能力，可以准确预测学生的学习反应。正是这些能力，使得熟练水平教师在面对新教学任务或新情境时，能根据课堂教学进程及学生的学习反应，及时调整自己的教学计划，并有效控制自己的教学活动，初步体现出教学迁移能力。值得注意，此阶段教师的成功教学观念和做法，仍然没有上升到理论层面。

专家水平教师是至少有十年以上教龄的教师。在该水平，教师在处理课堂教学事件时，并非以分析、思考、有意识选择与控制等方式，而是以直觉方式来立即反应，从而能轻松、流畅地完成教学任务。进一步讲，专家教师会针对复杂程度各异的教学情境，采取不同的处理方式：当陌生的教学事件发生时，会有意识地思考，采取审慎的解决方法；当教学事件进行得十分流畅时，其课堂行为就成为一种自然而然的反射行为。所以，专家教师的"专"，既体现在熟悉教学任务上的自动化行为，也体现在陌生教学任务上的左右逢源以及突出的教学控制能力。

教学之窗

成为专家教师的十六条心理法则

新手水平：明确定位

法则一：降低职业预期，将教师职业看作三百六十行中普通的一行；"人类灵魂的工程师"而已，无所谓灿烂不灿烂。

法则二：明确职业目标，"我应该成为怎样的教师"；有理想的人，才能有学习和生活的动力，其生命才有意义。

法则三：坚守社会道德底线，持有良性道德判断标准，要知道，作为教书育人者，你就是学生眼中的"道德"的化身。

高级新手水平：感悟学生

法则四：赞赏学生，肯定学生的特长与成功，如提出问题、正确解答、帮助他人、遵守规则、产生创意，等等。

法则五：不要低估差生，要知道所谓差生乃是由于评价标准的差异所导致，不要用言语去讥讽与嘲弄他们。

法则六：表达你的爱，如拾起学生掉在地上的橡皮，耐心回答学生的提问，常与学生个别谈心，甚至只是走道里的一声问候。

法则七：让学生知道规则，坚持惩罚是教育不可缺少的组成部分，不要轻易放弃任何违规的学生，给予合理的教育，但不要将惩罚上升为体罚。

胜任水平：促进效能

法则八：学会控制自己的情绪，尤其在面对让你厌恶的学生时，仍能面带微笑，暗示一切皆在你的掌握之中。

法则九：客观认识自己对学生的作用，要知道，优秀学生不是某个教师教出来的，而是其先天素质、个人努力和周围环境中众多因素一起作用的结果。

法则十：不断发现自己，做一个思考的老师，思想的火花无处不在，在凌晨或深夜，在散步或休息，在冥思或睡梦，等等。

熟练水平：开放心态

法则十一：学会幽默，这既放松了学生的心情，同时也让学生走近了你，但幽默不同于讥讽，更不是无聊的调笑，因为这样会导致学生"乐"而不学。

法则十二：做快乐的教师，找到让自己快乐的窗口和途径，冲刷掉自己的烦躁与郁闷；营造快乐的环境，快乐属于你，也属于学生。

法则十三：学会宽容，包括学生的无知与偏执，包括家长的偏爱与袒护，包括领导的误解与质疑，包括同事的嫉妒与中伤，退一步，海阔天空。

专家水平：持之以恒

法则十四：承认衰老，哪怕曾经是最优秀的教师，都有不受学生欢迎的时候，因为时代的知识和技能在变，学生的思想和观念在变，教育的要求和目标在变。

法则十五：需要不断学习，不要对新知识产生一种习惯性的拒绝，要与学生的知识和思想共同成长，如经常阅读报刊、浏览网络、重读经典等。

法则十六：这就是你终身的职业，是你生命中不可缺少的一部分，已经与你的灵魂融合在一起了。你就是教师，教师就是你！

三、专家教师

学习要求 了解专家教师的界定标准；
阐述专家教师的教学行为表现。

从操作上讲，有两种方法来界定专家教师：一是通过学生成绩来确定。用标准化测验研究学生在一定时期内（如 5 年）的增长分数。一般将所教学生的增长分数在一定范围内位居前 15％位的教师确定为专家教师。二是通过学校领导选择。学校领导根据研究者列出的一系列标准来提名专家教师人选。有研究者（Bond, Smith, Baker, & Hattie, 2000）明确了专家教师应有的十三种教学行为维度，以及在其影响下的三种学生行为维度，并通过实验检验，证明了这些维度下的教学行为确实代表着教学专长的核心特质，如表 20.1 所示。

表 20.1　代表教学专长的行为维度

专家教师的行为维度	专家教师影响下的学生行为维度
(1) 灵活运用知识； (2) 广博的教学法——内容知识，深层次的学科内容知识表征； (3) 有效的问题解决策略； (4) 适应不同学生的教学目标，灵活的应变技巧； (5) 高效决策； (6) 更多挑战性目标； (7) 良性课堂教学氛围； (8) 擅长解读课堂教学事件以及学生的反应； (9) 更敏感于周遭的教学情境； (10) 有力地监控学习进程和提供反馈； (11) 常将假设付诸于实践； (12) 更关爱学生； (13) 更富有教学激情。	(1) 更强的学习意愿和自我效能感； (2) 深刻理解学科内容知识； (3) 更好的学习成绩。

（资料来源：Bond, L., Smith, T., Baker, W. K., & Hattie, J. A. (2000). The certification system of the national board for professional teaching standards: A construct and consequential validity study. Greensboro, NC: Greensboro Center for Educational Research and Evaluation, University of North Carolina at Greensboro.）

要成为专家教师,就必须积累丰富的课堂教学经验,大量的教学实践经验是教师专长形成的必要条件。一般来说,获得教学专长至少需要五年的工作经验,或 10000 小时的课堂教学时间。尽管并不是所有有经验的教师(指教学年龄较长)都能获得教学专长,但不经过大量的课堂教学实践就成为专家教师,这几乎是不可能的。例如,教学专长需要教师了解学生的认知水平,并据此较快地确定教学起点,但这一了解过程却是渐进的,需要经过一定的教学时间以及相关经验才能达到。

应当指出,成为专家教师的标志是其知识呈现结构性和高度情境性。正是这一点,导致了专家教师具有不同于一般教师的教学行为与认知能力。只有少数的教师才能进入专家阶段,更多的教师处于高级新手或胜任阶段。这是因为,除了知识与能力外,教师的心理特征、学校环境及练习活动对其专业发展都会产生影响。以下两节就将着重阐述专家教师的实质特征及其成长经历。

教学之窗

舒尔曼的教师知识分类观

美国学者舒尔曼(Shulman,1987)提出,教学需要七类知识的支撑:

(1)学科内容知识,不仅包括具体的概念、规则和原理,还包括它们之间的联系;不仅要包括"是什么"的知识,还包括"为什么是这样"的知识。

(2)一般教学法知识,主要是指超越了具体的学科内容,适用于课堂管理和组织的一般性原则和策略。

(3)课程知识,是指对教学材料和工具的熟练掌握,是一种"教学交流的工具"。

(4)教学法——内容知识,是教学内容与教学法的结合,是教学领域的专门知识,是教师这一职业特有的知识。

(5)学习者及其特点的知识,涉及个体发展与个体差异方面。

(6)教育情境的知识,包括小组或班级活动的知识、学区管理与资助、社区及其文化的特点。

(7)教育目标、目的、价值及其哲学和历史背景的知识。

教学法——内容知识与学科内容知识的不同在于,前者将教材内容与一般教学法融为一体,是对具体的教学目标与教学任务进行组织、表征,以适应不同学生的兴趣与能力的知识。例如,举例子、做类比、做出解释属于教学法——内容知识,了解也属于教学法——内容知识。

第二节　认识专家教师

受认知心理学中专长研究的影响,教育心理研究者们转而对"专家教师"进行探讨,这类研究力图揭示作为一名专家教师,其教学能力或教学专长的实质,以及其特有的心理品质等。

一、专家教师与一般教师的差异

学习要求　阐述专家教师与一般教师的教学行为差异;

阐述专家教师有别于一般教师的特殊认知能力。

与一般教师相比,专家教师在课时计划、课堂过程、课后评价等方面都表现出一些不同,如表 20.2 所示。

表 20.2　专家教师与一般教师的课堂教学差异

教学环节	专 家 教 师	一 般 教 师
课时计划		
简洁性	概括性陈述课堂教学主要步骤和教学内容,并未涉及一些细节。	大量时间用在教学细节,如呈现教学内容、教学提问、课堂活动安排。
灵活性	课时计划修改与复述在日常生活中进行,认为计划实施要靠自己去发挥。	临上课之前或课间只对课时计划做一下复述,认为课堂情境变化可以修正他们的计划。
目的性	由课堂教学活动中学生的行为来决定教学活动细节。	根据课程目标、课堂活动或课程知识,来联系计划与课堂情境中的学生。
预见性	在头脑中形成包括教学目标在内的课堂教学表象和心理表征,能预测执行计划时的情形。	不能预测计划执行时的情况,因为他们往往更多地想到自己要做什么,而不知道学生将要做些什么。
课堂过程		
课堂规则	课堂规则明确,能够鉴别学生合乎要求的行为,并教会学生鉴别课堂活动的能力;执行规则坚定,在课堂教学的关键时刻,如果受到干扰,则不予理会。	课堂规则含糊,很少示范正确的课堂教学行为,执行规则的标准要么刻板,要么弹性太大;在受干扰的情形下,会临时改变课堂规则。
激发兴趣	运用多种技巧来吸引学生的注意力,如声音、动作及步伐等;更为重要的是,预先设想工作任务,促使学生尽快进入学习状态;在活动转换或有重要信息时,能提醒学生注意。	虽然有一些方法,但往往运用不当,如在没有暗示的前提下,就要变换课堂活动;遇到突发的事情,如有课堂活动之外的事情的干扰,就会自己停下课来,但却希望学生忽略这些干扰。
教材呈现	注重回顾先前知识,并能根据教学内容、学生学习状况等来选择适当的教学方法。	注重教材及相关内容的吸引力,忽略了学生的理解程度和理解偏差。往往使用较难或迷惑的内容,导致学生较晚进入课堂学习状态。

续 表

教学环节	专 家 教 师	一 般 教 师
课堂练习	将练习看作检查学生学习的手段,因此:提醒学生在规定时间内做完练习;控制学生做作业的速度;在课堂上来回走动,检查学生的作业情况;对练习情况提供系统的反馈。	把练习当作必经的步骤,因此:对练习时间把握不准,往往延时;只照顾自己关心的学生,不顾其他学生;对练习无系统的反馈;要求学生安静做作业,并把这看作是课堂中最重要的事情。
家庭作业	有一套检查学生家庭作业的规范化的、自动化的常规程序,如点名、记录、反馈、总结等。	花更多时间检查学生家庭作业,如反馈速度慢、记录过程不规范等。
教学策略	具有很多教学策略,并能综合在一起来灵活应用。在提问与反馈的结合上,能根据学生回答问题的情况,给予不同类型的反馈,如引导性、纠正性、深入性等。运用不同类型的线索(如言语与非言语)作为反馈来判断和调整教学,体现为一种即兴创作的能力。	并不缺少教学策略,但更多表现为运用效率低下。例如,只注意课堂中的细节,不会解释事情间的联系,较少从学生的反应中做出推论,而只是运用既定计划来引导教学过程。推测活动与活动、活动与情境的关系,集中于一些异常行动并试图加以解释。
课后评价	谈论学生对新材料的理解情况,很少涉及课堂管理问题和自己的教学是否成功。关心那些对完成目标有影响的活动。	更多关注课堂中发生的细节,谈及自己是否解释得清楚,如板书、对学生问题的反应能力和课堂中的参与状况等。

(资料来源:皮连生主编,《学与教的心理学》,华东师范大学出版社 1998 年版,第 10 页。)

上述这些差异的原因,在于专家获得了特殊的专业知识和教学能力。其学科知识体系体现出结构化和自动化的特点,具体如下:

以小学数学分数教学为例,专家教师与非专家教师虽然在知识概念的总数量上没有差异,但从概念图来看,专家教师的典型核心概念及其关联要明显多于非专家教师(如图20.2a、图 20.2b 所示)。在概念组织方面,专家教师通过几个核心概念(如同分母分数的

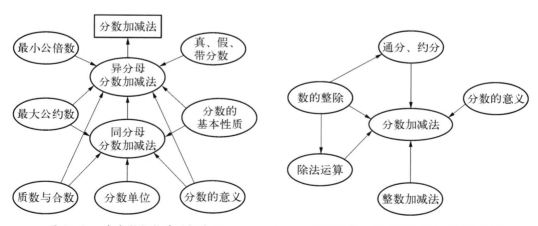

图 20.2a　专家教师构建的概念图　　　　图 20.2b　非专家教师构建的概念图

(资料来源:李琼,倪玉菁,萧宁波:《小学数学教师的学科知识:专家与非专家教师的对比分析》,《教育学报》2005 年第 6 期。)

加减、异分母分数加减等)来组织整个概念图,而非专家教师的概念图则很少出现这种结构性,所有的知识点在其概念图中的地位似乎是一样重要的。

这些结构化知识使得专家在运用学科知识来解决本领域的问题方面,表现出更为简洁快速的自动化操作。以数学解题技能为例,专家教师的快速高效,不只是单纯的解题,还包括命题、学习解题、研究解题等活动。尤其是这些知识与特定学生的能力、思维、学习等结合起来,可以让专家教师更有效地让学生快速学会一个数学解题过程,并能举一反三,触类旁通。通过践行这种全面的解题活动,专家教师形成很强的学科领域内解题能力,以及引领学生进行解题探究的能力,从而使解题教学获得较好的效果。

从深层次看,专家教师还具备一类课堂教学信念。研究表明,在关于"什么是数学"的认识上,专家教师和一般教师都能用动态的观点,看待数学知识的发展变化性以及数学知识之间的相互联系性,但在对数学思想方法的理解上,专家教师不同于非专家教师;例如,在"如何'做'数学"的认识上,专家教师倾向于将"做"数学看作论证思维的过程,认为擅长数学的人能够"解决非常规问题",其问题解决能力强;因此,专家教师持有问题解决的观点;而非专家教师则将"做"数学看作选择适当法则或既定步骤、获得答案的过程,认为擅长数学的人题目算得快、准确,数学知识扎实,因此持有掌握知识的观点。

二、教学专长

> **学习要求** 简述教学专长的不同类型;
> 阐述教学专长的特点。

专家教师所具备的有关教学的知识和能力,被统称为教学专长(Berliner,1992)。教学专长(教学法知识)影响教师的教学能力(教学行为),并最终影响教学结果(学习结果),具体见图20.3:

教学专长 (教学法知识)	教学能力 (教师行为)	教学结果 (学习结果)
知识专长 教授专长 管理专长 诊断专长	讲解 管理 教学 诊断	认知方面 学业成绩的提高 情感方面 社会方面

图 20.3 教师专长、教学能力和教学结果的作用模式

通过上图可以得知,教学专长分为四类:知识专长、教授专长、管理专长,诊断专长。

知识专长是指所教学科的内容知识。知识专长不仅指特定学科内容知识

> **教学专长**
> 专家教师所具备的有关教学的知识和能力;这包括知识专长、教授专长、管理专长和诊断专长。

及其组织,还有为优化教学所需的知识结构。过去常说,教师要给学生"一杯水",自己应该有"一桶水",或者"是一条长流不止的小溪"。这些说法在某种意义上是对的,都或多或少暗含这样的假设:教师如果自己不"知",则不要误人子弟。但是,现今更多出现这样的情形,即在某些学科任务上,如语文高考、奥数竞赛、英语讲演等方面,优秀学生比教师做得更好,也就是说,教师的学科内容知识也有不如学生之处,因此,引申出第二类专长——教授专长。

教授专长是指为了完成教学目标,有关于教学策略与教学方法的"外显知识"和"内隐知识"。"外显知识"可以通过观察或录像来分析,如板书、讲演、使用多媒体、安排练习等活动,往往与学科内容知识结合在一起,构成教学法—内容知识;"内隐知识"是指潜移默化的教学技能,如了解学生、知晓考试规律等,往往在教师缺乏学科内容知识的情形下发挥作用,突出表现为计划、监控、控制、评价和应变等能力。

教授专长的有效发挥,与课堂管理专长密切关联。课堂管理专长的作用,不仅要维持教学与学习任务的顺利进行,而且要预防或消除课堂不良行为,从而创造良好的课堂氛围。有效的课堂管理方法,涉及各类强化与惩罚手段、团队互动技巧、个体行为激励、群体规范制定与实施,等等。

运用上述两类专长的关键,在于了解教学对象(即学生)的行为规律、认知特点、个性特征,以及与同伴、教师、家庭的互动效应等,这就是诊断专长。诊断专长具体体现为,迅速准确地了解有关全部学生和个别学生的学习信息,判断是否已经达到预期目标,据此调整预定的教学活动或步骤。通常,需要收集的信息有学习需求与学习目标,学生现有能力与学业水平,其强项与不足,等等。通过诊断专长所获得的信息,是教师教学活动的起点或终点,更是评估学习目标和教学目标是否达成的"标尺"。

应当注意,拥有上述四类专长只是成为专家教师的必要条件,而非充分条件。研究表明,教师的知识水平同学生的学习成绩无显著相关。对这种研究结果,一种可能的解释是,教师的知识水平较难准确测量,从而影响相关系数的计算;另一种可能的解释是,教师的知识水平只有在某一关键水平以下,才对教学效果产生影响,超过了某种适当水平,就不再产生显著影响。

研究发现,教师对所教科目的热爱程度与学生的学业成就存在正相关,热心、友好、善解人意这三种教师品质与学生的学习态度相关最大。也就是说,热心、友善的教师更受学生欢迎,但同时要注意,这仅仅是相关研究,其结果不能说明教师的热情是学生学习或形成积极态度的本质原因。所以,教师的教学能力并不仅仅是上述四类专长的综合运用,它还与教师的人格特征、动机、价值观与情绪等因素相联系。

三、心理品质

学习要求 简述有效教师的心理特征;

阐述教师心理品质与教学效果的关系。

一般来说,学生喜欢的教师不一定是专家教师,但专家教师必然是学生喜欢的,至少因为其可以给学生带来知识学习过程或结果的快乐。吴光勇、黄希庭的调查显示,中学生总体希望教师聪慧、博学多才、豁达、乐观、乐群外向等;初中生倾向教师的情感态度,高中生倾向教师的意志、理智和能力;男生深切关注教师的乐观、豁达、愉快等,而女生关注教师人格沉着、稳重、严肃等特征;优生关注教师的信赖、安详沉着、有自信等,而差生关注情绪稳定、理智、注重实际等。大学生眼中,好教师的形象依次为智慧型、奉献型、关爱型、引路型、宽容型、塑造型、坚忍型、演员型及其他。

学生喜爱的好教师,在心理学意义上则指学生对教师的角色期待。学生对教师的角色期待,更多是集多种角色于一身的复合体。如果学生把教师看成是家长的代理人,则希望教师具有仁慈、体谅、耐心、温和、亲切、易接近等特征;如果学生把教师看成是知识传授者,则希望教师具有精通教学业务、兴趣广泛、知识渊博、语言明了等特征;如果学生把教师看成团体领导者和纪律维护人,则希望教师表现出公正、民主、合作、处事有伸缩性等特征;如果学生把教师看成是模范公民,则要求教师言行一致、幽默、开朗、直爽、守纪律等。总之,要成为一名受学生欢迎和爱戴的好教师,不仅需要具有一般公民需要的良好品质,而且需要具备职业所需的特殊品质。

教师的心理品质与教学效果,也就是与学生学习成绩的关系是什么呢? 有研究分析了50个教学行为特征,发现其中9种特征与学生学业成就有高的正相关:清晰、明确,灵活,热情,任务倾向,质疑,间接指导,给予学生正规材料的学习机会,结构化语言的运用,多层次的提问与对话。

而从人格的角度讲,有两个重要特征对教学效果有显著影响:一是教师的热心和同情心;二是教师富于激励和想象的倾向性。研究发现,当学生把教师看作富有同情心时,课堂内的学生之间更能分享喜爱和感情;教师的热情与学生完成的工作量、对学科的兴趣、学生行为的有效性均有重要的关系;有激励作用、生动活泼、富于想象并热心于自己学科的教师,其教学工作较为成功,而学生的行为更富有建设性;教师对学生思想的认可与课堂成绩有正相关的趋势,尽管表扬次数与成绩之间未发现明确关系,但批评或不赞成与成绩之间却存在负相关。

教学之窗

增强教师魅力的六大法则

(1) 形象法。人皆爱美,你的长相、穿着、仪态和风度,构成学生头脑中的教师形象。外貌漂亮、行为得体的人,之所以能影响他人,是因为美是爱的提示性线索,与美在一起有荣耀感和满足感。应当注意,外貌美仅是引发魅力的导火索,而不是持久的动力源泉。

(2) 喜欢法。人是一种非常懂得回报的动物,人们总是喜欢那些喜欢自己的人,所以,要让学生喜欢你,你首先要喜欢学生。但是,要注意,人最喜欢的不是一贯喜欢自己的人,而是逐渐喜欢自己的人;人最不喜欢的也不是一贯不喜欢自己的人,而是喜欢自己越来越少的人。

（3）接近法。与学生拉近距离，可以让学生对你产生依赖，这是因为人是懒惰的，总是希望以最小的代价获得最大的回报。此时，的确可以产生"远亲不如近邻"的感觉。但是，需要注意，接近了学生之后，需要满足其某种需求，如求知、奖赏等，否则反而会导致厌恶。

（4）熟悉法。为什么学生头脑中能够回忆的教师，大多数是自己的班主任呢？因为班主任与其交往最多，也最为其所熟知。让学生熟悉了你，等于让学生熟悉了你的教学行为规则，让其更容易调节自己的行为，满足了其控制欲望。此时，你和学生就是一个整体，你中有我，我中有你。

（5）相似法。人是自恋的，会对自己或归类为与自己相同的人怀有好感。你与学生拥有更多的共同语言、共同爱好、共同观点、共同行为，则意味着你们是属于同一个"战壕"的朋友，你们之间是平等的，具有能够相互交流的认同感。

（6）特长法。人是好奇的动物，自己缺少的往往想去奋力争取。向学生展现你的能力与特长，让其赞叹不已，让他们羡慕不已。戴着这层"光环"，你将成为学生心目中的偶像。当然，有时偶像也要有意露出一点小小的过错，不要让学生感觉高不可攀，毕竟，金无足赤，人无完人。

第三节　成为专家教师

专家教师不仅具有理论知识，还有大量的实践经验，更重要的是，这些知识经验形成了相互联系、不断整合的知识结构，由此形成专属于教学领域的特殊教学能力或教学专长。但是，成为专家教师的道路是漫长而曲折的，受到多种因素的影响，本节将介绍这一过程。

一、教师成长的影响因素

学习要求　理解教师专业发展的影响因素。

在从新教师到专家水平教师的成长过程中，有哪些制约因素呢？主要分为三类：个人因素、情境因素、系统过程（Glatthorn，1995），如图20.4所示。

具体来说，个人因素涉及教师自身的职业与能力等方面特征，包括教师的自我评价、师德状况、人际关系、认知能力、职业发展和动机水平等。情境因素即教师学习或工作的环境，涉及社会与社区、学校体制、学校氛围、教学小组或部门、课堂。系统过程即有目的地影响教师成长的特定方法和手段，具体有：课堂教学观摩、教师评课与教学笔记等，自我目标导向、合

图20.4　教师成长的影响因素

作小组、专家指导等方式。

在教师的个人因素中，智力应该与其教学效果有很高的相关，但是，研究表明，教师的教学效果与其智力并无显著相关。这可能是因为教师工作是一种复杂的脑力劳动，教师有效工作，可能只需具备最低限度的智力水平。智力超过某一关键水平以后，就不再起作用，而其他认知因素或人格特征就起着更大的决定作用。

研究表明，绝大部分特级教师把教学成功归于个人努力，专家引领、同伴互助、领导支持等（胡定荣，2006）。特级教师尤为注重对教学行为的反思与研究（元认知活动）、专业知识的学习（理论准备）、教改实践活动（技能操作）以及自身的教育理想与信念（价值观），在专业成长过程中，并不是过去所有经历都对教师发展起着重要影响。只有其中的重要事件或"关键事件"，才能促使教师对自己的信念和行为进行反思、重组和改变。特级教师尤为注重公开课，然后依次为教学冲突、教学挫折、第一次课、课题研究等教学经历。

情境因素则说明了教学专长的情境性、特殊性和不可比较性。通常，专长被视为个人的，但从心理学的角度，专长是个人与其生活环境互动的产物。研究表明，教师的创新能力取决于他们的工作环境。诸如校长及管理层制定的政策，家长的期望值，都会影响一个学校的组织特点与氛围，进而潜移默化地影响教师的态度、信念、热情、效能感、责任心和教学实践。

因此，可能出现这样的情形，在某一文化背景下的专家教师，在另一文化背景下则可能被认为是一般教师。例如，美国的课堂非常强调教学过程中学生的参与，但印度的课堂较少关注这一点；在我国，由于存在统一的课程标准、教材、教辅手册、考试制度等，所以教师的自主性受到限制，不同教师在思考课堂教学计划上差异较少，但该差异在美国却存在。

为什么会这样呢？这是因为不同文化背景对教师专业能力的要求各异。可以这样说，教学专长的内容及发展，依赖于与之关联的环境，而"教学专长"这一术语，则有着古与今、中与外之分。文化背景是教学专长存在的"大"环境，而某些"小"环境更是影响教学专长内涵的重要因素。进一步讲，教学专长在不同环境中应有各自含义：例如幼儿园、小学、初中和高中；语文、数学和外语等学科；城市与农村；行为示范校和一般学校，等等。

在各个教学情境中，教师都在摸索最适合所教学生以及自己的有效方法。例如，尽管农村学校的教师在某些方面，如教育理念及多媒体技术等，确实不如城市学校的教师，但在生活教育和师生关系等方面，却比城市学校普遍做得更好；尽管科学、心理等小学科的教师对学生升学影响关系不大，但在某种程度上更能影响学生的问题意识、实践操作能力和心理健康状况，对其一生发展发挥更大作用；尽管一般学校教师在培养学生综合素质方面不如示范学校，但在帮助后进生提高学习成绩方面却有自己的特长。

二、塑造完整的教学人格

教师教学人格的形成离不开环境的影响，而教育作为环境的一个重要组成部分，对人格的形成又有着特殊的作用。那么，对教师尤其是专家级别的教师而言，完整的教学人格又是怎样的呢？一般来讲，这主要表现在做什么、如何做。

专家教师深知自己肩上的责任，拥有浓厚的职业信仰，坚信自己的教育活动在个体活动和社会发展过程中所起的作用，拥有对教育价值的认定和承诺，全力去追求教育整体价值的实现。强烈的教育使命感，使得专家教师具有较高的成就动机，这表现为：事业心强，有很大的理想抱负；责任心强，愿意承担责任；甘冒风险，喜欢有挑战性的工作；有适切的奋斗目标，注意工作反馈；注重成就，从工作成功中得到乐趣和激情。同时，专家教师在具备较高抱负时，不失"对人"、"对己"、"对事"的积极态度：热衷教育，对学生满怀一片爱心；充满自信，能够虚心求教、精益求精；认真负责，沉着应对各类教育活动。

专家教师之所以优秀，在于其总是不满足，在工作中努力实现最佳境界。这种对工作的事业心与上进心，促使教师始终保持旺盛的求知欲望，以教学为乐趣，不断强化自己，充实自己。同时，在面对挫折与干扰上，专家教师始终保持一种平和的、愉悦的工作心境，具有高超的自我调节能力，保持心理平衡，设法摆脱困扰，继续努力。许多专家教师在各种不同的班级、各种类型的学生的教学和教育中都表现出很强的适应性。专家教师还时刻注意培养自己各方面的兴趣，扩大知识面，不断完善自己的个性，加强各方面的修养。正是由于自觉完善自我，不断学习进取，才造就了专家教师突出的教育成就。

应当指出，不同学龄段的优秀教师所应该具备的人格特征各不相同。研究者调查了优秀教师具备的个性品质，主要采用卡特尔16PF问卷，同时，辅助以其他心理类测验，并根据实地考察、人物专访、教师、家长座谈会等形式来收集相关数据。结果发现：

在幼儿阶段，优秀教师在稳定性、恃强性、有恒性、自律性、世故性等因子上得分居高，在幻想性、忧虑性等因子上得分却低（杨敏，朱丽丽，张瑛，2001）。综合来自不同资源的数据，可以总结出优秀教师的人格特征为：关爱他人、耐心细致、敬业爱业、认真执着、善于学习、不断进取、热情乐群、悦纳他人、团结合作、真诚信实、务实肯干。

在小学阶段，优秀教师的人格特征是乐群外向、有恒负责、信赖随和、自律严谨（王卫红、沈杰、王卫华，2005）。这些特征可能与教学对象有关；小学生心理不成熟，比较单纯，具有向师性；社会对教师的要求是为人师表。优秀教师还对自己的专业能力有较高自信，这就使教师具有较高的乐群性、有恒性和自律性以及较低的敏感性、怀疑性和忧虑性。

在中学阶段，优秀教师比一般教师在情绪稳定性、有恒性、实验性和自律性这四个因子得分上要高许多（王东霞，2005）；优秀教师能以沉着的态度处理现实问题，运用理智控制和调节自己的情绪，责任心强，细心周到，有始有终，是非善恶判断标准明确，具有探索精神和不拘泥于现实，自律谨严，言行一致，能够合理支配自己感情行动，为人处世不卑不亢。

在大学阶段，优秀教师具备的人格素质表现在七个方面：事业成就，即对所从事工作的进取心、开拓欲望等；自我效能感，指对自我能力的预期与信念；社会主动性，与人交往及调动他人行为等方面的情况；适应环境，即适应新环境、新工作条件能力；创造能力，即在实践中有所创新和发展的能力；助人合作，即帮助同伴，建立良好的合作关系的能力；心理健康，即具有良好的心理品质（杨敏杰，2006）。

不可否认，优秀教师的成长可能有先天成分，如形象佳、口才好，为人随和，做事一丝不苟，具有幽默感等。教师的成功也会与不可控因素相联系，如运气、人际关系、家庭背景等;这些因素不能掩饰上述后天可控性因素的核心作用;前者更多是起类似"化妆品"的作用;正由于此,我们才能看到不同教学风格、各具教学魅力的专家教师,他们为教师专长发展领域展示了这样一个道理:条条道路通罗马!

教学反思

学完本章后,你可以思考如下知识点:

☞　教师专业发展阶段;
☞　教学领域的专家—新手之间的行为差异;
☞　教学专长的类型;
☞　专家教师的心理品质;
☞　影响教师成长的因素。

本章总结

■ 从新教师到专家教师

　　新教师往往有各种错误观念,这会限制其专业水平发展。对"教师专业发展"这一概念的深入研究,认识到教师专业发展实质上就是不断提高教师的教学知识与技能;再从专长的角度提出教师专业发展阶段论,分为新手水平、高级新手水平、胜任水平、熟练水平和专家水平。达到专家水平的教师,一般需要十年左右的时间,积累大量的知识经验。

■ 认识专家教师

　　专家教师与其他教师在教学计划上、教学判断与教学决策上存在着诸多差异,而差异的根本原因在于知识的结构化和自动化。对专家教师的研究,除了揭示出其区别于他人的教学行为、认知外,还发现了知识专长、教授专长、管理专长、诊断专长;源于有效教师的心理特征研究,发现了优秀教师的心理品质,如智力、热心、同情心、想象、创新等。

■ 成为专家教师

　　如何成为专家教师? 这主要包括个人、情境、外在支持三个方面。教师的成长大多与后天自身的努力因素有关系;在不同的时空环境中,教师成功的内涵不同,体现出教学能力或教学专长的情境特性。教师还需要形成健全的教学人格,以促进自我身心的健康发展。

重要概念

　　教学法—内容知识　教学专长

参考文献

1. 陈琦、刘儒德主编:《教育心理学》,高等教育出版社 2005 年版。

2. 教育部师范教育司组织编写:《教师专业化的理论与实践》,人民教育出版社 2003 年版。

3. 胡谊著:《成长的阶梯:成为专家教师之路》,华东师范大学出版社 2008 年版。

4. 潘菽主编:《教育心理学》,人民教育出版社 1980 年版。

5. 皮连生主编:《学与教的心理学》,华东师范大学出版社 1997 年版。

6. 吴庆麟、胡谊主编:《教育心理学——献给教师的书》,华东师范大学出版社 2003 年版。

7. 张爱卿著:《现代教育心理学》,安徽人民出版社 2001 年版。

8. Henson, K. T., & Eller, B. F. (1998). *Educational psychology for effective teaching*. Wadsworth Publishing Company.

扫一扫二维码获取心
理学、教育学考研同
步真题及参考答案

扫一扫二维码获取同
步练习题及参考答案